LA RÉVÉLATION DES TEMPLIERS

LYNN PICKNETT
CLIVE PRINCE

LA RÉVÉLATION DES TEMPLIERS

Les gardiens secrets de la véritable identité du Christ

Traduit de l'anglais
par Paul Couturiau

ÉDITIONS DU
ROCHER
Jean-Paul Bertrand

Titre original : *The Templar Revelation. Secret Guardians of the True Identity of Christ*. Bantam Press, 1997.

ISBN 2 268 03088 1

À ceux que nous aimons le plus,
aujourd'hui et à jamais...

Introduction

À l'origine de la quête qui a mené à ce livre se trouve un homme : Léonard de Vinci. C'est, en effet, en étudiant ce génie fascinant mais insaisissable de la Renaissance, et en particulier son rôle dans la mystification du suaire de Turin, que nous avons été amenés à entreprendre une étude plus fouillée et plus systématique des « hérésies » qui nourrissaient secrètement ses ambitions. Il nous a fallu découvrir à quel mouvement il appartenait, ce qu'il savait et ce en quoi il croyait, mais aussi les raisons qui l'ont poussé à utiliser certains codes et symboles dans l'œuvre qu'il nous a transmise.

Nous avons, dans un premier temps, été surpris d'être ainsi plongés dans le monde complexe et souvent trouble des sociétés secrètes et des croyances hétérodoxes. Léonard de Vinci n'est-il pas généralement considéré comme un athée et un rationaliste ?

Nous vous invitons à nous suivre dans un voyage à travers le temps et l'espace. Dans un premier temps, nous partirons de Léonard de Vinci et progresserons vers l'époque contemporaine ; ensuite, nous effectuerons le trajet à rebours, remontant par-delà la Renaissance et le Moyen Âge jusqu'à la Palestine du Ier siècle de notre ère où vécurent et s'exprimèrent nos trois protagonistes principaux : Jean Baptiste, Marie Madeleine et Jésus. En chemin, nous poserons un regard nouveau et objectif sur divers groupes et organisations secrets : les francs-maçons, les chevaliers du Temple, les cathares, le prieuré de Sion, les esséniens, et le culte d'Isis et Osiris.

Ces sujets ont fait l'objet de diverses publications récentes, et notamment du célèbre ouvrage *L'Énigme sacrée* de Michael Baigent, Richard Leigh et Henri Lincoln – qui a été pour nous une véritable source d'inspiration, mais aussi *Le Mystère de l'arche perdue* de Graham Hancock, *Des templiers aux francs-maçons* de Baigent et Leigh et, plus récemment, *La Clé d'Hiram* de Christopher Knight et Robert Lomas. Nous exprimons notre gratitude à tous ces auteurs pour leurs apports à nos domaines d'investigation communs, même si nous sommes convaincus qu'ils n'ont pas trouvé la clé essentielle permettant d'accéder au cœur des mystères.

Il n'y a rien de surprenant à cela. Notre culture repose sur certains postulats définitifs, en particulier quand il s'agit du christianisme ou de son fondateur. Or, s'ils sont erronés, les conclusions qui en découlent le sont également ou, tout au moins, ne livrent qu'une vision déformée des faits.

Lorsqu'il nous a fallu, pour la première fois, considérer nos conclusions, nous avons eu le sentiment de nous être égarés. Pourtant, nous devions prendre une décision : ou poursuivre nos investigations et publier nos résultats, ou oublier purement et simplement nos découvertes cruciales. Nous avons choisi d'aller de l'avant ; somme toute, cet ouvrage est l'aboutissement logique des travaux des chercheurs dont nous avons évoqué les publications ci-dessus. Le moment de la révélation semble venu.

En examinant les croyances de milliers d'« hérétiques » au fil des siècles, nous avons vu émerger un tableau d'une cohérence remarquable. Les traditions de nombreux groupes apparemment différents reposent, en fait, sur des secrets identiques – ou pratiquement analogues. Au début, nous pensions que ces sociétés n'étaient secrètes que par habitude, voire par affectation. Nous comprenons désormais qu'il était indispensable pour elles de se protéger des autorités, et plus particulièrement de l'Église. La question principale ne porte toutefois pas sur leurs croyances, mais sur leur pertinence. Car si elles correspondent à une réalité, si les groupes hérétiques détiennent effectivement le chaînon manquant du christianisme, alors nous sommes en présence d'un scénario vraiment révolutionnaire.

Ce livre raconte notre quête de huit années dans un territoire en grande partie inexploré, car si d'autres ont dressé des cartes qui nous ont guidés dans notre périple, celles-ci étaient largement incomplètes.

Lynn Picknett & Clive Prince
St John's Wood, Londres, 22 juillet 1996

PREMIÈRE PARTIE

Les fils de l'hérésie

CHAPITRE 1

Le code secret de Léonard de Vinci

La fresque de Léonard de Vinci, *La Cène*, est l'une des œuvres d'art les plus célèbres au monde et les plus marquantes. C'est aussi l'unique élément original de l'église Santa Maria delle Grazie, près de Milan. Elle ornait le seul mur demeuré debout après un bombardement allié, durant la Deuxième Guerre mondiale. Beaucoup d'artistes, comme Ghirlandajo et Nicolas Poussin – sans parler de Salvador Dali – ont donné leur propre vision de cette scène majeure de la Bible. Pourtant celle de Léonard de Vinci a le plus marqué l'imagination. On en a vu des reproductions partout, d'aucunes sublimes, d'autres ridicules.

Certaines images nous sont si familières que nous ne prenons pas le temps de les étudier. Généreusement offertes à notre regard, elles ne demandent qu'à être analysées en détail, pourtant elles demeurent semblables à des livres fermés qui préservent leur sens et leur profondeur. C'est le cas de *La Cène* de Léonard de Vinci (1452-1519) – comme, étonnamment, de la plupart des œuvres de cet artiste.

Or ce génie torturé de l'Italie renaissante allait nous entraîner dans des découvertes aux implications si stupéfiantes qu'elles nous ont paru tout d'abord impossibles. Se pouvait-il que des générations d'académiciens n'aient pas vu ce qui nous sautait aux yeux ? Se pouvait-il qu'une information aussi explosive ait attendu tout ce temps pour être mise au jour par des auteurs qui ne sont ni historiens ni théologiens ?

Pour commencer, nous vous proposons de poser un regard neuf sur *La Cène*. Notre propos n'est pas d'aborder cette œuvre sous l'angle familier de l'histoire de l'art mais plutôt comme quelqu'un qui la découvrirait pour la première fois. Ainsi les écailles des préjugés tomberont-elles peut-être de nos yeux.

Le personnage central est, bien entendu, Jésus, que Léonard de Vinci nomme « le Rédempteur » dans ses notes. (Nous recommandons toutefois au lecteur de se garder d'en tirer des conclusions hâtives.) Jésus regarde de façon contemplative vers le bas et légèrement vers sa gauche ; ses mains sont posées sur la table, comme s'il présentait un cadeau au spectateur. Selon le Nouveau Testament, Jésus aurait procédé au cours de la cène au sacrement du pain et du vin, invitant ses disciples à partager sa « chair » et son « sang ». On s'attendrait donc à trouver devant lui un calice ou une coupe de vin. Pour les chrétiens, ce repas se déroule juste avant la « Passion » dans les jardins de Gethsémani, où Jésus a ardemment imploré son Père : « Que cette coupe s'éloigne de moi ! » – une autre allusion au symbolisme vin/sang –, et avant sa crucifixion, lorsque son sang sacré a été versé pour l'humanité. Or, il n'y a pas de vin devant Jésus (d'ailleurs, c'est à peine s'il y en a sur la table). Se pourrait-il que ces mains étendues ne soient qu'un geste gratuit ?

Le vin fait défaut et la plupart des pains sur la table ne sont pas rompus. Jésus lui-même identifiant le pain à son corps, appelé à être « rompu » lors du sacrifice suprême, doit-on y voir un message subtil sur la nature véritable de sa souffrance ?

Cela n'est toutefois que le sommet de l'iceberg de l'hérésie dépeinte dans ce tableau. Dans le récit biblique, le jeune saint Jean – dit « le bien-aimé » – était alors si proche de Jésus qu'il « était couché sur son sein ». Or Léonard ne représente pas ce jeune homme penché selon les indications bibliques, mais plutôt tendu dans la direction opposée au Rédempteur, la tête inclinée de façon presque aguicheuse vers la droite. Ce pseudo-saint Jean inspire d'autres commentaires. S'il est vrai que l'artiste avait naturellement tendance à représenter l'archétype de la beauté masculine de façon efféminée, il n'en demeure pas moins que *c'est sûrement une femme qui nous est présentée ici.* Tout en « lui » est étonnamment féminin. Aussi ancienne et endommagée que soit la fresque, on remarquera les petites mains gracieuses, les traits fins, la poitrine féminine et le collier d'or. Cette femme, car c'en est une à n'en pas douter, porte des vêtements qui accentuent sa nature particulière. Ils font pendant à ceux du Rédempteur : l'un porte une robe bleue et un manteau rouge ; l'autre, une robe rouge et un manteau bleu de même facture. Aucun autre convive n'a des vêtements qui reflètent ainsi ceux du Christ. Mais voilà, aucun autre convive n'est une femme.

Au centre de cette composition, on remarquera également que l'ensemble formé par Jésus et cette femme dessine un grand M, un peu comme si les deux personnages avaient été unis à hauteur de la taille avant d'être séparés. À notre connaissance, tous les académiciens ont identifié ce personnage féminin à saint Jean et aucun n'a remarqué la présence du « M ». Nos recherches ont fait apparaître que Léonard de Vinci s'amusait à réaliser pour ses clients qui lui commandaient des œuvres religieuses classiques, des tableaux qui n'avaient rien d'orthodoxe. En fin psychologue, il savait que les gens contempleront avec une parfaite indifférence l'hérésie la plus criante parce qu'ils ne voient que ce qu'ils s'attendent à voir. Si l'on vous passe commande d'une scène de la vie du Christ et que vous produisiez une image qui l'évoque vaguement, nul ne s'interrogera sur son symbolisme douteux.

Cependant, Léonard de Vinci espérait sûrement que les tenants de son interprétation particulière du Nouveau Testament reconnaîtraient sa version, ou qu'un observateur objectif identifierait cette femme mystérieuse et se poserait les bonnes questions. Qui était cette « M » ? Quelle était son importance ? Pourquoi Léonard aurait-il risqué sa réputation et sa vie – l'Inquisition faisait encore des ravages en son temps – pour l'inclure dans une scène chrétienne cruciale ?

Quelle que soit son identité, cette femme paraît menacée. Une main est tendue en un geste menaçant sur son cou incliné avec grâce. Le Rédempteur est lui aussi menacé par un index dressé devant son visage avec véhémence. Jésus et « M » paraissent inconscients de ces dangers. Chacun est perdu dans ses pensées – serein, paisible. Mais ne peut-on voir dans ces détails des symboles visant non seulement à prévenir Jésus et sa compagne qu'ils vont s'engager dans des voies divergentes, mais encore à transmettre (voire rappeler) aux initiés une information dangereuse à exprimer ouvertement ? Léonard de Vinci a-t-il utilisé cette fresque pour véhiculer une croyance personnelle qu'il aurait été suicidaire de formuler de façon plus précise ? Cette croyance renfermerait-elle un message valable pour d'autres que ses intimes, voire pour nous aujourd'hui ?

Contemplons d'encore plus près cette œuvre étonnante. À droite – pour l'observateur –, un grand homme barbu parle au dernier disciple de la tablée. Pour ce faire, il tourne le dos au Rédempteur. Ce disciple – saint Thaddeus ou saint Jude – a les traits de Léonard de Vinci lui-même. Un peintre de la Renaissance n'aurait jamais introduit dans un tableau un détail fortuit ou visant simplement à faire joli. L'artiste florentin est connu pour avoir respecté de manière rigoureuse cette règle du *double entendre* * visuel. (Il s'est appliqué

* En français dans le texte.

à choisir le modèle juste pour chacun des convives, ainsi a-t-il ironiquement donné à Judas l'apparence du déplaisant prieur du monastère de Santa Maria !) Mais alors pourquoi s'est-il représenté tournant aussi ostensiblement le dos à Jésus ?

Poursuivons notre examen. Une main surnuméraire pointe une dague vers le ventre du troisième disciple en partant de la gauche du tableau. Il est impossible qu'elle appartienne à l'un des convives. Aucun ne pourrait se tordre le bras de la sorte. Le plus déconcertant n'est pas tant que cette main désincarnée existe, mais qu'elle soit quasiment passée inaperçue. Les rares commentateurs à l'avoir mentionnée ont toujours répugné à y voir quoi que ce soit d'exceptionnel. Or rien n'est plus étrange – comme le fait que saint Jean soit en réalité une femme – dès l'instant où on l'a remarqué. Et rien n'est plus négligé par l'observateur, simplement parce que ce détail est trop extraordinaire et choquant.

On a souvent présenté Léonard de Vinci comme un chrétien pieux, dont les tableaux religieux reflètent la profondeur de la foi. Nous venons de voir que l'un d'eux, au moins, présente une imagerie fort éloignée de l'orthodoxie chrétienne. Nos recherches vont, en outre, montrer que Léonard n'a rien d'un croyant fervent – du moins au sens où le christianisme reconnu l'entend. Les détails curieux et dérangeants de cette toile d'une petite église proche de Milan semblent déjà suggérer qu'il cherchait à attirer notre attention sur un autre niveau de lecture d'une scène biblique familière, sur un autre monde de croyance.

Quel que soit le sens de ces singularités, elles étaient en désaccord total avec la ligne du christianisme orthodoxe. Cela ne surprendra pas les matérialistes/rationalistes, aux yeux desquels Léonard fut le premier vrai scientifique, un homme ne s'embarrassant ni de superstitions ni de religion, l'antithèse parfaite du mystique ou de l'occultiste. Hélas, ils se sont, eux aussi, montrés incapables de voir ce qui était offert à leurs regards. Peindre la Cène sans montrer de vin revient à peindre un couronnement en oubliant la couronne. Ou l'artiste a raté son objectif ou il en a atteint un autre, celui de se présenter en hérétique, en homme ayant des convictions religieuses certes, mais divergentes, voire antagonistes de celles de l'orthodoxie chrétienne.

Or d'autres œuvres de Léonard de Vinci illustrent ses obsessions hérétiques à l'aide d'une imagerie précise et cohérente. Gageons qu'il n'en serait rien si l'artiste n'était qu'un athée soucieux de gagner sa vie. Ces symboles particuliers ne sont pas la réaction ironique d'un sceptique à un travail de commande. *La Cène* et d'autres œuvres de Léonard de Vinci nous livrent, en réalité, le code secret du peintre et nous sommes convaincus qu'il conserve toute son importance de nos jours.

On pourra objecter que les croyances de Léonard n'étaient jamais que les élucubrations d'un homme étrange, dont la vie révèle une succession infinie de paradoxes : solitaire, il était aussi l'âme d'un groupe organisé ; dédaigneux des diseurs de bonne aventure, il payait les services d'astrologues ; végétarien et ami des bêtes, il éprouvait un amour très modéré des humains – il disséquait des cadavres de façon obsessionnelle et assistait aux exécutions avec l'œil d'un anatomiste ; penseur profond, il était également féru d'énigmes, de supercheries et de mystifications. Compte tenu de la complexité de sa personnalité, il est peut-être logique que sa vision de la religion et de la philosophie ait été inhabituelle, voire hérétique. Partant de là, il serait tentant de prétendre que ses convictions sont aujourd'hui obsolètes.

S'il est généralement admis que Léonard fut un être fabuleusement doué, la tendance de nos contemporains à se croire supérieurs tend à réduire la portée de ses réalisations. Après tout, son enfance correspond à celle de l'imprimerie. Qu'est-ce qu'un inventeur solitaire d'une époque aussi primitive pourrait apporter à un monde qui surfe sur le Net, et qui peut, en quelques secondes, communiquer par téléphone ou par fax avec des individus qui vivent sur des continents encore inconnus à la Renaissance ?

La première réponse qui nous vienne à l'esprit est que Léonard n'était pas un génie éphémère. Il a dessiné les plans de machines volantes et de chars d'assaut primitifs ; certaines de ses inventions étaient à ce point improbables à son époque que des personnes fantasques ont suggéré qu'il avait eu des visions du futur. Ses plans d'une bicyclette, par exemple, n'ont été découverts qu'à la fin des années 1960[1]*. Contrairement aux projets nés des tâtonnements des ingénieurs de l'ère victorienne, *la bicyclette de Léonard de Vinci avait deux roues de taille égale, une chaîne et un changement de vitesse*. Voilà qui est déjà étonnant, mais un détail intrigue plus encore : quelle raison avait-il d'inventer un vélo ? L'homme a toujours désiré voler comme les oiseaux, mais pédaler sur des routes accidentées, perché en équilibre précaire sur deux roues, voilà qui ne figure dans aucune fable classique ! Mentionnons une autre vision futuriste de Léonard de Vinci : le téléphone.

* Les chiffres en exposant renvoient aux notes en fin de volume.

Si Léonard fut bien un génie plus grand que nature, on peut néanmoins se demander laquelle de ses connaissances conserverait, cinq siècles après sa mort, une quelconque pertinence. En ce cas, les enseignements d'un rabbin du premier siècle de notre ère ne seraient-ils pas encore plus vains pour notre temps et notre culture ? Or, force est d'admettre que certaines idées sont universelles et éternelles, et que la vérité – si tant est qu'il soit possible de la découvrir et de la définir – n'est jamais bafouée de manière essentielle par le passage des siècles.

Pourtant, ce qui nous a amenés, dans un premier temps, à nous intéresser à Léonard de Vinci, ce ne fut ni sa philosophie (exotérique ou ésotérique) ni même son art, mais son œuvre la plus paradoxale (en ce sens qu'elle est tout à la fois l'une des plus célèbres et des moins connues). Ainsi que nous l'avons détaillé dans notre dernier livre[2], c'est le maestro qui a forgé de toutes pièces le suaire de Turin, longtemps considéré comme un linge sur lequel se serait miraculeusement imprimé le visage du Christ mourant. En 1988, des tests de datation au carbone ont prouvé, sauf pour certains croyants obstinés, qu'il s'agissait d'une création remontant à la fin du Moyen Âge ou au début de la Renaissance. Pour nous, ce suaire n'en est pas moins remarquable. La question qui nous obsédait alors concernait l'identité du faussaire, car seul un génie pouvait créer cette « relique » fascinante.

Le suaire de Turin se présente comme une photographie – ses partisans et ses détracteurs s'accordent au moins sur ce point. Il restitue de prime abord une image floue dont les détails se précisent peu à peu à la manière d'un négatif photographique. Aucun tableau, aucune gravure ne produisant cet effet, les partisans de l'authenticité du suaire de Jésus y ont vu la preuve de la nature miraculeuse de l'image. Toutefois, nous avons découvert que le suaire produit l'effet d'une photographie *pour la bonne raison qu'il s'agit d'une photographie*.

Avec Keith Prince, nous avons reproduit ce que nous croyions être la technique originale de cette mystification et ce faisant, nous avons été les premiers à reproduire toutes les caractéristiques alors inexpliquées du suaire de Turin[3]. Nous avons utilisé un équipement d'une grande simplicité : une *camera obscura* (un sténope), un tissu imprégné d'un enduit chimique, traité à l'aide de matériaux disponibles au XVe siècle, et de grandes quantités de lumière. Le sujet de notre photographie expérimentale était le buste en plâtre d'une jeune fille, sans rapport aucun avec la stature du modèle original. En effet, bien que le visage représenté sur le suaire ne soit pas celui de Jésus, contrairement à ce que l'on a affirmé pendant si longtemps, ce n'en est pas moins celui du mystificateur lui-même. *Oui, le suaire de Turin est une photographie de Léonard de Vinci, vieille de plus de cinq cents ans.*

Malgré de curieuses affirmations[4], il est impossible que ce fût l'œuvre d'un chrétien pieux. Le suaire de Turin, regardé comme un négatif photographique, représente prétendument le corps brisé et sanglant de Jésus. Or, ce sang est loin d'être ordinaire, puisque pour les chrétiens il n'est pas seulement de nature divine, il est le salut du monde. Comment imaginer, en conséquence, qu'un croyant ait pu le « trafiquer » ? Il serait tout aussi impensable, pour quiconque respecte la personne de Jésus, de faire passer son propre portrait pour celui du Rédempteur. Pourtant, Léonard de Vinci a commis ces deux actes blasphématoires avec un soin méticuleux et probablement une certaine satisfaction. Il savait, de toute évidence, que le suaire, en tant qu'image supposée de Jésus – car qui aurait supposé qu'il s'agissait de l'artiste florentin lui-même[5] ? – deviendrait l'objet d'un culte attirant un nombre considérable de pèlerins, de son vivant même. Nous l'imaginons fort bien se cachant pour mieux les observer – cela correspondrait assez à ce que nous savons de son caractère. Mais avait-il prévu le nombre de pèlerins qui se signeraient devant son portrait au fil des siècles ? Avait-il imaginé que des individus intelligents se convertiraient au catholicisme pour avoir contemplé ce magnifique visage torturé ? Avait-il anticipé que l'image de Jésus vénérée en Occident serait aussi largement influencée par le visage du suaire ? Avait-il supposé que des millions de personnes, dans le monde entier, vénéreraient un hérétique homosexuel du XVe siècle en lieu et place de leur Dieu bien-aimé, *que, lui, Léonard de Vinci deviendrait littéralement le modèle de Jésus Christ ?*

Le suaire fut, à notre sens, la mystification la plus choquante – et la plus réussie – de tous les temps. Mais, il représente plus que cela. Nous croyons que Léonard de Vinci a créé la relique chrétienne par excellence dans un double but : utiliser une technique révolutionnaire et véhiculer une croyance hérétique codée. La notion même de photographie était dangereuse en ce temps de paranoïa et de superstitions[6]. Gageons que Léonard s'est délecté de voir son prototype protégé par les prêtres mêmes qu'il méprisait tant.

Le suaire de Turin a beau être une œuvre de mystificateur et de génie, il véhicule des symboles qui traduisent les obsessions particulières de Léonard de Vinci – comme d'autres de ses œuvres, officielles celles-là. Ainsi, observe-t-on à la base du cou un trait distinct. Nous avons utilisé la technologie informatique la plus sophistiquée pour retracer le « contour » de l'image et il nous est apparu que le trait en question souligne la partie inférieure de la tête, laquelle se trouve ainsi *coupée* du corps[7]. Nous voyons à cela deux raisons. L'une est purement pratique, car l'image est un montage : le corps est celui d'un vrai crucifié et le visage est celui de l'artiste. Le trait correspond donc, presque par nécessité, à la « jonction » des deux éléments. Pourtant, notre faussaire n'était pas un artisan malhabile, et il lui eût été relativement aisé d'obscurcir ou de masquer cette ligne de démarcation évidente. Seulement Léonard n'y tenait peut-être pas. Ne l'aurait-il pas délibérément accentuée pour transmettre un message à « ceux qui ont des yeux pour voir » ?

Quelle hérésie le suaire de Turin pourrait-il véhiculer sous une forme codée ? Il y a, en effet, des limites aux symboles dissimulables sous le portrait figé d'un crucifié. Nous reviendrons sur ce point. Contentons-nous, pour l'instant, de suggérer qu'on peut répondre à ces questions en posant un regard neuf sur deux aspects principaux de l'image. Le premier concerne l'abondance de sang qui coule le long du bras de Jésus – voilà qui semblerait contredire l'absence symbolique de vin sur la table de *La Cène*. Nous verrons que c'est tout l'inverse. Le second concerne la ligne de démarcation évidente entre la tête et le corps, comme si Léonard de Vinci voulait suggérer une décapitation. Or, pour autant que nous le sachions, Jésus n'a pas été décapité. Nous en sommes donc venus à nous interroger sur le sens que pouvaient avoir deux personnages distincts et pourtant étroitement liés. Quelle que puisse être la réponse, nous ne voyions toujours pas pourquoi placer un décapité « sur » un crucifié ?

Ainsi que nous le verrons, cette allusion à une décapitation sur le suaire de Turin ne fait que confirmer ce que l'on rencontre dans de nombreuses œuvres de Léonard de Vinci. Nous avons évoqué la manière dont, dans *La Cène*, la jeune femme « M » semble menacée par une main qui « tranche » son cou délicat, et Jésus, par un doigt pointé vers son visage. Chez Léonard de Vinci ce doigt levé est toujours une référence directe à Jean Baptiste.

Ce saint, qui annonce la venue de Jésus, dit au monde de « regarder l'Agneau de Dieu » dont il n'est pas digne de délier la courroie des souliers. Il revêt une importance capitale pour Léonard de Vinci, si on en juge par son omniprésence dans ses œuvres. Curieuse obsession de la part d'un artiste dont les rationalistes affirment qu'il ne s'intéressait pas à la religion. Jean Baptiste a marqué la vie de Léonard, tant à un niveau conscient – dans son œuvre – qu'à un niveau inconscient – dans les coïncidences qui ont marqué son existence. C'est comme si le saint suivait ses pas. Ainsi, Florence est consacrée à Jean Baptiste, de même que la cathédrale de Turin dans laquelle est exposé le saint suaire. Son dernier tableau représente Jean Baptiste – avec la *Mona Lisa*, il resta longtemps dans la chambre où l'artiste rendit son dernier soupir, ignoré de tous. Sa seule sculpture à nous être parvenue (exécutée avec Giovan Francesco Rustici, un célèbre occultiste) est, elle aussi, consacrée au Baptiste. Elle se dresse désormais au-dessus de l'entrée du baptistère de Florence où, offerte aux déjections des pigeons, elle domine les touristes.

Le doigt levé – ce fameux « geste de Jean » – se retrouve dans *L'École d'Athènes* de Raphaël (1509). Nous y voyons le vénérable Platon l'accomplissant – la référence n'est pas aussi mystérieuse qu'on pourrait le supposer. En fait, ce Platon a les traits de Léonard de Vinci.

Si vous avez le sentiment que nous accordons trop d'attention à ce geste, considérez ces autres exemples puisés dans l'œuvre de Léonard de Vinci. On le retrouve, en effet, dans plusieurs tableaux et toujours avec le même sens.

Dans *L'Adoration des Mages* (commencée en 1481 et demeurée inachevée), un spectateur anonyme l'exécute à proximité d'un talus duquel émerge un caroubier. La plupart des observateurs ne le remarquent même pas, car leur regard est inévitablement attiré par ce qu'ils pensent être l'élément essentiel du tableau, suggéré par le titre même. La Vierge, belle et rêveuse, l'enfant Jésus sur les genoux, est à vrai dire un personnage insipide et incolore. Les Mages agenouillés font l'offrande de leurs présents à l'enfant, alors qu'à l'arrière-plan une foule s'assemble, apparemment dans le même but. Mais, comme dans *La Cène*, le caractère chrétien de ce tableau est purement superficiel et mérite une attention plus minutieuse.

Les adorateurs de l'avant-plan ne rayonnent pas vraiment de santé et de beauté. Maigres, presque cadavériques, leurs mains tendues vers le couple semblent moins exprimer la vénération qu'une crispation cauchemardesque. Les Mages ne sont que deux et non trois comme dans les Écritures. L'encens et la myrrhe font bien partie des offrandes, mais pas l'or. Or à la Renaissance, l'or est non seulement symbole de richesse, mais encore de royauté – celle-ci semble donc refusée à Jésus.

Derrière la Vierge et les Mages, on aperçoit un second groupe d'adorateurs. Ceux-ci sont parfaitement sains, mais en suivant leur regard, on constate qu'ils ne contemplent ni la Vierge ni l'enfant, mais les racines du caroubier, près duquel un homme accomplit le « geste de Jean ». Or, le caroubier est traditionnellement associé à... Jean Baptiste[8].

Dans l'angle inférieur droit, un jeune homme se détourne ostensiblement de la Sainte Famille. On considère généralement qu'il s'agit de l'artiste lui-même, qui se serait jugé indigne de regarder le Rédempteur – mais cette explication ne résiste pas à l'examen. Léonard de Vinci n'avait rien d'un dévot et ce n'était certes pas un exemple de piété ou d'humilité, il est donc peu probable que son attitude ait été inspirée par une quelconque obséquiosité.

Considérons maintenant le magnifique et obsédant tableau de *La Vierge à l'Enfant avec sainte Anne* (1501), qui orne la National Gallery de Londres. Ici aussi un examen minutieux révèle des éléments troublants par leurs implications subversives. La toile montre la Vierge, Jésus, sainte Anne (la mère de Marie) et Jean Baptiste, enfant. Le petit Jésus semble bénir son cousin Jean, qui tourne les yeux vers le haut dans une expression pensive. Marie a l'air absent et sainte Anne accomplit le « geste de Jean » d'une main étonnamment grande et masculine. Or, son index se dresse juste au-dessus de la main minuscule de Jésus, comme pour lui faire de l'ombre – littéralement et métaphoriquement. Si la Vierge paraît installée de façon extrêmement inconfortable – presque « en amazone » –, c'est la position de Jésus qui intrigue le plus. Marie semble le pousser vers l'avant pour qu'il puisse bénir son cousin – comme si elle l'avait introduit dans le tableau uniquement dans ce but et éprouvait toutes les peines du monde à l'y maintenir. De son côté, Jean est nonchalamment appuyé contre les genoux de sainte Anne, guère concerné par l'honneur qui lui est fait. Se peut-il que la propre mère de la Vierge rappelle à sa fille quelque secret lié à Jean ?

La notice de la National Gallery qui accompagne le tableau précise que certains experts, intrigués par la jeunesse de sainte Anne et la présence surprenante de Jean Baptiste, ont suggéré que Léonard de Vinci avait en réalité représenté Marie et sa cousine Élisabeth – *la mère de Jean.* Voilà qui paraît plausible et si cette interprétation devait se confirmer, elle viendrait renforcer notre propos.

Cette inversion apparente des rôles habituels de Jésus et Jean se retrouve dans l'une des deux versions de *La Vierge aux rochers* du même artiste. Les historiens de l'art n'ont jamais réussi à expliquer de façon satisfaisante pourquoi il existait deux versions de cette toile : l'une exposée à la National Gallery et l'autre – beaucoup plus intéressante à nos yeux – au Louvre.

La commande originale émanait d'une organisation connue sous le nom de Fraternité de l'Immaculée Conception et portait sur un tableau unique, qui devait constituer le panneau central d'un triptyque destiné à l'autel de la chapelle de l'église de San Francesco Grand, à Milan[9]. (Les éléments complémentaires du triptyque avaient été confiés à deux autres artistes.) Le contrat, daté du 25 avril 1483, existe toujours et nous éclaire sur la nature de l'œuvre attendue – bien différente de celle qui fut livrée. Il spécifiait soigneusement la forme et les dimensions du tableau – le cadre du triptyque existant déjà. Il est curieux de constater que les deux versions achevées répondent à ces spécificités. On ignore pourquoi Léonard de Vinci doubla la commande. Nous pouvons, toutefois, risquer une explication qui porterait moins sur une volonté de perfectionnisme que sur une prise de conscience de leur potentiel explosif.

Le contrat précisait également le thème du tableau. Celui-ci devait illustrer un événement non mentionné dans les Évangiles, mais participant depuis longtemps de la légende chrétienne. Il s'agissait d'un épisode de la fuite en Égypte au cours duquel Joseph, Marie et Jésus trouvent refuge dans une caverne, où ils rencontrent Jean Baptiste, enfant, protégé par l'archange Uriel. Cette légende offrait, en fait, une échappatoire à l'une des questions les plus embarrassantes soulevées par le récit biblique du baptême de Jésus. Ce rituel a pour but de nous laver de nos péchés, or le Fils de Dieu est censé être pur de tout péché. Pourquoi doit-il, en conséquence, se soumettre à cet acte d'autorité du Baptiste ?

La légende répond à cette question. À l'occasion de cette rencontre fortuite des deux enfants, Jésus investit son cousin Jean de l'autorité de le baptiser quand ils seront devenus adultes. Quelle ironie du sort que la Fraternité ait passé commande d'un tel sujet à Léonard de Vinci ! Il dut s'en délecter et profiter de l'occasion pour en donner son interprétation personnelle, dans l'une des deux versions du moins.

Sensibles au style de l'époque, les membres de la Fraternité avaient précisé leur désir d'un tableau somptueux, richement orné de feuilles d'or et présentant une nuée de chérubins et de prophètes fantomatiques de l'Ancien Testament. L'œuvre se révéla, en définitive, si différente de leur attente, que les relations entre commanditaires et artiste se dégradèrent au point d'entraîner un procès de plus de vingt années.

Léonard choisit de représenter la scène de façon aussi réaliste que possible, sans personnages superflus – ni angelots joufflus ni prophètes inquiétants. À vrai dire, les *dramatis personae* ont peut-être été réduits à l'excès, car bien que la scène soit censée représenter la fuite de la Sainte Famille en Égypte, Joseph n'y figure pas.

La première version, celle du Louvre, montre une Vierge vêtue d'une robe bleue, un bras protecteur posé sur l'épaule d'un enfant. L'autre bambin forme un second groupe avec Uriel. Curieusement, les deux bébés sont identiques, mais il y a plus étrange encore : l'enfant auprès de l'ange bénit l'autre qui est agenouillé, près de Marie, en signe de soumission. Certains historiens de l'art en ont déduit que Léonard de Vinci avait choisi de représenter le petit Jean à côté de Marie. Après tout, aucune étiquette ne permet d'identifier les personnages, et seul Jésus a autorité de bénir l'autre.

D'autres interprétations sont toutefois possibles, qui non seulement suggèrent de puissants messages subliminaux hérétiques, mais encore confirment les codes utilisés par Léonard dans plusieurs œuvres. La ressemblance des deux enfants donne à penser que l'artiste, pour des raisons qui lui sont propres, cherchait à créer une confusion sur leur personne. Tandis que Marie serre en un geste protecteur du bras droit l'enfant généralement identifié à Jean, sa main gauche est tendue au-dessus de la tête de « Jésus » en un geste d'hostilité manifeste. Dans sa biographie récente de Léonard de Vinci, Serge Bramly y voit comme « les serres d'un aigle [10] ». Uriel a le doigt tendu vers l'enfant de Marie, mais c'est vers l'observateur qu'il tourne son regard énigmatique, se détournant ainsi du groupe de la Vierge. Il est plus simple et plus acceptable de voir dans ce geste une indication de qui est le Messie, mais d'autres interprétations sont possibles.

Et si l'enfant qui se trouve avec Marie était Jésus et celui avec Uriel, Jean ? Dans ce cas, Jean bénirait Jésus, qui se soumettrait à son autorité, tandis qu'Uriel, en protecteur spécifique de Jean, éviterait soigneusement de le regarder. Marie, soucieuse de protéger son fils, lèverait, elle, une main menaçante au-dessus de la tête du petit Jean. Quelques centimètres sous sa paume ouverte, le doigt tendu d'Uriel semble interrompre son mouvement, comme si ces gestes renfermaient quelque sens caché.

Léonard de Vinci cherche-t-il à nous indiquer qu'un objet important – mais en l'occurrence invisible – devrait occuper l'espace entre les deux personnages ? Ne pourrait-on imaginer les doigts de Marie posés sur la couronne d'une tête invisible, et l'index d'Uriel coupant l'espace à l'endroit précis où se trouverait le cou ? Cette tête fantôme flotterait au-dessus de l'enfant aux côtés d'Uriel... qui se trouverait, dès lors, nommé, car lequel des deux enfants allait mourir décapité... ? S'il s'agit bien de Jean Baptiste, c'est donc lui qui donne la bénédiction, et se distingue comme supérieur à l'autre.

Pourtant, dans la version beaucoup plus tardive de la National Gallery, tous les éléments permettant ces déductions hérétiques ont disparu – mais uniquement ces éléments-là. Les deux enfants ne se ressemblent plus et celui qui accompagne Marie porte la traditionnelle croix à longue hampe du Baptiste (elle a peut-être été ajoutée ultérieurement par un autre artiste). La main gauche de Marie est toujours tendue au-dessus de l'autre enfant, mais cette fois son geste n'a rien de menaçant. Uriel, lui, n'a plus le doigt tendu et ne se détourne plus. On a le sentiment que Léonard nous invite à « chercher l'erreur » et nous défie de tirer nos propres conclusions.

En étudiant ainsi l'œuvre de Léonard de Vinci on relève pléthore de sous-entendus provocants et dérangeants. Le thème du Baptiste est récurrent à travers divers symboles et signaux subliminaux ingénieux. Jean Baptiste, ou des images le représentant, est régulièrement élevé au-dessus du personnage de Jésus – et si notre analyse est correcte, cette remarque vaut aussi pour les symboles suggérés dans le suaire de Turin.

Cette insistance a quelque chose d'obsédant, surtout du fait de la complexité des images utilisées par l'artiste et du risque qu'il y avait à présenter au monde une telle hérésie – fût-ce de manière subtile et subliminale. S'il achevait rarement une œuvre, ce n'était sûrement pas par souci de perfectionnisme, comme nous l'avons déjà suggéré, mais parce qu'il était conscient du danger encouru si quelque notable percevait le « blasphème » latent sous la fine couche d'orthodoxie. Ce géant intellectuel et physique qu'était Léonard de Vinci craignait peut-être de se mettre à dos les autorités – une fois lui avait suffi [11].

Pourtant, rien ne l'obligeait à poser sa tête sur le billot en introduisant des messages aussi hérétiques dans ses tableaux, sauf s'il y croyait avec passion. Il se confirme donc que loin d'être l'athée matérialiste cher aux penseurs modernes, Léonard de Vinci était profondément dévoué à un système de croyances opposé au christianisme orthodoxe. Beaucoup parleraient d'« occulte ».

Aujourd'hui, ce mot recouvre le plus souvent la magie noire ou les élucubrations de charlatans dépravés – voire les deux. En réalité, « occulte » signifie tout simplement « caché ». Ce terme est courant en astronomie, par exemple pour décrire un corps céleste qui en « occulte », ou en éclipse, un autre. Certes, des pans de l'existence et des croyances de Léonard de Vinci évoquent des rites sinistres et des pratiques magiques, pourtant il recherchait par-dessus tout la connaissance. Or elle avait été « occultée » dans une large mesure par la société – et notamment par une organisation omniprésente et puissante. Dans l'Europe renaissante, l'Église condamnait toute expérimentation scientifique et prenait des mesures draconiennes pour réduire au silence ceux qui exprimaient publiquement leurs visions hérétiques ou personnelles.

Cependant, Florence, où Léonard est né et a grandi – c'est à cette cour qu'il a commencé sa carrière – était le berceau d'une nouvelle vague de connaissance. Or cela s'expliquait entièrement par le fait que la ville était un havre pour nombre d'occultistes et de magiciens influents. Les Médicis, premiers clients de Léonard, famille régnante de Florence, encourageaient activement les travaux occultes et finançaient même des savants pour qu'ils recherchent et traduisent certains manuscrits perdus.

À la Renaissance, une telle fascination pour le mystère n'équivalait pas à notre mode actuelle des horoscopes. Certes, certains secteurs de recherche nous paraîtraient naïfs ou relevant de la superstition pure et simple, mais d'autres constituaient une tentative sérieuse pour comprendre l'univers et la place de l'homme en son sein. Le magicien, lui, s'aventurait un pas plus loin et s'efforçait de découvrir le moyen de contrôler les forces de la nature. Il ne serait donc pas surprenant que Léonard de Vinci ait joué un rôle actif dans la culture occulte de son temps et de sa ville. L'éminente historienne Frances Yates a même suggéré que la clé de son génie exceptionnel pourrait résider dans les notions mêmes de magie [12].

Dans notre livre précédent [13], nous avons exposé les croyances précises qui prédominaient dans le mouvement occulte florentin. Disons brièvement que le dénominateur commun de tous ces groupes était l'hermétisme, qui doit son nom à Hermès Trismégiste, le grand – sinon légendaire – sage égyptien dont les ouvrages présentent un système magique cohérent. L'élément le plus important de la pensée hermétique pose que l'homme est, en un sens, littéralement divin – ce concept menaçait la mainmise de l'Église sur les cœurs et les esprits des fidèles, aussi était-il voué à l'anathème.

La présence des principes hermétiques dans la vie et l'œuvre de Léonard de Vinci est patente. Pourtant, il semblerait y avoir contradiction entre, d'une part, des idées philosophiques et cosmologiques sophistiquées et, d'autre part, des notions religieuses – hérétiques certes, mais qui conservent leur importance aux personnages bibliques. (Précisons que les croyances hétérodoxes de Léonard et des membres de son cercle n'étaient pas une simple réaction contre une Église corrompue et crédule. Ainsi que l'Histoire l'a montré, l'ensemble du mouvement protestant constitua une opposition forte et ouverte à l'Église de Rome. Mais si Léonard vivait aujourd'hui, il ne se reconnaîtrait pas plus dans le protestantisme.)

D'innombrables éléments suggèrent que les hermétistes étaient parfois de véritables hérétiques. Giordano Bruno (1584-1600), défenseur fanatique de l'hermétisme, rattachait ses croyances à une antique religion égyptienne antérieure au christianisme... et dont l'importance éclipsait ce dernier [14].

Dans ce monde occulte florissant – mais très discret par crainte de l'Église –, on trouve, bien évidemment, des alchimistes. Eux aussi sont victimes de nos préjugés modernes et passent pour des sots qui perdaient leur temps en cherchant à transmuter un métal vulgaire en or. En fait, derrière cette façade, les alchimistes sérieux se souciaient surtout d'expérimentation scientifique – mais également de transformation personnelle visant au contrôle implicite de son propre destin. Qu'un homme assoiffé de connaissance comme Léonard de Vinci s'inscrive dans un tel mouvement, et en soit même un élément moteur, n'est pas surprenant. Certes, il n'existe aucune preuve formelle de son engagement personnel. En revanche, il est établi qu'il fréquentait des occultistes éminents de toutes les disciplines, et nos recherches sur la mystification du suaire de Turin ont révélé que l'image obtenue fut le résultat direct d'expériences « alchimiques ». (En fait, nous sommes parvenus à la conclusion que la technique photographique était l'un des grands secrets de l'alchimie [15].)

Bref, il est fort impensable que Léonard de Vinci ait pu ignorer un système de connaissance contemporain. Toutefois, compte tenu des risques encourus alors par tous les aventuriers de l'esprit, il est tout aussi impensable qu'il ait couché des éléments compromettants sur papier. Néanmoins, nous avons vu que les symboles et les images récurrents dans ses tableaux dits chrétiens auraient provoqué le courroux des autorités religieuses, si elles en avaient eu conscience.

Il est évident que le maître était depuis longtemps reconnu dans les milieux occultistes comme le détenteur d'une connaissance secrète. Quand nous avons commencé à enquêter sur son rôle dans l'affaire du suaire de Turin, nous avons eu vent de rumeurs suggérant non seulement qu'il avait participé à sa création, mais encore qu'il était un mage renommé. Une affiche parisienne du XIXe siècle annonçant le Salon de la Rose + Croix – un lieu de rencontres pour occultistes friands d'art – représente d'ailleurs le gardien du Graal sous les traits de Léonard de Vinci (dans ces milieux, ce rôle équivaut à celui de gardien des Mystères). Certes, les rumeurs et la licence artistique n'ont pas valeur de vérité, mais l'addition de tous ces éléments suffit à éveiller notre désir d'en savoir plus sur l'aspect inconnu de Léonard de Vinci.

Pour l'instant nous avons isolé le fil conducteur de l'objet apparent de la fascination de Léonard de Vinci : Jean Baptiste. Il était, certes, normal qu'il reçoive des commandes pour représenter ce saint puisque Florence lui était consacrée. Il n'en demeure pas moins que spontanément Léonard choisissait ce thème. N'oublions pas que le dernier tableau entrepris juste avant sa mort en 1519 – que personne ne lui avait commandé, mais qu'il avait peint par pur plaisir – représentait Jean Baptiste. Peut-être désirait-il contempler cette image en s'éteignant. Enfin, même quand il était payé pour peindre une scène chrétienne orthodoxe, l'artiste s'arrangeait presque toujours pour valoriser le Baptiste.

Nous avons montré que ses représentations de Jean véhiculent systématiquement un message spécifique, fût-ce à un niveau indirect et subliminal. Le Baptiste est un personnage important dans ses toiles, mais ne fut-il pas le précurseur et le cousin de Jésus ? Il est donc tout à fait naturel qu'il soit ainsi mis en valeur. Pourtant, contrairement aux autres artistes, Léonard de Vinci ne suggère pas que Jean Baptiste était inférieur à Jésus. Dans sa *Vierge aux rochers*, l'ange désigne Jean, qui bénit Jésus et non l'inverse. Dans *L'Adoration des Mages*, les personnages sains, normaux vénèrent les racines du caroubier – l'arbre de Jean –, et non l'insipide Vierge ou son enfant. Dans *La Cène*, un index levé est dressé devant le visage de Jésus d'une manière qui ne suggère ni le soutien ni l'amour ; il semble, au contraire, dire de façon directe et menaçante : « Souviens-toi de Jean. » Quant à cette œuvre dont on sait moins qu'elle doit lui être également attribuée, le suaire de Turin, elle renferme le même symbolisme : la tête d'un « décapité » est posée « sur » le corps d'un crucifié. L'idée qui se dégage de tout cela est que, dans l'esprit de Léonard de Vinci, Jean Baptiste était supérieur à Jésus.

Léonard fut-il une voix criant dans le désert ? Après tout, beaucoup de grands esprits étaient des excentriques. Peut-être l'artiste traversait-il une période de solitude et de dépression. Pourtant, dès le début de nos recherches dans les années 1980, nous avons remarqué que des indices récents – controversés certes – le liaient à une société secrète sinistre et puissante. Ce groupe, qui existait apparemment depuis plusieurs siècles, comptait des individus, et même des familles, parmi les plus influents de l'histoire européenne. Toujours selon nos sources, il existerait encore. Des membres de l'aristocratie se trouveraient à l'origine de cette organisation, et aujourd'hui des personnages éminents de la politique et de l'économie continueraient à le faire vivre, pour des raisons qui leur sont propres.

En commençant notre investigation, nous nous imaginions, ravis, passer notre temps dans des galeries d'art à décrypter des tableaux de la Renaissance. Nous étions loin de la vérité.

CHAPITRE 2

Aux enfers

Notre recherche sur le « Léonard inconnu » allait devenir une longue quête d'une complexité incroyable – il serait plus juste de parler d'une initiation que d'une simple investigation. En chemin, nous allions nous égarer dans de multiples impasses et fréquenter des individus liés à des sociétés secrètes qui se délectent non seulement de jeux sinistres, mais encore agissent comme des agents de désinformation et de confusion. Nous nous sommes souvent demandé comment une étude de la vie et de l'œuvre de Léonard de Vinci avait pu nous entraîner dans un monde dont nous avions le sentiment qu'il n'existait que dans le film à clé du grand surréaliste Jean Cocteau, *Orphée*, avec sa description d'un enfer auquel on accède par magie en traversant des miroirs.

En fait, c'est ce représentant même de l'étrange – Cocteau – qui devait nous fournir des clés non seulement sur l'œuvre de Léonard de Vinci, mais encore sur l'existence d'une tradition occulte ininterrompue. Nous allions ainsi découvrir que Cocteau (1899-1963) était, apparemment, lui aussi engagé dans cette société secrète – nous reviendrons sur les preuves de cette affirmation. Mais pour commencer, analysons celles que nous révèlent nos propres yeux.

À deux pas des lumières brillantes et des clameurs de Leicester Square, à Londres, se trouve l'église Notre-Dame de France. Sur Leicester Place, à côté d'un glacier « pour adultes » à la mode, il est facile de passer sans la voir, car sa façade est dépourvue de la flamboyance généralement associée aux grandes églises catholiques. Il est donc encore plus facile de ne pas remarquer à quel point son décor diffère de la plupart de ces lieux de culte.

Bâtie en 1865 sur un site templier, Notre-Dame de France fut presque entièrement détruite par les bombes nazies pendant le Blitz et rebâtie à la fin des années 1950. Une fois franchi son modeste porche, le visiteur se trouve dans une salle grande, haute et aérée qui semble, de prime abord, typique de l'architecture catholique moderne. Presque entièrement dépourvue de la statuaire voyante qui orne à l'excès nombre de ces bâtiments, elle n'en contient pas moins de petits tableaux illustrant le chemin de la croix. Un autel imposant sous une grande tapisserie représente une jeune Vierge blonde entourée d'animaux en adoration – cette scène n'est pas sans évoquer les charmants dessins animés de Disney, mais constitue une représentation acceptable de la jeune Marie. Enfin, quelques saints de plâtre patronnent des chapelles latérales.

Mais à la gauche du visiteur, qui regarde l'autel principal, on trouve une petite chapelle dépourvue de statue cultuelle, qui pourtant rassemble de nombreux fidèles. Les touristes viennent admirer et photographier une fresque inhabituelle. Jean Cocteau l'a achevée en 1960 et l'église est fière de vendre des cartes postales de cette œuvre d'art célèbre à plus d'un titre. Cependant, comme dans le cas des peintures dites « chrétiennes » de Léonard de Vinci, un examen minutieux de ce tableau révèle un symbolisme peu orthodoxe. La comparaison avec l'œuvre de l'artiste florentin n'est nullement fortuite. Malgré le fossé de cinq cents ans qui sépare les deux œuvres, ne pourrait-on suggérer que Cocteau et Léonard de Vinci collaborèrent d'une certaine manière par-delà le temps ?

Avant de nous intéresser à la curiosité de Cocteau, considérons l'église de Notre-Dame de France sur un plan général. Bien que le cas ne soit pas unique, il est rare qu'une église catholique soit circulaire, or cette forme est ici accentuée par divers détails. Ainsi, observe-t-on un dôme vitré étonnant, décoré d'un ensemble de cercles concentriques qui dessine comme une toile d'araignée. L'intérieur et l'extérieur des murs sont couverts d'une alternance de croix à bras égaux et d'autres cercles.

L'église d'après-guerre, bien que récente, se dresse fièrement. Elle incorpore une dalle de pierre provenant de la cathédrale de Chartres, chef-d'œuvre de l'architecture gothique et lieu de rassemblement de groupes aux croyances religieuses peu orthodoxes. On objectera qu'il n'y a rien de particulièrement significatif à exposer une telle dalle. Cette église fut, pendant la guerre, un point de ralliement des Forces françaises libres, aussi un élément de Chartres pouvait n'être qu'un symbole émouvant de la mère patrie. Pourtant, nos recherches allaient démontrer qu'une telle conclusion serait trop hâtive.

De nombreux visiteurs – Londoniens ou touristes – s'arrêtent régulièrement à Notre-Dame de France pour prier ou participer à des services religieux. L'église semble l'une des plus actives de Londres ; elle sert aussi de refuge aux sans-abri, qui y sont accueillis avec beaucoup d'humanité. Mais c'est la fresque de Cocteau qui attire le plus de personnes venues rechercher une oasis de calme au milieu de l'agitation de la City.

Au premier abord, la fresque peut décevoir – comme une bonne partie de l'œuvre de Cocteau. Ce n'est guère plus qu'une esquisse peinte, une scène vaguement ébauchée en quelques traits de couleur sur un enduit de plâtre. Elle représente la crucifixion : le supplicié est entouré de soldats romains terrifiés, de femmes et de disciples en pleurs. Tous les ingrédients d'une crucifixion traditionnelle semblent réunis, mais comme dans *La Cène* de Léonard de Vinci, l'œuvre mérite un examen plus minutieux, plus critique.

Le personnage central, la victime de cette mort atroce, pourrait être Jésus. Pourtant nous ignorons son identité réelle car nous ne voyons de lui que ses jambes. Le haut du corps n'est pas représenté. Au pied de la croix, trône une énorme rose rouge et bleue.

À l'avant-plan, un personnage qui n'est ni un Romain ni un disciple se détourne de la croix ; il paraît troublé par la scène qui se déroule derrière lui. Certes l'événement est profondément perturbant. Une crucifixion constitue un spectacle insupportable en soi, mais si de surcroît le supplicié est le Fils de Dieu, elle devient tout simplement traumatisante. Or les traits de cet homme n'expriment ni l'épouvante ni la douleur d'un fidèle. Pour être honnête, il faut admettre que les sourcils froncés et le regard de côté sont ceux d'un témoin désabusé, voire écœuré. Cette réaction n'est pas celle d'un être prêt à s'agenouiller en un acte de vénération, mais plutôt celle d'un homme critique.

Quelle est donc cette présence désapprobatrice devant l'événement le plus sacré du christianisme ? Il s'agit ni plus ni moins de Cocteau lui-même. Si l'on considère que Léonard de Vinci s'est représenté tournant le dos à la Sainte Famille dans *L'Adoration des Mages*, et à Jésus dans *La Cène*, on doit convenir qu'il existe une similitude entre les œuvres. Quand on sait, en outre, que les deux artistes étaient des membres éminents de la même société secrète hérétique, une étude plus approfondie s'impose.

Un grand soleil noir éclaire la scène, dardant ses rayons ténébreux dans le ciel. Juste devant l'astre se tient un être – sans doute un homme – dont les yeux levés, exorbités, découpés sur l'horizon, font curieusement penser à... une poitrine de femme. Quatre soldats romains prennent des poses épiques autour de la croix, tenant leurs lances de façon curieuse et selon des angles chargés de sens – l'un d'eux porte en outre un bouclier sur lequel est dessiné un faucon stylisé. Aux pieds de deux soldats, des dés ont roulé sur un morceau d'étoffe. La somme totale de leurs nombres donne cinquante-huit.

Un jeune homme insipide a les mains jointes au pied de la croix. Son regard vide est posé sur l'une des deux femmes présentes, dont les corps semblent former un grand « M » juste sous l'homme aux yeux semblables à des seins. La plus âgée a les yeux baissés et semble verser des larmes de sang ; la plus jeune est plus distante et, bien que debout tout près de la croix, elle lui tourne le dos. Le « M » est répété sur la partie avant de l'autel, situé juste devant la fresque.

Le dernier personnage, à l'extrémité droite du tableau, est un homme d'âge indéterminé, dont le seul œil visible a la forme d'un poisson.

Certains commentateurs [1] ont fait observer que les angles formés par les lances des soldats dessinent un pentagramme – un élément peu orthodoxe dans une scène chrétienne traditionnelle. Mais ce détail n'entre pas dans le cadre de notre investigation. Comme nous l'avons vu, il semble bien exister des liens superficiels entre les messages subliminaux des œuvres religieuses de Léonard de Vinci et de Cocteau. C'est cette utilisation de certains symboles communs qui a retenu notre attention.

Les noms de Léonard de Vinci et de Cocteau figurent sur la liste des grands maîtres d'une société secrète qui se prétend l'une des plus anciennes et des plus influentes d'Europe : le Prieuré de Sion. Hautement controversée, son existence même a été mise en doute. En conséquence, ses prétendues activités sont souvent tournées en dérision et leurs implications ignorées. Dans un premier temps, nous avons partagé ce type de réaction, mais nos recherches nous ont amenés à revoir notre position.

L'existence du Prieuré de Sion a été portée à l'attention du public anglo-saxon en 1982, par le best-seller *L'Énigme sacrée*, de Michael Baigent, Richard Leigh et Henri Lincoln. En France, son pays d'origine, le Prieuré fait parler de lui depuis le début des années 1960. Il s'agit d'un ordre paramaçonnique ou chevaleresque, qui affiche des ambitions politiques. Son pouvoir occulte est considérable. Cela étant posé, il est bien difficile de classer le Prieuré... peut-être parce qu'il s'agit d'une chimère. Il n'y a pourtant rien d'illusoire dans l'information que nous a fournie son représentant, que nous avons rencontré au début de 1991. Cet entretien fut le fruit d'une série de lettres étranges qui nous ont été adressées à la suite d'une émission de radio consacrée au suaire de Turin.

Les événements ayant suscité ce rendez-vous surréaliste sont évoqués en détail dans notre livre précédent[2]. Pour le moment, contentons-nous de préciser qu'un certain « Giovanni » – nous ne le connaissons que sous ce pseudonyme –, un Italien qui se prétendait un membre important du Prieuré de Sion, avait suivi de près nos recherches sur le saint suaire. Pour des raisons mystérieuses, il avait finalement décidé de nous dévoiler certains des objectifs de cette organisation, voire de nous impliquer dans ses plans. Une bonne partie de l'information qui nous fut ainsi révélée devait nous conduire, après vérification minutieuse, à consacrer un ouvrage au suaire de Turin, mais une partie du matériau étant sans rapport avec cet ouvrage, nous ne l'avons pas abordée.

Malgré les implications souvent sidérantes, voire choquantes, de ces informations, force nous a été de les prendre au sérieux, d'autant que nos propres recherches venaient les confirmer. Et si les informations de Giovanni proviennent, comme il le prétend, des archives du Prieuré, nous ne pouvons plus nier l'existence de cette communauté – sans doute convient-il de considérer ses déclarations avec une saine dose de scepticisme, mais certes pas avec l'attitude de rejet de ses détracteurs.

Si cette société secrète fit réellement partie intégrante de la vie de Léonard de Vinci, on comprend mieux la force qui l'habitait. S'il appartenait à un puissant réseau clandestin, il est probable que ses influents commanditaires – Laurent de Médicis et François Ier, roi de France – en étaient également membres. Qu'une organisation secrète fût à l'origine des obsessions de Léonard de Vinci implique-t-il pour autant qu'il s'agît du Prieuré de Sion – comme d'aucuns le prétendent ?

Si les prétentions du Prieuré sont exactes, l'organisation était déjà vénérable lorsque Léonard de Vinci en devint membre. Mais quelle que soit son ancienneté, elle devait exercer une attraction puissante, voire unique, sur le jeune artiste et sur plusieurs esprits forts de la Renaissance. Peut-être, à l'instar de la franc-maçonnerie moderne, offrait-elle une ascension matérielle et sociale, ouvrant au jeune homme la porte de certaines cours européennes parmi les plus influentes. Cela ne suffirait toutefois pas à expliquer la profondeur évidente des étranges convictions de l'artiste. L'organisation en question devait séduire autant son *esprit* que ses intérêts matériels.

La force inhérente au Prieuré de Sion tient, du moins en partie, au fait que ses membres seraient, et auraient toujours été, les gardiens d'un grand secret – qui, s'il était rendu public, ébranlerait les fondements mêmes de l'Église et de l'État. Le Prieuré de Sion, aussi connu sous les noms d'ordre de Sion ou d'ordre de Notre-Dame de Sion, prétend avoir été fondé en 1099, durant la Première Croisade. À cette date déjà, la création de l'Ordre ne visait qu'à formaliser un groupe qui assurait la protection de cette connaissance explosive depuis des temps anciens[3]. Ses membres se prétendaient à l'origine de l'ordre du Temple – ce curieux corps moyenâgeux de moines-soldats à la réputation sinistre.

Le Prieuré et les templiers se seraient fondus en une même organisation présidée par un grand maître unique, jusqu'au schisme de 1188, qui les vit diverger. Le Prieuré s'est perpétué sous la direction d'une série de grands maîtres, parmi lesquels on retrouve des noms illustres, tels sir Isaac Newton, Sandro Filipepi (plus connu sous le nom de Botticelli), Robert Fludd, le philosophe et occultiste anglais – et, bien sûr, Léonard de Vinci, qui l'aurait dirigé pendant les deux dernières années de sa vie. Parmi ses dirigeants les plus récents citons Victor Hugo, Claude Debussy et Jean Cocteau[4]. Et, même s'ils n'en furent pas grands maîtres, le Prieuré aurait attiré d'autres personnages marquants tels Jeanne d'Arc, Nostradamus (Michel de Notre-Dame) et le pape Jean XXIII.

Outre ces célébrités, le Prieuré de Sion aurait vu l'implication de certaines des plus grandes familles royales et aristocratiques d'Europe, pendant des générations. Citons les Anjou, les Habsbourg, les Sinclair et les Montgomery.

L'objectif affirmé du Prieuré est de protéger les descendants de l'ancienne dynastie des rois mérovingiens en France – lesquels ont régné à partir du Ve siècle jusqu'à l'assassinat de Dagobert II, à la fin du VIIe siècle. Certains critiques affirment toutefois que le Prieuré n'aurait vu le jour que dans les années 1950 et ne rassemblerait qu'une poignée de mythomanes sans pouvoir réel – des royalistes aux rêves de grandeur infinis[5].

Nous nous trouvons ainsi confrontés d'une part aux prétentions du Prieuré quant à sa lignée et à sa *raison d'être*, et de l'autre aux assertions de ses détracteurs. Le fossé entre ces deux positions paraissait infranchissable, et – pour être honnêtes – nous nous interrogions sur le bien-fondé de notre démarche. Nous avons, en définitive, conclu qu'il convenait de scinder les questions. Il y avait d'un côté celle de l'existence actuelle du Prieuré et de l'autre celle de ses prétentions historiques. Le problème demeurait néanmoins complexe, car rien de ce qui touche à cette organisation n'est vraiment clair. Il suffit aux sceptiques de relever un lien douteux ou une contradiction apparente dans certaines activités du Prieuré pour qualifier l'ensemble d'absurde. Mais n'oublions pas que nous avons affaire à des *fabricants de mythes* qui visent plus souvent à véhiculer des idées fortes, voire choquantes, à l'aide d'archétypes qu'à transmettre une vérité littérale.

L'existence actuelle du Prieuré ne fait aucun doute. Nos rapports avec Giovanni nous ont convaincus qu'il ne s'agissait pas d'un charlatan et que ses informations étaient fiables. Non seulement il nous a communiqué des faits précis relatifs au suaire de Turin, mais encore il nous a fourni des détails sur d'autres individus actuellement impliqués dans le Prieuré et dans diverses organisations ésotériques sans doute alliées, tant en Grande-Bretagne que sur le Continent. Ainsi nous a-t-il appris qu'un conseiller d'édition avec lequel nous avions travaillé dans les années 1970 était membre du Prieuré. De prime abord, cette information nous a paru fantasque, mais les événements étranges des mois suivants allaient, à nouveau, nous amener à revoir notre position.

Par un curieux phénomène de synchronicité, cet éditeur participa, en novembre 1991, à une réception donnée par l'une de nos amies dans un restaurant qu'elle affectionnait particulièrement. Rencontrer ainsi un des personnages mentionnés par Giovanni nous parut amusant. À la suite de cette soirée, nous avons gardé le contact avec cet homme et il nous a invités dans sa maison du Surrey. Ce fut un vrai plaisir de passer du temps avec ce convive agréable et son épouse, mais il devint vite évident qu'il était bel et bien membre du Prieuré de Sion.

Il nous invita encore à une réception qu'il donnait, au lendemain de Noël, dans sa maison de campagne. La soirée fut mondaine mais amicale. Les autres invités étaient charmants et cosmopolites. Tous montrèrent un grand intérêt pour nos travaux sur Léonard de Vinci et le suaire de Turin. *A posteriori*, cela nous parut curieux, d'autant que ces personnes étaient membres de la scène bancaire internationale.

Nous savions, à cette époque, que notre hôte appartenait à une organisation maçonnique. Malgré un esprit vif et souvent drôle, il pratiquait aussi l'occultisme. Il nous l'avait avoué lui-même. De toute évidence, il souhaitait que nous soyons informés de ses travaux occultes – et de ceux de son cercle d'amis –, mais pour quelle raison précise ? Nous savions désormais que le Prieuré compte parmi ses membres des hommes et des femmes cultivés et influents de la société anglaise.

Giovanni nous avait encore confié que le directeur d'une maison d'édition londonienne de nos connaissances était, lui aussi, membre du Prieuré. Nous avons été incapables de le vérifier, mais nous avons découvert que l'intérêt de cet homme pour l'occulte dépassait largement le cadre des articles et livres qu'il avait consacrés à ce sujet sous divers pseudonymes. Il avait notamment joué un rôle important dans la promotion de *L'Énigme sacrée*, lors de sa parution en 1982. (Ce n'est sûrement pas un hasard s'il possède une maison de campagne à proximité d'un village français qui, nous le verrons, joue un rôle majeur dans l'histoire du Prieuré de Sion.)

Un fait important s'est dégagé de nos entretiens : dans sa forme actuelle, le Prieuré de Sion n'est pas, comme l'affirment ses détracteurs, l'invention d'une poignée de Français aux ambitions monarchiques. Notre expérience et nos contacts récents ne nous laissent aucun doute : le Prieuré existe *aujourd'hui*.

La question de son historique est moins évidente. Il faut admettre que les détracteurs du Prieuré ont raison sur un point : la première référence à cette organisation ne date que du 25 juin 1956[6]. La loi française impose à toutes les organisations de se faire enregistrer, acte paradoxal pour des sociétés dites « secrètes ». Lors du dépôt de ses statuts, le Prieuré affirmait que l'objectif de ses membres consistait en « des études et une assistance mutuelle » – déclaration certes altruiste, mais on ne peut plus vague. Le Prieuré déclara un seul type d'activité : la publication d'une revue intitulée *Circuit*, qui est, selon les termes mêmes du Prieuré, destinée à « l'information et à la défense des droits et des libertés des foyers HLM ». La déclaration mentionne le nom de quatre officiers de l'association – le plus intéressant, parce que le plus connu, est Pierre Plantard, alors éditeur de *Circuit*.

Depuis, le Prieuré de Sion est connu par un public plus large. Ses statuts ont fait l'objet d'une publication[7], avec notamment la signature de son prétendu grand maître d'un temps, Jean Cocteau (n'excluons pas qu'il s'agisse peut-être d'un faux), Le Prieuré a, en outre, été évoqué dans plusieurs livres. Le premier, signé Gérard de Sède, fut publié en 1962 sous le titre *Les Templiers sont parmi nous* ; il reprend notamment une interview de Pierre Plantard. Il fallut attendre une vingtaine d'années pour que l'existence du Prieuré soit portée à l'attention du public anglais. En 1982, le best-seller *L'Énigme sacrée* de Michael Baigent, Richard Leigh et Henry Lincoln prit d'assaut les librairies, et la controverse qu'il suscita fit du Prieuré un objet de débat à la mode parmi un public élargi.

Pierre Plantard apparaît, à travers ces écrits, comme un personnage haut en couleur qui a poussé à la perfection l'art politicien de l'esquive. Né en 1920, il se fit connaître dans la France occupée de 1942 en publiant une revue baptisée *Vaincre pour une jeune che-*

valerie avec l'autorisation de l'oppresseur nazi. Il s'agissait, en fait, du bulletin officiel de l'ordre Alpha-Galates, une société para-maçonnique et chevaleresque, basée à Paris, dont Plantard devint le grand maître à l'âge de vingt-deux ans. Ses premiers éditoriaux furent signés « Pierre de France », puis « Pierre de France-Plantard » et finalement « Pierre Plantard ». Son obsession pour ce qu'il affirmait être la version correcte de son nom se retrouve dans le titre plus ronflant qu'il adopta ensuite : « Pierre Plantard de Saint-Clair », nom sous lequel il est mentionné dans *L'Énigme sacrée* et qu'il réutilisa quand il devint grand maître du Prieuré de Sion de 1981 à 1984. (*Vaincre* est, aujourd'hui, le titre du journal du Prieuré, que Pierre Plantard édite avec son fils Thomas[9].)

Cet ancien dessinateur dans une usine de poêles, qui connut des difficultés pour payer son loyer[10], a exercé une influence considérable sur l'histoire européenne. Pierre Plantard de Saint-Clair – sous le pseudonyme de « Capitaine Voie » – fut à l'origine des comités de salut public, qui favorisèrent le retour au pouvoir du général de Gaulle en 1958[11].

Considérons maintenant la nature essentiellement paradoxale du Prieuré de Sion. Pour commencer, examinons les sources de l'information diffusée dans le public sur cette organisation et posons-nous la question de sa fiabilité. Comme précisé dans *L'Énigme sacrée*, la principale est constituée d'un ensemble de sept documents énigmatiques conservés à la Bibliothèque nationale de Paris, connus sous le nom de *Dossiers secrets*[12]. Il s'agit à première vue d'un ensemble disparates de généalogies, de textes historiques et d'œuvres allégoriques plus modernes, attribuées à des auteurs aux pseudonymes pompeux, ou à des personnes n'ayant rien à voir avec eux. La plupart de ces documents concernent l'intérêt affiché de l'organisation pour la filiation mérovingienne et se concentrent sur le célèbre mystère de Rennes-le-Château, petit village languedocien à l'origine des recherches de Baigent, Leigh et Lincoln (nous y reviendrons). D'autres thèmes majeurs émergent de ces documents. Ils nous paraissent beaucoup plus significatifs et donc nous ne tarderons pas à en parler. Le premier élément de ces dossiers secrets fut déposé en 1964, bien que daté de 1956. Le dernier, en 1967.

Il serait tentant et raisonnable de ne voir dans ces documents qu'une vaste supercherie. Gardons-nous toutefois d'une conclusion hâtive, car notre expérience du Prieuré de Sion et de son *modus operandi* nous a permis de remarquer qu'il pratiquait délibérément la désinformation. Derrière un écran de fumée de supercherie et prévarication à grande échelle, se cache un objectif sérieux.

Il est clair que la restauration du pouvoir de la lignée mérovingienne, éteinte depuis longtemps, n'aurait jamais suffi à fasciner et motiver des êtres aussi illustres que Léonard de Vinci et Isaac Newton. Les dossiers secrets font clairement apparaître que la survie de la dynastie après le roi Dagobert II, sans parler d'une continuité de la lignée jusqu'à la fin du XXe siècle, est au mieux improbable, et au pire fictive[13]. Quiconque a tenté d'établir son arbre généalogique sur deux ou trois générations a pu mesurer la complexité de la tâche. On se retrouve donc confronté à la question essentielle : comment une telle cause aurait-elle pu motiver des hommes et des femmes intelligents d'une génération à l'autre ?

D'ailleurs, le Prieuré de Sion actuel serait bien en peine d'atteindre un tel objectif. Il lui faudrait ramener une France républicaine vers un principe monarchique rejeté depuis plus de deux siècles et (à supposer qu'il soit possible de prouver le bien-fondé de la succession mérovingienne) faire admettre que cette famille a quelque légitimité à occuper le trône. En effet la nation française n'existait pas à l'époque mérovingienne. Comme l'écrit Jean Robin : « Dagobert fut... un roi *en* France, mais jamais un roi *de* France[14]. »

Les *Dossiers secrets* peuvent paraître totalement absurdes, pourtant l'ampleur de l'effort et des ressources investis dans leur constitution pose question. Gérard de Sède, qui a consacré de nombreuses pages à contester les preuves supposées de la filiation mérovingienne évoquées dans ces dossiers, a reconnu que les ressources et les recherches érudites à leur origine sont tout simplement impressionnantes. Bien qu'affichant un mépris total pour « ce mythe délirant », il n'en conclut pas moins qu'il cache un vrai mystère[15]. Un fait troublant est l'affirmation implicite que les auteurs ont eu accès à des documents officiels et à des rapports de police.

Citons quelques exemples : en 1967, un livret intitulé *Le Serpent rouge* fut ajouté aux dossiers. Il est attribué à trois auteurs – Pierre Feugère, Louis Saint-Maxent et Gaston de Koker – et daté du 17 janvier 1967, alors que le bon de dépôt à la Bibliothèque nationale porte la date du 15 février. Ce texte extraordinaire de treize pages, généralement considéré comme un magnifique exemple d'expression poétique, comprend aussi des allégories et des symboles astrologiques et alchimiques. Or ses trois auteurs se sont pendus en l'espace de vingt-quatre heures, les 6 et 7 mars de la même année. Il est tentant de lier leurs morts à la publication du *Serpent rouge*. Cependant, une recherche plus minutieuse fait apparaître que ce texte fut intégré aux dossiers le 20 mars – *après* leur décès. Le bulletin de dépôt a été délibérément falsifié de manière à faire apparaître la date du 15 février. Il y a plus troublant encore : aucun des trois pseudo-auteurs n'avait à voir avec le livret, pas plus qu'avec le Prieuré de Sion... Quelqu'un semble avoir tiré parti de ces morts curieusement proches. Mais pour quelles raisons ? Gérard de Sède fait observer qu'il ne s'est écoulé que treize jours entre les trois décès et le dépôt du document à la Bibliothèque nationale – la brièveté du délai donne à penser que le(s) vrai(s) auteur(s) avai(en)t un accès direct à des rapports de police confidentiels [17].

Franck Marie, écrivain et détective privé, a réussi à démontrer que la machine à écrire utilisée pour *Le Serpent rouge* a servi pour d'autres documents ultérieurs des *Dossiers secrets* [18].

Signalons encore le cas des faux documents de la Lloyds. Un gentleman anglais a découvert, en 1955, des parchemins censés dater du XVIIe siècle et exhumés par un prêtre français à la fin du siècle dernier. Il les a déposés dans un coffre d'une agence de la Lloyds, à Londres. Nul n'y a eu accès, pourtant certaines lettres confirment leur dépôt ; elles sont contresignées par trois hommes d'affaires, liés aux services de renseignements britanniques. Or, les recherches menées par Baigent, Leigh et Lincoln pour *The Messianic Legacy* (qui fait suite à *L'Énigme sacrée*) ont démontré que ces lettres étaient des faux. Elles intégraient, cependant, des parties de documents authentiques revêtus des signatures des trois hommes d'affaires, et des copies de leurs actes de naissance. Le fait troublant est que les éléments authentiques semblent provenir de dossiers appartenant au gouvernement français, ce qui met directement en cause son service de renseignements [19].

Voilà qui ne manque pas d'intriguer. Une fois de plus, la mise au point de cette supercherie a nécessité beaucoup de temps et d'effort, et a probablement impliqué une sérieuse dose de risque. Le tout pour un résultat vain. Cette affaire s'inscrit bien dans la vieille tradition des agences de renseignements, où rien n'est jamais conforme aux apparences et où les évidences ne sont parfois que des exercices de désinformation.

Il existe toutefois des raisons sérieuses de recourir à des paradoxes – voire à des absurdités notoires. L'homme a tendance à se souvenir des faits absurdes ; des éléments illogiques délibérément présentés comme scrupuleusement réels exercent un effet puissant sur notre inconscient. Or, celui-ci est l'élément moteur, le créateur, qui, une fois qu'il « a mordu à l'hameçon » continue, pendant des années, à travailler sur un message, fût-il subliminal.

Les sceptiques, qui se vantent généralement de leur sagesse pragmatique, ne sont souvent que des êtres naïfs pour qui tout est noir ou blanc, vrai ou faux. C'est exactement ce que certaines organisations veulent les amener à croire. Quel meilleur moyen d'attirer l'attention tout en décourageant le curieux que de présenter au public une information apparemment mystérieuse et absurde ? C'est un peu comme si l'abord du Prieuré constituait un parcours initiatique : si vous n'êtes pas prêt à y accéder, l'écran de fumée vous empêchera de pousser plus avant votre investigation. Mais si, en revanche, vous êtes en symbiose avec ses objectifs, vous découvrirez bientôt des éléments qui vous donneront une vision de l'organisation telle que toutes les pièces du puzzle se mettront bientôt en place.

Il serait erroné de négliger les *Dossiers secrets* sous prétexte que leur message apparent est improbable. L'effort important qu'ils ont nécessité parle en faveur de leur validité. Nous avons affaire ici à un *groupe* qui suit, de toute évidence, un plan complexe et si l'on prend en compte l'ensemble des éléments disponibles, il est clair que cela cache *quelque chose*. Ou l'on cherche à nous communiquer une information ou l'on s'emploie à nous dissimuler quelque chose – tout en nous distribuant des bribes d'information.

À ce stade, il convient de se demander que faire des prétentions historiques du Prieuré. Remonte-t-il vraiment au XIe siècle et compte-t-il dans ses rangs tous les noms illustres mentionnés dans les *Dossiers secrets* ? Il est toujours problématique de prouver l'existence, actuelle ou historique, d'une société secrète. Après tout, plus elle réussit à préserver son secret, plus il est difficile de démontrer son existence. Cependant, dès l'instant où il est possible de démontrer que les membres supposés du groupe ont effectivement partagé des intérêts, des thèmes de travail et des objectifs communs au fil du temps, on peut avancer avec confiance qu'une même organisation doit effectivement les réunir.

Même si la liste des grands maîtres du Prieuré (communiquée dans les *Dossiers secrets*) paraît peu crédible, les recherches de Baigent, Leigh et Lincoln ont démontré qu'il ne s'agissait pas d'une suite fortuite[20] de noms. Il existe véritablement des liens entre les divers grands maîtres. Outre qu'ils se connaissaient – et dans certains cas étaient apparentés –, ces célébrités partageaient des préoccupations communes. Nombre d'entre eux appartenaient à des mouvements ésotériques et à des sociétés secrètes – franc-maçonnerie, Rose-Croix, Compagnie du Saint-Sacrement[21] –, qui poursuivent des objectifs identiques. Ainsi, un thème commun se retrouve dans leurs écrits connus – un sentiment d'excitation réelle à l'idée que l'homme devienne pareil à Dieu, par l'élargissement continu des limites de la connaissance.

En outre, nos recherches, exposées dans notre livre précédent, ont confirmé que ces individus et ces familles qui auraient été impliqués dans les affaires du Prieuré, au fil des siècles, entretenaient par ailleurs ce qu'on pourrait appeler la grande supercherie du saint suaire [22].

Comme nous l'avons déjà vu, Léonard de Vinci et Cocteau utilisaient un symbolisme hérétique dans leurs peintures prétendument chrétiennes. À cinq siècles de distance, on trouve dans leur imagerie une remarquable cohérence. D'autres écrivains et artistes liés au Prieuré ont employé des motifs semblables [23]. Voilà qui prouve bien qu'ils appartenaient à un même type d'organisations clandestines déjà bien établies à la Renaissance.

Les preuves de l'existence historique du Prieuré réunies par Baigent, Leigh et Lincoln dans *L'Énigme sacrée* sont incontestables. Des indices supplémentaires – découverts par d'autres chercheurs – furent publiés dans l'édition révisée et augmentée de 1996. (Quiconque s'intéresse à ce mystère devrait lire cet ouvrage.)

Tous ces indices démontrent qu'il existait bien une société secrète opérant dès le XIIe siècle. Mais le Prieuré de Sion actuel en est-il pour autant le descendant légitime ? Même si la continuité n'est pas avérée, le Prieuré moderne possède une connaissance intime de l'organisation originelle. Après tout, c'est par l'intermédiaire de ses membres actuels que nous avons eu vent de l'existence du Prieuré d'antan.

Certes, le fait d'avoir eu accès aux archives du Prieuré d'origine n'implique pas nécessairement une filiation authentique. Au cours d'un entretien récent, Alain Féral – qui fut le protégé de Cocteau – nous a affirmé qu'en aucun cas son mentor n'avait été grand maître du Prieuré de Sion. Du moins, nous assura-t-il, Cocteau n'a pas été impliqué dans l'organisation dont Pierre Plantard serait aujourd'hui le grand maître. Féral a mené sa propre enquête sur certains aspects historiques du Prieuré de Sion, surtout ceux qui concernent Rennes-le-Château. Son opinion est que tous les grands maîtres mentionnés dans les *Dossiers secrets*, jusqu'à Cocteau, *étaient* liés par une même tradition occulte authentique [24].

À ce stade de notre enquête, nous avons décidé de nous désintéresser momentanément des prétendues ambitions politiques du Prieuré moderne. Nous avions, en effet, le sentiment qu'il nous serait plus facile de les appréhender en nous concentrant sur les aspects historiques de l'organisation.

Les dossiers secrets – à l'exception des éléments relatifs à leur mythomanie mérovingienne – insistent beaucoup sur le saint Graal, la tribu de Benjamin et un personnage du Nouveau Testament : Marie Madeleine. Ainsi dans *Le Serpent rouge*, lit-on :

> De celle que je désire libérer s'élève vers moi les effluves du parfum qui imprègne le sépulcre. Autrefois, certains la nommaient : ISIS, reine des sources bénéfiques, VENEZ À MOI, VOUS TOUS QUI SOUFFREZ ET ÊTES AFFLIGÉS ET JE VOUS RÉCONFORTERAI, d'autres : MADELEINE, du vase célèbre rempli de baume guérisseur. Les initiés connaissent son véritable nom : NOTRE DAME DES CROSS [25].

Ce bref passage est surprenant, notamment parce que la dernière expression – *Notre Dame des Cross* – est dépourvue de sens (à moins que « Cross » soit un nom propre, auquel cas la phrase deviendrait un peu plus intelligible). Le mot *cross* n'existe pas en français et en anglais, c'est un singulier. En outre, l'assimilation d'Isis et de Marie Madeleine ne laisse pas d'étonner – après tout, l'une était une déesse et l'autre une femme « déchue ». Par ailleurs, toutes deux proviennent de cultures différentes ; sans lien apparent.

Un problème surgit immédiatement. Comment relier des thèmes apparemment aussi différents que Marie Madeleine, le saint Graal, la tribu de Benjamin – sans parler de la déesse mère égyptienne Isis – et la lignée mérovingienne ? Les *Dossiers secrets* expliquent que les Francs sicambriens, la branche dont descendaient les Mérovingiens, étaient d'origine juive ; il s'agirait de la tribu perdue de Benjamin, qui émigra en Grèce, puis en Allemagne où ils devinrent sicambriens.

Cependant, les auteurs de *L'Énigme sacrée* ont compliqué un peu plus le scénario. Selon eux, l'importance de la lignée mérovingienne n'est pas seulement le fantasme d'une poignée de royalistes excentriques. Jésus aurait été l'époux de Marie Madeleine et une progéniture serait née de leur union. Jésus aurait, en outre, survécu à la croix, et son épouse serait partie, sans lui mais avec les enfants, vers une colonie juive établie dans ce qui est aujourd'hui le sud de la France. Leurs descendants auraient formé la famille régnante des Sicambriens, à l'origine de la lignée mérovingienne.

Cette hypothèse explique certains thèmes du Prieuré, mais pose des questions essentielles. Comme nous l'avons vu, il est impossible qu'une lignée, quel que soit son fondateur, survive sous une forme assez « pure » pour justifier une telle campagne.

Il existe de bonnes raisons de croire que Jésus a effectivement épousé Marie Madeleine – ou tout au moins qu'il a eu une relation intime avec elle – et qu'il a survécu à la crucifixion. En fait, malgré certaines contestations, ces affirmations ne reposent nullement sur l'œuvre de Baigent, Leigh et Lincoln, mais sur les études de nombreux académiciens bien antérieures à la publication de *L'Énigme sacrée*[26].

Les hypothèses qui sous-tendent les arguments de ces auteurs soulèvent de nouveaux problèmes – dont ils sont parfaitement conscients mais qu'ils évitent soigneusement d'évoquer. Les Mérovingiens seraient importants parce qu'ils descendent de Jésus. Or s'il a survécu à la crucifixion, on ne peut prétendre qu'il soit mort pour nos péchés ni ressuscité. Il s'ensuit qu'il n'était pas d'essence divine, et encore moins le Fils de Dieu. En conséquence, sur quoi repose l'importance de sa lignée ?

L'un de ses descendants ne serait autre que Pierre Plantard de Saint-Clair. Malgré les déclarations pompeuses de certains commentateurs, lui-même n'a jamais prétendu descendre de Jésus. Ce n'est pas la notion *chrétienne* selon laquelle Jésus fut l'incarnation de Dieu sur terre qui donne à la succession mérovingienne sa prétendue importance. Le fil conducteur est que Jésus, s'inscrivant dans la lignée de David, serait le roi légitime de Jérusalem. Ce titre reviendrait donc automatiquement, fût-ce en théorie, à ses descendants directs. La lignée mérovingienne revendique un pouvoir politique et non divin.

Baigent, Leigh et Lincoln appuient leurs théories sur les déclarations contenues dans les *Dossiers secrets*, mais il semble qu'ils se soient montrés très sélectifs dans le choix des arguments étayant leur thèse. Ainsi, les *Dossiers* affirment que les rois mérovingiens, de Mérovée à Clovis (qui se convertit au catholicisme en 496) furent des « rois païens du culte de Diane[27] ». Difficile de concilier cette déclaration et l'idée qu'ils descendaient de Jésus ou d'une tribu juive.

Un autre exemple de la partialité de Baigent, Leigh et Lincoln concerne le « document Montgomery[28] ». Il s'agit selon eux d'un récit tiré des archives des Montgomery, que leur a communiqué un membre de la famille. La date originale en est inconnue mais la version qui leur a été montrée remonte au XIXe siècle. La valeur de ce document, à leurs yeux, tient à ce qu'il corrobore les théories avancées dans *L'Énigme sacrée*, même s'il n'en prouve pas la validité. Il établit, en revanche, qu'on savait que Jésus avait épousé Marie Madeleine un siècle avant leurs propres recherches.

Le document Montgomery raconte l'histoire de Yeshua ben Joseph (Jésus, fils de Joseph), époux de Miriam (Marie) de Béthanie (le personnage biblique souvent assimilé à Marie Madeleine). Révoltée contre les Romains, Miriam est arrêtée et seul le fait qu'elle soit enceinte lui vaut d'être relâchée. Elle fuit la Palestine et se rend en Gaule (la France actuelle), où elle donne le jour à une fille.

Il est facile de comprendre que Baigent, Leigh et Lincoln aient accordé une telle importance au document Montgomery, mais il est étrange qu'ils ne se soient pas plus intéressés à certains aspects de l'histoire. Dans ce récit, Miriam de Béthanie est décrite comme « prêtresse d'un culte féminin ». Nous avons déjà vu que les Mérovingiens adoraient Diane. Ces détails païens cadrent mal avec la théorie selon laquelle l'objectif essentiel du Prieuré serait de perpétuer la lignée de David, le roi des Juifs.

Le Prieuré moderne n'a jamais confirmé ni démenti l'hypothèse exposée dans *L'Énigme sacrée*. Se peut-il qu'il se joue de nous ?

Nous sommes convaincus, en ce qui nous concerne, que l'ambition première du Prieuré de Sion n'est pas, contrairement à ce que prétendent Baigent, Leigh et Lincoln, le seul *pouvoir politique*. Les grands maîtres ou les membres mentionnés dans les *Dossiers* n'appartiennent généralement pas à la sphère politique – ce sont des *occultistes*. Ainsi, Nicolas Flamel, grand maître de 1398 à 1418 fut un éminent alchimiste, Robert Fludd (1595-1637) fut rosicrucien, et plus près de nous, Charles Nodier (1801-1844) exerça une influence majeure sur la renaissance de l'occultisme moderne. Sir Isaac Newton lui-même (1691-1727), plus connu aujourd'hui comme scientifique et mathématicien, fut très versé en alchimie et en hermétisme – il possédait, en outre, des copies richement annotées des manifestes rosicruciens [29]. Et bien entendu, il y eut Léonard de Vinci, autre génie totalement incompris de nos contemporains, qui ne voient dans son intelligence vive que le fruit d'une pensée matérialiste.

Il est surprenant que, tout en reconnaissant l'intérêt pour l'occulte de nombre de ces personnages, Baigent, Leigh et Lincoln ne l'apprécient pas à sa juste mesure. Pour la plupart de ces gens, l'occultisme n'était pas un passe-temps occasionnel, mais le centre même de leur vie. Or nous avons pu établir que les individus concernés aujourd'hui par le Prieuré sont également d'éminents occultistes.

Mais quel secret a pu fasciner si longtemps certains des occultistes les plus brillants ? Il semble peu probable que ce soit la lignée mérovingienne. Aussi révolutionnaire qu'ait paru la thèse de *L'Énigme sacrée*, son exposé des objectifs et des mobiles du Prieuré demeure insatisfaisante pour l'essentiel. La question de la légitimité de la monarchie française n'explique pas l'énergie et le temps investis par ces grands esprits. Quel que soit le mystère concerné, il doit représenter une telle menace pour l'ordre établi que, même après la Renaissance, il a fallu préserver son secret au sein d'un réseau clandestin d'initiés chargés de sa sauvegarde.

Dès le début de notre recherche relative à Léonard de Vinci et au suaire de Turin, nous avons eu le sentiment qu'il existait un vrai secret jalousement protégé par quelques élus. Notre enquête se poursuivant, nous avons observé que les thèmes relevés dans la vie et dans l'œuvre de Léonard de Vinci reflétaient ceux propagés par le Prieuré. Allions-nous les retrouver également dans l'œuvre de Jean Cocteau ?

Nous avons déjà décrit sa fresque de Notre-Dame de France, à Londres. Mais quel rapport entre cette image curieuse et l'œuvre beaucoup plus ancienne de Léonard de Vinci, ou un mouvement ésotérique, voire hérétique, quelconque ?

Le lien le plus évident est la présence, dans les deux tableaux, de l'artiste tournant le dos à la croix. Nous savons désormais que Léonard s'est peint dans cette même attitude au moins à deux reprises – dans *L'Adoration des Mages* et *La Cène*. Il n'est pas exagéré de qualifier l'expression de Cocteau de malaise profond ; elle fait écho à la violence avec laquelle Léonard de Vinci se détourne de la Sainte Famille dans *L'Adoration*.

Dans la fresque de Cocteau, on ne voit que les jambes de l'homme crucifié, ce qui suggère que l'auteur avait des doutes sur son identité réelle. Comme nous l'avons vu dans *La Cène*, la quasi-absence curieuse de vin traduit un doute semblable sur la nature du sacrifice de Jésus ; Cocteau va encore plus loin en ne le représentant même pas. La présence du « M » constitue une autre similitude entre les deux œuvres. Chez Cocteau, il unit les femmes en deuil, probablement la Vierge Marie et Marie Madeleine. On est en droit de supposer que c'est cette dernière qui se détourne de Jésus, alors que sa mère, les yeux baissés, pleure. Dans *La Cène*, le « M » unit Jésus au curieux « saint Jean » féminin – et cette « dame M » lui tourne aussi le dos, tout en restant très proche.

La fresque de Cocteau renferme aussi un symbolisme cher aux préoccupations du Prieuré de Sion... une fois qu'on les a identifiées. Ainsi, la somme totale des nombres figurant sur les dés lancés par les soldats est de cinquante-huit : le nombre ésotérique du Prieuré [30].

L'étonnante rose bleue et rouge au pied de la croix est une allusion évidente au mouvement rosicrucien, lequel, nous le verrons, entretient des liens étroits avec le Prieuré et avec Léonard de Vinci.

Les membres du Prieuré, nous l'avons vu, ne croient pas que Jésus soit mort sur la croix. Certains vont jusqu'à suggérer qu'une victime de substitution a subi le sort qui lui était destiné. À en juger par la représentation que Cocteau donne de la crucifixion, il devait partager cette opinion. Ainsi, non seulement il ne montre pas le visage de Jésus, mais de surcroît il introduit dans cette scène un personnage qui n'y figure généralement pas : l'homme à l'œil en forme de poisson – une allusion probable à l'ancien symbole chrétien du « Christ ». Qui est donc cet inconnu ? Si l'on accepte l'hypothèse du Prieuré, *ne se pourrait-il qu'il s'agisse de Jésus lui-même ?*

Revenons un instant sur la dame M (sans doute Marie Madeleine), présente chez Léonard de Vinci comme chez Cocteau. Si elle fut l'épouse de Jésus, il est normal qu'elle assiste à la Cène, à sa droite, et qu'elle porte – en tant que sa « moitié » – des vêtements reflétant les siens.

Une tradition peu connue du Moyen Âge et du début de la Renaissance consistait à représenter Marie Madeleine lors de la Cène. Or Léonard de Vinci induit que le personnage à la droite de Jésus serait saint Jean. Pourquoi a-t-il ainsi cherché à tromper son public ? Fût-ce pour conférer à son imagerie une puissance subliminale supplémentaire ? Après tout si l'artiste affirme qu'il s'agit d'un homme alors que notre cerveau prétend que c'est une femme, la confusion qui s'ensuit incite notre inconscient à s'attarder longuement sur cette question.

Dans l'œuvre de Léonard de Vinci, comme dans celle de Cocteau, toute l'attitude corporelle de Marie Madeleine semble exprimer des doutes sur le rôle supposé de Jésus. Étaient-ils si proches qu'elle connaissait la vérité ? Est-ce pour cela qu'elle se détourne de lui ?

Le rôle de Marie Madeleine est accentué de façon habile – quoique subliminale – dans *La Cène*, mais l'obsession majeure de l'artiste semble porter plus spécifiquement sur ce personnage tragique du Nouveau Testament : Jean Baptiste. Si Vinci fut réellement membre du Prieuré de Sion, cette fascination pour le Baptiste semble curieuse – surtout si l'organisation accorde une telle importance à la lignée de Jésus.

Notre mystérieux informateur, Giovanni, nous a posé une question troublante : « Pourquoi tous les grands maîtres se sont-ils toujours appelés Jean ? » À l'époque, nous avons supposé qu'il s'agissait d'une allusion voilée au choix de son propre pseudonyme, et nous en avons déduit qu'il occupait un rang élevé au sein du

Prieuré. Mais, en réalité, il attirait notre attention sur une question beaucoup plus vaste.

Les grands maîtres du Prieuré sont connus dans l'organisation sous le titre de « nautonier », mais ils adoptent aussi le nom de « Jean », « Jeanne » dans le cas d'une femme. Ainsi, Léonard de Vinci figure dans leur liste sous le nom de Jean IX. Aussi curieux que cela puisse paraître pour un ancien ordre chevalier, le Prieuré a toujours revendiqué le fait d'être une société secrète offrant une égalité de chances à tous ; ainsi, quatre de ses grands maîtres furent des femmes. (Aujourd'hui, une section française du Prieuré est dirigée par une femme [31].) Cette politique est en accord avec la nature et les objectifs véritables du Prieuré, tels qu'ils nous sont apparus.

Les préoccupations du Prieuré sont suggérées par la nomenclature de sa hiérarchie. Selon ses statuts, le grade directement inférieur à nautonier est composé de trois initiés appelés « princes noachites de Notre-Dame » et sous celui-ci, les « croisés de saint-Jean » forment un autre grade composé, lui, de neuf initiés. (Il deviendra « constable » dans les versions ultérieures des statuts.)

Il y a six autres grades, mais les trois plus élevés, qui comptent treize officiers, forment le corps dirigeant connu collégialement sous le nom d'Arche Kyria – Kyria est une forme respectueuse du mot grec signifiant « femme », l'équivalent de notre « dame ». Dans le monde hellénistique des premiers temps, cette épithète désignait Isis [32].

Le premier grand maître de l'organisation se nommait vraiment Jean – Jean de Gisors, un noble du XIIe siècle. Mais curieusement son titre au Prieuré fut « Jean II ». Comme le disent les auteurs de *L'Énigme sacrée* :

> Mais de quel Jean s'agit-il ? Jean le Baptiste ? Jean l'Évangéliste, le disciple « bien-aimé » du quatrième Évangile ? Ou ce possible troisième Jean, le Divin, auteur présumé de l'Apocalypse ?... Obligatoirement il s'agit en tout cas de l'un d'eux, et l'on aimerait savoir qui fut alors Jean Ier... [33]

Jean-Pierre Deloux et Jacques Brétigny mentionnent, dans leur livre *Rennes-le-Château : capitale secrète de l'histoire de France*, un autre lien troublant avec « Jean ». Ces deux auteurs seraient liés à Pierre Plantard de Saint-Clair – ils étaient à ses côtés lorsque Baigent, Leigh et Lincoln l'ont rencontré dans les années 1980 [34]. Plantard a largement contribué à la rédaction de leur livre. Cet ouvrage explique la création du Prieuré de Sion. (Deloux et Brétigny ont aussi consacré des articles au Prieuré de Sion dans la revue *L'Inexpliqué*.)

L'idée essentielle, affirment-ils, fut de constituer un « gouvernement secret » dirigé par Godefroy de Bouillon – l'un des chefs de la première Croisade. En Terre sainte, Godefroy rencontra les membres d'une organisation baptisée l'Église de Jean. Il s'ensuivit qu'il forma un grand dessein et mit son épée au service de cette Église ésotérique et initiatique, qui représentait la Tradition et fondait sa primauté sur l'Esprit [35]. C'est à partir de ce « grand dessein » que le Prieuré de Sion – qui baptisa tous ses grands maîtres « Jean » – et les chevaliers templiers virent le jour.

Comme le dit Pierre Plantard de Saint-Clair, par la plume de Deloux et Brétigny :

> Ainsi, au début du XIIe siècle, furent rassemblés les moyens, tant spirituels que temporels, qui permirent la réalisation du rêve sublime de Godefroy de Bouillon ; l'ordre du Temple serait le porte-épée de l'Église de Jean et le porte-étendard de la première dynastie, les armes qui obéissaient à l'esprit de Sion [36].

Ce fervent « johannisme » devait engendrer une renaissance spirituelle qui allait bouleverser le christianisme. Nous ignorions toujours quel Jean était ainsi vénéré.

Pourquoi faire tant de mystère ? Pourquoi ne pas l'identifier clairement ? Et surtout, pourquoi cette vénération de Jean, quel qu'il soit, menacerait-elle les fondements du christianisme ?

Dans la mesure où la fascination de Vinci pour le Baptiste peut servir de point de référence, nous risquerons une supposition quant à l'identité de ce Jean si important pour le Prieuré. La position du Prieuré à l'égard de Jésus n'étant guère orthodoxe, pourquoi vouerait-il une telle vénération à un homme qui ne peut s'enorgueillir que d'avoir été le précurseur Jésus. À moins que le Prieuré et Léonard de Vinci situent Jean Baptiste plus haut que Jésus lui-même.

S'il existe une *raison* de croire à la prééminence du Baptiste, elle aurait des répercussions traumatisantes pour l'Église. Même si la vision johannite repose sur une erreur d'interprétation, il est facile d'imaginer ses effets si elle se répandait dans le public. Ce serait l'hérésie ultime ! Les *Dossiers secrets* insistent à plusieurs reprises sur l'anticléricalisme des descendants mérovingiens et sur l'encouragement de l'hérésie.

Compte tenu de la puissance de l'hérésie johannite, notre enquête sur le Prieuré passait immanquablement par Jean Baptiste. À ce moment-là, nous ne nous attendions nullement à trouver des preuves allant dans le sens de cette hérésie.

Les seuls indices en notre possession étaient la fascination manifeste de Léonard de Vinci pour le Baptiste, et le fait que le Prieuré de Sion nommait tous ses grands maîtres « Jean ».

Qu'elle repose ou non sur des éléments tangibles, cette hérésie pouvait fort bien alimenter la *foi* des membres du Prieuré depuis des générations. Peut-être est-ce une partie du grand secret qu'il sont censés détenir et qu'ils préservent avec une telle intensité.

Nous avons vu à plusieurs reprises que l'autre personnage prédominant pour le Prieuré était Marie Madeleine. Les auteurs de *L'Énigme sacrée* expliquent cela par le fait qu'elle fut l'épouse de Jésus et la mère de ses enfants. Or le Prieuré voue un respect plus que mitigé à Jésus. Pour cette organisation, Marie Madeleine semble investie d'une importance propre et Jésus est quasiment vain – dans l'histoire du « document Montgomery », il est le père de l'enfant de Marie Madeleine ; c'est son seul rôle dans tout le récit. L'importance de cette femme ne dépend donc pas de lui.

Nous avons tenté de contacter Pierre Plantard de Saint-Clair pour l'interroger sur l'intérêt du Prieuré à l'égard de Marie Madeleine. Nous avons reçu une réponse de son secrétaire, Gino Sandri – un Italien qui vit à Paris. Bien que brève et concise, elle traduit bien le goût du Prieuré pour la mystification. Sandri écrit qu'il serait possible de nous aider, mais « peut-être possédez-vous déjà quelque information sur la question[37] ? ». Il cherchait à nous mettre à l'épreuve. Suggérait-il que nous disposions déjà de toute l'information nécessaire, et que c'était à nous de l'interpréter ? La lettre de Sandri comportait une petite anomalie : le cachet de la poste indiquait le 28 juillet, mais elle était datée du 24 juin – jour de la Saint-Jean Baptiste.

Pour un observateur extérieur, tout lien ésotérique particulier entre Marie Madeleine et Jean Baptiste serait purement fantaisiste, car les Évangiles ne précisent pas qu'ils se rencontrèrent. Pourtant nous voici confrontés à un secret apparemment ancien qui les concerne – et les honore – tous deux. En quoi ces personnages du Ier siècle justifient-ils la pérennité de cette tradition « hérétique » ? Que *représentent*-ils qui les rende si dérangeants pour l'Église ?

Il ne nous était pas facile de décider par où commencer. Pourtant, un point paraissait se dégager de l'histoire de la Magdaléenne : le Prieuré insiste beaucoup sur la légende qui la fait venir dans le sud de la France, c'est donc là que nous devions nous rendre, ne fût-ce que pour découvrir si cette histoire n'était qu'une invention médiévale destinée, comme le suaire de Turin, à alimenter un pèlerinage lucratif. Mais, dès notre arrivée, nous eûmes la conviction qu'il existait bien un lien entre ce personnage du Nouveau Testament et la région, en dehors de tout mercantilisme. Nous prîmes donc la route à la recherche du secret de la Magdaléenne.

CHAPITRE 3

Sur les pas de la Magdaléenne

Elle est belle – plus à la manière des statues grecques que selon les critères modernes. Les traits solides, les cheveux longs avec une raie au milieu, elle dégage une impression de gravité et d'intégrité digne d'une maîtresse d'école. Voilà, nous a-t-on assuré, le portrait de Marie Madeleine.

Le crâne normalement exposé dans la basilique est, pour l'occasion, enchâssé dans un masque doré et promené devant la foule de la petite ville de Saint-Maximin-en-Provence. Cet événement annuel se déroule le dimanche le plus proche de la Sainte-Madeleine, le 22 juillet. En 1995, l'année de notre visite, la procession se déroulait le 23 juillet, sous un soleil caniculaire.

Vers seize heures, les habitants sortirent la relique sur une litière dangereusement branlante. Par centaines ils convergeaient vers la procession, certains par goût des parades, c'est sûr. Mais de nombreux pèlerins faisaient montre d'une grande ferveur. Leurs yeux emplis de joie suivaient la curieuse tête. Nous savions que l'on rencontre des croyants fervents dans toute manifestation de ce genre et que la foi n'est pas une mesure de la vérité historique. Cependant, pour nous qui venions d'une culture où le culte de la Magdaléenne est quasiment inexistant, cette démonstration donnait matière à réfléchir. Marie Madeleine est très respectée ici.

Nous étions dans le Midi pour découvrir la vérité sur une femme qui se trouve au cœur de nombreux anciens mystères et dont l'influence perdure dans une mesure que nous estimions encore mal. Sous une chaleur extrême, presque insupportable, nous assistions à cette procession avec des sentiments mitigés. Pour quiconque a été élevé dans l'Angleterre protestante, les festivités catholiques et les rituels autour de reliques constituent une sorte de choc culturel. Ces manifestations paraissent déplacées, de mauvais goût, macabres.

Pourtant nous n'avions pas le sentiment d'assister à la simple expression d'une superstition ridicule. Il s'agissait plutôt d'une manifestation de dévotion et de fierté de la part d'une population locale, dont l'enthousiasme n'était pas tout à fait solennel. Le terme « local » semble bien adapté, car ce n'est pas le drapeau français, mais provençal, qui flottait ici. Marie Madeleine est considérée comme une sainte régionale, même si elle n'a débarqué sur ce rivage qu'à la fin de sa vie. Elle venait de Palestine par la mer et s'installa en Provence, où elle finit ses jours. Aujourd'hui encore elle est non seulement vénérée, mais également aimée avec une curieuse passion.

La Provence voue une dévotion extraordinaire, presque fanatique, à cette sainte. Beaucoup considèrent comme un fait établi qu'elle mourut ici. Nous avons été frappés par la sensation tangible que la légende cache quelque chose de beaucoup plus significatif. C'est justement ce sens submergé, souterrain, que nous étions décidés à mettre au jour.

Tout d'abord, comment le corps d'une Juive venue de Palestine au Ier siècle de notre ère peut-il reposer dans le Midi ? Qu'a cette femme, cette sainte, pour susciter une telle passion si longtemps après sa mort ? Et pourquoi – si c'est bien le cas – le Prieuré de Sion lui voue-t-il une telle vénération ?

Avant d'aller pour la première fois explorer les sites traditionnellement associés à son culte, nous avons consacré beaucoup de temps à l'étude de son histoire. Nous voulions savoir comment notre culture la percevait sur le plan historique et quel était son impact actuel. Si l'Angleterre protestante la considère avec une certaine indifférence, de nombreux catholiques du Continent lui vouent un culte fervent, voire passionné : c'est la femme la plus importante après la Vierge.

Demandez à la plupart des gens cultivés qui était Marie Madeleine et ce qu'elle représentait. Presque tout le monde vous dira que c'était une prostituée. Sorti de là, on vous parlera tout au plus de ses relations mal définies, mais sans conteste intimes, avec Jésus. Cette opinion générale, aussi confuse soit-elle, est traduite par la chanson de Tim Rice et Andrew Lloyd Weber, *I don't know how to love Him* *, dans la comédie musicale *Jésus Christ Superstar* (1970)

---

* Je ne sais pas comment L'aimer. *N.d.T.*

qui présente Marie Madeleine comme « la poule au grand cœur » chère au théâtre britannique. Elle réconforte Jésus, qui l'aide à retrouver son amour-propre. Lors de sa première – théâtrale puis cinématographique –, le spectacle a suscité une vive réaction des chrétiens traditionalistes, et même des Britanniques pourtant si flegmatiques. Cette émotion serait-elle due uniquement au choc provoqué par l'exploitation commerciale de Jésus dans le cadre d'un opéra-rock ?

La Magdaléenne apparut aussi dans le film des Monty Python, *La Vie de Brian* (1979), mais ce n'est pas elle qui fit naître les protestations des chrétiens du monde entier. Le personnage de Brian, allusion à peine voilée à Jésus, valut à cette comédie dérangeante d'être jugée blasphématoire. Or, irrévérence mise à part, le film ne cherchait nullement à dépeindre Jésus. C'était une satire des cultes messianiques de l'époque, qui s'appuyait sur une riche documentation et pouvait inspirer des réflexions profondes. Dans ce film, la petite amie de Brian, Judith – une Galloise en Palestine ! – était l'âme véritable du mouvement ; par sa rhétorique fiévreuse elle fit de Brian un homme... avant d'en faire un martyr.

Dans plusieurs pays, les chrétiens boycottèrent les salles qui présentaient le film de Martin Scorcese *La Dernière Tentation du Christ* (1988). Que Jésus y fût présenté comme une sorte de simple d'esprit n'est pas ce qui a motivé la réaction horrifiée du public. Le scandale est né du fait qu'était présentée à l'écran une relation sexuelle entre Marie Madeleine et Jésus – pourtant la séquence relevait du fantasme. Pour des raisons que nous analyserons plus tard, l'idée que Jésus ait pu avoir une vie sexuelle active, même dans le cadre du mariage, répugne à la plupart des chrétiens. Elle relève du blasphème, puisqu'elle donne à penser qu'il ne pourrait dès lors être le fils de Dieu. Mais le plus intéressant dans *La Dernière Tentation,* c'est la fascination évidente de Scorcese pour la Magdaléenne, et sa relation intime avec Jésus. (Notons que le réalisateur est lui-même chrétien.)

Ce n'est pourtant pas la permissivité actuelle qui a fait de la Magdaléenne une sorte de figure de proue. Elle a toujours incarné la position d'une époque face aux femmes – ce qui ne fut pas le cas de l'autre personnage féminin marquant des Évangiles, la Vierge Marie. Ainsi, à l'époque victorienne, la Magdaléenne était l'excuse pour représenter des prostituées pénitentes à moitié nues et extatiques ; tout à la fois sainte et pécheresse, celle qui connaît mais n'est pas connue. Dans les bordels, des filles interprétaient souvent la scène de sa pénitence, bien que les détails précis de ces

« mystères » fussent fort éloignés des Évangiles. À notre époque post-féministe, l'accent est mis sur ses relations avec Jésus.

Ces deux dernières décennies, Marie Madeleine fut représentative de la manière dont l'Église chrétienne a traité ses semblables, notamment lors du débat sur l'ordination de femmes prêtres au sein de l'Église anglicane. Ce n'est pas par hasard que l'extrait du Nouveau Testament lu quand les premières femmes vicaires furent ordonnées en 1994, concernait les circonstances de la rencontre au jardin de Jésus ressuscité et de la Magdaléenne. Seule femme d'importance dans la vie de Jésus, avec sa mère, on comprend que de nombreuses féministes dans l'Église moderne l'utilisent comme symbole de leurs revendications. L'influence persistante de Marie Madeleine n'est nullement imaginaire ; elle a toujours exercé une fascination profonde au fil des siècles, comme Susan Haskins le démontre clairement dans son étude récente *Mary Magdalen* (1993) [1].

De prime abord, le charisme de la Magdaléenne surprend, d'autant qu'elle est à peine mentionnée dans le Nouveau Testament. Peut-être que l'indigence de l'information disponible incita les hommes – comme ce fut le cas pour Robin des Bois – à inventer un matériau mythique pour combler les vides. *Pourtant, si quelqu'un a créé une Marie Madeleine fantaisiste, ce fut bien l'Église*. Sa réputation de pécheresse repentie est sans rapport avec l'histoire racontée par Matthieu, Marc, Luc et Jean ; le personnage du Nouveau Testament ne ressemble en rien à celui présenté par l'Église.

Tout récemment encore, son personnage était, pour la plupart des chrétiens, purement marginal dans la vie de Jésus. Mais au cours des vingt dernières années, le point de vue des érudits s'est considérablement modifié. Son rôle apparaît désormais important. C'est en nous fondant sur ces dernières découvertes que nous avons élaboré notre propre hypothèse.

Outre la Vierge, Marie Madeleine est la seule femme citée nommément dans les quatre Évangiles. Elle apparaît pour la première fois au cours du ministère de Jésus en Galilée, au milieu d'un groupe de femmes qui le suivaient et « l'assistaient de leurs biens [2] ». Il est dit que « sept démons » étaient sortis d'elle. La tradition l'a identifiée à deux autres femmes du Nouveau Testament : Marie de Béthanie, sœur de Marthe et Lazare, et une autre dont le nom n'est pas cité qui lui oignit les pieds avec les parfums d'un vase d'albâtre.

Son rôle prend une dimension nouvelle, profonde et durable dès lors qu'elle assiste à la crucifixion, et plus encore lorsqu'elle devient le premier témoin de la résurrection. Bien que le récit de la découverte du caveau vide diverge considérablement dans les quatre

Évangiles, tous s'accordent sur l'identité du premier témoin à avoir vu Jésus à sa sortie du tombeau. Marie Madeleine fut non seulement la première *femme*, mais encore la première *personne* à l'avoir vu alors ; fait largement occulté par tous ceux qui préfèrent s'intéresser aux Apôtres – des hommes, eux.

L'Église a fondé son autorité sur l'apostolat – Pierre était le « premier Apôtre » et donc le canal à travers lequel le pouvoir de Jésus pouvait se transmettre. Son autorité lui aurait été conférée par Jésus lui-même qui dit, en jouant sur les mots : « Sur cette pierre je bâtirai mon Église[3]. » Enfin, l'Église renforce sa position en prétextant que Pierre fut le premier disciple à avoir vu Jésus ressuscité. Or le Nouveau Testament la contredit clairement sur ce point.

Marie Madeleine fut la première a avoir reçu une mission apostolique directe de Jésus. Il lui demanda de porter la nouvelle de sa résurrection aux Apôtres. L'Église originelle lui reconnaissait d'ailleurs sa vraie place dans la hiérarchie, puisqu'elle lui avait conféré le titre d'*Apostola Apostolorum* (Apôtre des Apôtres) ou plus explicitement encore « la première apôtre[4] ».

Pourquoi Jésus a-t-il choisi d'apparaître d'abord à une femme ? Cette question a toujours tracassé les théologiens. L'explication la plus drôle date sans doute du Moyen Âge : la façon la plus rapide de propager une nouvelle consisterait à la confier à une femme[5] !

Les érudits reconnaissent aujourd'hui que les femmes ont joué un rôle important et actif dans le mouvement de Jésus, de son vivant et après sa mort quand il se répandit parmi les païens[6]. Lorsque l'Église devint une institution formalisée – sous l'impulsion de saint Paul –, elle minimisa le rôle des femmes. Le processus s'exerça de façon *rétroactive*. En d'autres termes, les femmes, qui n'étaient pas des personnages secondaires à l'origine du christianisme, le devinrent sous l'impulsion de Paul et de ses partisans.

Certes les Évangiles donnent à penser que les disciples de Jésus étaient tous des hommes. Seul Luc précise – en une occasion – que des femmes voyageaient avec Jésus. Or, au pied de la croix, des femmes surgies de nulle part occupent soudain le centre de la scène. Comment expliquer qu'après avoir été marginalisées tout au long de l'Histoire, elles focalisent ainsi l'attention ? Tous ses disciples hommes avaient-ils déserté Jésus ? Les femmes apparaissent-elles à ce moment crucial *parce qu'elles sont les seules à être restées fidèles*[7] *?* Les Évangélistes ont peut-être été contraints de mentionner leur présence à la crucifixion parce qu'elles en furent les seuls témoins, et que l'histoire repose donc sur leur récit[8]. En ce temps-là, les cours de justice juives ne tenaient pas compte du témoignage des femmes, leurs propos étant jugés sans importance. Donc si les Évangiles rapportent que Marie Madeleine fut la première à rencontrer Jésus ressuscité, ce devait être vrai. Il est peu probable que l'on ait inventé de toutes pièces un récit fondé essentiellement sur la parole d'une femme.

L'importance de la Magdaléenne est encore renforcée du fait que son nom est presque toujours cité en premier[9] quand les Écritures parlent des femmes, disciples de Jésus. Certains catholiques prétendent qu'elle était, en réalité, leur chef de file. Dans une société hautement formalisée et hiérarchisée, cet honneur n'était ni mineur ni fortuit.

Nous avons vu qu'elle « assistait de ses biens » Jésus et ses disciples hommes. Elle aurait été, dit-on pour expliquer cela, une sorte de servante dévouée, qui se prosternait constamment devant les hommes beaucoup plus importants du groupe. La vérité est tout autre. Le sens premier de l'expression était « subvenir à leurs besoins avec ses propres biens ». Pour de nombreux érudits, Marie Madeleine – et peut-être d'autres femmes du mouvement de Jésus – n'était pas une malheureuse égarée, mais une femme de biens qui *entretenait Jésus et ses disciples*[10]. Bien que dans le récit biblique cette expression concerne plusieurs femmes, il n'en demeure pas moins que c'est elle qui est mise en évidence.

Marie Madeleine est clairement et délibérément distinguée par son nom. Les autres femmes citées nommément dans les Évangiles canoniques sont toujours définies par leur relation à un homme : « femme de... », « mère de... »

Pourtant, ce personnage puissant et important demeure énigmatique. Après l'honneur qui lui est fait dans les Évangiles, elle ne réapparaît plus – ni dans les Actes des Apôtres ni dans les Épîtres de Paul (même lorsqu'il décrit la découverte du sépulcre vide) ni dans les lettres de Pierre. Il s'agit peut-être là d'un mystère destiné à nourrir les débats sans être jamais éclairci – à moins de se tourner vers les Évangiles gnostiques. La situation trouve alors un éclairage étonnant. Ces documents – plus d'une cinquantaine – furent découverts en 1945 à Nag Hammadi, en Égypte. Ils rassemblent d'anciens textes chrétiens gnostiques. Certains originaux sont contemporains des Évangiles canoniques[11]. Ces écrits, jugés « hérétiques » par l'Église, ont systématiquement été recherchés et détruits, comme s'ils renfermaient un secret dangereux pour l'ordre établi.

Nombre de ces textes interdits proclament la prééminence de Marie Madeleine ; l'un d'eux est même intitulé *L'Évangile de Marie* – laquelle n'est pas la Vierge, mais la Magdaléenne.

Sans doute n'est-ce pas un hasard si les quatre Évangiles du Nouveau Testament la marginalisent, alors que les écrits « hérétiques » insistent sur son importance. Le Nouveau Testament serait-il une propagande pour le parti anti-magdaléen ?

Nous reviendrons sur les Évangiles gnostiques dans un chapitre ultérieur, mais évoquons déjà certains points. Le Nouveau Testament, nous l'avons vu, admet du bout des lèvres le rôle majeur joué par la Magdaléenne dans le mouvement de Jésus. Les Évangiles gnostiques, eux, proclament haut et fort sa prééminence. En outre, la supériorité de son statut ne concerne pas uniquement ses semblables. Elle est l'*Apôtre des Apôtres* et donc la première après Jésus, avant tout autre, homme ou femme. Elle fut le pont véritable entre Jésus et les autres disciples. C'est elle qui interprétait ses paroles à leur bénéfice. Dans ces textes, *Pierre n'est pas choisi pour succéder à Jésus, mais Marie Madeleine.*

C'est elle qui, dans *L'Évangile de Marie*, rallie les disciples défaits par la crucifixion et leur insuffle une énergie nouvelle alors qu'ils sont sur le point de renoncer après la disparition de leur chef charismatique [12]. Elle balaya leurs doutes par sa passion et son intelligence. Elle les incita à devenir de vrais Apôtres dévoués. La tâche ne fut pas aisée. Il lui fallut vaincre le sexisme ambiant et affronter un puissant adversaire personnel : Pierre, le roi pêcheur de la légende, le martyr fondateur de l'Église catholique romaine. Les Évangiles gnostiques répètent sans cesse qu'il la détestait et la redoutait, d'autant que du vivant du Maître, il protestait en vain contre son influence [13]. Plusieurs textes rapportent des échanges houleux entre Pierre et Marie. La Magdaléenne dit, dans un autre Évangile gnostique, le *Pistis Sophia* : « Pierre me fait hésiter ; j'ai peur de lui, parce qu'il déteste les femme [14] ». Et dans l'Évangile de Thomas, Pierre dit : « Que Marie parte, car les femmes ne sont pas dignes de vivre [15] ».

L'image que les récits gnostiques donnent de la relation entre Marie et Jésus n'est pas celle d'un professeur et de son élève ni d'un gourou et de son disciple. Ils sont montrés – de façon très détaillée – partageant une grande intimité. Prenons, par exemple, *L'Évangile gnostique de Philippe* :

> Mais le Christ l'aimait plus que tous les disciples et il avait l'habitude de souvent l'embrasser sur les lèvres. Les autres s'en offusquaient et exprimaient leur désapprobation. Ils disaient : « Pourquoi l'aimes-tu plus que nous ? » Le Sauveur leur répondait : « Pourquoi est-ce que je ne vous aime pas comme je l'aime ? [16] »

Dans le même Évangile gnostique nous trouvons cette phrase apparemment banale : « Elles étaient trois à toujours marcher avec le Seigneur : Marie sa mère, sa sœur et Madeleine, qui est dite sa compagne. Sa sœur, sa mère et sa compagne s'appelaient toutes Marie. *Et la compagne du Sauveur est Marie Madeleine* [17] ».

Si aujourd'hui, le mot « compagne » est vague, le terme grec original signifiait clairement « épouse » ou partenaire sexuelle [18]... Pour de nombreux fondamentalistes, les Évangiles canoniques furent inclus dans le Nouveau Testament parce que eux et eux seuls sont la vraie parole de Dieu. Mais les Évangiles gnostiques ne renferment-ils pas autant d'informations valables que les écrits de Matthieu, Marc, Luc et Jean ? Un simple calcul de probabilités suggère qu'ils méritent autant notre respect que ceux du Nouveau Testament.

Si la Magdaléenne fut vraiment la maîtresse ou l'épouse de Jésus, alors l'énigme de son rang dans le Nouveau Testament se trouve expliquée. Son statut paraît important, sans que l'on n'explique jamais pourquoi ; peut-être les auteurs estimaient-ils connue des lecteurs la nature de sa relation avec Jésus. Après tout, les rabbins étaient généralement mariés ; un prêcheur célibataire aurait marqué les esprits et les Évangiles auraient sûrement précisé ce détail. Un Jésus célibataire et sans enfants dans une culture dynastique aurait provoqué un certain émoi. En fait, le célibat était – et est – critiquable, voire répréhensible dans la tradition judaïque. On aurait su que Jésus le prêchait, or, cette charge n'a jamais été retenue contre lui, fût-ce par ses plus implacables ennemis. La vie monastique est une invention tardive du christianisme – même un misogyne comme Paul admet qu'il « vaut mieux se marier que de brûler [19] ».

L'idée que Jésus ait pu avoir une vie sexuelle est inconcevable pour la plupart des chrétiens, aussi la scène d'amour fantasmée, du film de Martin Scorcese, entre Jésus et Marie a provoqué un tollé général. Partout, les chrétiens l'ont dénoncée comme sacrilège et blasphématoire, une vulgaire recherche du sensationnel. La raison profonde du scandale n'était rien moins qu'une réaction de peur et de haine ataviques des femmes. Par tradition, elles sont perçues comme physiquement impures. Leur fréquentation présente un risque de pollution du corps, de l'esprit et de l'âme naturellement pure et bonne des hommes. Le Fils de Dieu ne se serait jamais placé dans une telle situation de péché mortel. L'horreur engendrée par l'idée que Jésus ait été le partenaire sexuel d'une femme est encore accrue du fait que sa maîtresse aurait été une *prostituée notoire*.

Nous aurons l'occasion de revenir sur ce point, mais précisons d'ores et déjà que rien ne permet d'affirmer avec certitude qu'elle ait jamais été une fille de joie. Les indices sont contradictoires. Mais il est significatif que l'Église ait *choisi de la présenter comme une prostituée*, fût-elle repentie. Cette interprétation très orientée permettait de faire passer deux messages principaux : la Magdaléenne en particulier, et toutes les femmes en général sont impures et spirituellement inférieures aux hommes ; la rédemption n'est possible qu'à travers l'Église.

S'il est impensable que Jésus et une ex-prostituée aient été amants, il est tout simplement inacceptable pour la plupart des chrétiens, qu'ils aient été mariés. Nous avons vu que les auteurs de *L'Énigme sacrée* expliquent l'importance de la Magdaléenne pour le Prieuré de Sion et sa conception d'une lignée sacrée, par le fait qu'elle ait été l'épouse de Jésus. Ce n'était pas la première fois que cette idée était exprimée.

En 1931, D. H. Lawrence publia sa dernière nouvelle, *L'homme qui était mort*, dans laquelle Jésus survit à la croix et trouve la véritable rédemption dans l'acte sexuel avec Marie Madeleine, clairement présentée comme une prêtresse d'Isis. Lawrence associe Jésus au dieu solaire Osiris, époux de la déesse. L'histoire s'intitulait à l'origine *Le Coq évadé*, et comme Susan Haskins l'écrit :

> Le coq est... associé à l'idée du corps « redressé » (le personnage du Christ s'exclamant en jouant sur les mots : « Je suis ressuscité ! », au moment où il atteint finalement l'érection[20]...).

La thèse du mariage de Jésus et Marie Madeleine – et donc d'une progéniture éventuelle – est parfaitement défendable, mais ne suffit pas à expliquer la dévotion du Prieuré pour la sainte. Nous avons vu au chapitre précédent que la dynastie mérovingienne a peu de chances de descendre de ces deux personnages. La fascination exercée par la Magdaléenne repose sur autre chose d'intangible, mais d'identifiable, dont la puissance de son image au sein de notre culture nous fournit des indices. Or, c'est en France que la Magdaléenne est censée avoir terminé ses jours.

Le récit le plus célèbre de cet épisode est celui qu'en donne Jacob de Voragine dans la *Légende dorée (1250)*[21]. L'archevêque dominicain de Genève évoque la sainte par les termes *Illuminata et Illuminatrix* – l'Illuminée et l'Illuminatrice –, ce qui est particulièrement intéressant puisque c'est bien ce rôle que revendiquent pour elle les textes gnostiques « interdits ». Elle y est présentée à la fois comme illuminée et porteuse de l'illumination, comme initiée et initiatrice ; à aucun moment elle n'apparaît spirituellement inférieure en raison de sa condition de femme, bien au contraire.

Comme toujours avec les légendes, on trouve des variations diverses sur un même thème qui, lui, demeure remarquablement constant. Dans ses grandes lignes, l'histoire se présente ainsi : peu après la crucifixion, Marie Madeleine, accompagnée de sa sœur Marthe, de son frère Lazare, et de quelques autres – dont l'identité varie selon les versions – a navigué jusqu'à la côte de ce qui est aujourd'hui la Provence. Parmi les personnages secondaires on trouve : saint Maximin, l'un des soixante-douze disciples de Jésus (qui deviendrait le premier évêque légendaire de Provence) ; Marie Jacobi et Marie Salomé, les tantes supposées de Jésus ; une servante noire, du nom de Sarah ; et Joseph d'Arimathie, un ami fortuné de Jésus, souvent lié à l'histoire de Glastonbury. La raison de ce voyage hasardeux et inconfortable varie aussi d'une version à l'autre. L'une veut que ce groupe ait fui les persécutions de la jeune Église par les Juifs, et une autre, qu'il ait été délibérément chassé par leurs ennemis dans une embarcation sans gouvernail ni rames. Ce fut donc un miracle s'ils réussirent à toucher terre.

Le récit médiéval dépeint le sud de la France, à l'époque de la Magdaléenne, comme une région sauvage habitée par des païens. En réalité, la Provence était alors une partie importante et hautement civilisée de l'Empire romain, où des communautés romaines, grecques et même juives étaient florissantes. En outre, ce périple n'avait rien d'hasardeux ; il suivait la route régulière des navires de commerce, laquelle n'était guère plus dangereuse que les voyages de Tyr ou Sidon vers Rome. Si ce petit groupe est parvenu en Provence, ce fut sans doute de façon délibérée, sans avoir été contraint de fuir.

Les légendes s'accordent à dire qu'il accosta aux Saintes-Maries-de-la-Mer, en Camargue. Là, ses membres se seraient séparés pour aller porter partout la bonne parole. La Magdaléenne aurait prêché dans la région et converti les païens, avant de devenir ermite dans une caverne de la Sainte-Baume. Certaines histoires la font vivre ainsi pendant une période improbable, mais biblique, de quarante ans. Elle consacra la majeure partie de son temps à se repentir de ses péchés et à méditer sur Jésus. Pour pimenter le récit, on dit qu'elle aurait vécu entièrement nue, le corps dissimulé sous sa longue chevelure – un type de vêture qui n'est pas sans évoquer les peaux de bêtes de Jean Baptiste. À la fin de sa vie, elle fut emportée par des anges vers saint Maximin (alors évêque de Provence), qui lui donna les derniers sacrements juste avant qu'elle ne meure. Son corps fut inhumé dans la ville qui porte le nom du saint.

Un bien joli conte, mais quelle est la part de la vérité ? Pour commencer, il est improbable que la Magdaléenne ait vécu en ermite dans une caverne de la Sainte-Baume. Le gardien officiel du reliquaire catholique lui-même l'admet[22]. Le site n'est pourtant pas sans importance. À l'époque romaine, il n'avait rien d'un ermitage. C'était un lieu fort fréquenté, puisque y était célébré le culte de la déesse Diane *Lucifera* (la « porteuse de lumière » ou *Illuminatrix*). Une Madeleine nue – même le corps dissimulé sous ses cheveux – aurait immanquablement attiré l'attention, car des prêtresses et fidèles nombreux fréquentaient la caverne.

(Arles – la ville la plus proche du lieu de débarquement supposé de la Magdaléenne – était alors un centre important du culte d'Isis[23]. Cette région inhospitalière et marécageuse abritait, semble-t-il, plusieurs groupes d'adorateurs de la déesse et continua à leur servir de refuge bien après l'implantation du christianisme.)

En fait, la métamorphose de la voluptueuse Magdaléenne en ermite décharné et repentant résulte de la christianisation délibérée d'une histoire beaucoup plus ambiguë, dont les éléments clés sont empruntés à la légende, du ve siècle, de sainte Marie l'Égyptienne, autre prostituée devenue ermite dont la pénitence dans une Palestine rude dura quarante-sept ans. L'Église médiévale visait, en fait, à rendre cette sainte acceptable.

Il existe des milliers de légendes de saints, et même si certaines paraissent plus crédibles que d'autres, la plupart ne sont que des fables. Pourquoi en irait-il autrement pour la Magdaléenne ? Pourquoi y aurait-il un fond de vérité à sa légende ? Plusieurs commentateurs n'y voient que l'invention de publicitaires soucieux de tirer profit de l'héritage biblique.

Même si de nombreux détails sont des inventions tardives, nous avons de bonnes raisons de croire que, dans l'ensemble, cette légende repose sur des faits réels. Ainsi, il n'est pas absurde de supposer qu'une femme riche ait désiré connaître les rivages de la Méditerranée romanisée. Pourtant, son rôle dans ces contes est encore plus significatif. Marie Madeleine y est présentée comme une prédicatrice. Nous avons vu que l'Église des premiers temps la qualifiait d'« Apôtre des Apôtres ». Or au Moyen Âge personne n'aurait confié une telle mission à une femme. Si la légende de la Magdaléenne fut l'invention de moines médiévaux, ceux-ci ne l'auraient jamais investie d'un quelconque apostolat, cette tâche étant réservée aux hommes. On peut donc supposer que l'histoire se fondait sur des souvenirs authentiques, quoique magnifiés par le temps. Or les historiens s'accordent pour dire que le christianisme s'établit en Provence dès le Ier siècle[24].

Notre quartier général installé à Marseille, nous entreprîmes de visiter les sites principaux associés à la légende magdaléenne.

La piste, comme l'histoire, commençait aux Saintes-Maries-de-la-Mer, à deux heures de route de Marseille, dans une plaine marécageuse riche en étangs, où le delta du Rhône rejoint la Méditerranée. Saintes-Maries est la seule ville d'une région qui se voue exclusivement à l'élevage des chevaux, fierté d'une Camargue véritable sanctuaire pour d'innombrables espèces d'oiseaux, notamment les flamants roses qui s'y posent au retour d'Afrique. Après la traversée d'Arles, l'arrivée aux Saintes-Maries provoque un choc. C'est une ville touristique et animée, avec bars et restaurants. Comme du reste de la Camargue, il s'en dégage une atmosphère typiquement espagnole.

L'église de Notre-Dame de la Mer, en forme de galion, se dresse au-dessus des immeubles bas ; elle fut construite, au XIIe siècle, avec les fortifications. Cette cité côtière isolée était sous la menace permanente des pirates et autres ennemis [25].

Trois Marie sont vénérées ici : Marie Madeleine, Marie Jacobi et Marie Salomé. René d'Anjou (1408-1480), roi de Naples et de Sicile (et à en croire le Prieuré de Sion, l'un de ses grands maîtres) portait un intérêt particulier à cette église. Le « bon roi René », fervent adorateur de la Magdaléenne, obtint du pape la permission d'en fouiller la crypte. Il y trouva deux squelettes, qui seraient ceux de Marie Jacobi et Marie Salomé. Mais de la Magdaléenne, aucune trace.

Dans les entrailles de l'église, un curieux autel est dédié à Sarah l'Égyptienne, servante des Marie. La tradition prétend qu'elle était noire. C'est la patronne des Gitans, qui convergent vers la ville par milliers tous les 25 mai, pour la célébrer. Devant sa statue, ils élisent leur reine de l'année, avant de porter la sainte en procession et de la plonger cérémonieusement dans la mer. Cet événement est une manifestation touristique importante dans la région ; elle a attiré nombre de célébrités au fil des ans – notamment Bob Dylan, qui lui a consacré une chanson [26].

Le passage d'un autre visiteur illustre est commémoré par une plaque apposée sur la façade de l'église : le cardinal Angelo Roncalli (1881-1963), ambassadeur du Vatican en France, futur pape Jean XXIII. (Nous avons vu qu'il aurait été membre du Prieuré de Sion à l'époque où Jean Cocteau en était le grand maître, sous le nom de... Jean XXIII [27]).

En suivant l'itinéraire présumé de la Magdaléenne, nous avons regagné la fournaise et l'agitation de Marseille, où elle aurait prêché. L'une des deux cathédrales, qui se jouxtent, n'a guère plus de cent cinquante ans et est toujours en activité. Si sa décoration célèbre le thème magdaléen, ce n'est sans doute qu'en raison de traditions locales. En revanche, la plus ancienne, la cathédrale de la Major, est nettement plus intéressante. Elle contient des illustrations apparemment authentiques de la vie et de l'œuvre de la sainte dans la région. Comme à Notre-Dame de France, à Londres, la décoration du plafond ressemble à une toile d'araignée géante. Cette cathédrale, jugée insalubre, n'est plus ouverte au public.

Bâtie au XIIe siècle sur le site d'un baptistère du Ve, elle reste imprégnée de l'ancien magdaléisme. Une chapelle lui est consacrée, et dans celle de saint Sérène une série de bas-reliefs illustrent sa vie – cette œuvre fut commanditée par René d'Anjou. L'une des scènes la représente en train de *prêcher* comme un Apôtre, ce qui conforte les dires des Évangiles gnostiques. Puisqu'elle semble avoir réussi à convertir les païens, quelqu'un devait être à ses côtés pour les baptiser selon la foi chrétienne – qui ? Se peut-il qu'elle – l'Apôtre des Apôtres – ait assumé ce rôle en personne ?

La tradition locale veut qu'elle ait prêché sur les marches d'un antique temple de Diane, qui ne servit pourtant de fondement à aucune des deux cathédrales, mais aurait occupé le site de l'actuelle place de Lenche, quelque deux cents mètres plus loin. Rien ici ne commémore l'événement, sinon l'insistance remarquable des autochtones à affirmer que cet espace triangulaire banal est le lieu où la Magdaléenne prêcha autrefois.

Après le fort Saint-Jean et le pittoresque vieux port avec son marché aux poissons célèbre dans le monde entier malgré l'odeur pestilentielle qui s'en dégage, on trouve l'abbaye Saint-Victor. Site religieux important construit sur un cimetière païen, un monastère l'occupe depuis le début du Ve siècle. Le bâtiment actuel date du XIIIe siècle, mais sa crypte, beaucoup plus ancienne, contient de nombreux sarcophages décorés de la période romaine. Dans la crypte on trouve une chapelle en forme de caverne dédiée à la Magdaléenne, pourtant l'élément le plus fascinant est, nous semble-t-il, la statue du XIIIe siècle de Notre-Dame de la Confession. Elle porte un enfant dans les bras et a la peau noire. Nous voilà devant l'une de ces légendaires « Vierges noires », tant controversées.

À l'est de Marseille se trouve la Sainte-Baume – vaste caverne dans laquelle Marie Madeleine aurait terminé ses jours en ermite. Une route escarpée et sinueuse grimpe à près de mille mètres d'altitude, avant d'atteindre un plateau et de conduire le visiteur jusqu'au petit groupe de maisons qui constituent le village. De là, une longue promenade à travers bois mène à la caverne proprement dite, qui est aujourd'hui un sanctuaire catholique. En fait, le site n'a rien à nous apprendre – l'Église a greffé l'histoire de la Magdaléenne sur celle d'une autre sainte prostituée, Marie l'Égyptienne. À l'époque où Marie Madeleine aurait résidé à la Sainte-Baume, la caverne était dédiée au culte d'une déesse païenne. Le mythe présentait toutefois un double avantage : tout d'abord, il faisait d'une Magdaléenne réprouvée un personnage plus respectable, ensuite, il transformait un site païen en un lieu de pèlerinage chrétien.

De la Sainte-Baume, la route continue vers le lieu supposé de la mort et de l'inhumation de la Magdaléenne, Saint-Maximin-la-Sainte-Baume. Sa fête annuelle battait son plein à notre arrivée.

Avant la procession glorieuse de la tête de la Magdaléenne, une messe est célébrée dans la basilique Sainte-Marie-Madeleine. Les reliques, généralement enfermées dans la sacristie, sont placées sur des litières et portées à travers les rues sinueuses et étroites de Saint-Maximim. Une fanfare aux costumes provençaux traditionnels ouvre la marche, suivie d'évêques, prêtres, moines dominicains et notables locaux. Viennent ensuite deux litières portant des statues de saints mineurs, puis, après une longue attente, la tête. Le dais est orné de médailles d'or qui suggèrent l'importance de la précieuse relique. Les villageois portent des lances et montent une garde symbolique autour d'elle. L'attraction de la relique est telle que nous avons vu une jeune femme qui, aux mépris des conventions, s'est penchée à sa fenêtre, sans rien sur le dos !

Sur tout le trajet emprunté par la relique, le même refrain lancinant monte des officiants et de la foule, un hymne à Marie Madeleine qui culmine en un envol à l'arrivée dans la basilique, où l'accompagne le célèbre grand orgue. Mais toute cette flamboyance et ce cérémonial ne sont-ils pas qu'un trompe-l'œil ? Qu'est-ce que tout cela nous apprend sur la vraie Marie Madeleine, la femme énigmatique du Nouveau Testament, épouse présumée de Jésus ?

On rapporte que ses reliques furent découvertes dans le sol de la crypte de l'église Saint-Maximin, le 9 décembre 1279, par Charles II d'Anjou, comte de Provence. Son squelette reposait dans un somptueux sarcophage d'albâtre datant du ve siècle. Cette inhumation tardive est expliquée par des documents trouvés à l'intérieur. Ils rapportent qu'en 710 de notre ère, le corps de la Magdaléenne fut caché dans un autre sarcophage pour le soustraire aux envahisseurs sarrasins ; les archives, elles, furent amendées à une date ultérieure. Le squelette repose toujours dans son cercueil de pierre dans la crypte de la basilique, alors que le crâne a été placé dans le reliquaire doré et décoré de la sacristie. Charles d'Anjou a financé la construction de la basilique, qu'il a placée – avec l'approbation papale – sous la protection de l'ordre des Dominicains. La construction, commencée en 1295, fut apparemment achevée deux cent cinquante ans plus tard. En fait, elle n'a jamais été complètement terminée – comme il est de coutume avec les cathédrales. L'intention originale de Charles était d'en faire un centre de pèlerinage magdaléen. Le site n'a toutefois pas acquis la renommée de Saint-Jacques-de-Compostelle, par exemple [28].

De nos jours, la plupart des commentateurs, surtout ceux qui n'appartiennent pas à l'Église catholique, n'hésitent pas à voir dans toute relique une supercherie ; il faut convenir que certaines sont à ce point pathétiques qu'elles ajoutent l'insulte au préjudice. Hélas, les « ossements de Marie Madeleine » à Saint-Maximin sont faux. On prouvera sans difficulté que les documents qui les accompagnent sont, eux aussi, des faux notoires. Ils utilisent, en effet, le système de datation en vigueur au XIIIe siècle, qui diffère de celui du VIIIe. En outre, à l'époque mentionnée, la France n'avait rien à craindre des Sarrasins [29].

Il fut un temps où l'on croyait les ossements de Marie Madeleine à Vézelay, en Bourgogne. Ils y avaient été amenés de Provence et conservés sous l'autel de l'abbaye de Sainte-Marie-Madeleine, d'où ils ne sortaient jamais. En 1265, Saint Louis – qui collectionnait et vénérait les reliques –, ordonna qu'ils soient exhumés et, deux ans plus tard, qu'ils soient présentés au public à l'occasion d'une grande cérémonie, à laquelle il comptait assister. Hélas, les moines de Vézelay ne trouvèrent que quelques os dans un coffre métallique, et non le squelette qu'ils étaient censés garder [30]. (Cette histoire traduit le manque total d'à-propos des moines !) Le neveu de Louis, Charles II d'Anjou, alors âgé de dix-neuf ans, devait lui aussi assister à la cérémonie.

Après cette déception, Charles acquit la conviction – pour des raisons encore mystérieuses – que le corps de la Magdaléenne reposait toujours quelque part en Provence. Sa passion pour cette sainte a toujours intrigué les érudits, au point qu'un historien a écrit : « On aimerait savoir d'où le prince tenait une telle dévotion [31] ». Charles ordonna que des fouilles soient entreprises sous l'église Saint-Maximin, allant jusqu'à creuser la terre de ses mains. Les reliques qu'il déterra, en définitive, et qui sont vénérées aujourd'hui, sont fausses. Mais s'il y eut fraude délibérée, ce ne fut pas le fait de Charles, qui en fit plutôt les frais. Il est toutefois une autre hypothèse : la découverte des reliques de Saint-Maximin fut orchestrée pour empêcher toute fouille ultérieure. Entre-temps, Charles et les siens pouvaient poursuivre leurs recherches dans le plus grand secret...

Quand les ossements furent mis au jour, Charles insista auprès du pape pour qu'il les reconnaisse officiellement au détriment de ceux de Vézelay – ce qui fut fait en 1295 –, et qu'il approuve la construction d'une basilique. On sait que Charles élabora ses plans lors de réunions secrètes avec les archevêques locaux ; tout n'était donc pas aussi clair qu'il y paraissait. En outre, il s'employa à obtenir que les Bénédictins installés à Saint-Maximin soient remplacés par des Dominicains, au demeurant réticents, au point qu'il leur fallut en recevoir l'ordre du pape lui-même. La basilique fut placée sous le contrôle direct de Sa Sainteté et non d'un archevêque local. Le changement d'autorité se heurta à de vives résistances sur le terrain. Charles dut envoyer des troupes pour assister le nouveau maître dominicain, les représentants du pape et le roi, lors de l'installation officielle de l'Ordre[32]. À la suite de cela, les Dominicains adoptèrent la Magdaléenne comme patronne, en 1297, la qualifiant de « fille, sœur et mère » de l'Ordre[33].

Nous avons vu qu'un descendant de Charles, René d'Anjou (présumé grand maître du Prieuré de Sion), tenait lui aussi la Magdaléenne en haute estime. On raconte qu'il possédait une coupe à l'image du Graal, qui portait l'énigmatique inscription :

> Qui boit profondément verra Dieu. Qui la vide d'un trait verra Dieu et la Magdaléenne[34].

Marie Madeleine revêtait de toute évidence une importance capitale pour les Anjou. Leur ferveur cache un autre mystère. René entreprit des fouilles aux Saintes-Maries-de-la-Mer – prétendument pour trouver les restes de la sainte –, fait étrange puisque deux cents ans plus tôt, Charles affirmait les avoir découverts à Saint-Maximin. Personne, en réalité, ne semble les avoir jamais retrouvés.

À Marseille, nous avons découvert l'une de ces étranges « Vierges noires », que nous savions intimement liées à la tradition magdaléenne. Nous ignorions encore pourquoi et comment.

Ces statues sont parfaitement identiques aux représentations habituelles de la Vierge et de l'enfant, sinon que la Vierge a, ici, la *peau noire*. Elles ne sont pas vraiment en odeur de sainteté auprès du clergé, qui les considère avec une suspicion certaine. Diverses théories circulent pour expliquer cette peau noire. Quel lien peuvent-elles entretenir avec la Magdaléenne, une femme originaire du Moyen-Orient, censée ne pas avoir eu d'enfants ? [35]

On trouve des Vierges noires dans de nombreux pays d'Europe, notamment en Pologne et même en Grande-Bretagne. Pourtant la plupart – soixante-cinq pour cent selon une étude d'Ean Begg de 1985 – serait en France, et plus particulièrement dans le Midi [36].

Ces statues font l'objet de cultes importants et souvent passionnés, mais toujours à un niveau local et *sans* la bénédiction de l'Église catholique. Nous avons constaté que ces Vierges noires la dérangeaient. Ean Begg écrit, dans son livre *The Cult of the Black Virgin* (1985) :

> (...) l'hostilité était parfaitement évidente, quand le 28 décembre 1952, des articles furent présentés sur les Vierges noires à l'Association américaine pour le progrès de la science, tous les prêtres et les nonnes présents quittèrent la salle [37].

Il ajoute que même s'ils ne leur sont pas ouvertement hostiles, la plupart des prêtres modernes se désintéressent des Vierges noires. Ils ignorent purement et simplement leur existence ou ne désirent pas s'informer à leur sujet.

Au cours de ses recherches, Begg a souvent visité des sites connus pour leurs Vierges noires. Or les prêtres locaux prétendaient tout ignorer de l'existence d'une telle statue ou encore qu'elle avait disparu. Pourtant, toutes les Vierges noires continuent à recevoir les marques d'amour et de dévotion de la population locale. Pourquoi ce culte irrite-t-il tant l'Église catholique ?

Les Vierges noires sont presque toujours associées à des sites *païens* plus anciens [38]. La christianisation a été un phénomène général en Europe. Mais la couleur noire de ces statues suggère qu'elles perpétuent la vénération d'une déesse païenne cachée sous les oripeaux du christianisme. C'est probablement pour cette raison que l'Église les dédaigne, alors que la ferveur qu'elles inspirent ne permet pas de les bannir. En outre, une condamnation actuelle ne manquerait pas d'attirer l'attention sur des pratiques qui durent depuis près de deux mille ans.

Leurs antécédents païens ne suffisent pas à expliquer pourquoi ces Vierges sont noires. Or, nombre de ces sites étaient associés à des déesses préchrétiennes – Diane, Cybèle... – dont les statues, du temps où elles étaient vénérées, étaient noires.

Une autre déesse est parfois représentée avec la peau noire : Isis. Son culte a perduré bien avant, dans l'ère chrétienne, tout autour de la Méditerranée. Sœur de Nephtys, c'était une divinité aux facettes multiples, qui maîtrisait notamment la magie et la guérison ; elle était, en outre, étroitement associée à la mer et à la lune. Son compagnon, Osiris, dieu des enfers et de la mort – lui aussi représenté avec la peau noire – fut traîtreusement assassiné par le dieu Seth, mais Isis lui rendit magiquement la vie, afin qu'ils puissent concevoir Horus.

On sait que les premiers chrétiens mêlèrent l'iconographie d'Isis et celle de la Vierge Marie, qui hérita de plusieurs de ses titres – « Étoile de la mer » (*Stella maris*) et « Reine des Cieux ». En outre, Isis – comme la Vierge Marie – est traditionnellement représentée debout sur un croissant de lune, ou avec des étoiles dans les cheveux et autour de la tête. Mais la similitude la plus marquante est celle de la mère et de l'enfant. Les chrétiens imaginent que les statues de la Vierge à l'Enfant représentent une iconographie typiquement chrétienne. En réalité, ce concept était déjà présent dans le culte d'Isis [39].

Isis était, elle aussi, vénérée comme une vierge. Qu'elle soit la mère d'Horus ne posait aucun problème à ses millions d'adorateurs. Alors que les chrétiens doivent accepter le dogme de la virginité par un acte de foi – le considérant comme un événement historique réel –, les disciples d'Isis et d'autres cultes païens ne connaissaient pas un tel dilemme. Pour eux, il importe peu que Zeus, Vénus ou Mâat aient ou non un jour foulé la terre. L'essentiel est ce qu'ils *incarnent*. Chaque membre du panthéon règne sur son domaine propre. Ainsi, Mâat est-elle concernée par le concept de justice, tant dans le monde matériel que lors de la pesée des âmes dans l'au-delà. Les dieux étaient considérés comme des *archétypes* vivants, non comme des personnages historiques. Les adorateurs d'Isis ne perdaient pas de temps à rechercher des vêtements qui auraient pu envelopper le corps d'Osiris, pas plus que ne leur importait de retrouver des morceaux de bois de son sarcophage. Les Égyptiens n'étaient pas un peuple stupide et ignorant ; bien au contraire, ils possédaient une connaissance profonde de la psyché humaine.

Isis était adorée à la fois comme Vierge et Mère – mais pas comme *Vierge* mère. Ses adorateurs auraient jugé ridicule l'idée d'une conception virginale ; les dieux sont peut-être capables de miracles mais ils ne demandent pas aux hommes de perdre tout sens commun. Le culte de la plupart des déesses mettait l'accent sur leur féminité, divisant celle-ci en trois aspects principaux, chacun représentant un cycle de l'existence humaine : la vierge, la mère, et enfin la vieille femme. Ces trois aspects sont, en outre, liés respectivement à la nouvelle lune, à la pleine lune et à la lune noire. Chaque déesse, Isis incluse, incarnait l'ensemble des aspects de la féminité, y compris l'amour charnel. On pouvait donc implorer son aide pour tout problème – ce qui n'est pas le cas de Marie, dont la virginité constitue une barrière infranchissable pour celles qui désireraient lui faire part de leurs angoisses sexuelles.

Isis, femme de chair et de sang incarnant le cycle complet de l'existence d'une femme, était parfois représentée avec la peau noire. Son culte était largement répandu. Ainsi, on trouva à Paris même un temple à sa dédicace, et ce ne fut pas un cas isolé. Isis, la belle déesse que l'on pouvait prier la conscience claire, quel que soit le problème, séduisait les femmes de toutes cultures. Quand l'Église patriarcale s'implanta, son objectif premier fut d'éradiquer le culte des déesses païennes. Or le besoin d'une déesse subsistait et représentait une menace pour les Pères de l'Église. Aussi la Vierge Marie, version édulcorée d'Isis, acquit droit de cité, mais coupée des impératifs biologiques, affectifs et spirituels des femmes. Une déesse de fortune créée par des misogynes pour des misogynes. Il était impensable qu'une Vierge désincarnée prenne la place d'Isis sans provoquer de réaction. Comment la bonne, mais insipide, mère de Jésus aurait-elle pu remplacer la si féminine Isis – vierge, mère, femme âgée, mais encore initiatrice sexuelle contrôlant la destinée des hommes ? Le culte de Marie Madeleine et celui des Vierges noires si dédaignées par l'Église cacheraient-ils une vision plus ancienne et plus riche de la féminité ?

On sait que les Vierges noires se trouvent souvent sur d'anciens sites païens. Or, une Vierge noire est souvent proche de lieux liés à la Magdaléenne. Ainsi, la célèbre statue noire de sainte Sarah l'Égyptienne se trouve aux Saintes-Maries-de-la-Mer – à l'endroit même où la Magdaléenne aurait débarqué après avoir quitté la Palestine. Marseille ne compte pas moins de trois Vierges noires, dont une dans la crypte de la basilique Saint-Victor, juste devant la chapelle de Marie Madeleine. On en trouve une autre dans l'église Marie-Madeleine d'Aix-en-Provence (près de l'endroit où elle aurait été enterrée) et une encore dans l'église principale de la ville, à Saint-Sauveur.

On ne peut nier le lien entre le culte de Marie Madeleine et celui des Vierges noires. Selon Ean Begg, pas moins de cinquante sites consacrés à la Magdaléenne ont des chapelles abritant une Vierge noire[40]. La carte des emplacements des Vierges noires en France fait apparaître que leur zone de concentration principale est la région de Lyon/Vichy/Clermont-Ferrand, avec au centre une série de collines : les monts de la Madeleine. On trouve aussi une forte concentration de Vierges noires en Provence et dans les Pyrénées orientales, deux régions intimement liées à la légende magdaléenne. L'association entre ces cultes est donc clairement établie. Elle n'en est pas expliquée pour autant.

Cet axe de recherche nous ramène au Prieuré de Sion. Bien qu'on l'ignore souvent, ses membres s'intéressent tout particulièrement au culte des Vierges noires. (Il est curieux que *L'Énigme sacrée* n'en fasse pas mention. Deux de ses auteurs, Michael Baigent et Richard Leigh, ont pourtant consacré des articles à ce sujet dans l'hebdomadaire *L'Inexpliqué*, au moment de la parution de leur livre [41].) Plusieurs lieux associés au Prieuré ont leurs Vierges noires, notamment Sion-Vaudémont et Blois, dans la vallée de la Loire, où les membres se réunissent traditionnellement pour élire leurs grands maîtres [42].

Les membres du Prieuré vouent une vénération toute particulière à la Vierge noire de Goult, près d'Avignon, « Notre-Dame des Lumières [43] ». Ils n'ont aucun doute sur le sens réel de ces statues. Pierre Plantard de Saint-Clair écrit très clairement : « La Vierge noire est Isis et son nom, Notre-Dame des Lumières [44] ».

Soit, mais alors quel rapport entre Isis, les Vierges noires et l'intérêt du Prieuré pour la lignée mérovingienne ? Plantard de Saint-Clair répond à cette question en évoquant la vénération des Mérovingiens pour les Vierges noires. Si nous admettons un instant la réalité de la filiation mérovingienne, comment expliquer un tel intérêt de la part de descendants juifs de la lignée de David ? Begg suggère qu'il traduit, peut-être, un désir de se forger un « arbre généalogique » remontant à l'époque romaine et même au-delà. Mais cela n'explique pas tout, ajoute-t-il, car les déesses vénérées en Gaule se nommaient Cybèle ou Diane, pas Isis. Or, Plantard de Saint-Clair insiste bien sur Isis. Pourquoi ? Begg voit là une façon de relier le Prieuré et l'Égypte [45].

S'il est une figure légendaire qui peut nous fournir un élément de réponse, car elle représente un pont entre les traditions païennes et chrétiennes qui se fusionnent dans le culte des Vierges noires, c'est Marie Madeleine. Nous avons vu que le Prieuré, qui identifie Isis et la Vierge noire, la vénère aussi. Mais pourquoi une célèbre pénitente chrétienne est-elle ainsi associée à des sites païens ?

Tournons-nous un instant vers le Cantique des Cantiques, ce poème érotique curieusement inclus dans l'Ancien Testament et généralement attribué au roi Salomon. Il l'aurait rédigé pour vanter les charmes lascifs de la reine de Saba. Or un extrait en est lu à l'occasion de la fête de la Magdaléenne, dans les églises catholiques. Le voici (Cantique des Cantiques 3 : 1-4) :

> Sur ma couche, pendant les nuits, j'ai cherché celui que mon cœur aime ; je l'ai cherché, et je ne l'ai point trouvé.
> Je me lèverai, et je ferai le tour de la ville, dans les rues et sur les places, je chercherai celui que mon cœur aime. Je l'ai cherché, et je ne l'ai point trouvé.
> Les gardes qui font la ronde dans la ville m'ont rencontrée : « Avez-vous vu celui que mon cœur aime ? »
> À peine les avais-je passés, que j'ai trouvé celui que mon cœur aime. Je l'ai saisi, et je ne l'ai point lâché jusqu'à ce que je l'aie amené dans la maison de ma mère, dans la chambre de celle qui m'a conçue.

Le Cantique des Cantiques a été associé, dès les premiers temps du christianisme, à la Magdaléenne[46]. Existerait-il un autre lien caché dans ces vers ? L'amoureuse ne dit-elle pas : « Je suis noire, mais je suis belle » ? Voilà qui renvoie directement au culte des Vierges noires[47] et, selon le Prieuré, à la déesse égyptienne Isis.

Tout cela surprend. Si la relation entre la Magdaléenne et les Vierges noires n'est pas évidente, celle entre la sainte et le Cantique des Cantiques ne l'est pas plus. Pourtant, comme l'amoureuse qui se lamente dans ces vers, Isis est partie en quête de son époux Osiris. Soit, mais quel rapport avec Marie Madeleine ? De prime abord, aucun !

Un autre élément, plus troublant encore, mérite notre attention. La Provence, foyer du magdaléisme, avec une forte concentration de Vierges noires, est marquée par un autre personnage majeur du Nouveau Testament : Jean Baptiste. Nous avons été frappés par le nombre d'églises qui lui sont consacrées et de lieux qui portent son nom. À Marseille, outre une église consacrée au Baptiste, le vieux fort hospitalier Saint-Jean garde toujours l'entrée du port. Aix-en-Provence abrite la grande église Saint-Jean-de-Malte ; un bas-relief illustre la décapitation de Jean sur le mur d'une maison dans la rue de l'église. Notre périple nous a permis de vérifier qu'une forte concentration de sites magdaléens correspond à une forte concentration d'églises consacrées à Jean Baptiste. Peut-être est-ce cette curieuse relation qui a incité Ean Begg à écrire :

> (...) l'histoire des Vierges noires cache sans doute un secret hérétique choquant et perturbant même pour les non-chrétiens. Un secret qui concerne des forces politiques influentes de l'Europe moderne[48].

Certes, la multiplication des bâtiments consacrés à Jean Baptiste s'explique aisément par la vénération que lui vouaient les chevaliers Hospitaliers (plus tard chevaliers de Malte), qui ont longtemps occupé la région. Mais un autre ordre chevalier constituait une force importante dans le Midi : les célèbres templiers, qui honoraient le Baptiste.

Pendant notre séjour en Provence, nous ne pouvions éviter Saint-Jean-Cap-Ferrat, où vécut Jean Cocteau. Le trajet entre Marseille et Nice nous parut interminable. Saint-Jean-Cap-Ferrat se dresse à la pointe extrême d'une péninsule où se sont installées de nombreuses vedettes de cinéma, notamment David Niven. On y trouve les résidences les plus somptueuses, qu'on imagine fort bien comme cadres à une aventure de James Bond[49] – mais aussi le château Saint-Jean. Pourtant ces lieux opulents ne sont pas exclusivement voués au matérialisme et la présence de saint Jean n'y est nullement fortuite.

Le village, qui doit son nom au Baptiste, lui a consacré son église. N'oublions pas que les chevaliers de Malte ont construit ici la chapelle du Saint Hospice, qui se dresse toujours sur l'emplacement original de leur fort, à l'extrémité de la péninsule, au Point Saint-Jean – excellent poste d'observation. Les murs de la chapelle sont décorés de plusieurs plaques commémorant les visites de divers grands maîtres de l'Ordre au fil des ans, et la place qui s'étend devant porte le nom des « chevaliers de Malte ». Elle est dominée par l'énorme statue en bronze d'une Madone à l'Enfant qui, malgré sa patine vert foncé, est appelée ici *La Vierge noire*. Mesurant plus de cinq mètres, elle surplombe la mer depuis près un siècle. Et Jean Baptiste est, une fois encore, lié à une Vierge noire.

Par ailleurs, il ne faut pas chercher bien loin le lien avec le Prieuré de Sion. À Villefranche-sur-Mer, une petite chapelle est fréquentée par la communauté des pêcheurs. De fait, elle est dédiée à saint Pierre (le « Roi Pêcheur »), mais son intérêt réside surtout dans l'identité de l'artiste qui a réalisé son remarquable décor : Jean Cocteau ! Il l'a achevé en 1958, alors qu'il en rêvait depuis de nombreuses années. Il a veillé personnellement sur les moindres aspects de la décoration de la chapelle, depuis le replâtrage des murs jusqu'au dessin des chandeliers. Le résultat final est, disons, *étrange*. Il évoque le décor d'un temple maçonnique, mais son imagerie est beaucoup plus surréaliste. Des yeux sont peints partout – il y en a d'énormes de chaque côté de l'autel, mais également quantité de plus petits –, ainsi que des personnages surprenants, notamment une femme qui tend trois doigts vers le visiteur.

Parmi tous ces personnages et symboles curieux, un détail retint tout particulièrement notre attention : des Gitans qui dansent avec une jeune fille au corps de déesse – allusion à la cérémonie annuelle des Saintes-Maries-de-la-Mer. N'est-ce pas étrange dans une chapelle dédiée à saint Pierre – ennemi personnel de Marie Madeleine, selon les Évangiles gnostiques ?

Cocteau a décoré ces lieux juste avant d'entreprendre sa fresque londonienne, et dans les deux cas le visiteur éprouve un malaise. Comme si des images subliminales transmettaient à l'inconscient un message différent de celui que l'on s'attend à trouver dans un bâtiment chrétien.

À environ trente-cinq kilomètres au nord de la luxueuse ville de Nice, un ensemble de villages confirme la coexistence des sites dédiés à la Magdaléenne et au Baptiste. Tout le long de la Vésubie court une route, jadis importante, liant les Alpes à la côte. En la parcourant, nous avons trouvé des noms évoquant les mêmes associations que dans la région de Saint-Jean-Cap-Ferrat. Ainsi le village de Sainte-Madaleine (*sic*) est voisin de *Marie* et *Saint-Jean*.

Ce n'est pas tout. Cette même région abrite la vieille ville templière d'Utelle, dont les maisons médiévales portent toujours les sceaux ésotériques des alchimistes. Plus dans la vallée, Roquebillière est un ancien campement de l'Ordre. La plus grande ville des environs, Saint-Martin-de-Vésubie, est le site du légendaire massacre des templiers de 1308[50].

On y trouve une Vierge noire célèbre : la Madonne des Fenestres, apportée ici par les templiers. Mais la tradition locale veut que la statue soit arrivée en France avec Marie Madeleine[51]. Même si les légendes ne se fondent pas nécessairement sur des faits réels, il est intéressant que les villageois trouvent naturelles ces associations entre la Magdaléenne, le culte des Vierges noires et les templiers.

De l'autre côté de la vallée, face à Saint-Martin-de-Vésubie, le village de Venanson abrite la chapelle Saint-Sébastien, perchée sur un roc qui surplombe l'unique route. On y trouve une statue de saint Grat, un ancien évêque local, qui tient dans les mains la tête de Jean Baptiste. À cinq kilomètres à peine, le village de Saint-Dalmas abrite, lui, l'église de Sainte-Croix, l'un des plus anciens bâtiments religieux de France. Ses murs sont couverts de peintures représentant Salomé portant la tête de Jean Baptiste à sa mère, Hérodiade, et à son beau-père, Hérode.

Dans de nombreux lieux de culte, catholiques comme protestants, on trouve des représentations du Baptiste, mais généralement il est montré baptisant Jésus, rarement décapité. Cette imagerie ne semble appropriée que là où le saint est particulièrement vénéré. En Provence, en revanche, ces scènes sont courantes – or nous avons vu que la concentration importante de sites templiers ou hospitaliers dans la région n'était pas le fruit du hasard. Jean Baptiste était le saint patron des templiers. Mais comment expliquer son importance pour les templiers et les chevaliers de Malte ? Cette question allait revêtir une importance cruciale dans la suite de notre investigation.

Il ressortait de notre voyage en Provence que les légendes relatives à la Magdaléenne s'appuient sur des éléments solides, mais aussi qu'elles cachent probablement un mystère plus ancien, plus vaste, plus organisé – voire plus sombre. En suivant les pas de la sainte, nous avions fait resurgir des associations ésotériques souvent vieilles de plusieurs siècles. Presque partout la Magdaléenne voisine avec une Vierge noire et un antique lieu de culte païen. Les autres fils de cette toile relient ce triple noyau féminin au Prieuré de Sion et – de façon inexplicable – à la vénération des templiers pour Jean Baptiste.

À ce stade de notre enquête, nous avions identifié les liens, mais nous ne les avions pas encore interprétés. Parfois, nous pensions ne jamais y parvenir. Pourtant, à force d'obstination, nous avons fini par relier tous ces faits, légendes et personnages apparemment inconciliables.

Ignorant à quel point nos découvertes ultimes seraient bouleversantes, nous quittâmes la Provence pour nous enfoncer plus profondément au cœur de l'hérésie européenne.

CHAPITRE 4

Au cœur de l'hérésie

Tournant le dos à Marseille, nous nous dirigions vers l'ouest et le Languedoc-Roussillon, autrefois l'une des plus riches régions de France, aujourd'hui, l'une des plus pauvres.

Là abondent les traces d'un passé turbulent. Le paysage est ponctué de châteaux en ruines et d'anciennes citadelles rasées sur ordre de rois ou de papes. Les atrocités commises ici ne s'expliquent pas uniquement par le goût du pouvoir des seigneurs médiévaux. Le Languedoc-Roussillon fut sans doute le plus grand foyer d'hérésie en Europe. Cette réalité historique est d'ailleurs à l'origine de l'appauvrissement systématique de la région. Hormis en Bosnie ou en Irlande du Nord, la religion a rarement bouleversé à ce point le destin d'un pays.

À l'origine, le Languedoc – qui doit son nom à la *langue d'oc* – s'étendait de la Provence aux terres allant de Toulouse aux Pyrénées-Orientales. Jusqu'au XIIIe siècle, il ne faisait pas partie intégrante de la France, mais était gouverné par les comtes de Toulouse. Ceux-ci, bien que vassaux des rois de France, étaient beaucoup plus riches et plus puissants qu'eux.

Aux XIIe et XIIIe siècles, cette région suscitait l'envie de l'Europe tant étaient florissantes sa civilisation et sa culture. Elle devançait toutes les autres en matière d'art, de littérature et de science. Mais au XIIIe siècle, cette culture brillante et chatoyante fut ravagée par des envahisseurs barbares venus du Nord, qui engendrèrent dans la population un ressentiment amer, toujours vivace aujourd'hui. Les habitants du Languedoc, pour la plupart, préfèrent toujours se considérer occitans.

Si le vieux Languedoc fut un foyer d'hérésies, c'est sans doute qu'une culture portée sur la recherche de la connaissance tend à se montrer tolérante à l'égard des idées neuves.

Les troubadours y tenaient un rôle important. Ces ménestrels itinérants célébraient dans leurs chansons d'amour, le Principe féminin. La tradition de l'amour courtois reposait sur une notion idéalisée de la féminité : *la* femme idéale, la déesse. Bien que romantiques, ces chansons sont imprégnées d'un authentique érotisme. L'influence de ce mouvement se répandit bien au-delà des frontières du Languedoc, notamment en Allemagne et dans les Pays-Bas, où les troubadours se nommaient *Minnesänger* – littéralement « chanteurs pour dames » – terme à considérer dans son sens idéalisé, archétype.

Le Languedoc fut la scène du premier génocide européen. Plus de cent mille cathares ont été massacrés sur ordre du pape à l'occasion de la croisade albigeoise (qui doit son nom à la ville d'Albi, un haut lieu cathare). L'Inquisition fut mise sur pied spécialement pour permettre l'interrogatoire et l'extermination des cathares. La croisade albigeoise n'a jamais eu le retentissement de certains holocaustes modernes, peut-être parce qu'elle s'est déroulée au XIIIe siècle. Pourtant, de nombreux habitants de la région nourrissent toujours de vieilles rancœurs, et suggèrent même que ce silence est le fruit d'une conspiration officielle visant à tirer un voile pudique sur le drame cathare.

La région n'abrita pas que les cathares. Elle a toujours été un centre alchimique majeur. Plusieurs villages attestent encore de ces préoccupations des anciens résidents, notamment Alet-les-Bains près de Limoux, où les maisons sont décorées d'un symbolisme ésotérique. Toulouse et Carcassonne connurent les premières accusations de participation à des « sabbats de sorcières » dans les années 1330 et 1340. En 1335, soixante-trois personnes furent accusées de sorcellerie à Toulouse. Les méthodes infaillibles de l'époque arrachèrent leurs confessions. La personnalité la plus marquante fut sans doute Anne-Marie de Georgel, qui aurait été leur porte-parole. Elle expliqua que les cathares concevaient le monde comme un champ de bataille opposant deux forces, le dieu des Cieux et celui de ce Monde. Elle et ses semblables soutenaient le second, car ils croyaient en sa victoire finale. Les juges ecclésiastiques virent là une expression de leur « sorcellerie » ; il s'agissait de gnosticisme. Une autre femme, également incarcérée, déclara avoir assisté au « sabbat » pour « servir à souper aux cathares [1] ».

De multiples éléments païens survivent dans cette contrée, parfois dans les endroits les plus surprenants. En effet, si l'on trouve des sculptures de « l'Homme Vert » (le dieu végétal vénéré dans la plupart des régions rurales d'Europe) dans des églises chrétiennes, il n'y est généralement pas présenté comme le rejeton d'une déesse de l'Ancien Testament. A. T. Mann et Jane Lyle écrivent :

> Lilith a trouvé le moyen de pénétrer dans une église des Pyrénées : la cathédrale Saint-Bertrand-de-Comminges. Là, une sculpture représente une femme ailée, avec des pattes d'oiseau, qui donne naissance à un personnage dionysien, un Homme Vert[2].

La même petite ville s'enorgueillit, en outre, d'avoir été le lieu où fut inhumé Hérode Antipas, le tétrarque palestinien qui fit exécuter Jean Baptiste. Selon Josèphe, chroniqueur juif du Ier siècle, le trio terrible composé d'Hérode, sa femme, l'intriguante Hérodiade, et sa belle-fille, Salomé – célèbre pour sa « danse des sept voiles » – fut exilé dans la cité gallo-romaine de Lugdunum Convenarum – aujourd'hui Saint-Bertrand-de-Comminges. Hérode disparut sans laisser de trace. Salomé mourut dans un torrent de montagne. Hérodiade continue à hanter les légendes locales, qui la rendent responsable des rassemblement de sorcières[3].

Une légende languedocienne pittoresque concerne la « reine du Midi », l'un des titres des comtesses de Toulouse. Dans le folklore, la protectrice de cette ville est la *reine Pédauque*. Peut-être le sens de ce nom est-il à rechercher dans la langue ésotérique des oiseaux du Pays d'oc. Les chercheurs français l'ont toutefois identifiée à la déesse syrienne Anath, étroitement liée à Isis[4]. L'association avec Lilith aux pieds d'oiseau est également évidente.

Un autre personnage légendaire de la région est Méridiana. Son nom semble la lier au milieu de la journée (midi) et au sud de la France (le Midi). Elle apparaît lors du voyage de Gerbert d'Aurillac (± 940-1003), le futur pape Sylvestre II, qui allait en Espagne étudier les secrets de l'alchimie. Sylvestre possédait une tête oraculaire dotée de parole. Il reçut son savoir de Méridiana, qui lui offrit « son corps, ses richesses et sa sagesse magique[5] ». Ne serait-il pas question, ici, d'une forme de connaissance alchimique et ésotérique transmise par initiation sexuelle ? Barbara G. Walker[6] fait dériver le nom de Méridiana de « Marie-Diane », liant ainsi une déesse païenne composite aux légendes de la Magdaléenne du Midi.

Le Languedoc fut, en outre, le lieu de plus forte concentration des templiers en Europe, jusqu'à leur éradication au début du XIVe siècle. La région abonde toujours en ruines, ultimes vestiges de leurs châteaux et de leurs commanderies.

Si d'autres groupes « hérétiques » pratiquaient le culte magdaléen, outre ceux identifiés en Provence, nous avions toutes les chances de les trouver ici. L'une des premières villes importantes que nous traversâmes en quittant Marseille avait vu, jadis, ses habitants massacrés par milliers à cause de leur vénération pour cette sainte.

Béziers, dans l'Hérault, est aujourd'hui une ville animée à une dizaine de kilomètres du golfe du Lion, mais en 1209, on y massacra impitoyablement jusqu'au dernier villageois, lors de la croisade contre les Albigeois.

Le fait fut rapporté par plusieurs commentateurs contemporains, mais nous nous limiterons au récit rédigé en 1213 par un moine cistercien, Pierre des Vaux-de-Cernat[7]. Absent au moment des événements, il fonda son rapport sur les déclarations des participants au massacre.

Les croisés demandèrent aux villageois – catholiques sincères – de leur livrer les cathares ou de quitter la ville afin de leur permettre d'exécuter plus aisément leur mission. L'ordre s'accompagnait d'une menace d'excommunication. Or, *les villageois refusèrent le choix qui leur était proposé*. Comme l'écrivit Pierre des Vaux-de-Cernat, ils préférèrent « mourir comme des hérétiques que vivre comme des chrétiens ». Et selon le rapport adressé au pape par ses représentants, les villageois jurèrent de défendre les hérétiques.

Aussi, en juillet 1209, les croisés marchèrent sur Béziers[8]. Ils s'emparèrent sans difficulté de la ville et passèrent tout le monde par les armes – hommes, femmes, enfants et prêtres –, avant de livrer les maisons aux flammes. Entre quinze et vingt milles personnes furent ainsi massacrées – seuls deux cents étaient hérétiques. « Rien ne pouvait les sauver, ni la croix, ni l'autel, ni le crucifix. » C'est à cette occasion que les croisés, ayant demandé aux légats du pape comment reconnaître les hérétiques des villageois, obtinrent pour réponse : « Tuez-les tous. Dieu reconnaîtra les siens. »

On comprendrait que les villageois aient voulu défendre leur ville contre le sac d'une armée. Mais ils avaient la possibilité de partir et si la sécurité des leurs revêtait de l'importance à leurs yeux, ils auraient livré les hérétiques et seraient retournés à leur petite vie tranquille sans regret. Or, ils sont restés et ce faisant, ont signé leur arrêt de mort. D'autant qu'ils ont pris ouvertement le parti des cathares. Que cachait cela ?

Tout d'abord, la date du massacre n'est pas sans importance : le 22 juillet ! Fête de Marie Madeleine. C'est dans l'église consacrée à la sainte que, quarante ans plus tôt, le seigneur local, Raymond Trencavel Ier, avait été assassiné sans que l'on sache jamais pourquoi. À Béziers, le lien entre la Magdaléenne et l'hérésie n'était nullement fortuit et il aide à mieux comprendre le contexte dans lequel se déroula la croisade contre les Albigeois.

Comme l'écrivit Pierre des Vaux-de-Cernat :

> Béziers fut prise le jour de la Sainte-Marie Madeleine. Ô, suprême justice de la Providence !... les hérétiques affirmaient que Marie Madeleine fut la concubine de Jésus... c'est donc justice si ces chiens répugnants ont été massacrés à l'occasion de la fête de la sainte qu'ils avaient insultée...

L'union de Jésus et Marie Madeleine – notion révoltante pour les bons moines et les croisés – ne perturbait pas outre mesure les villageois, qui ont soutenu les hérétiques *jusqu'à la mort*. C'était une tradition locale puissamment implantée dans le cœur et l'esprit des habitants. Comme nous l'avons vu, les Évangiles gnostiques et d'autres textes anciens n'hésitent pas à parler des relations sexuelles de Marie Madeleine et Jésus. Mais comment des villageois français du Moyen Âge en avaient-ils eu vent ? Les Évangiles gnostiques n'avaient pas encore été découverts (et l'eussent-ils été, ces braves gens n'en auraient pas eu connaissance).

Cet épisode fut, en quelque sorte, le lever de rideau de la croisade albigeoise qui allait ravager le Languedoc pendant plus de quarante ans. Mais qui étaient ces cathares, dont les croyances justifiaient la levée d'une croisade ? Quelle menace représentaient-ils pour l'Église qui créa l'Inquisition spécialement pour les combattre ?

Nul ne peut établir avec précision la genèse de la foi cathare. Mais une chose est sûre, elle devint vite une puissance considérable en Languedoc, au XIe siècle. Les Languedociens ne méprisaient pas les cathares, dont la foi était quasiment religion d'État pour eux. Toutes les familles nobles étaient soit des cathares reconnus, soit des sympathisants leur apportant un soutien actif.

Surnommés les *Bonshommes* ou les *Bons Chrétiens*, les cathares n'ont jamais offensé personne. Les commentateurs modernes voient dans leur mouvement un désir de revenir aux fondements mêmes du christianisme. Nous verrons qu'ils avaient assimilé d'autres idées et que leur idéologie propre était un peu confuse. Mais ils s'efforçaient, dans leur mode de vie, d'être fidèles aux enseignements de Jésus. Ils accusaient l'Église catholique de s'être trop éloignée du concept originel du Christ.

Les cathares menaient des existences simples. Ils préféraient se réunir en plein air ou les uns chez les autres plutôt que dans des églises. Bien que leur hiérarchie administrative incluât des évêques, tous les baptisés étaient spirituellement égaux et considérés comme prêtres. Fait plus surprenant pour l'époque (même si le Languedoc cultivé affichait déjà une attitude éclairée à l'égard des femmes), ils prônaient l'égalité des sexes. Végétariens, ils ne mangeaient que la chair des poissons (pour des raisons erronées, comme nous le verrons). Ils étaient également pacifistes et croyaient en une forme de réincarnation. Prêcheurs itinérants, ils voyageaient par deux, vivant dans une pauvreté et une simplicité extrêmes, faisant halte pour apporter aide et secours chaque fois que possible.

L'Église ne manquait pas de raisons de persécuter les cathares. Farouches adversaire de la croix, ceux-ci voyaient dans ce symbole un sinistre rappel de l'instrument du supplice de Jésus. Ils méprisaient aussi le culte des morts favorisant le commerce de reliques – moyen précieux de remplir les coffres de Rome. Mais la raison majeure de l'hostilité de l'Église à l'encontre des cathares tient à leur refus de reconnaître l'autorité du pape.

Au XIIe siècle, les cathares avaient déjà été condamnés par plusieurs conciles, mais en 1179 ils furent déclarés anathèmes. Avant cela, l'Église avait envoyé des missionnaires aux talents d'orateur éprouvés pour ramener les Languedociens dans la « vraie foi ». Leurs prêches avaient laissé la population indifférente. Saint Bernard de Clairvaux (1090-1153) lui-même fut envoyé dans la région, mais l'intransigeance des habitants l'exaspéra. Son rapport au pape précise toutefois que si les cathares étaient dans l'erreur sur le plan doctrinal, « vous ne trouvez rien de répréhensible dans leur mode de vie[9] ».

L'Église avait donc tenté de prendre les hérétiques à leur jeu en leur adressant ses propres prêcheurs itinérants. Parmi ceux-ci, citons, en 1205, le célèbre Domingo de Guzman, moine espagnol fondateur de l'ordre des prêcheurs (futur ordre de saint Dominique, qui allait diriger la sainte Inquisition).

Les deux partis s'opposèrent en des joutes oratoires très sérieuses, qui ne résolurent rien. Enfin, en 1207, le pape Innocent III, perdant patience, excommunia le comte de Toulouse, Raymond VI, pour n'avoir pris aucune mesure contre les hérétiques. Ce geste fut si impopulaire que les légats du pape porteurs de la nouvelle furent assassinés par l'un des chevaliers de Raymond. Ce fut la goutte qui fit déborder le vase : le pape décréta une croisade sans merci contre les cathares et leurs sympathisants. L'appel à la croisade eut lieu le 24 juin 1209 – fête du Baptiste.

Jusqu'à ce jour, toutes les croisades étaient dirigées contre des musulmans – des « sauvages » habitant des terres si lointaines qu'elles paraissaient chimériques. Or cette croisade allait jeter des *chrétiens contre des chrétiens*, presque sous les yeux du pape. Les croisés connaissaient probablement les hérétiques qu'ils avaient ordre d'exterminer.

La croisade albigeoise, commencée à Béziers en 1209, se déroula dans d'extrêmes atrocités. Les villes tombaient les unes après les autres sous les coups des soldats de Simon de Monfort. La campagne dura jusqu'en 1244 – une période longue durant laquelle les croisés montrèrent le pire d'eux-mêmes. Aujourd'hui encore, le nom de Simon de Monfort inspire crainte et haine en Languedoc.

Les mobiles purement religieux de cette campagne ne tardèrent pas à se mêler à d'autres, politiques, plus cyniques [10]. La majorité des croisés venaient du nord de la France. La richesse et la puissance du Languedoc ne pouvaient les laisser indifférents. Avant la croisade, la région bénéficiait d'une indépendance considérable ; après, elle devint un fief de la France.

Ce premier génocide européen fut un pas crucial vers l'unification de la France, et la cause directe de l'instauration de l'Inquisition. À nos yeux, la croisade albigeoise fut beaucoup plus qu'une série d'atrocités délibérées et curieusement oubliées.

Les cathares étaient des pacifistes qui dédaignaient « l'enveloppe impure de la chair » au point d'accepter de s'en défaire, fût-ce en étant brûlés vif. Durant la croisade, ils finirent par milliers sur le bûcher, et beaucoup affrontèrent les flammes sans un mouvement d'horreur ou de peur. Certains allèrent jusqu'à imposer silence à leur *douleur*. Notamment lors du siège final de leur dernier bastion : Montségur.

Citadelle de pierre, cette forteresse est perchée au sommet d'une montagne rocailleuse, en forme de pain de sucre. Elle domine le village et une vallée dangereuse en raison de chutes de pierres. Des panneaux en plusieurs langues mettent en garde les visiteurs non entraînés contre les difficultés de l'escalade. Il est difficile d'imaginer comment les cathares pouvaient atteindre ce sommet avec leurs provisions. Une fois là-haut, cependant, il leur était aisé de soutenir un siège, d'autant que les croisés, alourdis par leurs armures et leurs chevaux, ne pouvaient entreprendre de gravir la montagne.

Au début des années 1240, après que les croisés eurent contraints les survivants à s'enfoncer de plus en plus dans les Pyrénées, Montségur devint le quartier général des cathares. L'endroit en abritait trois cents, surtout des dirigeants. Les hommes du pape en firent donc leur cible privilégiée. La reine de France, Blanche de Castille, mit l'accent sur l'importance stratégique de Montségur quand elle écrivit, en évoquant sa capture : « Nous devons couper la tête du dragon. »

Durant les dix mois du siège, on observa un phénomène curieux. Plusieurs soldats *désertèrent les rangs des assiégeants pour rejoindre les cathares*, tout en connaissant fort bien le sort qui les attendait. Pourquoi ? Certains suggérèrent que le comportement exemplaire des cathares les impressionna tant qu'ils vécurent une profonde conversion.

Toujours est-il que la chute de Montségur a alimenté de nombreux mystères qui ne cessent de fasciner – notamment les chasseurs de trésors nazis et les chercheurs du saint Graal. L'énigme majeure concerne le pseudo-trésor des cathares, que quatre assiégés auraient emporté la nuit qui précéda le massacre. Ces intrépides parvinrent à s'échapper à l'aide de cordes jetées par-dessus les parois abruptes de la montagne.

Les cathares capitulèrent le 2 mars 1244, mais ils furent autorisés, pour des raisons inexpliquées, à demeurer dans la citadelle deux semaines supplémentaires – ce délai écoulé, ils se rendirent, sachant qu'ils seraient brûlés vifs. Selon certains récits, ils dévalèrent la montagne en courant pour se jeter dans les flammes du bûcher allumé au pied de la citadelle. On raconte qu'ils demandèrent ce délai pour pratiquer un rituel particulier, mais on ne saura jamais ce qui s'est passé en réalité.

La nature exacte du trésor cathare fait l'objet de vaines spéculations. À en juger par la voie empruntée par les fuyards, on les imagine mal emportant des lingots d'or. On a prétendu qu'il s'agissait du saint Graal – ou d'un objet rituel essentiel ; on a aussi parlé d'écrits. D'autres versions suggèrent que les quatre fuyards étaient importants en soi. Ils représentaient peut-être une autorité ou incarnaient la lignée légendaire de Jésus.

Admettons que le trésor cathare consiste en une *connaissance secrète*. De quelle nature serait-elle ? En quoi les cathares croyaient-ils vraiment ? Walter Birks et R. A. Gilbert font justement observer, dans leur livre *The Treasure of Montségur* (1987), qu'on a trop insisté sur leur théologie supposée, alors que seul leur *mode de vie* fut important [11]. Cependant, leur religion est née d'une vision du monde spécifique, d'origine indéfinie.

Les cathares descendaient des bogomiles, un mouvement hérétique qui vit le jour dans les Balkans au milieu du Xe siècle, et demeura influent bien après l'extermination des cathares. Le bogomilisme s'est largement propagé – au moins jusqu'à Constantinople –

et fut considéré comme une menace sérieuse pour l'orthodoxie religieuse.

Les bogomiles de Bulgarie étaient eux-mêmes héritiers d'une longue tradition hérétique. Ils étaient dualistes et gnostiques. À leurs yeux, ce monde est foncièrement mauvais et l'esprit est emprisonné dans un corps impur. Le seul moyen de se libérer passe par la *gnose*, révélation personnelle qui mène l'âme à la perfection et à la connaissance de Dieu. Il existe plusieurs sources possibles au gnosticisme : l'antique philosophie grecque, les cultes à mystères comme celui de Dionysos, et les religions dualistes comme le zoroastrisme. (On trouvera des précisions supplémentaires à ce sujet dans l'étude magistrale de Yuri Stoyanov, *The Hidden Tradition in Europe*, 1994 [12].)

Des dizaines de livres célèbrent l'humanisme des cathares et leur croyance en des principes « modernes » tels que la réincarnation et le végétarisme. Dans l'ensemble, ce type de littérature est bourré de bons sentiments. Or, les cathares étaient végétariens non par amour des animaux, mais par mépris de l'acte de procréation. S'ils mangeaient des poissons, c'est qu'ils étaient convaincus que ceux-ci se reproduisaient de façon asexuée. En outre, leur notion de réincarnation reposait sur le concept de « la bonne fin » (la mort) – qui consistait à accepter le martyre au nom de sa foi. Une « bonne fin » leur épargnait une nouvelle incarnation dans cette détestable vallée de larmes.

Certains ont voulu démontrer que le catharisme était exclusivement languedocien [13] ; c'est inexact, mais il est vrai que sa théologie intégra des éléments locaux. Ainsi, les cathares étaient-ils persuadés que Marie Madeleine fut l'épouse, sinon la concubine, de Jésus. Tous n'ont cependant pas eu connaissance de cette croyance réservée aux grands initiés, au cercle intérieur. Les cathares étaient de farouches adversaires de la sexualité et même du mariage, il est donc impensable qu'ils aient inventé cette histoire. S'ils réservèrent sa connaissance à ceux qui avaient déjà fait montre d'une foi à toute épreuve, c'est sans doute qu'elle les horrifiait.

Les cathares se trouvèrent souvent dans une position délicate sur le plan théologique. Ils encourageaient leurs disciples à lire la Bible (ce qu'interdisait le catholicisme orthodoxe), tout en réinterprétant radicalement les Évangiles pour qu'ils correspondent à leurs croyances. On n'en veut pour preuve que leur relecture de la crucifixion : c'est un Jésus pur esprit qui est cloué sur la croix. Même si rien ne conforte cette interprétation dans la Bible, leur mépris du corps physique les contraignait à inventer un « autre » Jésus. Pour eux, un Christ incarné était tout simplement impensable.

Que Jésus et Marie Madeleine aient eu une relation intime ne pouvait donc leur agréer. En fait, ils s'efforcèrent de proposer diverses justifications théologiques à ce mariage. S'ils n'avaient été persuadés que cette histoire s'appuyait sur des faits irréfutables, ils ne se seraient jamais donné autant de mal pour l'intégrer à leur théologie [14]. Voilà qui montre combien était répandue l'idée de l'union de Marie Madeleine et Jésus, en Languedoc en ce temps-là. Non seulement elle faisait partie des croyances communes, mais encore elle revêtait une telle importance dans le monde chrétien local qu'elle ne pouvait tout simplement pas être ignorée. Yuri Stoyanov écrit :

> La notion d'une Marie Madeleine « épouse » ou « concubine » du Christ semble être une tradition cathare originale, sans équivalent dans les doctrines bogomiles [15].

La Magdaléenne fut, et est toujours, une sainte populaire en Provence, où elle aurait vécu, mais c'est en Languedoc qu'elle a alimenté des croyances hérétiques, qui ont engendré d'étranges passions, des rumeurs folles et de sombres secrets.

L'union de Jésus et Marie Madeleine est aussi évoquée dans les Évangiles de Nag Hammadi, cachés en Égypte au IVe siècle de notre ère. Les croyances languedociennes trouveraient-elles leur origine dans ces documents ou dans d'autres, issus de la même source ? Certains érudits, notamment Marjorie Malvern, suggèrent que le culte magdaléen du sud de la France préservait ces anciennes idées gnostiques [16]. Il est permis de croire que ce fut le cas.

En 1330, un livret remarquable, intitulé *Schwester Katrei* (*Sœur Catherine*), fut publié à Strasbourg. On le dit écrit par le mystique rhénan maître Eckhart, mais les chercheurs croient plus volontiers qu'il fut l'œuvre d'une de ses disciples. Il s'agit d'une série de dialogues entre « sœur Catherine » et son confesseur sur l'expérience religieuse d'une femme. S'ils exposent nombre d'idées orthodoxes, ils en avancent d'autres qui le sont nettement moins. Ainsi, lit-on : « Dieu est la Mère universelle... », une notion parfaitement en accord avec la tradition des cathares ou des troubadours/*Minnesänger* [17].

Ce texte inhabituel et audacieux rattache la Magdaléenne à la *Minne* – l'aimée des *Minnesänger*. Mais ce qui a le plus troublé les chercheurs, c'est la vision qu'il donne de Marie Madeleine, car *on ne la trouve, par ailleurs, que dans les Évangiles de Nag Hammadi.* La sainte est présentée comme supérieure à Pierre parce qu'elle comprend Jésus mieux que lui – la tension entre ces deux personnages bibliques est nettement perceptible. En outre, des incidents précis décrits dans les manuscrits de Nag Hammadi sont évoqués dans *Sœur Catherine* [18].

Le professeur Barbara Newman de l'université de Pennsylvanie exprime l'embarras des chercheurs en ces termes : « L'emploi de ces thèmes dans *Sœur Catherine* pose le problème épineux de la transmission historique » ; elle ajoute qu'il s'agit « d'un phénomène réel, bien que renversant [19] ». Comment l'auteur de *Sœur Catherine* pouvait-il, au XIVe siècle, avoir connaissance de textes découverts seulement au XXe. Ce n'est certes pas une coïncidence si ce livret trahit l'influence des cathares et des troubadours du Languedoc. Une conclusion s'impose : la connaissance des Évangiles gnostiques relatifs à Marie Madeleine s'est transmise par leur intermédiaire.

Dans une étude inédite, John Saul a réuni de multiples allusions à une union entre Marie Madeleine et Jésus dans la littérature du sud de la France jusqu'au XVIIe siècle – en particulier dans les œuvres de personnes associées au Prieuré de Sion, comme César, fils de Nostradamus (qui fut publié à Toulouse) [20].

Nous avons vu qu'en Provence les centres magdaléens sont souvent proches de sites dédiés à Jean Baptiste. Les cathares, vouant une profonde vénération à la sainte, partageaient-ils ce respect pour le Baptiste ? Que non ! Ils le détestaient au point de le présenter comme « un démon ». Cette attitude s'inscrit dans la droite ligne des bogomiles, qui voyaient en lui (de façon un peu confuse) « le précurseur de l'Antéchrist [21] ».

L'un des rares textes sacrés des cathares à avoir survécu est le *Livre de Jean* (aussi intitulé *Liber secretum*), une version gnostique de l'Évangile d'un autre Jean. Dans l'ensemble, il est parfaitement semblable à l'Évangile canonique, mais il contient des « révélations » supplémentaires transmises à Jean, le « disciple bien-aimé » en privé. Il s'agit d'idées gnostiques-dualistes, qui s'accordent avec la théologie générale des cathares [22].

Dans ce livre, Jésus dit à ses disciples que Jean Baptiste est, en réalité, un émissaire de Satan (le seigneur du monde matériel), envoyé pour l'empêcher de mener à bien sa mission de salut. Ce texte d'origine bogomile ne remportait pas l'adhésion de tous les bogomiles ni de tous les cathares. De nombreuses sectes cathares avaient une vision de Jean beaucoup plus orthodoxe. Certains signes donnent même à penser que les bogomiles des Balkans exécutaient des rites particuliers le jour de sa fête, le 24 juin [23].

Les cathares vouaient un respect particulier à l'Évangile de Jean, considéré par les érudits comme le plus gnostique du Nouveau Testament. (Certains occultistes prétendent que les cathares possédaient une autre version de l'Évangile de Jean – aujourd'hui perdue –, ils sont nombreux à avoir fouillé la région de Montségur dans l'espoir de la retrouver – mais en vain [24].)

Les cathares avaient des idées peu orthodoxes, et parfois confuses, sur Jean Baptiste. Mais leur vision d'un mauvais Jean et d'un bon Jésus repose-t-elle sur quelque chose de concret ? De nombreux commentateurs ont fait observer que la relation entre ces deux hommes n'étaient sans doute pas aussi claire que la plupart des chrétiens sont amenés à le croire [25]. La position cathare était peut-être une expression simpliste de leur philosophie dualiste : l'un est bon, l'autre mauvais. Mais si tel est le cas, une conclusion logique s'impose : à leurs yeux, les deux hommes étaient *rivaux mais égaux* – ce qui cadre mal avec la vision chrétienne traditionnelle. Il s'ensuit que les habitants de la région entretenaient déjà de sérieux doutes sur le soutien supposé de Jean à la mission de Jésus. De même que les rapports entre la Magdaléenne et Jésus, ceux entre Jean et Jésus étaient perçus de manière radicalement différente de la version orthodoxe.

Il semble de prime abord que les cathares n'aient pas grand-chose à nous apprendre sur l'importance accordée à Jean par les mouvements hérétiques. Une organisation historique majeure comble toutefois ce manque : l'ordre du Temple, qui vouait une vénération toute particulière à Jean Baptiste. Si la croisade albigeoise a laissé les traces d'un traumatisme visible dans le paysage du Languedoc, il en va de même des châteaux de ces énigmatiques chevaliers, qui surgissent toujours des brumes les plus reculées de cette région.

Les templiers sont désormais le sujet d'une série de clichés ésotériques. La plupart des historiens rejettent avec dédain tout écrit traitant de leurs « secrets ». Mais comme les mystères entourant le Prieuré de Sion impliquent ces moines-soldats, nous devons nous y intéresser.

Le tiers des propriétés européennes du Temple se situaient en Languedoc. Leurs ruines ajoutent encore à la beauté sauvage de la région. Une des légendes locales les plus pittoresques veut que chaque fois que le 13 octobre tombe un vendredi (jour anniversaire de la suppression soudaine et brutale de l'Ordre), d'étranges lumières s'allument dans les ruines et de sombres personnages y circulent. Hélas, nous n'avons jamais rien vu ni entendu, hormis les grognements inquiétants d'ours sauvages. L'anecdote montre néanmoins à quel point les templiers font partie intégrante des légendes locales.

Les souvenirs qu'ils ont laissé dans la mémoire des autochtones sont loin d'être négatifs. La célèbre cantatrice Emma Calvé, originaire de l'Aveyron, au nord du Languedoc, racontait que les habitants de la région disent pour désigner un garçon particulièrement beau ou intelligent : « C'est un vrai fils de templier [26] ».

Les faits essentiels concernant le Temple sont simples [27]. Officiellement baptisé ordre des Pauvres Chevaliers du Temple de Salomon, l'organisation fut fondée en 1118 par Hugues de Payns pour escorter les pèlerins qui se rendaient en Terre sainte. Pendant les neuf premières années, les chevaliers restèrent neuf, puis l'Ordre s'ouvrit et ne tarda pas à devenir une force considérable au Moyen-Orient et dans toute l'Europe.

Une fois l'Ordre reconnu, Hugues de Payns entreprit un voyage en Europe, pour aller solliciter des terres et de l'argent auprès des rois et des nobles. Il visita l'Angleterre en 1129. Il fonda le premier site templier du pays, en un lieu devenu aujourd'hui la station de métro de Holborn, à Londres.

Comme tout moine, un templier faisait vœu de pauvreté, de chasteté et d'obéissance, mais étant dans le monde et du monde, il était contraint, au besoin, de tirer l'épée contre les ennemis du Christ. L'image des templiers devint inséparable des croisades organisées pour chasser les infidèles de Jérusalem et maintenir la ville sous domination chrétienne.

C'est en 1128 que le concile de Troyes déclara officiellement le Temple ordre religieux et militaire. L'artisan principal de ce mouvement, Bernard de Clairvaux, dirigeait l'ordre cistercien et fut canonisé. Mais comme l'écrit Bamber Gascoigne :

> Il était violent et grossier (...) c'était un politique rusé, peu regardant sur les méthodes à employer pour briser ses ennemis [28].

Bernard rédigea la Règle des templiers, qui s'inspirait de celle des cisterciens. L'un de ses protégés, devenu le pape Innocent III, déclara, en 1139, que les chevaliers n'auraient plus désormais à rendre de comptes qu'à la papauté. Templiers et cisterciens ayant évolué en parallèle, on observe entre eux une certaine coordination – ainsi, le comte de Champagne, suzerain de Hugues de Payns, fit don à saint Bernard des terres de Clairvaux sur lesquelles celui-ci bâtit son « empire » monastique. André de Montbard, l'un des neuf chevaliers fondateurs de l'Ordre, était l'oncle de Bernard. On a suggéré que templiers et cisterciens œuvraient de concert pour s'emparer de la chrétienté. Ce projet ne fut jamais réalisé [29].

On imagine mal le prestige et la puissance financière des templiers, à leur apogée, en Europe. Ils possédaient des commanderies dans presque tous les hauts lieux de la civilisation. Mais plus leur empire s'étendait, plus leur arrogance grandissait, ce qui ternit leurs relations avec les chefs d'État temporels ou séculiers.

La richesse du Temple résulte en partie de sa Règle : tout nouveau membre devait céder ses biens à l'Ordre, qui s'enrichit parallèlement grâce aux donations massives de terres et d'argent de nombreux rois et nobles. Leurs coffres furent bientôt pleins, d'autant qu'ils avaient développé une habileté financière remarquable. Ils devinrent les premiers banquiers internationaux. Leur titre de « Pauvres Chevaliers » fut bientôt vide de sens, sinon pour les hommes de troupe, toujours impécunieux.

Les templiers étaient célèbres pour leurs richesses, mais aussi pour leur vaillance au combat – qu'ils poussaient parfois jusqu'à la témérité. Ils observaient, ainsi, des règles spécifiques, qui leur interdisaient de se rendre si l'adversaire n'était pas trois fois plus nombreux qu'eux – même dans ce cas, ils devaient obtenir l'autorisation de leur commandeur. Ils constituaient les Forces spéciales de leur temps, un corps d'élite avec Dieu – et l'argent – dans leur camp.

Malgré leurs efforts, la Terre sainte tomba peu à peu aux mains des Sarrasins. En 1291, la ville d'Acre, ultime territoire chrétien, était à son tour perdue. Il ne restait plus aux templiers qu'à rentrer en Europe pour organiser une éventuelle reconquête. Malheureusement, les rois qui auraient pu la financer s'étaient désintéressés de ce genre de campagnes. La raison d'être de l'Ordre se réduisait comme une peau de chagrin. Sans emploi, mais toujours riches et arrogants, les templiers suscitaient un vif ressentiment parce qu'ils étaient exemptés de taxes et ne devaient allégeance qu'au pape.

En 1307, s'amorça leur déclin. Le très-puissant roi de France Philippe le Bel orchestra la destruction du Temple avec la complicité du pape, qui lui était entièrement acquis. Des ordres secrets furent transmis aux émissaires du roi et, le 13 octobre, les templiers, cernés de toutes parts, furent arrêtés, torturés et brûlés vifs.

Telle est, du moins, l'histoire rapportée dans les manuels scolaires. Le lecteur imagine ainsi que l'ensemble des membres de l'Ordre furent exterminés en ce jour néfaste – que les templiers furent rayés de la surface de la terre. Or ce n'est pas vrai.

Pour commencer, peu de templiers ont été exécutés, même si la plupart furent « soumis à la question » – bel euphémisme pour désigner d'abominables séances de tortures. Le nombre de chevaliers qui finirent sur le bûcher est assez réduit, même s'il est notoire que leur grand maître, Jacques de Molay, fut brûlé en l'Île de la Cité, à l'ombre de Notre-Dame de Paris. Sur les milliers d'autres, seuls ceux qui refusèrent de passer aux aveux, ou qui se rétractèrent, furent tués. Mais quelle foi accorder à des confessions arrachées au fer rouge ? Et d'ailleurs, qu'étaient censés avouer les templiers ?

Les déclarations des templiers étaient pour le moins savoureuses : ils adoraient un chat, les orgies homosexuelles étaient au nombre de leurs devoirs de chevaliers, ils célébraient le culte d'un démon connu sous le nom de Baphomet et/ou d'une tête coupée, ils piétinaient la croix et crachaient dessus à l'occasion d'un rituel initiatique... Tout cela paraît bien absurde quand on songe qu'ils étaient les chevaliers dévoués du Christ et les gardiens de l'idéal chrétien.

Leurs aveux n'ont pourtant rien de surprenant. Rares sont ceux qui réussissent à serrer les dents sous la torture et à refuser de prononcer les paroles suggérées par leurs tortionnaires. Mais en l'occurrence, la réalité est encore plus complexe. On a prétendu que toutes les charges retenues contre les templiers étaient une invention pure et simple de ceux que leur richesse et leur pouvoir exaspéraient. Elles fournissaient au roi de France l'occasion idéale de saisir leurs biens et de résoudre ainsi ses difficultés économiques. Pourtant, même si les charges invoquées ne sont pas toutes vraies, il semble que les templiers aient bel et bien été engagés dans des activités mystérieuses, voire « noires » au sens occulte du terme. Ces deux points de vue ne sont pas incompatibles.

Les accusations portées contre les templiers comme leurs confessions ont fait couler beaucoup d'encre. Ont-ils vraiment commis ce dont ils furent accusés ? Les Inquisiteurs ont-ils inventé ces charges de toutes pièces et torturé les chevaliers pour les obliger à avouer ce que l'on désirait entendre ? (Certains ont déclaré, par exemple, qu'on leur avait présenté Jésus comme un faux prophète.) On ne peut répondre avec certitude à ces questions.

Toutefois, une confession mérite que l'on s'y attarde : celle d'un certain Foulques de Troyes. Il prétend qu'on lui aurait montré un crucifix en lui disant : « Ne fais pas grand cas de celui-ci, car il est trop jeune [30] ». Il semble peu probable qu'un Inquisiteur ait inventé une déclaration aussi énigmatique.

Bien sûr, le Prieuré de Sion affirme avoir été, de façon occulte, à l'origine de la création du Temple. Si c'est exact, ce secret fut l'un des mieux gardés de l'Histoire ! Pourtant, deux Ordres étaient quasiment identiques avant leur schisme en 1188 – après cette date, ils prirent des voies séparées[31]. La création de l'ordre du Temple semble bien résulter d'une sorte de conspiration. Il aurait fallu beaucoup plus de neuf chevaliers pour protéger et abriter tous les pèlerins qui visitaient la Terre sainte, surtout pendant *neuf ans*. D'ailleurs, rien ne permet d'accorder foi à cette histoire. Les templiers ne tardèrent pas à devenir les favoris de l'Europe. Ils se virent octroyer des privilèges et des honneurs incroyables. Ainsi, on leur alloua une aile complète du palais royal de Jérusalem – celle qui abritait auparavant la mosquée. On prétendit, à tort, qu'elle avait été bâtie sur les fondations du temple de Salomon, dont les templiers tiraient leur nom.

Un autre mystère entoure leur naissance. En effet, des indices suggèrent que l'Ordre existait bien avant 1118. Pourquoi avoir falsifié les dates ? Pour de nombreux commentateurs, le premier récit de la création de l'Ordre – rédigé par Guillaume de Tyr, cinquante ans après l'événement – servit de trompe-l'œil[32]. (Bien que Guillaume fût profondément hostile aux templiers[33], il aurait rapporté l'histoire telle qu'il l'avait comprise.) Mais une fois de plus, nous ignorons qui manipulait qui et pourquoi.

Hugues de Payns et ses neuf compagnons – parmi lesquels le comte de Provence[34] – étaient tous originaires de Champagne ou du Languedoc. Il est évident qu'ils se rendaient en Terre sainte chargés d'une mission spécifique. Espéraient-ils trouver, comme on l'a suggéré, l'Arche d'Alliance[35], un ancien trésor, ou à défaut un document susceptible de les y conduire, ou encore quelque connaissance secrète. Récemment, Christopher Knight et Robert Lomas ont affirmé, dans leur livre *La Clé d'Hiram*, que les templiers avaient recherché – et trouvé – des documents cachés, provenant de la même source que les *Manuscrits de la mer Morte*. Cependant, ils n'ont avancé aucune preuve à l'appui de leur thèse. Nous verrons que la question de l'origine des Manuscrits est riche en malentendus. Il est, en revanche, prouvé que les templiers ont recherché, au cours de leur périple, de nouvelles connaissances auprès des Arabes, notamment.

Pour nous, l'une des questions les plus fascinantes reste l'exceptionnelle vénération des templiers pour le Baptiste. Ils voyaient en lui le maître de Jésus. Certains ont suggéré que la tête coupée qu'ils étaient censés porter était celle du Baptiste[36]. *L'adoration* d'un tel totem impliquerait, en tout état de cause, que les templiers étaient bien autre chose que de simples chevaliers chrétiens.

Une bonne partie de leur symbolisme, apparemment orthodoxe, est lié spécifiquement à « Jean ». Ainsi, l'Agneau de Dieu était un de leurs symboles essentiels. Pour la majorité des chrétiens, il représente Jésus – le Baptiste ayant dit de lui : « Voici l'Agneau de Dieu. » Mais en bien des lieux, ce symbole désigne *Jean*. C'était, semble-t-il, le cas pour les templiers. L'Agneau de Dieu devint l'un de leurs sceaux officiels, surtout dans le Midi.

Le Temple ne vénérait pas uniquement Jean Baptiste parce qu'il était son saint patron. Pour preuve, considérons l'œuvre d'un prêtre érudit, Lambert de Saint-Omer. Lambert était parent de l'un des neuf fondateurs de l'ordre, l'écuyer de Hugues de Payns, Godefroy de Saint-Omer. Dans *La Clé d'Hiram*, Christopher Knight et Robert Lomas reproduisent un de ses dessins représentant la « Jérusalem céleste ». Ils écrivent :

> (...) il révèle apparemment que le fondateur [de la Jérusalem céleste] est Jean Baptiste. Il n'est nullement fait mention de Jésus dans ce document prétendument chrétien [37].

Cela fait écho au symbolisme des tableaux de Léonard de Vinci pour suggérer que Jean Baptiste est important en soi, et pas seulement comme précurseur de Jésus.

Deux ans après l'arrestation massive des chevaliers, et pendant l'instruction de leur procès, le visionnaire occultiste catalan Raymond Lulle (1232-± 1316), fervent défenseur de l'ordre, écrivit que les procès mettaient « en danger la barque de saint Pierre ».

> Il existe sans doute de nombreux secrets chez les chrétiens. Parmi eux, il en est un [en particulier] qui représenterait une révélation incroyable, comme celui [que] livrent en ce moment les templiers (...) si une telle infamie était rendue publique et manifeste, elle mettrait en danger la barque de saint Pierre [38].

Lulle semble faire allusion à des dangers pour l'Église liés aux révélations des templiers, mais aussi à d'autres secrets d'égale ampleur. Il semble, en outre, croire les accusations portées contre l'Ordre – à ce stade, il eût, de toute façon, été malvenu de les contester.

Le Languedoc, ancien foyer de la plus forte concentration templière en Europe, détient-il des clés sur l'Ordre ? Après tout ce temps, cette région jouit toujours d'une excellente mémoire et dédaigne les vérités officielles.

Nous l'avons vu, cathares et templiers prospéraient à la même époque, mais compte tenu de ce que nous savons de leurs valeurs respectives, ils devaient probablement se situer dans des camps adverses. Le symbole templier de la croix rouge sur fond blanc est souvent assimilé à celui du croisé classique. Pourtant, il semble établi que le Temple manifestait – à défaut de soutien actif – une vive sympathie pour les « hérétiques » des montagnes. D'ailleurs, il brilla par son absence au cours de la croisade albigeoise. Officiellement, l'intérêt premier des chevaliers se situait, à l'époque, en Terre sainte. En réalité, beaucoup étaient issus de familles cathares. Néanmoins ces deux raisons n'expliquent pas totalement leur manque d'empressement à châtier les cathares.

Quels étaient les intérêts et les mobiles réels des templiers ? Étaient-ils uniquement les moines-soldats qu'ils se prétendaient ou leurs plans cachaient-ils une dimension occulte ?

CHAPITRE 5

Les gardiens du Graal

La position académique consiste habituellement à juger absurde toute théorie « occulte » relative aux templiers ; pour la plupart des historiens ils n'étaient que des moines-soldats. Suggérer qu'ils aient pu être impliqués dans quelque activité ésotérique révélerait un délire de l'imagination ou un manque de rigueur scientifique. Face à ce consensus, ceux qui s'intéressent à cet aspect moins orthodoxe de l'Ordre se taisent par peur de ternir leur réputation (et de tarir leur manne financière). Ainsi bien des recherches sont négligées ou, quand elles sont entreprises, on ne publie pas leurs résultats. (Pourtant, plusieurs historiens éminents veulent bien admettre en privé, jamais en public, que l'aspect ésotérique de l'histoire du Temple est important.)

En conséquence, certains sites templiers importants n'ont jamais été étudiés. Or la région qui souffre le plus de cet ostracisme est justement celle qui nous intéresse. Le Languedoc-Roussillon est, en dehors de la Terre sainte, la patrie de l'Ordre – plus de trente pour cent des forteresses et des commanderies templières d'Europe s'y trouvent. Néanmoins, l'on n'a entrepris qu'un nombre insignifiant de recherches historiques dans cette contrée.

Par bonheur, la négligence officielle est compensée par la passion de chercheurs privés pour ces mystérieux chevaliers. En outre, beaucoup d'autochtones estiment de leur devoir de préserver leurs vieux sites templiers. Plusieurs groupes de recherche « amateurs » ne bénéficient d'aucun financement, mais n'en rassemblent pas moins des érudits respectables. Le centre d'études et de recherches dirigé par Georges Kiess à Esperaza, dans l'Aude, a ainsi ridiculisé les académiciens. Les découvertes réalisées par ces enthousiastes qui ont étudié les sites et de nombreux documents templiers conservés dans les archives locales, sont impressionnantes – surtout au vu de leur manque de moyens financiers.

Un autre de ces groupes, Abraxas, est dirigé par une expatriée anglaise, Nicole Dawe, et le Texan Charles Bywaters à Rennes-les-Bains, dans l'Aude. Leurs recherches, complétées par celles de groupes similaires, ont favorisé des découvertes sérieuses et documentées, qui nécessitent une réécriture des études sur les templiers. Luttant contre l'apathie officielle et l'enthousiasme envahissant des chasseurs de trésor, véritable plaie pour le terrain, Nicole et Charles ont mis au jour des sites templiers jamais effleurés par les pelles des archéologues. La majeure partie de leurs écrits demeure inédite à ce jour.

Aussi pour en enrichir notre enquête est-ce vers Charles et Nicole que nous nous sommes tournés, et non vers les historiens officiels.

Installés dans l'appartement de Charles, dans la rue principale (et quasiment unique) de Rennes-les-Bains, nous les avons interrogés sur les liens éventuels entre templiers et cathares. Ils nous ont assuré que ceux-ci dépassaient le simple cadre familial, ce que les historiens négligent souvent. Même au plus fort de la croisade albigeoise, les templiers hébergeaient les cathares en fuite. Certains documents prouvent qu'ils allaient jusqu'à prêter main forte aux chevaliers cathares contre les croisés.

Comme le dit Nicole :

> Il suffit de comparer les noms des familles cathares dans les documents de l'Inquisition, puis ceux des templiers. Vous constaterez que ce sont les mêmes. Il est indéniable que plusieurs sites templiers ont recueilli des cathares.
> Certains ont poussé le cynisme jusqu'à suggérer qu'ils se comportaient ainsi parce que ces gens avaient cédé leurs terres et leurs biens à l'Ordre pour en devenir membres convers. En fait, il est établi que des cathares se sont adressés aux templiers après avoir été complètement dépouillés. Ceux-ci les ont accueillis et protégés, et leur ont même offert une sépulture après leur mort. Par la suite, certains templiers ont veillé à ce que des familles cathares, ou leurs descendants, récupèrent leurs terres [1].

Charles poursuivit :

> Dans une région en particulier, les templiers autorisèrent ouvertement l'organisation d'hostilités à partir de leurs sites. Les chevaliers cathares participaient aux combats, puis regagnaient les terres templières. Il est facile de le prouver.

Les charges contre les templiers étant clairement tronquées, il semble curieux que leurs adversaires n'aient pas retenu ces faits contre eux. Les Inquisiteurs en avaient connaissance, puisqu'ils ont fait déterrer des cathares en terres templières pour les brûler et ainsi décourager d'autres hérétiques potentiels – et ce, plus de trente ans après la fin de la croisade. (Ce sont ces mêmes Inquisiteurs qui ont torturé les templiers. Si quelqu'un était informé de leurs liens avec les cathares, c'étaient bien eux !) Toute cette affaire cachait donc autre chose, qui était jugé si dangereux que nul n'en parla jamais, mais dont la Couronne de France paraissait informée.

Depuis le début de notre enquête, nous avions le sentiment inconfortable, mais croissant, qu'un secret fabuleux se dissimulait sous le voile de l'histoire officielle. Se pouvait-il que templiers et cathares aient partagé une connaissance aux implications explosives ? Ce secret fut-il le vrai mobile de Philippe le Bel pour organiser une campagne soigneusement orchestrée contre les templiers ?

Tous les templiers ne périrent pas en ce détestable vendredi 13. Beaucoup eurent la vie sauve et furent même autorisés à reformer l'Ordre sous un nom différent. Deux pays, en particulier, offrirent asile aux chevaliers en fuite : l'Écosse et le Portugal. (Dans ce dernier, les templiers prirent le nom de chevaliers du Christ.) Charles et Nicole nous signalèrent une exception dans la région languedocienne au climat général de persécution. Le Roussillon, à l'est, était sous la férule du royaume espagnol d'Aragon, alors que les régions du nord, y compris Carcassonne, faisaient partie intégrante de la France. Les templiers du Roussillon furent arrêtés, jugés et... déclarés innocents. Lorsque le pape prononça la dissolution officielle de l'Ordre, ils rejoignirent d'autres fraternités similaires ou finirent leurs jours sur leurs terres, en percevant une pension.

Comme d'aucuns l'ont suggéré[2], les templiers ont survécu à la tentative d'extermination dont ils ont fait l'objet. Ils existent toujours, même s'ils ont connu plusieurs schismes et œuvrent désormais au sein de différentes organisations – chacune prétendant descendre en droite ligne de l'Ordre originel.

Si les templiers détenaient un secret – si dangereux aux yeux du roi de France qu'il prit des mesures draconiennes à leur encontre –, quel était-il ? Qui manipulait qui : le pape ou Philippe ? Quel que soit l'angle sous lequel on aborde l'histoire, un chaînon crucial semble manquer.

Supposons qu'il s'agisse du Prieuré de Sion. Nous l'avons vu, certains indices révèlent une présence occulte derrière la naissance de l'ordre templier. Un même groupe de manipulateurs semble avoir dirigé la suite de l'histoire. Charles et Nicole sont convaincus de l'existence d'un « cercle intérieur » parmi les dirigeants du Temple, antérieur aux débuts officiels de l'Ordre. Ils vont jusqu'à prétendre que le mouvement templier fut créé uniquement pour offrir une façade à ce cercle intérieur, au moment où la Terre sainte commençait à s'ouvrir aux voyageurs européens.

D'autres sont parvenus à la même conclusion. Comme l'écrit, Jean Robin (s'appuyant sur les recherches de Georges Cagger) :

> L'ordre du Temple était, en fait, composé de sept cercles « extérieurs » consacrés aux petits mystères, et de trois cercles « intérieurs » correspondant à l'initiation aux grands mystères. Le « noyau », lui, rassemblait les soixante-dix templiers « interrogés » par Clément V [après les arrestations de 1307][3].

De même, dans son livre *Le Mystère de l'arche perdue*, Graham Hancock écrit :

> (...) la recherche que j'ai consacrée aux croyances et au comportement de cet étrange groupe de moines-soldats m'a convaincu qu'ils avaient eu accès à une sagesse traditionnelle fort ancienne[4]...

Un groupe intérieur pouvait demeurer occulte parce que les templiers formaient essentiellement une école de mystères – ils fonctionnaient donc avec une hiérarchie reposant sur l'initiation et le secret. Un troupier en savait beaucoup moins que ses supérieurs ; en outre, ses croyances différaient probablement des leurs. La plupart des chevaliers du Temple n'étaient sans doute rien de plus que de simples soldats chrétiens. Il en allait tout autrement au sein du cercle intérieur.

Celui-ci semble avoir eu pour objectif de favoriser l'étude active de sujets ésotériques et religieux. S'il cultivait le secret, c'est peut-être que ses membres abordaient les arcanes des traditions juive et islamique. Ils cherchaient les secrets de l'univers là où ils avaient une chance de les trouver. Au cours de leurs périples géographiques et intellectuels, ils en vinrent à tolérer – voire à adopter – des croyances hérétiques.

En ce temps-là, il fallait être habité par une force particulièrement puissante pour rechercher ainsi la connaissance à tout prix. Les templiers n'étaient pas soucieux de la recherche en soi – c'étaient avant tout des êtres pragmatiques. Quand ils entreprenaient une investigation spécifique, c'est qu'ils avaient de bonnes raisons de le faire. Ils laissèrent, d'ailleurs, certains indices qui permettent de deviner ce qui leur tenait tant à cœur.

L'une de ces clés nous est fournie par l'obsession de Bernard de Clairvaux, *l'éminence grise* des débuts. Ce moine intellectuel, mais fervent, était tout dévoué à Marie, comme l'indiquent nombre de ses sermons. Cependant, la Vierge n'était pas, semble-t-il, le véritable objet de son amour spirituel. Il vénérait une autre Marie, dont l'identité réelle nous est suggérée par sa passion des Vierges noires [5] et le fait qu'il consacra près de quatre-vingt-dix sermons au Cantique des Cantiques, et plus de prêches encore dans lesquels la « bien-aimée » est clairement identifiée à Marie de Béthanie [6], qui, en ce temps-là, était confondue avec Marie Madeleine.

« Je suis noire, mais je suis belle », dit la bien-aimée, une phrase qui lie le Cantique des Cantiques au culte des Vierges noires. Or Bernard était né à Fontaines, près de Dijon, un centre du culte des Vierges noires ! Il prétendait devoir son inspiration à trois gouttes de lait miraculeusement tombées sur lui de la poitrine de la Vierge noire de Châtillon, quand il était enfant. On a laissé entendre qu'il s'agirait d'une référence codée à une initiation à son culte [7]. Quand Bernard prêcha la seconde croisade, ce fut de Vézelay, un centre consacré à Marie Madeleine [8].

La dévotion apparente de Bernard pour la Vierge n'était probablement qu'un écran de fumée masquant sa passion pour la Magdaléenne, même si les deux ne sont pas incompatibles. Toutefois, lorsqu'il rédigea la Règle des templiers, Bernard précisa que les chevaliers devaient « allégeance à Béthanie, le château de Marie et Marthe [9] ». Il transmit sa dévotion particulière à l'Ordre. Alors même qu'ils étaient menacés d'extinction, les chevaliers emprisonnés aux côtés du grand maître, Jacques de Molay, dans la forteresse de Chinon, composèrent une prière à Notre-Dame. Ils y évoquent saint Bernard, qui fonda la religion de la Sainte Vierge Marie [10]. Compte tenu des autres indices, sans doute s'agissait-il là d'une référence codée au culte de la Magdaléenne.

Le serment templier était prêté à « Dieu et Notre-Dame », ou encore à « Dieu et sainte Marie [11] ». La « Dame » en question ne serait pas la Vierge – supposition confortée par les termes de l'absolution templière : « Je prie Dieu qu'il pardonne vos péchés, comme ils les a pardonnés à sainte Marie Madeleine et au larron sur la croix [12] ». Cette formule prouve l'importance de la Magdaléenne pour les templiers. (Rappelons que sur ordre du pape, les conditions d'incarcération des templiers du Roussillon étaient délibérément aggravées *le jour de la Sainte-Marie Madeleine* [13].)

L'École d'Athènes de Raphaël (ci-dessus, *Mansell Collection*). Le tableau montre Platon sous les traits de Léonard de Vinci, sur la gauche, le doigt levé. Dans l'œuvre de Léonard de Vinci, ce geste était toujours associé à Jean-Baptiste, comme notamment dans son dernier tableau *Saint Jean-Baptiste* (ci-dessous, à droite, *Réunion des Musées Nationaux*). On trouve une autre référence au Baptiste dans la grande supercherie de Léonard de Vinci, le Suaire de Turin, où la tête du « Christ » est séparée du corps, suggérant une décapitation (ci-dessous, à gauche, *Holy Shroud Guild*).

Dans *La Cène*, de Léonard de Vinci (ci-dessus, *Mansell Collection*), le saint Jean à la droite de Jésus est clairement une femme. S'agit-il de Marie Madeleine, dont certains pensent qu'elle aurait été l'épouse ou la maîtresse de Jésus ? Vinci s'est également représenté dans le deuxième disciple sur la droite, se détournant de Jésus. On retrouve son rejet de Jésus dans L'Adoration des Mages (ci-dessous, *Mansell Collection*) : il se tient dans le coin inférieur droit. Notez le « geste de Jean » près de l'arbre. Une version de *La Vierge aux rochers* (à gauche, *Réunion des Musées Nationaux*) semble montrer Jésus qui bénit Jean – mais l'enfant qui se fait bénir étant avec Marie, on peut supposer que c'est l'inverse.

Une affiche rosicrucienne du XIXe siècle (ci-dessus, *Michael Holford*) représente Léonard de Vinci, à droite, dans le rôle de « Gardien du Graal ». Beaucoup pensent qu'il fut Grand Maître du prieuré de Sion, comme Jean Cocteau, dont la fresque de l'église Notre-Dame de France, à Londres (ci-dessous, *Clive Prince*) renferme aussi un symbolisme hérétique.

Dans le Midi – où Marie Madeleine aurait fini ses jours – des foules importantes assistent à la procession annuelle de son prétendu crâne (ci-dessus, *Clive Prince*), derrière un masque d'or (ci-dessous, *Clive Prince*) à Saint-Maximin, Provence.

À Marseille, un bas-relief du XVe siècle (au centre) la représente sous les traits de l'« Apôtre des Apôtres ». Dans tous les sites où elle est vénérée, on trouve aussi une de ces mystérieuses Vierges Noires – les deux personnages sont liés au culte des déesses païennes. Le prieuré de Sion vénère, en particulier, Notre-Dame de Lumières, près d'Avignon (à droite, *Clive Prince*). L'Église a toujours éprouvé un certain malaise à l'égard de Marie Madeleine – pour Rome, elle est une éternelle pénitente (ci-dessous, *Richard L. Feigen & Co.*).

Le Languedoc a toujours été le cœur de l'hérésie européenne. Les cathares du XIIIe siècle, dont le dernier bastion contre la croisade papale fut Montségur (ci-dessus, *Comstock*), préservèrent un savoir secret sur Jésus et Marie Madeleine. La région était aussi un centre templier (à gauche, leur sceau, *British Library*). On trouvera d'autres indices sur les croyances des templiers dans la décoration de la chapelle de Rosslyn, près d'Édimbourg (à droite, *Derek Braid et Doug Corrance / Still Moving Picture Company*), qui est essentiellement de nature païenne, occulte et maçonnique.

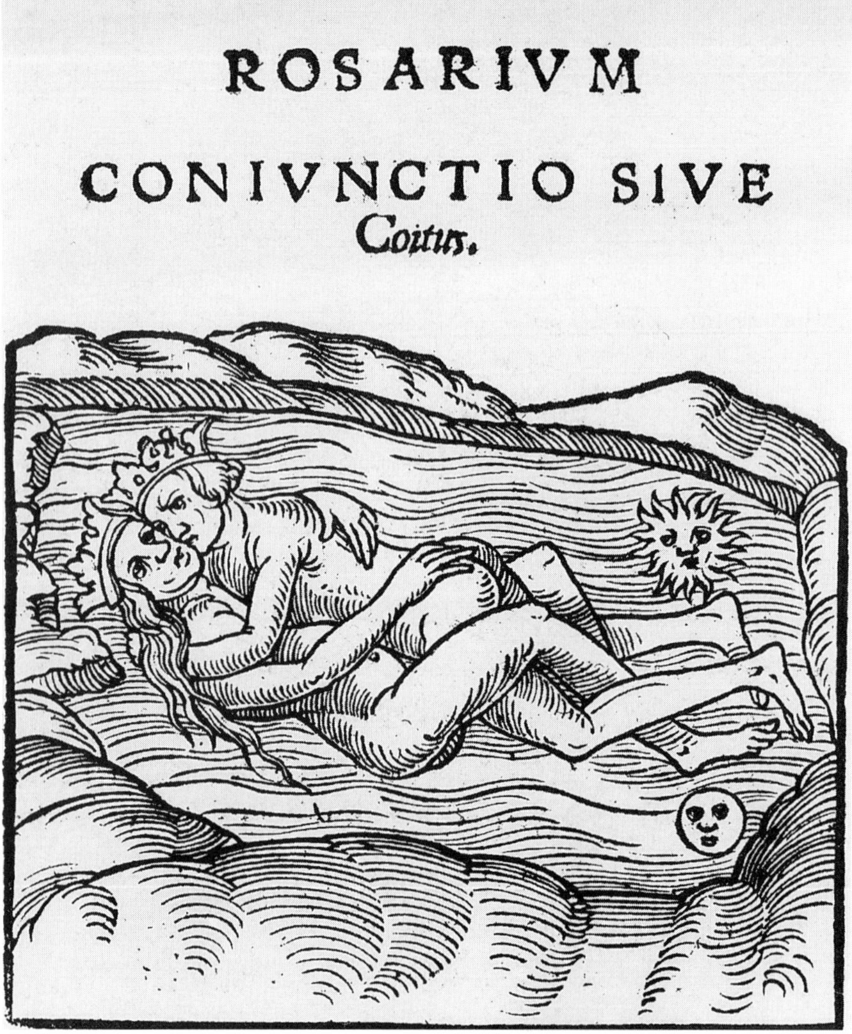

Un élément clé de la tradition clandestine en Europe fut la sexualité sacrée. Cette célébration de la sagesse féminine ou Sophia était illustrée, par exemple, dans cette toile qui montre Vénus adorée par des chevaliers et des héros du Graal (à droite, *Wellcome Institute Library, Londres*). La puissance de la sexualité féminine est également exaltée par les rosicruciens, les hermétistes et certains francs-maçons.

Les templiers s'intéressaient avant tout au Principe féminin – un concept en contradiction apparente avec leur image de soldats. Pourtant, Charles et Nicole ont découvert que *l'ordre du Temple comptait des femmes en son sein.* Pendant les premières années de son existence nombre d'entre elles prêtèrent le serment de l'Ordre, tout en demeurant dans les rangs des convers. Rien n'indique qu'il y ait eu dans le Temple un groupe secret de reines guerrières, pourtant, en 1989, Michael Baigent et Richard Leigh écrivent dans *Des templiers aux francs-maçons* :

> (...) De même, un rapport anglais de la fin du XXe siècle parle d'une femme reçue dans le Temple en tant que sœur, et semble impliquer tout à fait clairement l'existence d'une antenne féminine. Mais on n'a jamais rien trouvé de plus net ou de plus précis à ce sujet. Même les informations susceptibles de figurer dans les archives de l'Inquisition ont depuis longtemps disparu, ou ont été volontairement détruites [14].

Nicole et Charles sont plus précis. Leur étude minutieuse des documents du Temple leur permet d'affirmer :

> Consultez les documents du XIIe siècle et vous verrez que de nombreuses femmes ont rejoint l'Ordre, surtout durant son premier siècle d'existence. Quiconque devenait templier devait prêter serment de faire don de : « Ma maison, mes terres, mon corps et mon âme à l'ordre du Temple. » Vous trouverez aussi bien des noms de femmes que d'hommes au bas de ces documents, parfois même de couples – les femmes avaient donc, elles aussi, prêté serment. Ces documents proviennent essentiellement du Languedoc et leur nombre permet d'affirmer que quantité de femmes s'étaient engagées à l'époque.

Nos hôtes avaient, par ailleurs, découvert qu'une modification ultérieure de la Règle interdisait spécifiquement aux templiers d'accepter des femmes dans leurs rangs – ce qui confirme qu'elles l'étaient auparavant.

Ce fait est peu connu et, hormis quelques vagues allusions, l'implication des femmes n'est évoquée par aucun érudit. Charles nous en a expliqué la raison :

> Nous avons souvent eu le sentiment qu'une partie de ces faits étaient tus délibérément. Les livres rapportent quantité d'informations redondantes, répétant inlassablement les mêmes renseignements. De deux choses l'une, ou ces gens sont aveugles, ou leur

démarche est délibérée et répond à des motifs spécifiques. Ces détails ne peuvent manquer de sauter aux yeux des chercheurs. Or, il les taisent.

N'est-il pas étonnant que l'arrestation du 13 octobre 1307 fît couler aussi peu de sang ? Partout en France, les sénéchaux du roi décachetèrent au même moment les ordres leur enjoignant de rassembler des troupes en quantité pour arrêter les soldats les mieux entraînés de la chrétienté. La plupart des templiers de France semblent, ensuite, avoir marché vers l'abattoir comme des agneaux. N'est-il pas étrange que ces chevaliers n'aient pas demandé de renforts à l'étranger ?

Certains d'entre eux, comme le trésorier de l'Ordre, ont réussi à glisser au travers des mailles du filet d'une manière qui donne à penser qu'ils bénéficiaient de complicités [15]. En outre, la célèbre flotte templière, basée en France, disparut purement et simplement. Dans la liste des confiscations infligées par le roi de France aux templiers, aucun bateau n'est mentionné. Où la flotte est-elle passée ? Elle ne peut s'être volatilisée.

Le cercle intérieur des templiers semble avoir pris grand soin de préserver ses connaissances secrètes. Comme l'a démontré le spécialiste du Nouveau Testament Hugh Schonfield [16], les templiers employaient un code connu sous le nom d'Atbash. Voilà qui est remarquable car c'est celui utilisé par les auteurs de certains *Manuscrits de la mer Morte*, rédigés quelque *mille années* avant la création de l'ordre du Temple. Les templiers s'évertuaient donc à préserver leurs secrets de manière ingénieuse. Qui plus est, leurs connaissances provenaient de sources diverses et ésotériques. Schonfield observe que si l'on applique le code Atbash au nom de la mystérieuse idole templière à tête coupée – le Baphomet – l'on obtient le terme grec *sophia*. Graham Hancock écrit dans *Le Mystère de l'arche perdue* que *sophia* « signifie ni plus ni moins que "sagesse" [17] ». En réalité, le sens de ce terme est beaucoup plus vaste et jette un éclairage intéressant sur la véritable *raison d'être* du Temple.

Évoquée simplement par le mot « sagesse », en hébreu *Hokmah* – un personnage féminin de l'Ancien Testament, et en particulier des Proverbes –, la Sophia a bien embarrassé les commentateurs juifs et chrétiens, car elle est présentée comme la compagne de Dieu, qu'elle influence et conseille [18].

La Sophia se situait au centre de la cosmologie gnostique – dans le texte de Nag Hammadi intitulé *Pistis Sophia*, elle est intimement associée à Marie Madeleine. En tant que *Hokmah*, elle est la clé de la compréhension gnostique de la Kabbale (système occulte influent, à la base de la magie médiévale et renaissante). Chez les gnostiques, elle correspondait à la déesse grecque Athéna et à l'Égyptienne Isis – parfois appelée Sophia [19].

En soi, l'utilisation par les templiers du mot *Sophia* – encodé dans « Baphomet » – ne prouve pas, bien entendu, une vénération particulière du Principe féminin. Peut-être admiraient-ils simplement la quête de sagesse. Cependant, d'autres indices révèlent que ce détail s'inscrit dans une obsession profonde du Principe féminin, bien au-delà du cadre de la seule sémantique – tant pour les templiers que pour d'autres groupes ésotériques.

Comme nous le confia le chercheur écossais Niven Sinclair, dont la connaissance des templiers impressionne : « Ils croyaient fermement en un Principe féminin [20] ». À ses yeux, cela ne fait aucun doute et n'est nullement surprenant.

Les églises bâties par les templiers étaient le plus souvent *circulaires*, parce qu'ils croyaient que tel était le Temple de Salomon. Cette forme était peut-être le symbole d'un univers rond, mais plus probablement de la *féminité*. Cercles et cycles sont toujours associés aux déesses et au féminin, tant en ésotérisme qu'en biologie. Le cercle est un archétype universel. Les tertres funéraires préhistoriques étaient circulaires parce qu'ils représentaient le ventre de la terre. Ils recevaient le corps du défunt pour lui permettre une renaissance en esprit. Les hommes faisaient le lien entre la rondeur du ventre d'une femme enceinte et la pleine lune, qui en vint à symboliser la « maternité » de la déesse.

Quel que soit le sens précis attribué à la sphère par les templiers, celle-ci ne pouvait être *mâle*. Après la période templière, l'Église déclara officiellement hérétiques les églises circulaires [21]. Pourtant, nous avons vu que l'église française de Londres l'est, et que d'autres motifs décoratifs tant à l'extérieur qu'à l'intérieur accentuent cette caractéristique.

Les templiers avaient clairement adopté des connaissances hérétiques. Cela advint-il de façon fortuite ou délibérée ? Tout donne à penser que le processus fut prémédité : ils sont partis à la recherche de secrets et dès l'instant où ils les ont acquis, ils ont su les préserver et les transmettre. Tout en les protégeant, ils ont pourtant semé des indices sous une forme codée – parfois gravée dans la pierre.

Les templiers furent les principaux instigateurs de la construction des grandes cathédrales gothiques, en particulier de celle de Chartres. En tant que premiers – et souvent uniques – « promoteurs » des grands centres culturels européens, on les trouve à l'origine des guildes de bâtisseurs, notamment celle des maçons. Ces derniers, qui devinrent convers de l'Ordre, bénéficiaient de tous les avantages accordés aux chevaliers du Temple, notamment de l'exonération des taxes [22].

L'étrange symbolisme visible dans la décoration et le plan des grandes cathédrales a intrigué bien des experts. C'est tout récemment que leur mystère est apparu pour ce qu'il est : l'écriture codée d'une connaissance ésotérique templière. Évoquant l'architecture sacrée des anciens Égyptiens, Graham Hancock observe que : « Elle n'a été égalée en Europe que par les grandes cathédrales gothiques du Moyen Âge telles que Chartres, ce qui soulève une question : fut-ce fortuit ? » Hancock poursuit :

> Je soupçonnais depuis longtemps qu'il existait un lien et que les chevaliers du Temple, grâce à des découvertes datant des croisades, devaient constituer le chaînon manquant dans la chaîne de transmission de la connaissance architecturale sacrée... saint Bernard, patron des templiers, avait défini Dieu comme étant « longueur, largeur, hauteur et profondeur » – ce qui est surprenant pour un chrétien. Je ne pouvais non plus oublier que les templiers étaient eux-mêmes de grands bâtisseurs et de grands architectes, ni que l'ordre des moines cisterciens, auquel avait appartenu saint Bernard, s'était distingué dans ce champ particulier de l'activité humaine [23].

Le plan des cathédrales était conçu spécifiquement pour prendre en compte – pour *illustrer* – les principes d'une géométrie sacrée [24]. Il en ressort que certaines proportions géométriques sont en résonance avec l'harmonie divine – et sont plus divines que d'autres. Voilà qui éclaire la déclaration abrupte de Pythagore : « Tout est nombre », et conforte ce principe hermétique : les mathématiques sont le langage par lequel les dieux s'adressent à l'Homme. Les artistes et les architectes de la Renaissance étaient de fervents adeptes de cette architecture ésotérique ; pour eux, la « Proportion Dorée » – la proportion parfaite – était une sorte de panacée. Leur pensée ne se limite toutefois pas là. Ce concept de géométrie sacrée imprégnait toute leur vie intellectuelle. Les dessins de Léonard de Vinci – qu'ils représentent des hommes ou des machines, le cœur d'une fleur ou une vague – expriment, en fait, la croyance de l'artiste dans le fait qu'il y a un sens dans la forme, et une harmonie dans la proportion. L'un de ses plus célèbres dessins, *L'Homme de Vitruve*, incarne littéralement la Proportion Dorée [25].

Le légendaire Temple de Salomon était, pour les templiers

comme aujourd'hui pour les francs-maçons, le plus beau fleuron de la géométrie sacrée. Non seulement il procurait un plaisir des yeux à qui le voyait ou l'adorait, mais encore il provoquait une réaction qui transcendait les cinq sens. Il était en résonance unique avec l'harmonie céleste ; sa longueur et sa largeur, sa hauteur et sa profondeur reproduisaient les proportions idéales de l'univers. Le Temple de Salomon était, en d'autres termes, l'âme même de Dieu burinée dans la pierre.

Beaucoup de visiteurs se sont interrogés sur les décorations astrologiques des anciennes cathédrales. Le signe du Bélier sculpté en évidence sur le porche principal d'un bâtiment aussi vénérable paraît n'être qu'une aberration, la marotte d'un maçon. Pourtant, on retrouve de tels signes dans de nombreuses cathédrales – et jamais au hasard.

Le plan des cathédrales révèle que les maçons et les chevaliers qui financèrent les travaux connaissaient les principes hermétiques[26]. Nous avons vu que les templiers étaient des êtres pragmatiques, qui recherchaient toujours l'*application pratique* d'une connaissance ésotérique. Graver des messages codés dans la pierre des cathédrales n'avait rien d'un caprice. Comme l'affirment Baigent et Leigh dans *Des templiers aux francs-maçons* : « ... Dieu avait véritablement *enseigné* l'application pratique de la géométrie sacrée par le biais de l'architecture[27]. » Et nous voici, une fois encore, renvoyés au Temple de Salomon !

Fils du roi David, le légendaire héros juif, Salomon construisit un temple d'une beauté inégalée, en utilisant les matériaux les plus fins et les plus riches[28]. Du marbre, des pierres précieuses, des bois aromatiques et les tissus les plus délicats furent utilisés pour créer un lieu qui ravirait les sens des fidèles, et où Dieu lui-même se sentirait chez lui. En son cœur se trouvait le saint des saints, où le grand prêtre pouvait accueillir le Tout-Puissant grâce à la mystérieuse arche d'Alliance. Cet instrument capricieux était connu pour répandre de grandes bénédictions sur les « justes », mais aussi pour détruire les pécheurs ou ceux qui ignoraient la manière de s'en préserver. Les templiers ont peut-être vu là l'arme ultime et sont-ils partis à sa recherche.

La décoration des cathédrales nous fournit des indications sur l'idée que les templiers se faisaient de l'« Arche ». Ainsi trouve-t-on dans la cathédrale de Chartres une pierre sculptée qui représente ce qui semble être la Vierge Marie, avec l'inscription : *aecis foederis* – arche d'Alliance. En soi, cela n'a rien de significatif car il s'agissait d'un symbole habituel au Moyen Âge. Mais Chartres est un centre du culte de la Vierge noire. L'arche ne serait-elle pas à rapprocher de l'autre Marie, la Magdaléenne, voire d'une déesse païenne plus ancienne ? Le symbole marial ne sert peut-être qu'à évoquer, de façon indirecte, le Principe féminin même, car il ne peut s'agir d'une référence à la Vierge. Les architectes de la cathédrale gothique avaient une raison spécifique d'évoquer l'archétype d'une *femme sexuellement active*. (Il est intéressant de noter que les premières représentations de la légende de Marie Madeleine en France se trouvent sur les vitraux de la cathédrale de Chartres.)

La décoration apparemment bizarre des constructions gothiques cache souvent des allusions à une science décriée et méconnue : l'alchimie. Science qui semble être le dénominateur commun à la plupart des grands maîtres du Prieuré de Sion[29].

L'alchimie nous viendrait des anciens Égyptiens, via les Arabes (le mot dérive d'ailleurs de l'arabe). C'était plus qu'une science. Sa pratique englobait un ensemble d'activités et de modes de pensée : magie, chimie, philosophie, hermétisme, géométrie sacrée et cosmologie. Elle s'intéressait aussi à ce que nous nommons aujourd'hui la recherche génétique, à des méthodes visant à ralentir le processus de vieillissement et même à produire l'immortalité physique. Les alchimistes avaient soif de connaissance et n'avaient pas de temps à perdre avec la condamnation de l'expérimentation par l'Église. Aussi poursuivaient-ils leurs recherches dans le plus grand secret. Pour l'alchimiste, il ne pouvait être question d'hérésie. Pour l'Église, tout alchimiste était, par définition, hérétique et cette pratique devint l'« Art noir ».

L'alchimie compte plusieurs niveaux : l'exotérique consiste en un travail et une expérimentation sur les métaux, mais il en est d'autres, plus secrets. Ceux-ci visent à l'achèvement du mystérieux « Grand Œuvre », qui couronne la vie d'un alchimiste, lorsqu'il a transmuté le métal vil en or. Dans les cercles ésotériques, ce stade est aussi celui où l'individu accède à l'illumination spirituelle, où il est physiquement revitalisé grâce à un « processus » magique centré sur la *sexualité*. Le Grand Œuvre représente l'acte d'initiation suprême.

Peut-être croyait-on que ce rite conférait la longévité : Nicolas Flamel, grand maître supposé du Prieuré de Sion, réalisa le Grand Œuvre avec sa femme Pernelle, le 17 janvier 1382. Il aurait vécu ensuite un temps exceptionnellement long[30].

Le symbole alchimique du Grand Œuvre est l'hermaphrodite – littéralement la fusion du dieu Hermès et de la déesse Aphrodite. Léonard de Vinci était fasciné par ces êtres hybrides. Il en remplissait des carnets de croquis – certains carrément obscènes. Des analyses récentes du portrait le plus célèbre de tous les temps – la *Mona Lisa* et son énigmatique sourire – ont révélé qu'*elle* n'était autre que Léonard lui-même. Le Dr Digby Quested, de l'hôpital Maudsley de Londres, et Lillian Schwartz, des laboratoires Bell, aux États-Unis, ont utilisé – indépendamment – les techniques informatiques les plus sophistiquées pour superposer au tableau le visage de l'artiste. Ils sont parvenus au même résultat : une identification parfaite[31]. Léonard de Vinci s'est-il amusé à adresser une sorte de clin d'œil à la postérité ? Il est plus probable que cet alchimiste ait traduit ainsi sa réussite du Grand Œuvre.

Certains imaginent que cette réussite alchimique produirait une transformation physique si profonde, que qui y parviendrait risquerait de changer de sexe. Peut-être est-ce ce message qu'exprime la *Mona Lisa*. Mais le symbole de l'hermaphrodite représente aussi le moment de l'orgasme, où l'homme et la femme participant au rite éprouvent la sensation de se fondre l'un dans l'autre, ou encore de fusionner, par-delà leurs propres limites, en une conscience mystique de l'univers.

Les cathédrales gothiques abritent nombre de curieux personnages – des démons aux Hommes végétaux. Certains sont plus qu'étranges. Ainsi, une sculpture de la cathédrale de Nantes représente une femme qui se regarde dans un miroir... l'arrière de sa tête est le visage d'un vieillard[32]. Et à Chartres, la pseudo « reine de Saba » porte la barbe[33] ! On trouve des symboles alchimiques dans toutes les cathédrales associées aux chevaliers du Temple.

Ces liens sont implicites, mais Charles Bywaters et Nicole Dawe ont découvert des sites templiers en Languedoc-Roussillon présentant un symbolisme alchimique patent :

> Nos recherches ont fait apparaître qu'ils possédaient une connaissance profonde de la terre. À leur retour de Terre sainte, ils ont fondé un hôpital pour templiers en un lieu où le sol avait des propriétés curatives. On y trouve, bien sûr, des signes alchimiques.
> Qu'ils étaient familiers de l'alchimie est évident : ils choisissent un lieu en raison de la nature spécifique de son sol, ils gravent des symboles alchimiques dans ses pierres, ils y laissent des traces d'influences cathares et musulmanes. Des documents établissent ces faits de manière indubitable.

Lors de nos périples en France nous avons vérifié que les anciennes propriétés templières – Utelle en Provence, Alet-les-Bains en Languedoc – sont devenues des centres alchimiques. Or, alchimistes et templiers vouaient une vénération particulière à Jean Baptiste [34].

Nous avons vu que les cathédrales et de nombreuses églises célèbres furent bâties sur des sites autrefois consacrés à des déesses. Ainsi, Notre-Dame de Paris se dresse sur les fondations d'un temple de Diane et Saint-Sulpice, sur les ruines d'un temple d'Isis. En soi, cela n'a rien d'exceptionnel. Partout en Europe, les églises chrétiennes étaient bâties sur d'anciens sites païens ; Rome affirmait ainsi son triomphe sur les infidèles. Bien souvent les autochtones adaptaient simplement leur paganisme de manière à intégrer le christianisme. La nouvelle église donnait un regain de vigueur à l'ancienne religion. Cependant, étant donné les préoccupations particulières des templiers, ne peut-on supposer que les cathédrales visaient à perpétuer l'adoration du Principe féminin plutôt qu'à la faire disparaître ? N'étaient-elles pas des hymnes à la déesse gravés dans la pierre ? Cette « Notre-Dame » à qui tant sont dédiées n'était-elle pas justement le Principe féminin : la *Sophia*...

Pour la plupart des gens, l'architecture gothique est essentiellement « masculine » avec ses tours majestueuses et ses nefs en croix. Pourtant, la décoration intérieure est subtilement féminine, avec ses splendides rosaces. Barbara G. Walker insiste sur l'importance de :

> (...) la rose, que les Romains de l'Antiquité nommaient Fleur de Vénus, emblème des prostituées sacrées. Ce qui se disait « sous la rose » (*sub rosa*) appartenait aux mystères sexuels de Vénus, qu'il convenait de ne révéler qu'aux initiées...
> À la grande époque des cathédrales, où Marie était vénérée comme une déesse dans ses « Palais de la Reine des Cieux », on la qualifiait souvent de rose, rosier, guirlande de roses... rose mystique... Tel un temple païen, la cathédrale gothique incarne le corps de la déesse, qui est aussi l'univers, et renferme l'essence de la divinité mâle [35]...

Nous verrons que la rose était également le symbole des troubadours, ces chanteurs de ballades du Midi, intimement liés aux mystères érotiques.

D'autres symboles inhérents aux cathédrales gothiques véhiculent de puissants messages subliminaux sur le pouvoir du Principe féminin. Des toiles d'araignées sculptées – une image répétée sur la voûte étoilée de l'église Notre-Dame de France à Londres – représentent Arachnée, la déesse qui régit le destin de l'homme, ou encore Isis, tisseuse de la destinée. De même, le grand labyrinthe sur le sol de la cathédrale de Chartres renvoie aux mystères féminins, dans lesquels l'initié ne trouvera son chemin qu'en suivant le fil déroulé pour lui par la déesse. Un tel lieu ne peut être consacré au culte de la Vierge Marie – d'autant moins qu'il contient une Vierge noire, Notre-Dame-de-dessous-terre. À Chartres, se trouve également un vitrail qui représente Marie Madeleine dans son bateau, à son arrivée en France – combinaison évidente des légendes de la sainte et d'Isis, dont c'était le mode de transport favori. (Le titre de *Nautonier* du grand maître du Prieuré fait peut-être allusion à son rôle dans la barque d'Isis.) Ce vitrail est la plus vieille représentation de la légende magdaléenne en France ; sa présence si loin de Provence montre l'importance qu'elle revêtait pour les architectes.

À l'époque de la construction des cathédrales, l'hérésie trouva un nouveau mode d'expression pour assurer la transmission de son message. Ses codes ont souvent été mal interprétés, comme ceux de *La Cène* de Léonard de Vinci. Ce nouveau véhicule de la tradition hérétique est la légende du Graal.

Aujourd'hui, le saint Graal désigne souvent un objectif illusoire, la récompense suprême d'une vie. La plupart des gens savent qu'il se réfère à quelque chose d'ancien, de nature religieuse : la coupe dans laquelle Jésus aurait bu lors de la cène. Une légende conte comment Joseph d'Arimathie, un riche ami de Jésus, recueillit dans cette coupe le sang versé lors de la crucifixion, qui se révéla posséder des propriétés miraculeuses. La quête du saint Graal s'accompagne d'innombrables dangers tant physiques que spirituels ; le quêteur devant affronter toutes sortes d'ennemis, notamment des êtres surnaturels. Dans toutes les versions de l'histoire, la coupe est à la fois objet concret et symbole de perfection. Elle est censée représenter quelque chose qui participe de deux dimensions – réelle et mythique. En tant que telle, elle exerce une fascination sans pareille.

Le Graal est un objet mystérieux, un trésor gardé dans une caverne. Mais ce n'est pas tout, il symbolise aussi quelque chose d'ineffable, qui transcende le monde matériel. Cette dimension spirituelle de la quête est inhérente aux légendes du Graal, ainsi qu'au contexte dans lequel elles ont vu le jour.

Ce sujet a fait couler beaucoup d'encre au fil des siècles. Les propos les plus sages sont, à notre sens, ceux de Malcolm Godwin dans *The Holy Grail*, publié en 1994. Ce remarquable résumé des diverses versions et interprétations permet d'accéder au cœur du sujet. Outre les courants chrétiens et celtes des romances du Graal de la fin du XIIe et du début du XIIIe siècle, Godwin en identifie un troisième, de nature alchimique. Il montre clairement que les plus anciennes versions de la légende s'inspirent des mythes celtes du roi Arthur et sa cour. Or de nombreux éléments de ces contes reposaient sur des notions plongeant leurs racines dans la vénération de la déesse celte. Les légendes du Graal adaptèrent ces vieilles légendes et les élargirent pour y incorporer les idées hérétiques du XIIIe siècle.

La première romance du Graal est *Le conte del Graal* (± 1190), une œuvre inachevée de Chrétien de Troyes. La ville dont Chrétien tire son nom était un centre kabbaliste et le siège de la première commanderie. C'est également là que le comte de Champagne tenait sa cour. (En fait, la plupart des neuf chevaliers à l'origine du Temple étaient ses vassaux.) Notons encore que l'église la plus célèbre de Troyes est dédiée à Marie Madeleine[36].

Dans la version de Chrétien, il n'est pas dit que le Graal est une coupe. Pas d'allusion non plus à la Cène ni même à Jésus. En fait, on n'y trouve aucune référence religieuse explicite, et de l'avis général, le ton d'ensemble est nettement païen[37]. Ici, le Graal est un plateau ou un plat – nous verrons que ce n'est pas dépourvu de sens. Chrétien s'est inspiré d'un conte celte beaucoup plus ancien, dont le héros se nommait Peredur[38]. Sa quête devait l'amener à rencontrer une sinistre procession rituelle dans un lointain château. Un participant portait une lance qui saignait et *une tête posée sur un plateau*. Le point commun à toutes les versions est le moment critique où le héros ne pose pas la question qui s'impose. Ce péché d'omission le met en danger extrême. Comme l'écrit Malcolm Godwin : « Ici, la question qui n'est pas posée concerne la nature de la tête. Si Peredur avait demandé *à qui* elle appartenait, et en quoi elle le concernait, il aurait trouvé le moyen de lever le sort dont souffrait le pays[39]. » (Il était maudit et stérile.)

Même inachevée, l'histoire de Chrétien connut un succès instantané et inspira bien des plagiats – la plupart chrétiens. Malcolm Godwin dit des moines qui les rédigèrent :

> Ils s'arrangèrent pour voiler une œuvre profondément hérétique sous un mystère si pieux que la légende et son auteur survécurent au zèle fanatique des Pères de l'Église. Les esprits orthodoxes de la Rome papale ne reconnurent jamais l'existence du Graal ; en revanche, ils ne mirent guère de cœur à dénoncer cette légende... Fait plus étrange encore, celle-ci ne fut ébranlée ni par la chute des hérétiques cathares... ni par celle des chevaliers du Temple, qui apparaissent pourtant de façon implicite dans les divers textes[40].

L'une de ces versions christianisées s'intitulait *Perlesvaus*. Elle fut, dit-on, écrite par un moine de l'abbaye de Glastonbury vers 1205 – d'autres y voient l'œuvre d'un templier anonyme [41]. Cette histoire mêle le récit de deux quêtes. Le chevalier Gawain cherche l'épée qui a tranché la tête de Jean Baptiste et qui, par magie, saigne tous les jours à midi. Dans un épisode, le héros rencontre un char qui transporte cent cinquante têtes de chevaliers ; certaines sont scellées dans de l'or, d'autres, dans de l'argent ou dans du plomb. Puis paraît une étrange demoiselle. Elle tient posée sur une main la tête d'un roi scellée dans de l'argent, et sur l'autre, celle d'une reine scellée dans du plomb.

Dans *Perlesvaus*, les servants d'élite du Graal portent des vêtements blancs marqués d'une croix rouge – comme les templiers. Il est aussi question d'une croix rouge qui se dresse dans une forêt et est battue « en tous sens » par un prêtre armé d'un bâton. Cet épisode est clairement lié à l'accusation de cracher sur la croix et de la piétiner, qui fut portée contre les templiers. Une autre scène étrange fait intervenir des têtes coupées. Un gardien du Graal dit au héros, Perceval : « Il y a d'un côté des têtes scellées dans de l'argent ou du plomb, et de l'autre, les corps auxquels elles appartiennent : il vous faut réunir la tête et le corps du Roi ainsi que de la Reine. »

Le symbolisme alchimique est patent : les métaux vils et précieux, les rois, les reines. On retrouve une imagerie semblable dans d'innombrables versions de la légende du Graal, comme nous allons le voir.

Malgré le dédain tacite de l'Église pour le Graal, une version très christianisée fut rédigée par une équipe de moines cisterciens. Intitulée la *Queste del San Graal*, elle puise un puissant symbolisme mystique dans le Cantique des Cantiques [42].

De toutes les histoires du Graal, la plus terrible – et la plus provocatrice – fut celle du poète bavarois Wolfram von Eschenbach, *Parzival* (*c* 1220) [43]. L'auteur affirme qu'il a délibérément corrigé la version de Chrétien de Troyes, qui ne tenait pas compte de toutes les informations disponibles. Sa version, dit-il, est la plus fidèle car il la tient d'un certain Kyot de Provence – identifié à Guiot de Provins, un moine qui fut tout à la fois troubadour et partisan de l'ordre du Temple [44]. Comme l'écrit Wolfram dans son *Parzival* : « Le conte authentique avec sa conclusion a été envoyé depuis la Provence en terres germaniques [45] ».

Mais quelle était cette conclusion si importante ? Dans *Parzival*, le château du Graal est un lieu secret gardé par les templiers, que Wolfram qualifie d'« hommes baptisés », qui sont envoyés propager leur foi en secret. Les membres de la compagnie du Graal cultivent le secret et abhorrent les interrogatoires.

En définitive, Repanse de Schoye, porteuse du Graal, et Fierefiz, demi-frère de Parzival, partent en Inde où ils ont un fils qu'ils baptisent Jean – le célèbre prêtre Jean –, premier d'une lignée *qui prit toujours le nom de Jean...* Est-ce là une référence codée au Prieuré de Sion, dont les grands maîtres auraient toujours adopté ce prénom ?

Cette idée de lignée est au cœur des théories du Graal de Baigent, Leigh et Lincoln. Comme l'indique clairement le titre original de leur premier ouvrage *, pour eux le « saint Graal » serait le « saint Sang ». Ils se fondent sur l'idée que le *sangraal*, généralement orthographié *san graal*, devrait se lire *san real* – le sang royal, ce qui impliquerait une notion de lignée. Pour Baigent, Leigh et Lincoln, cette notion de lignée suggérée dans les légendes du Graal renvoie au grand secret, à savoir que Jésus et Marie Madeleine étaient mariés. Voici leur théorie : le Graal des légendes est, en vérité, une référence symbolique aux descendants de Jésus et de Marie Madeleine. Les gardiens du Graal étaient ceux qui connaissaient ce secret, cette filiation sacrée – notamment les templiers et le Prieuré de Sion[46].

Cette théorie pèche toutefois sur un point : dans les légendes du Graal, l'accent est mis sur la lignée des *gardiens du Graal* ou des élus qui le trouvent. Le Graal lui-même n'est pas concerné. Il est possible que ces récits fassent référence à un secret conservé par certaines familles et transmis de génération en génération. Pourtant, il paraît improbable qu'elles évoquent une quelconque lignée. Cette théorie ne repose que sur le mot *sangraal*. En outre, nous avons déjà vu la difficulté que pose toute hypothèse se fondant sur la préservation, au fil des siècles, d'une lignée « pure ».

Le lien entre les histoires du Graal et l'héritage templier semble pourtant réel. Wolfram von Eschenbach, grand voyageur, aurait visité des centres templiers au Moyen-Orient. Son récit est, de tous, celui qui fait le plus explicitement référence au Temple. Comme l'écrit Malcolm Godwin : « Tout au long de *Parzival*, Wolfram parsème son récit d'allusions à l'astrologie, à l'alchimie, à la Kabbale et aux nouvelles idées spirituelles de l'Orient[47]. » Il y inclut également un symbolisme issu du Tarot.

C'est dans cette version que les gardiens du Graal au château de

---

* Le titre anglais de leur ouvrage était *The Holy Blood and the Holy Grail*, littéralement le Saint Sang et le Saint Graal.

Montsalvasch sont clairement appelés templiers[48]. Le château original a été identifié ; il s'agit de Montségur, le dernier bastion cathare[49]. Dans un autre poème, Wolfram nomme le Seigneur du château du Graal, Perilla. Le seigneur de Montségur, à l'époque où vivait le poète, était Ramon de Perella. Une fois encore, templiers et cathares sont unis, et une fois encore, il est question d'un trésor inestimable.

Pas question de coupe aux pouvoirs surnaturels dans la version de Wolfram ; ici le Graal est une pierre – *lapis exillis* –, ce qui pourrait se traduire par Pierre de Mort, mais cela est pure spéculation. D'autres suggèrent que cette pierre serait le joyau qui s'est détaché de la couronne de Lucifer lors de sa chute sur la terre, ou la célèbre Pierre philosophale (*lapis elixir*) des alchimistes. La dernière explication paraît la plus plausible, le texte dans son ensemble abondant en symboles alchimiques.

Pour certains auteurs, le personnage de Cundrie, la « messagère du Graal » dans *Parzival*, correspondrait à Marie Madeleine[50]. (Ce fut certainement le cas chez Wagner. Dans son opéra *Parsifal* (1882), sa Kundry porte une fiole de « baume », qu'elle utilise pour laver les pieds du héros, avant de les essuyer avec ses cheveux, comme Marie Madeleine.) Peut-être faut-il voir un lien entre la coupe du Graal et le vase d'albâtre de la Magdaléenne, dans l'iconographie chrétienne traditionnelle.

Dans tous les récits, cependant, la quête du Graal est l'allégorie du voyage spirituel du héros vers sa propre transformation intérieure. Or c'est exactement le but de toute démarche alchimique sérieuse. Mais sont-ce ces seules allusions alchimiques qui rendaient les légendes du Graal « hérétiques » ?

L'Église était, à n'en pas douter, offensée par les histoires du Graal, qui faisaient peu de cas de son autorité et de la succession apostolique. Le héros y opère seul – même s'il est parfois aidé dans sa quête d'illumination et de transformation spirituelles. Les légendes du Graal sont, par essence, des textes gnostiques, puisqu'elles présentent un individu responsable de l'état de son âme.

Chaque récit comporte beaucoup d'autres éléments susceptibles de heurter l'Église. En effet, l'expérience du Graal est exclusivement réservée aux plus grands initiés. En outre, l'objet – quel qu'il soit – est toujours *gardé par des femmes*. Dans l'histoire celte de Peredur, les jeunes gens peuvent tenir la lance, mais ce sont les jeunes filles qui portent ce que nous pourrions appeler un *prototype du Graal* – une tête sur un plateau. Comment expliquer que des femmes assument un rôle aussi élevé dans une cérémonie qui était, en vérité, une forme supérieure de messe ? (Souvenez-vous que les cathares – dont la citadelle de Montségur inspira sans conteste son château du Graal à Wolfram – pratiquaient l'égalité des sexes, de sorte que les femmes, comme les hommes, pouvaient être ordonnées « prêtres ».)

Le lien avec les templiers est pourtant le thème le plus insidieux dans les histoires du Graal. Comme l'ont observé plusieurs commentateurs[51], les chevaliers étaient accusés d'adorer une tête coupée – le Baphomet –, or les têtes coupées sont fréquentes dans les romances du Graal. Les templiers auraient, en outre, accordé à ce Baphomet des pouvoirs qui évoquent ceux du Graal : il faisait fleurir les arbres et rendait la terre fertile[52]. Enfin, les templiers étaient censés posséder un reliquaire d'argent en forme de crâne de femme, qui portait simplement le nom de *caput* (tête) 58[53].

Hugh Schonfield évoquant cette tête de femme ainsi que son « décodage » du Baphomet (*Sophia*) écrit :

> Le beau crâne des templiers représentait, sans aucun doute, Sophia dans ses aspects de femme et d'Isis ; elle était liée à Marie Madeleine dans l'interprétation chrétienne[54].

Parmi leurs reliques, les templiers auraient aussi possédé l'index droit de Jean Baptiste. Voilà qui est peut-être plus révélateur qu'il n'y paraît. Nous avons vu, au premier chapitre, que Léonard de Vinci représentait souvent des personnages l'index droit levé – rituellement –, et ce geste semblait lié au Baptiste. Dans *L'Adoration des Mages*, un individu qui paraît vénérer le caroubier l'accomplit : l'arbre et le geste évoquent Jean. Le symbolisme cher à Léonard de Vinci renvoie-t-il à la relique des templiers ?

(Jacob de Voragine dans sa *Légende dorée* évoque une tradition selon laquelle le doigt de Jean Baptiste – seule partie du corps décapité qui aurait échappé à la destruction ordonnée par l'empereur Julien – fut apporté en France par sainte Thecla. On peut supposer que la relique des templiers et celle de la légende ne faisaient qu'une. Voragine raconte encore que la tête du Baptiste aurait été enterrée sous le temple d'Hérode à Jérusalem, avant d'être exhumée par les templiers[55].)

Ces chevaliers sont régulièrement liés au Graal. Nina Epton, auteur spécialisé dans les livres de voyage, décrit dans *The Valley of Pyrene* (1955) comment elle a grimpé jusqu'aux ruines du château templier de Montréal-de-Sos, dans l'Ariège, pour y voir sur des fresques une lance avec trois gouttes de sang et un calice – une image tirée des légendes du Graal[56].

D'autres curieux graffiti ont été découverts dans le château de Domme, où de nombreux templiers furent emprisonnés. Ean et Deike Begg décrivent une étrange scène de crucifixion. À droite, Joseph d'Arimathie (qui tient une croix de Lorraine) recueille les gouttes du sang de Jésus. À gauche, une femme enceinte nue tient un rameau ou une baguette [57].

Il est d'autres liens plus curieux encore. À Saint-Martin-de-Vésubie, en Provence – un site templier connu pour sa Vierge noire –, une légende évoque des éléments intéressants du cycle du Graal [58]. Tous les templiers y furent décapités lors de la suppression de l'Ordre – fait improbable, qui n'est confirmé par aucun document officiel. Avant de rendre l'âme, ils maudirent le pays. Les hommes devinrent impuissants et la terre stérile. Or, il est vrai qu'en 1560, le duc Emmanuel Filibert de Savoie fit exorciser la région, car elle était dans un état pitoyable. Un pic rocheux tout proche porte toujours le nom de Maledia (maladie). Mais l'élément le plus intéressant de cette histoire est que les templiers sont liés à la décapitation et au fléau – deux éléments majeurs du cycle du Graal.

Les différents récits du Graal avec leurs multiples thèmes semblent confus. Mais dans sa monumentale étude, *The Hidden Church of the Holy Graal* (1902), le grand occultiste A. E. Waite discerne la présence d'une tradition chrétienne secrète derrière l'ensemble de ce cycle. Waite fut l'un des premiers à identifier les éléments alchimiques, hermétiques et gnostiques dans ces histoires. Bien qu'il soit certain qu'elles suggèrent l'existence d'une « église cachée », il ne parvient à aucune conclusion définitive sur sa nature. Il accorde, en revanche, une place importante à ce qu'il nomme la « tradition johannine [ou johannite] [59]. Il mentionne une idée en vogue depuis longtemps dans les cercles ésotériques : une école mystique chrétienne aurait été fondée par Jean l'Évangéliste et reposerait sur des enseignements secrets transmis par Jésus. Cette connaissance ésotérique ne transparaît pas dans le christianisme exotérique qui se transmit, lui, à travers les enseignements de Pierre. Selon Waite cette tradition aurait atteint l'Europe par le sud de la Gaule – le Midi – avant de gagner la première Église celte de Grande-Bretagne [60].

En dépit des éléments celtiques parsemant les récits du Graal, Waite situe leur influence johannite au Moyen-Orient, via les templiers. Prudent, il n'affirme pas qu'il s'agisse de la seule connexion possible, car aucun élément solide ne vient l'étayer, mais il avance que c'est la plus plausible. Il se dit, toutefois, certain que les romances du Graal furent inspirées par une « Église cachée » liée aux templiers.

L'insistance de Waite sur la tradition « johannite » est séduisante, mais il ne la développe pas et sa source demeure enveloppée de mystère. Elle tend néanmoins un pont intéressant entre les histoires du Graal et *un* saint Jean, qui – nous allons le voir au chapitre suivant – devrait permettre de voir un peu plus clair dans la confusion apparente qui entoure ce sujet.

Le cycle du Graal et le culte des Vierges noires étaient des expressions d'idées subversives circulant dans la France médiévale à l'instigation des templiers. L'un comme l'autre s'inspiraient de thèmes païens antérieurs : le Graal, de mythes celtes ; les Vierges noires, de cultes de déesses. L'un et l'autre s'épanouissaient aux XIIe et XIIIe siècles grâce aux contacts – via les templiers – avec la Terre sainte.

Les templiers étaient dépositaires d'une connaissance issue de nombreuses sources ésotériques, notamment l'alchimie et la sexualité sacrée. (Le lien entre les Vierges noires, les templiers et l'alchimie fit l'objet d'une étude de l'historien Jacques Huynen dans *L'Énigme des Vierges noires* (1972).) Le « pont » entre leurs théories ésotériques et le monde chrétien de l'époque est incarné par une femme : Marie Madeleine.

Tout cela est advenu il y a fort longtemps. Les cathares ont disparu, puis les templiers. Mais cette connaissance secrète, cette conscience mystique et alchimique, est-elle enfouie sous la poussière de l'oubli ?

Peut-être pas ! Peut-être est-elle le secret le plus dangereux, conservé dans les milieux ésotériques d'Europe...

CHAPITRE 6

L'héritage templier

Pour la plupart des historiens, les événements tragiques du début du XIVe siècle marquent la fin de l'aventure templière – aussi ne cherchent-ils pas de traces de leur existence ultérieure. Mais la tradition occulte a toujours mentionné les descendants spirituels des chevaliers du Temple, qui continueraient à vivre parmi nous. Certaines organisations vont jusqu'à se prétendre les héritières directes des templiers d'antan. Des recherches récentes ont fait apparaître que l'Ordre a bel et bien survécu et qu'il exerce une influence considérable sur la culture occidentale.

Une telle hypothèse a des implications profondes et une portée incalculable. Car si elle est exacte, comme nous le croyons, alors toute survivance templière implique la transmission de grands secrets à travers une tradition occulte toujours active. Des secrets – concernant sans doute le savoir scientifique des anciens alchimistes et des traditions ésotériques orientales –, qui seraient toujours disponibles aujourd'hui. Si tel est le cas, les templiers actuels pourraient jeter quelque lumière sur nos recherches. Nous devions nous assurer que le mouvement templier ne s'est pas éteint.

Le simple bon sens suggère qu'une organisation aussi complexe que l'ordre du Temple ne peut avoir disparu purement et simplement. Les chevaliers vivant en Europe n'ont pas tous été arrêtés en ce tragique vendredi 13. L'éradication sauvage de l'Ordre ne concerne que la France, où certains chevaliers ont néanmoins réussi à fuir. Dans d'autres pays, la persécution et la destruction du Temple n'ont été que partielles. En Angleterre, par exemple, Édouard II a refusé de croire les templiers coupables des crimes dont on les accusait et il s'est engagé dans un débat fiévreux avec le pape à ce propos, allant jusqu'à s'opposer à l'emploi de la torture.

En Allemagne, s'est déroulée une scène du plus haut comique. Hugo de Gumbach, maître templier, fit une entrée spectaculaire au concile ouvert par l'archevêque de Metz. Revêtu de son armure et accompagné de vingt chevaliers triés sur le volet, il a déclaré que le pape était un suppôt de Satan et qu'il devait être déposé, que l'Ordre était innocent, et que ses hommes étaient prêts à se soumettre à la justice divine en combattant l'ensemble des participants au concile... Après un silence de stupeur, les charges furent abandonnées et les chevaliers allèrent clamer partout leur innocence.

En Aragon et en Castille, les archevêques qui présidaient le procès des templiers, les ont déclarés innocents. Cependant, malgré la bienveillance des juges envers les chevaliers, il leur fut impossible, en 1312, d'ignorer les ordres du pape quant à la dissolution de l'Ordre. Mais, même en France, peu furent, en définitive, exécutés – la plupart étant libérés après avoir abjuré. Ils reconstituèrent, bientôt, l'Ordre dans d'autres pays, sous un autre nom, ou rejoignirent des ordres existants, notamment les chevaliers teutoniques.

L'Histoire démontre donc que les chevaliers du Temple ne disparurent pas. Ils « prirent le maquis » pour se regrouper et se reformer. En fait, la manière dont eu lieu la dissolution de l'Ordre en est quasiment la preuve.

N'oublions pas les différences entre la troupe et le cercle intérieur – l'élite des chevaliers dirigeant l'organisation et préservant une connaissance secrète. Il est probable que les chevaliers de l'un et l'autre cercles se fondirent dans la nature pour former de nouvelles organisations secrètes, donnant ainsi naissance à deux traditions distinctes, chacune prétendant représenter la vraie filiation templière.

Après le démembrement des templiers, la plupart de leurs terres furent distribuées à leurs rivaux, les chevaliers Hospitaliers. En Écosse et en Angleterre, cependant, ce trafic n'eut pas lieu, et il est établi que des propriétés templières, à Londres, demeuraient aux mains des mêmes familles en 1650[1]. Cependant, ce n'est pas ce qui nous intéresse ici. Nous nous concentrerons plutôt sur la transmission de la connaissance.

Rien ne permet d'affirmer que les templiers furent les cerveaux animant le réseau alchimique occulte, mais nous savons que le « cercle intérieur » s'intéressait effectivement à l'alchimie. Ce fait est démontré par la proximité de centres alchimiques tels qu'Alet-les-Bains avec des commanderies templières. Nous savons aussi que les alchimistes, comme les templiers, vouaient une vénération particulière à Jean Baptiste.

Récemment, plusieurs commentateurs ont prouvé que la franc-maçonnerie trouve son origine dans le mouvement templier. Michael Baigent et Richard Leigh, dans *Des templiers aux francs-maçons*, et l'historien américain John J. Robinson, dans *Les Secrets perdus des francs-maçons*, parviennent à cette même conclusion, en empruntant des voies différentes.

Les premiers suivent la continuité templière à travers l'Écosse, alors que Robinson part des rituels maçonniques modernes pour remonter jusqu'à leurs sources – qui se révèlent être le Temple. Ces deux ouvrages se complètent et proposent une image plus ou moins complète du lien entre ces deux grandes organisations occultes.

Il existe toutefois un point de divergence entre Baigent/Leigh et Robinson. Les premiers estiment que la franc-maçonnerie s'est développée en Écosse sous l'influence de templiers isolés, avant de se répandre en Angleterre en 1603, après l'accession au Trône du roi écossais Jacques IV et sous l'impulsion de l'aristocratie écossaise. Robinson, quant à lui, croit que les templiers ont développé la franc-maçonnerie en Angleterre. Il affirme, de façon convaincante, que les templiers sont à l'origine de la révolte des Paysans de 1381, qui s'en prit directement aux biens de l'Église et des chevaliers Hospitaliers – les deux ennemis principaux de l'Ordre –, mais épargna les bâtiments templiers.

Pour bien des profanes, la franc-maçonnerie est un club de vieux garçons, un réseau fermé favorisant des contacts professionnels lucratifs. Son aspect rituel est dédaigné – les frères relèvent une jambe de leur pantalon et profèrent des serments archaïques et vides de sens. Certes la situation a évolué, mais la franc-maçonnerie des débuts était une école de mystères avec des initiations solennelles s'inspirant de traditions occultes anciennes. Elle visait à provoquer chez ses membres une illumination transcendantale, et à tisser des liens intimes entre les frères.

À l'origine, cette organisation occulte était soucieuse de transmettre une *connaissance sacrée*. Une bonne part de ce que nous nommons aujourd'hui « science » émane de cette fraternité – nous n'en voulons pour preuve que la création, en Angleterre, de la *Royal Society*, qui était, et est toujours, concernée par l'enrichissement et la propagation du savoir scientifique. C'est la version officielle du « Collège invisible » original des francs-maçons, formé en 1645[2]. (Comme à la Renaissance, les connaissances occultes et scientifiques – loin d'être antinomiques – étaient considérées comme indissociables.)

De nombreux francs-maçons vivent toujours leur initiation avec solennité et une authentique conscience spirituelle. Pourtant, il semble que, dans l'ensemble, cette organisation ait oublié sa fonction première. Le courant principal de l'actuelle franc-maçonnerie est constitué par la Grande Loge, qui s'est constituée le jour de la Saint-Jean-Baptiste, le 24 juin 1717. Avant cette date, la franc-maçonnerie était une *véritable* société secrète, mais l'émergence de la Grande Loge l'a fait évoluer vers une sorte de club respectable, semi-public puisque dépourvu de secrets à protéger.

À quand remonte la franc-maçonnerie ? Les premières références connues datent de 1614[3], mais le lien avec les templiers étant réel, son existence doit nécessairement être antérieure. John J. Robinson affirme détenir des preuves de l'existence de loges maçonniques dès les années 1380[4] – un traité alchimique daté de 1450 utilise le terme « franc-maçon[5] ».

Les maçons, eux, prétendent descendre des guildes médiévales anglaises de tailleurs de pierre, qui utilisaient des gestes et des signes de reconnaissance secrets. Elles auraient été détentrices, en outre, d'une connaissance jugée dangereuse, celle de la géométrie sacrée. Or, l'étude méticuleuse de John J. Robinson démontre, contre toute attente, que ces guildes n'ont jamais existé en Grande-Bretagne, au Moyen Âge[6]. Un autre mythe maçonnique veut que les tailleurs de pierre aient hérité leur connaissance secrète des bâtisseurs du fabuleux Temple de Salomon. Si tel est le cas, pourquoi ont-ils négligé de mentionner un autre groupe qui pouvait faire état de liens plus évidents avec ce temple ? Je veux parler, bien entendu, des Pauvres Chevaliers du Christ et du *temple de Salomon* – les templiers.

Or, avant la formation de la Grande Loge, les francs-maçons travaillaient sur les mêmes éléments de géométrie sacrée, d'alchimie et d'hermétisme que les templiers. Les premiers maçons pratiquaient, en effet, l'alchimie : un traité alchimique du milieu du XVe siècle les qualifie d'*ouvriers en alchimie*[7]. L'un des premiers initiés à la maçonnerie fut Elias Ashmole (en 1646), fondateur du *Ashmolean Museum* d'Oxford. Il était alchimiste, hermétiste et rosicrucien[8]. (Ashmole fut aussi le premier auteur à rédiger un écrit favorable à l'égard des templiers depuis la suppression de l'Ordre[9].)

L'un des joyaux de la couronne maçonnique est l'étonnante chapelle de Rosslyn, à quelques kilomètres d'Édimbourg. De l'extérieur, elle paraît dans un tel état de délabrement qu'on ne serait pas surpris de la voir s'effondrer, mais l'intérieur est vraiment surprenant – la chapelle de Rosslyn fascine tant les francs-maçons que de nombreuses organisations templières contemporaines[10].

Bâtie entre 1450 et 1480, par sir William Saint-Clair, seigneur de Rosslyn, elle devait être la chapelle de la Vierge d'un bâtiment beaucoup plus imposant, censé reproduire le plan du Temple de Salomon. Celui-ci ne vit jamais le jour. Les Saint-Clair (futurs Sinclair) furent les protecteurs héréditaires de la franc-maçonnerie d'Écosse du XVe siècle à nos jours[11] ; pas étonnant qu'avant cette date ils aient assuré la protection des templiers.

Dès ses débuts l'ordre du Temple est lié aux Sinclair et à Rosslyn – son fondateur, le grand maître Hugues de Payns, avait épousé Catherine Saint-Clair. Descendants des Vikings, les Saint-Clair/Sinclair forment l'une des familles les plus étonnantes et les plus remarquables de l'Histoire. Leur influence en Écosse et en France était grande au XIe siècle. (Leur nom de famille remonte au martyr écossais Saint-Clair, qui fut décapité.) Hugues et Catherine ont visité la propriété des Saint-Clair, près de Rosslyn, et y ont établi la première commanderie templière d'Écosse, qui allait devenir leur quartier général.

(Nous avons vu que Pierre Plantard adopta le nom de Saint-Clair, se liant ainsi à la branche française de cette ancienne famille. Plusieurs commentateurs se sont demandé s'il était réellement en droit de porter ce nom. Quoi qu'il en soit, lui avait une bonne raison de le revendiquer[12].)

Les chevaliers firent de l'Écosse l'un de leur principaux havres après l'éradication officielle de l'Ordre – peut-être parce que c'était le pays de Robert Bruce, qui avait lui-même été excommunié, de sorte que le pape n'exerçait plus son autorité en Écosse. Baigent et Leigh suggèrent que la flotte templière avait, en fait, gagné les rivages écossais.

L'un des événements marquants de l'histoire des îles Britanniques fut la bataille de Bannockburn, qui se déroula le 24 juin 1314 (jour de la Saint-Jean-Baptiste). À cette occasion, les troupes de Robert Bruce l'emportèrent sur les Anglais. Il semble qu'elles aient bénéficié d'une aide considérable – un contingent de chevaliers du Temple assurant leur victoire à la onzième heure. C'est, en tout cas, ce que prétendent les templiers écossais actuels (qui affirment descendre des chevaliers fugitifs). Ils commémorent la bataille de Bannockburn dans la chapelle de Rosslyn, y voyant la date à laquelle « le Voile s'est levé sur les chevaliers du Temple ». Un des chevaliers qui se serait battu aux côtés de Robert Bruce n'était autre que sir Guillaume Saint-Clair, qui mourut en 1330 et fut inhumé à Rosslyn – dans une tombe aux caractéristiques templières[13].

La décoration de la chapelle de Rosslyn présente certaines anomalies. À l'intérieur, chaque centimètre carré est couvert de symboles gravés. Le bâtiment dans son ensemble fut conçu selon les idéaux de la géométrie sacrée. La plupart de ces éléments sont maçonniques. On y trouve la « colonne de l'Apprenti », un parallèle explicite avec le mythe d'Hiram Abiff[14]. L'apprenti qui y est représenté est connu sous le nom de « Fils de la Veuve », un terme également maçonnique (qui se révélera important dans notre enquête). Le linteau qui voisine avec cette colonne porte l'inscription :

> Le vin est fort, le Roi est plus fort, les femmes sont les plus fortes, mais la VÉRITÉ l'emporte sur tous[15].

Si le symbolisme de Rosslyn est nettement maçonnique, il est également templier ; le plan au sol de la chapelle s'inspire de la croix templière. Certaines sculptures reproduisent leur célèbre sceau : deux hommes sur un cheval. Un ancien bois voisin fut, lui aussi, agencé sous forme de croix templière.

Tout ceci est étrange, car selon les manuels classiques, la franc-maçonnerie daterait au mieux de la fin des années 1500, or les templiers avaient cessé d'être une puissance appréciable depuis 1312. L'imagerie de la chapelle, de 1460 environ, serait trop ancienne pour les uns et trop tardive pour les autres.

Une part importante du symbolisme de la chapelle de Rosslyn n'est cependant ni maçonnique ni templière. On y trouve, en effet, pléthore de signes païens – notamment islamiques. À l'extérieur, se dresse une statue d'Hermès – allusion directe à l'hermétisme ; l'intérieur est, lui, décoré d'une centaine de représentations de l'Homme végétal, le dieu païen celte de la végétation. Tim Wallace-Murphy, dans son histoire officielle de la chapelle de Rosslyn, l'associe au dieu babylonien de la fertilité, Tammuz. Toutes ces divinités portaient des attributs similaires et avaient souvent le visage vert – or le dieu le plus souvent représenté de la sorte est Osiris, époux d'Isis.

Lorsque nous rendîmes visite à Niven Sinclair, membre de cette illustre famille, il nous fournit de multiples preuves que les Sinclair étaient non seulement templiers, mais encore *païens*. Niven, chercheur passionné par tout ce qui concerne l'histoire de Rosslyn et des Sinclair, nous a fait des révélations étonnantes sur les connaissances perdues des templiers. Il prétend qu'elles furent inscrites sous forme codée dans la chapelle Rosslyn, afin d'être préservées pour les générations futures. Comme il le dit : « Le comte Guillaume

Saint-Clair a construit la chapelle en un temps où les livres risquaient d'être brûlés ou interdits. Or il désirait livrer un message à la postérité [16]. »

Niven réussit à nous faire partager son admiration pour son ancêtre, sir Guillaume, qui avait rédigé un livre de pierre. Il dit : « Il ne faut pas plus d'une visite pour connaître la cathédrale Saint-Paul. Il n'en va pas de même avec la chapelle de Rosslyn. Je m'y suis rendu des centaines de fois, et j'y ai toujours fait de nouvelles découvertes, tant ce lieu est riche. »

Rosslyn n'a rien d'une chapelle chrétienne typique. En fait, poursuivit Niven : « On prétend que le comte Guillaume construisit la chapelle de Rosslyn pour *la plus grande gloire de Dieu.* Si c'est vrai, il est surprenant de constater la rareté des symboles chrétiens. »

Au Moyen Âge, les Sinclair favorisaient activement les célébrations païennes et hébergeaient les Gitans (qui seraient les « derniers représentants actifs du culte de la déesse en Europe [17] »). En outre, de nombreuses autorités en la matière croient qu'il y avait autrefois une Vierge noire dans la crypte de la chapelle de Rosslyn [18].

Les templiers n'étaient donc pas les fervents chevaliers chrétiens de l'imagination populaire ! Leur couverture se révéla parfaitement efficace. Pourtant, ils avaient tenu à laisser des traces de leurs préoccupations réelles « pour ceux qui ont des yeux pour voir ». La décoration de la chapelle de Rosslyn n'était qu'un exemple de ce message occulte mais révélateur.

Les templiers avaient un tel amour de la connaissance et un tel souci de sa préservation que nous allions découvrir à Rosslyn la première œuvre de prose écossaise connue, le « Manuscrit Rosslyn-Hay ». Il s'agit d'une traduction des écrits de René d'Anjou sur la chevalerie et le gouvernement. Sur la reliure, on lit : « JHESUS (*sic*) – MARIA – JOHANNES » (Jésus, Marie, Jean). Comme l'écrit Andrew Sinclair dans *The Sword and the Grail* (1992) :

> Le nom de Jean figurant à côté de ceux de Jésus et Marie est inhabituel, mais ce saint était vénéré par les gnostiques et les templiers... Une autre caractéristique remarquable de cette reliure est la présence de l'Agnus Dei, l'Agneau de Dieu... Dans la chapelle de Rosslyn, on retrouve gravé le sceau templier représentant l'Agneau de Dieu [19].

Le comte Guillaume et René d'Anjou étaient membres de l'ordre de la Toison d'or, dont l'intention affichée était de restaurer les anciens idéaux templiers de chevalerie et de fraternité.

Il est clair que les templiers survécurent en Écosse et continuèrent à opérer ouvertement à Rosslyn et dans plusieurs autres lieux[20]. Cependant, en 1329, leur sérénité fut à nouveau menacée quand l'excommunication de Robert Bruce fut levée – l'ombre de l'autorité papale plana une nouvelle fois sur eux. Il fut même question de lever une croisade contre l'Écosse. Bien que ce projet ne se concrétisât jamais, les templiers écossais jugèrent plus prudents de rentrer dans la clandestinité comme leurs frères européens ; ce serait là l'origine de la franc-maçonnerie.

Plusieurs branches de cette fraternité n'ont cessé de revendiquer leur filiation avec les templiers et situent leurs origines en Écosse. Les historiens – même maçons – n'y ont jamais accordé beaucoup de crédit. Ces maçons « templaristes » ont peut-être hérité de secrets templiers authentiques. Leurs connaissances, qui englobent l'hermétisme, l'alchimie et la géométrie sacrée, est toujours valable – d'autant plus qu'elle concerne des préoccupations fort éloignées de celles du monde moderne.

Un Écossais, Andrew Michael Ramsay, s'adressa aux francs-maçons de Paris en 1737, à l'occasion de ce qui allait rester dans l'Histoire sous le nom de « discours de Ramsay[21] ». Chevalier de l'ordre de Saint-Lazare, le « chevalier » Ramsay insista sur le fait que les membres de la fraternité descendaient des *chevaliers croisés*, une référence à peine voilée aux templiers. L'utilisation de cette terminologie détournée s'imposait puisque les templiers étaient encore anathèmes dans la société française. Le Discours affirmait aussi que les maçons descendaient des écoles de mystères des déesses Diane, Minerve et Isis, ce qui souleva une vive polémique.

Le Discours a suscité, au fil des ans, pas mal d'ironie, en raison de l'allusion au culte des déesses, et parce que le chevalier Ramsay affirmait que l'Ordre ne descendait pas des tailleurs de pierre médiévaux. Puisque cette déclaration était notoirement erronée, l'ensemble du Discours perdait toute crédibilité auprès des autorités compétentes. Or nous venons de voir qu'il n'y avait pas de guildes de tailleurs de pierre au Moyen Âge en Grande-Bretagne. Le bon chevalier devrait se voir accorder le bénéfice du doute sur ce point – et donc sur les autres.

Le Discours de 1737 était la première allusion officielle au fait que les francs-maçons descendraient des templiers. Faut-il y voir la raison de l'excommunication de l'ensemble de la fraternité maçonnique par le pape, l'année suivante ? N'est-il pas étonnant qu'à une époque aussi tardive, l'Inquisition n'hésitât pas à arrêter et torturer des francs-maçons suite à la publication de cette bulle papale ?

Une déclaration plus explicite et péremptoire fit suite à l'évocation feutrée par Ramsay d'une filiation templière. Lors d'un des épisodes les plus controversés de l'histoire de la maçonnerie, Karl Gotthelf, baron von Hund und Alten-Grotkau, affirma avoir été initié dans un ordre maçonnique du Temple, à Paris, en 1743. On lui aurait communiqué, à cette occasion, l'histoire « véritable » de la franc-maçonnerie et l'autorisation d'ouvrir des loges fondées sur une tradition qu'il nomma « Stricte Observance Templière » – plus connue, en Allemagne, sous le nom de Confrérie de Jean-Baptiste [22]. L'histoire dont il avait eu connaissance précisait que lors de la condamnation du Temple, certains chevaliers s'étaient enfuis en Écosse, où ils s'étaient établis. Le baron von Hund possédait une liste recensant ce qu'il prétendait être les grands maîtres successeurs de Jacques de Molay dans la clandestinité.

Les loges de von Hund connurent un succès considérable et immédiat. Hélas, il s'attira les foudres des historiens qui le traitèrent de charlatan et déclarèrent sa version de « la véritable histoire » parfaitement absurde [23] – tout comme sa liste des prétendus grands maîtres. L'attitude officielle s'explique ainsi : à en croire le baron, toutes ses informations proviennent de contacts anonymes avec ce qu'il appela les « Supérieurs Inconnus ». De là à penser qu'il s'agit d'invention pure et simple... En vérité, les informateurs anonymes sont courants dans les milieux occultes, comme nous pouvons en témoigner personnellement. On a avancé, il y a peu, des noms parfaitement crédibles pour ces Supérieurs Inconnus. Le baron disait peut-être vrai [24].

Précisons que les historiens n'ont jamais été en mesure de fournir une liste précise des grands maîtres historiques du Temple – les archives disponibles étant incomplètes. Cependant, la liste de von Hund est identique à celle publiée dans les *Dossiers secrets* du Prieuré de Sion [25]. Leurs recherches ont convaincu Baigent, Leigh et Lincoln que la liste du Prieuré est la plus fiable, mais la pauvreté des documents n'autorise aucune certitude [26]. Il est possible qu'un travail académique finisse par compléter les données actuelles. Des cyniques pourraient prétendre que la liste du Prieuré est une invention des années 1950. La même critique ne vaut pas pour celle de von Hund, rédigée dans les années 1750, car aucun document n'était alors disponible et aucune recherche historique n'avait été consacrée aux templiers. Cette correspondance suggère toutefois l'existence d'une tradition liant la Stricte Observance Templière et le Prieuré.

Les dires de von Hund et son organisation ont fait couler beaucoup d'encre. En revanche, personne ne semble s'être interrogé sur ses vrais mobiles. En fait, la Stricte Observance était essentiellement un *réseau alchimique*. Lui-même fut avant tout un alchimiste[27]. Von Hund prolongeait-il la tradition templière ?

Quelles qu'aient été les véritables préoccupations de von Hund, la franc-maçonnerie templariste se trouva bientôt établie et devint un groupe maçonnique dominant des deux côtés de l'Atlantique. (On a suggéré que les templiers s'étaient *cachés* dans les hauts grades de la maçonnerie.) En fait, la maçonnerie templariste influença le Rite Écossais, qui allait s'avérer important dans le cadre de nos recherches – surtout le Rite Écossais Rectifié, particulièrement actif en France.

Les maçons français véhiculent une curieuse légende relative à « Maître Jacques », personnage mythique et saint patron des guildes de tailleurs de pierre français au Moyen Âge. Il aurait été l'un des maîtres maçons qui œuvra au Temple de Salomon. Après la mort d'Hiram Abiff, il quitta la Palestine avec treize compagnons, et fit voile vers Marseille. Les partisans de son pire ennemi, le maître maçon Frère Soubise, ayant décidé de le tuer, il se retira dans la caverne de la Sainte-Baume – celle-là même qui aurait abrité Marie Madeleine. En vain, il fut trahi et assassiné. Aujourd'hui encore, les maçons vont en pèlerinage sur le site le 22 juillet[28].

Un autre sérieux candidat au titre d'héritier de la connaissance ésotérique des templiers est le mouvement de la Rose-Croix. Si les historiens ont longtemps affirmé qu'il s'agissait d'une invention du XVIIe siècle, il semble désormais établi que ses racines véritables remontent à la Renaissance. La Rose-Croix, même si elle ne portait pas encore ce nom, en aurait été l'un des moteurs. Elle incarnait un idéal illustré, notamment, par Léonard de Vinci. Comme l'écrit Frances Yates :

> Léonard de Vinci ne devait-il pas être mage pour réussir à marier de la sorte ses études mathématiques, mécaniques et son œuvre d'artiste[29] ?

Certes, les grands mouvements intellectuels et mystiques de son époque ne pouvaient que séduire des êtres assoiffés de connaissance et de pouvoir. Mais l'hostilité de l'Église les condamnait à la clandestinité. Les trois disciplines majeures qui se développèrent ainsi en secret sont l'alchimie, l'hermétisme et le gnosticisme.

L'hermétisme est à l'origine de la Renaissance et des rose-croix. Le gnosticisme donna naissance à l'hérésie cathare. Tous deux découlent des mêmes idées cosmologiques. Dans la hiérarchie des « mondes » – des « sphères », selon la terminologie de l'époque (nous parlerions aujourd'hui de « plans » ou de « dimensions ») –, la matière occupe l'échelon le plus bas, le plus élevé revenant à Dieu. L'homme est un être divin « emprisonné » dans une enveloppe matérielle, mais il renferme toujours une étincelle divine. (Les hermétistes disaient souvent : « Ne savez-vous pas que vous êtes des dieux ? ») L'homme peut tenter de renouer avec le divin – c'est, en fait, son devoir. Les gnostiques expriment cette notion en termes religieux (la réunion avec le Divin serait le salut) ; les hermétistes, en termes magiques. L'idée fondamentale est toutefois la même. On ne peut établir de distinction nette entre gnosticisme et hermétisme, pas plus qu'entre religion et magie.

Le gnosticisme et l'hermétisme s'inspirent, tous deux, des idées développées en Égypte, et plus particulièrement à Alexandrie, aux Ier et IIe siècles avant notre ère. Ce fabuleux creuset de concepts religieux et philosophiques rassemblait des croyances de cultures diverses – grecque, perse, juive, égyptienne, et même extrême-orientale. De là proviennent les théories qui sous-tendent l'ensemble de notre culture. (Les « Évangiles gnostiques » découverts à Nag Hammadi comprennent des dialogues d'Hermès Trismégiste, ce qui illustre bien les relations étroites entre gnosticisme et hermétisme.)

La cosmologie de la *Pistis Sophia* – l'Évangile gnostique qui attribue un rôle si important à Marie Madeleine – ne diffère guère de celle de mages de la Renaissance comme Marsile Ficin, Cornelius Agrippa ou Robert Fludd. Les mêmes idées, la même culture, la même époque et le même lieu ont donné naissance à l'alchimie. Bien qu'elle s'inspire de concepts plus anciens, l'alchimie – au sens où on l'entend de nos jours – est née dans l'Égypte des premiers siècles de notre ère. Jack Lindsay a étudié ses racines et ses parallèles avec l'hermétisme et le gnosticisme, dans son livre *Les Origines de l'alchimie dans l'Égypte gréco-romaine* (1970).

Il n'est pas difficile de comprendre la séduction exercée par le gnosticisme, qui met l'accent sur la responsabilité individuelle. En même temps, la menace qu'il représente pour l'Église de Rome est évidente. Hermès Trismégiste aurait écrit : « Quel miracle que l'Homme ! », une exclamation qui sous-entend que l'humanité renferme une étincelle divine. Les gnostiques et les hermétistes ne rampent pas devant leur Dieu. Contrairement aux catholiques, ils ne se considèrent pas comme des créatures inférieures et perdues vouées au purgatoire, sinon à l'enfer. De la conscience de leur étincelle divine découlait automatiquement ce que nous nommerions aujourd'hui le « respect de soi » ou la *confiance* – l'ingrédient magique permettant à l'homme de réaliser son potentiel. Telle est la clé de la Renaissance. Le courage que procurait cette « confiance » se traduit notamment par l'ouverture soudaine au monde grâce à la navigation et l'exploration.

Cette notion de potentiel individuel présentait un autre danger pour l'Église, car elle impliquait que les *femmes* étaient égales aux hommes, du moins sur le plan spirituel. Les femmes ont toujours eu droit à la parole chez les gnostiques. Elles étaient même autorisées à officier lors de cérémonies religieuses – ce qui constituait une vraie menace pour l'Église catholique. En outre, la notion du statut divin de l'humanité s'accordait mal à celle du péché originel – qui veut que tous les humains soient nés en état de péché à cause de la Chute d'Adam et Ève (surtout Ève). Les enfants étant le fruit d'un acte sexuel « honteux », femmes et enfants sont unis en une sorte de conspiration contre des hommes purs et un Dieu vengeur. Les gnostiques et les hermétistes n'avaient que faire du péché originel.

Chaque individu était encouragé à explorer les mondes extérieur ou intérieur pour et par lui-même – à vivre la gnose, la connaissance du divin. Cet accent mis sur le salut individuel était en total désaccord avec l'insistance de l'Église sur le fait que les *prêtres* étaient les seuls canaux de communication entre Dieu et l'humanité. L'idée gnostique d'une relation directe avec Dieu menaçait l'existence même de l'Église. Le prêtre n'ayant plus la mainmise sur ses ouailles, quelle chance l'Église conservait-elle d'assurer sa suprématie ? Les gnostiques et les hermétistes avaient intérêt, comme les alchimistes, à se soustraire aux regards de l'Église.

Les adeptes d'une science interdite et d'une philosophie anathématisée étaient inévitablement mis au ban de la société. Il était donc inévitable qu'ils forment un réseau clandestin. Outre qu'ils entretenaient des croyances hérétiques, beaucoup de ces hommes et de ces femmes – certaines pratiquant l'alchimie – nourrissaient des idées originales sur des sujets tels que les mathématiques et l'architecture. Ils représentaient donc un danger réel, d'autant qu'ils officiaient en secret. Une manifestation majeure de cette hérésie fut le mouvement rosicrucien.

Le terme « rosicrucien » date à peine du XVIIe siècle, mais il fut certainement inventé pour désigner un mouvement déjà bien établi.

Il s'épanouit pour la première fois, comme tant d'autres mouvements importants, durant la Renaissance – il est à peine exagéré de dire que la Rose-Croix *fut* la Renaissance.

La seconde moitié du XVe siècle fut marquée par un engouement exceptionnel pour l'hermétisme et les sciences occultes. Peu d'informations nouvelles virent le jour à ce moment précis, même si la période fut marquée par des personnalités fortes. En revanche, une volonté sans précédent d'explorer les riches implications de l'hermétisme apparut. Soudain, cette discipline alimentait des débats intellectuels dans des sphères qui ne se limitaient plus aux réunions clandestines de ses anciens gardiens si prudents. S'il n'avait dépendu que de ces enthousiastes de la Renaissance, l'hermétisme n'aurait plus rien eu d'occulte.

Cette brusque fascination pour les sujets hermétiques fut surtout florissante à la cour des Médicis, à Florence (où elle exerça une influence puissante sur Léonard de Vinci entre autres[30]). Les Médicis – Cosimo l'Ancien (1389-1464), notamment, et son petit-fils Laurent le Magnifique (1449-1492) – patronnèrent la première grande synthèse des diverses notions occultes. Cosimo envoya des émissaires à la recherche des volumes légendaires du *Corpus hermeticum*, attribué à Hermès Trismégiste, et finança leur traduction. La cour des Médicis était un salon rassemblant les penseurs occultes – célèbres ou non –, tels que Marsile Ficin (1433-1499), traducteur du *Corpus hermeticum*, et Pic de la Mirandole (1463-1494). La plus grande contribution de ce dernier fut l'introduction de la Kabbale dans ce creuset d'idées audacieuses.

Pic de la Mirandole dut s'imaginer que la protection de son mécène le mettait à l'abri de tout danger. Il exprima ouvertement ses théories occultes et ses livres ne tardèrent pas à être mis à l'index par le pape Innocent VIII. Lui-même fut sur le point de connaître le sort de tous ceux qui s'étaient opposés au Vatican. Mais un fait étrange se produisit. Le nouveau pape, Alexandre VI – membre de la famille Borgia –, abandonna toutes les charges contre lui. Il lui exprima même son soutien dans une lettre. Pourquoi ? La réponse à cette question est peut-être à rechercher dans les appartements privés de ce pape, au Vatican. Il les décora de fresques illustrant des thèmes liés à l'Égypte antique, notamment à la déesse Isis[31].

Les historiens modernes ont tendance à négliger la puissance et l'influence de l'occulte. S'il leur arrive de l'évoquer, c'est pour insister sur le triomphe du siècle des Lumières, qui rejeta toutes ces « absurdes superstitions » au profit de la raison. Mais l'occultisme survécut, après avoir été le moteur de la Renaissance. En ce temps-là, la fascination pour l'occultisme n'était pas seulement le symptôme d'une nouvelle ouverture d'esprit, elle en était la cause.

Frances Yates a étudié, dans une série de livres[32], la véritable influence de l'occulte sur les origines de la Renaissance. Elle observe ainsi que la nouvelle philosophie occulte s'est propagée d'Italie vers toute l'Europe grâce, notamment, à la campagne européenne du philosophe hermétiste, Giordano Bruno (1548-1600). Sillonnant l'Allemagne et l'Angleterre, il prôna un retour à l'antique religion égyptienne, se montrant très virulent à l'encontre de ce qu'il considérait comme la perversion du christianisme orthodoxe[33].

Nous avons vu que la naissance de l'hermétisme était attribuée à Hermès Trismégiste et à sa *Table d'Émeraude* sur laquelle étaient gravés des secrets profonds. Même s'ils doutaient de la réalité du mythe, les hermétistes croyaient en la pertinence du panthéon égyptien. Si la plupart d'entre eux faisaient remonter leurs secrets à l'Égypte pharaonique de Moïse, ceux-ci dataient, en réalité, d'une époque plus proche de celle de Jésus. Les racines de leurs idées plongent dans l'Égypte des trois premiers siècles de notre ère ; au-delà, de nombreuses influences se mêlent. De récentes études ont révélé que les générations passées accordaient trop d'importance à l'influence de la philosophie grecque, alors que ce sont des idées issues de la religion des *anciens* Égyptiens qui ont le plus influencé les théories hermétiques[34].

Pour les hermétistes la Grèce antique était riche en enseignements pour l'homme pensant, mais c'est l'Égypte qui détenait les clés de la connaissance. Ils réalisèrent par la même occasion que celle-ci n'était pas d'un abord aussi aisé qu'ils l'avaient cru. Le système égyptien avait été codé dans une *école de mystères*, et l'étudiant studieux ne pouvait le déchiffrer qu'en suivant les étapes ardues d'une initiation progressive.

Giordano Bruno arriva en Angleterre en 1583. Il y fit bientôt la connaissance d'esprits fins tels que sir Philip Sydney, auteur – notamment – d'*Arcadie*. Sydney, disciple du Dr John Dee (1527-1606), le grand occultiste anglais, était de toute évidence un personnage important dans les milieux occultes, puisque Bruno lui dédia deux ouvrages durant son séjour en Grande-Bretagne. Une autre sommité assista peut-être à leur rencontre : un certain William Shakespeare. (Le premier Théâtre du Globe de Londres était construit selon les principes hermétiques de la géométrie sacrée[35]. Le héros de la dernière pièce de Shakespeare, *La Tempête*, aurait été inspiré par le Dr Dee – la pièce véhiculerait des concepts rosicruciens[36].)

Avec Bruno, nous avons affaire à un personnage de l'envergure de Luther ou de Calvin, mais son nom figure rarement dans nos manuels scolaires. Comme eux – et comme tous les grands noms de la Contre-Réforme –, il condamnait ouvertement les mœurs de son temps. Mais contrairement à eux, son discours était inacceptable pour le christianisme. Pour cette raison, ses jours étaient comptés. En 1600, à Rome, Bruno, trahi et dénoncé à l'Inquisition par un disciple déçu, fut condamné à être brûlé vif.

En Allemagne, il avait organisé sa propre société secrète, les giordanistes. On sait peu de choses à son sujet, sinon qu'elle exerça une influence majeure sur le développement de la Rose-Croix en Europe [37]. Mais il ne faudrait pas négliger le rôle du Dr John Dee, un vrai sorcier gallois. Cet homme aux talents multiples fut astrologue et conseiller d'Élisabeth Ire, alchimiste, nécromancien et espion – son nom de code était... 007 [38] !

C'est de ces racines que fleurit la Rose-Croix, l'un des mouvements les plus mystérieux de l'Histoire. Le monde découvrit son existence lors de la publication, en Allemagne, en 1614 et 1615, de deux livrets anonymes intitulés *Fama fraternitatis*, ou *Découverte de la fraternité du très noble ordre de la Rose-Croix*, et *Confessio fraternitatis*, ou *La Confession de la fraternité louable du très honorable ordre de la Rose-Croix* [39]. Ces publications annonçaient l'existence d'une fraternité secrète d'adeptes de la magie – les rosicruciens, qui devaient leur nom à leur fondateur mythique, Christian Rosenkreuz (Christian Rose-Croix).

Ce héros aurait voyagé à travers l'Égypte et la Terre sainte en quête d'une connaissance secrète, ou occulte, qu'il transmit à une nouvelle génération d'adeptes. Si sa vie fut exceptionnelle, sa mort et son inhumation le furent plus encore. Rosenkreuz serait décédé à cent six ans, en 1484. Il fut enterré en un lieu secret, éclairé en permanence par « un soleil intérieur ». Son corps, « imputrescible », demeurait dans la mort semblable à ce qu'il était dans la vie, sans se décomposer (un phénomène qui semble caractériser un nombre surprenant d'individus, le plus souvent des saints catholiques.)

Ces manifestes rosicruciens se contentaient d'annoncer l'existence de la fraternité sans communiquer aucun secret. Ils suggéraient toutefois que quiconque désirait en apprendre plus devait les contacter. Il s'agissait sans doute d'une épreuve initiatique préalable, car ces documents ne mentionnaient aucune adresse. Ce procédé valut aux manifestes les foudres dédaigneuses des historiens, qui n'y voyaient qu'une immense mystification. Mais Frances Yates a montré [40] que les auteurs de ces textes possédaient une connaissance profonde et authentique de la sagesse hermétique et de l'alchimie. Cette dernière était, à leurs yeux, une discipline *spirituelle*, nullement axée sur la fabrication de l'or, métal « impie et maudit[41] ».

Quelles que soient leurs véritables origines, les rosicruciens influencèrent bien des penseurs de renommée internationale, notamment Robert Fludd (1574-1637) et sir Isaac Newton. Un rationaliste comme Francis Bacon fut, lui aussi, rosicrucien[42]. Cela n'a rien de surprenant, car ce mouvement n'était qu'une synthèse des concepts hermétistes et occultistes : la seule nouveauté véritable fut que désormais la démarche possédait un nom. Frances Yates n'hésite pas à présenter Léonard de Vinci comme un « précurseur des rosicruciens[43] ».

Nous avons vu que le Prieuré de Sion mentionne Léonard de Vinci dans sa liste de grands maîtres. Celui-ci n'aurait toutefois pu se qualifier de rosicrucien, le terme n'existant pas à l'époque. En revanche, ce problème ne se posait pas pour d'autres personnalités figurant dans cette liste – notamment Johann Valentin Andréa (1586-1654), dramaturge et poète allemand, également pasteur luthérien. Selon les *Dossiers secrets*, il dirigea le Prieuré de 1637 à 1654. Il est généralement considéré comme l'auteur, sinon l'inspirateur, des manifestes rosicruciens.

Un fait est toutefois établi, Andréa rédigea, en 1616, le troisième manifeste, *Le Mariage alchimique de Christian Rosenkreuz*[44], bien avant de devenir grand maître du Prieuré. Peut-être est-ce son rôle dans le mouvement de la Rose-Croix qui lui valut d'occuper ces fonctions. Le thème de la Rose-Croix semble avoir été le dénominateur commun des quatre grands maîtres du Prieuré censés avoir officié au XVIIe siècle. Voilà qui semble conférer quelque crédibilité à la liste, car il fallut attendre les années 1970 pour que Frances Yates établisse l'existence et l'influence de l'héritage rosicrucien.

La succession de rosicruciens à la tête du Prieuré commença avec Robert Fludd, l'alchimiste anglais, grand maître de 1595 à 1637. Fludd prétendit avoir cherché à rejoindre les rangs des rosicruciens après lecture de leurs manifestes, mais il échoua dans sa démarche. Il consacra de nombreux écrits à ce sujet et intégra des idées empruntées aux manifestes dans ses œuvres les plus influentes, notamment *Utriusque cosmi Historia* (*Histoire des deux mondes*, 1617)[45]. (Lewis Spence écrivit que Robert Fludd utilisa dans ses ouvrages, publiés dans les années 1630, « un langage qui n'est pas sans évoquer celui de la franc-maçonnerie » et qu'il organisa « sa société » en degrés[46].) À Fludd succédèrent Andréa, grand maître jusqu'à sa mort en 1654, puis Robert Boyle, chimiste d'Oxford.

À notre connaissance, Boyle n'utilisa jamais le terme « Rose-Croix » dans ses écrits, mais ceux-ci trahissent une connaissance intime du contenu des manifestes[47]. Pourtant, lorsqu'il fonda la future *Royal Society*, il la baptisa Collège Invisible, référence ironique au fait que la Rose-Croix se prétendait une « société invisible[48] ».

Vint ensuite Isaac Newton, grand maître supposé du Prieuré de 1691 à 1727. On sait qu'il pratiqua l'alchimie. Il possédait une copie de la traduction anglaise des manifestes, mais considérait l'histoire de Rosenkreuz comme un mythe – ce qu'elle était censée être. (Les commentateurs ésotériques ont toujours su qu'elle ne devait pas être prise au pied de la lettre.) On ne mesure que depuis peu l'ampleur de l'intérêt de Newton pour l'occulte ; plus de dix pour cent de ses livres étaient des traités alchimiques. Il s'efforça, en outre, de reproduire le plan du Temple de Salomon[49].

La Rose-Croix joua un rôle important dans le développement de la franc-maçonnerie. Les deux premiers francs-maçons anglais connus – Elias Ashmole et l'alchimiste Robert Moray – étaient liés au mouvement rosicrucien. Ashmole était un rosicrucien notoire, tandis que Moray, selon Frances Yates : « fit probablement plus que tout autre pour faciliter la création de la *Royal Society*[50] ». On trouve, dans les premiers écrits maçonniques, diverses références établissant un rapport entre « les frères de la Rose-Croix » et les francs-maçons, même si ces sociétés apparaissent nettement distinctes[51].

La relation entre Rose-Croix, franc-maçonnerie, hermétisme et alchimie – établie au prix de sérieux efforts par des historiens tels que Frances Yates – a été confirmée par la découverte d'une série de documents. En 1984, Joy Hancox, professeur de musique à Manchester, découvrit, en étudiant l'histoire de sa maison, une série d'articles, reproduisant des diagrammes et des dessins géométriques. Ils avaient été rassemblés par John Byrom (1691-1763) et étaient conservés par ses descendants, qui ignoraient tout de leur portée. Ces documents – plus de cinq cents – traitent de géométrie sacrée, d'architecture, de Kabbale et de symboles maçonniques, hermétiques et alchimiques[52].

Si la « collection Byrom » est si importante, c'est qu'elle éclaire la relation entre ces divers sujets, ainsi que les individus qui s'y intéressaient – l'élite de la société intellectuelle et scientifique de l'époque. Byrom, membre éminent du mouvement jacobin – qui visait au rétablissement des Stuarts sur le trône d'Angleterre – était membre de la *Royal Society* et franc-maçon. Il faisait partie du « Club de la Kabbale », aussi connu sous le nom de « Club du

Soleil », qui se réunissait dans un bâtiment du cimetière Saint-Paul. L'édifice abritait aussi l'un des quatre ateliers fondateurs de la Grande Loge de la franc-maçonnerie anglaise. Son journal montre qu'il entretenait des contacts avec les plus grands esprits de son temps.

Cette collection est le fruit de travaux des sociétés et des individus déjà évoqués : Rose-Croix, John Dee (dont l'épouse était parente de Byrom), Robert Fludd, Robert Boyle – et même chevaliers du Temple.

Elle rassemble notamment des diagrammes détaillant la géométrie sacrée de nombreux bâtiments de diverses époques et révèle une continuité dans la connaissance des principes qui les sous-tendent. Ainsi, l'un d'eux montre que le dessin de la chapelle de Kings College, bâtie à Cambridge au milieu du XVe siècle – « l'une des dernières grandes structures gothiques de ce pays[53] » – s'inspirait de l'Arbre de Vie de la Kabbale (conclusion à laquelle était déjà parvenu Nigel Pennick, qui fait autorité en matière de symbolisme ésotérique). Le plan de la chapelle s'inspirait de celui de la cathédrale d'Albi, centre cathare languedocien du XIVe siècle. La collection comprend aussi un plan de la chapelle du Temple à Londres, et d'autres bâtiments templiers – une nouvelle démonstration du fait que toutes ces constructions s'inscrivaient dans une même tradition, ce dont les membres des fraternités rosicruciennes/maçonniques du XVIIIe siècle étaient conscients. La collection Byrom contient enfin un matériau relatif au Temple de Salomon et à l'arche d'Alliance.

Se pourrait-il que les rosicruciens, comme les maçons, descendent des templiers ? Le nom même de « Rose-Croix » semble se référer à l'emblème de ces chevaliers : la croix rouge sur fond blanc – thème, par ailleurs, récurrent du *Mariage alchimique* d'Andréa. L'ensemble de son œuvre comporte, en outre, de multiples allusions au Graal – et donc au Temple. La présence du matériau templier dans les documents rosicruciens de Byrom donne à penser que cette fraternité et les maçons ont une origine commune.

Si les maçons étaient, et sont, une organisation identifiable, avec des membres et des lieux de réunion connus, les rosicruciens, eux, sont généralement plus discrets. Le terme même désigne un idéal plus qu'une appartenance – pour les manifestes les rosicruciens forment une « société invisible ». La première société rosicrucienne « concrète et visible » fut l'ordre de la Rose-Croix d'or, fondé en Allemagne, en 1710, par Sigmund Richter, dont l'objectif premier était la recherche alchimique[54]. Soixante ans plus tard, cet Ordre devint la loge maçonnique de la Stricte Observance Templière, qui perpétua sa vocation alchimique. Sous cette forme, elle rassembla de nombreux membres influents, notamment Franz Anton Mesmer (1734-1815), inventeur du « magnétisme animal » (et non de l'hypnose, comme on le dit trop souvent). Le fait qu'une société rosicrucienne ait pu devenir aussi spontanément une loge de Stricte Observance Templière est révélateur de l'existence d'un héritage commun aux deux Ordres.

Après 1750, l'histoire s'embrouille. S'il existait auparavant de nettes distinctions entre maçons, rosicruciens et organisations revendiquant des origines templières, tous ces groupes se sont amalgamés au point de paraître n'en faire plus qu'un. Ainsi, dans certaines formes de maçonnerie, on vit apparaître les grades de « Chevalier du Temple » et de « Rose-Croix ». Est-ce dû à une authentique filiation ou au caractère pompeux de ces titres ? La franc-maçonnerie s'en est adjointe plus de huit cents entre 1700 et 1800.

Les tentatives visant à établir une filiation templière directe pour la franc-maçonnerie ou la Rose-Croix se trouvent compliquées par la prolifération des rites et systèmes maçonniques. La confusion est d'autant plus grande qu'il est, bien souvent, impossible de distinguer les systèmes qui furent des innovations du XVIIIe siècle des plus anciens.

Il est toutefois possible de trouver un dénominateur commun entre des systèmes maçonniques désavoués ou rejetés par la maçonnerie classique. Par exemple, les branches de la franc-maçonnerie « occulte » remontant à la Stricte Observance Templière du baron von Hund, qui se développèrent surtout en France (cf. appendice III). La clé en est fournie par le Rite Écossais Rectifié, spécifiquement consacré aux études occultes, qui insiste sur ses origines templières. Cette forme de maçonnerie entretient les liens les plus étroits avec les sociétés rosicruciennes.

La référence au Temple a fini par opposer ses adeptes aux tenants de la maçonnerie classique, qui rejettent toute référence à des origines templières. Ceux-ci étaient irrités par l'affirmation de von Hund : « Tout maçon est un templier. » D'autant que les autorités se montraient suspicieuses à leur égard en raison de rumeurs donnant à entendre que les templiers caressaient des projets de vengeance envers la monarchie française et la papauté, responsables de la suppression de l'Ordre et de l'exécution de Jacques de Molay. Un convent de maçons « templaristes », organisé à Lyon en 1778, vit la création du Rite Écossais Rectifié, avec son cercle intérieur : les Chevaliers Bienfaisants de la Cité Sainte – un euphémisme pour templiers[55].

Un homme exerça une influence majeure sur le convent de Lyon et sur l'ésotérisme français : le philosophe occultiste Louis Claude de Saint-Martin (1743-1804). Bien qu'il semble s'être voué au célibat, sa philosophie prône la vénération de la féminité, sous forme de Sophia, qu'il considère comme « l'expression féminine du Grand Architecte[56] ». Le « martinisme » influença fortement la maçonnerie occulte, mais également les sociétés rosicruciennes françaises du XIXe siècle.

Quelques années après le convent de Lyon, en 1782, toutes les obédiences européennes se rassemblent à Wilhelmsbad, dans la Hesse, sous la présidence du duc de Brunswick. L'objectif était de dissiper les tensions au sein de la maçonnerie en réglant une fois pour toute la question de ses relations avec l'ordre du Temple. L'affaire se solda par l'humiliation du baron von Hund, défenseur de la cause templière. Ce fut la fin de la Stricte Observance Templière. Les « templaristes » remportèrent, néanmoins, une bataille : le convent reconnut le Rite Écossais Rectifié – la Stricte Observance avait adopté un autre nom...

Les « rites égyptiens » constituent une autre voie importante de la franc-maçonnerie occulte. Ils dérivent de la Stricte Observance Templière de von Hund et sont *très* étroitement liés au Rite Écossais Rectifié. Contrairement aux autres rites maçonniques, ils accordent une place importante au Principe féminin. Tous les maçons se réfèrent au mystérieux « fils de la Veuve ». Dans les rites égyptiens, cette « veuve » n'est autre qu'*Isis*[57].

Le Prieuré de Sion, qui voue aussi une vénération particulière à Isis, affirme avoir d'abord été le cercle intérieur de l'ordre du Temple, et s'être développé au fil du temps en englobant d'autres associations ésotériques. Jacques-Étienne Marconis de Nègre (1795-1865), fonda l'un de ces rites égyptiens de maçonnerie occulte en 1838, le Rite de Memphis qui prétend descendre de la tradition « templariste » de von Hund.

Marconis de Nègre se réfère à un « mythe de fondation » complexe. Il affirme que le rite plonge ses racines dans l'Antiquité, et plus spécifiquement dans la Société des frères Rose-Croix d'Orient, fondée par Ormus, prêtre de l'ancienne Égypte, converti au christianisme par saint Marc. Des esséniens comptaient au nombre de ses disciples[58].

Quatre influences transparaissent dans le mythe d'Ormus : la Rose-Croix, l'Égypte, l'ésotérisme juif (notamment la Kabbale, les esséniens étant considérés comme des kabbalistes), et le christianisme (peut-être sous une forme hérétique).

Le Prieuré de Sion a inclu le nom d'Ormus dans sa dénomination – ce que les lecteurs de *L'Énigme sacrée* savent déjà. Nous découvrirons que l'histoire d'Ormus apparaît pour la première fois lorsque l'ordre de la Rose-Croix d'or prit le nom de Stricte Observance Templière, en 1770[59]. Cette histoire a des implications majeures sur notre recherche.

Il n'est peut-être pas surprenant que des sociétés se réclament des templiers. Le plus souvent, on découvre rapidement qu'il s'agit d'une supercherie. Pourtant, le cas de l'Ancien Ordre Militaire du Temple de Jérusalem est à considérer avec plus de sérieux. Aujourd'hui, il s'occupe d'œuvres de charité et de recherche historique au Portugal. On trouve en son sein un groupe spécifique baptisé : Sion en Suisse[60], bien qu'il soit né en France.

L'Ancien Ordre Militaire du Temple de Jérusalem fut fondé, en 1804 par un médecin au nom ronflant de Bernard Raymond Fabré-Palaprat. Il prétendait détenir son autorité de *La Charte de Transmission de Larmenius*, plus connue sous le nom de charte de Larmenius. Si c'est exact, Fabré-Palaprat appartenait à la lignée templière, car cette charte aurait été rédigée, en 1324, par Johannes Marcus Larmenius, nommé grand maître par Jacques de Molay. Le document porterait les signatures de tous les grands maîtres ultérieurs de l'Ordre, or l'Histoire voudrait que Jacques de Molay ait été le dernier.

Bien évidemment, la charte est, aux yeux des historiens, une mystification[61]. Même des auteurs à l'esprit plus ouvert, comme Baigent et Leigh, les rejoignent sur ce point[62]. Mais ces esprits critiques n'ont généralement pas vu le document et fondent leurs objections sur une traduction du XIXe[63]. (L'original fut rédigé en latin et transcrit en un code s'inspirant de la géométrie de la croix templière.) Une raison de leur rejet tient au fait que le latin était trop pur pour l'époque – le latin médiéval étant notoirement maladroit. En réalité, le traducteur aurait *corrigé la grammaire déficiente*. Les critiques ont également nié l'authenticité de la liste des grands maîtres en prétextant que la forme des mots est toujours parfaitement la même, une impossibilité sur une période courant de 1324 à 1804. Une fois de plus, c'est le traducteur qui l'a standardisée ; dans l'original, les différences sont flagrantes. Cela annule les deux raisons principales du rejet de la charte de Larmenius[64].

La charte fut encore critiquée parce qu'elle fulmine contre les « templiers écossais déserteurs », qui, selon Larmenius, auraient dû être « anathématisés » (de même que les chevaliers Hospitaliers).

Les historiens virent dans ces dissidents les maçons de la Stricte Observance Templière de von Hund. La mystification leur parut d'autant plus flagrante qu'ils estimaient que le baron avait inventé la « transmission écossaise », vers 1750. Pourtant, si ce qu'affirme von Hund des origines réelles des francs-maçons, toute l'affaire s'éclaire d'un jour nouveau.

L'Ancien Ordre Militaire du Temple affirme que la charte existait une centaine d'années au moins avant sa publication par Fabré-Palaprat. Philippe, duc d'Orléans, puis régent de France, s'en serait servi pour revendiquer son droit à convoquer, à Versailles, une assemblée des membres du Temple. Si c'est vrai, cela prouve la réalité d'une continuité templière en Europe. (Ce même duc d'Orléans initia le chevalier Ramsay à l'ordre de Saint-Lazare.)

Outre la charte de Larmenius, Fabré-Palaprat possédait un autre document important – également contesté par la plupart des commentateurs. Il s'agit du *Levitikon* – une version de l'Évangile de Jean aux accents nettement gnostiques, qu'il aurait découvert... chez un bouquiniste. Voilà qui paraît trop beau pour être vrai ! Mais si le document est authentique, il permet de mieux comprendre pourquoi la connaissance gnostique a ainsi été tenue secrète. En effet, le *Levitikon*, qui remonterait au XIe siècle[65], donne une version de l'Évangile de Jean très différente du Nouveau Testament.

Fabré-Palaprat a utilisé le *Levitikon* pour fonder son Église johannite néo-templière à Paris, en 1828. Il y a initié des disciples, et après sa mort, dix ans plus tard, sir William Sydney Smith, franc-maçon de haut rang et héros des guerres napoléoniennes, lui succéda.

Le *Levitikon*, traduit du latin en grec, comporte deux parties[66]. La première reprend les doctrines religieuses communicables aux initiés, notamment les rituels des neuf grades de l'ordre du Temple. Elle décrit « l'Église de Jean » et explique pourquoi ses membres se faisaient appeler « johannites » ou « chrétiens originaux ».

La seconde est identique à l'Évangile de Jean à l'exception d'importantes omissions. Les chapitres 20 et 21 – les deux derniers de l'Évangile – manquent. Elle tait aussi l'aspect miraculeux de la transformation de l'eau en vin, de la multiplication des pains et des poissons, ainsi que de la résurrection de Lazare. Certaines allusions à saint Pierre sont également absentes, notamment l'épisode où Jésus dit : « Sur cette pierre je bâtirai mon église. »

Si ces détails intriguent, il en est d'autres qui choquent : *Jésus est présenté comme un initié aux mystères d'Osiris*, le dieu égyptien majeur.

Osiris était l'époux de sa sœur Isis, la belle déesse de l'amour, de la guérison et de la magie. (Un tel inceste peut paraître choquant de nos jours, mais était d'usage dans la tradition pharaonique et semblait parfaitement naturel dans l'Égypte antique.) Leur frère Seth, qui désirait Isis, complota pour assassiner Osiris. Ses complices le surprirent, le démembrèrent et dispersèrent les morceaux de son corps. Désespérée, Isis sillonna le monde pour les retrouver avec l'aide de Nepthys. Cette déesse, épouse de Seth, réprouvait le crime. Toutes deux retrouvèrent les membres d'Osiris, à l'exception du phallus. Après les avoir rassemblés, Isis utilisa un phallus artificiel pour concevoir Horus. Elle aurait eu ensuite une relation avec Seth, mais ses motifs ne sont pas très clairs – il semble qu'elle ait obéi à un désir de vengeance. Horus, alors adolescent, prit ombrage de cette liaison. Il y vit une trahison de la mémoire de son père Osiris. Il s'opposa en duel à Seth. Celui-ci trouva la mort et Horus perdit un œil. Il fut guéri et l'Œil d'Horus devint l'un des talismans magiques les plus appréciés en Égypte.

Le *Levitikon* ne se contente pas d'affirmer que Jésus fut initié au culte d'Osiris. Il ajoute qu'il transmit sa connaissance ésotérique à son disciple, Jean « le bien-aimé ». Paul et les autres Apôtres auraient fondé l'Église chrétienne, sans connaître le véritable enseignement de Jésus. Ils n'appartenaient pas à son cercle intérieur. Selon Fabré-Palaprat, les enseignements *secrets* transmis à Jean le bien-aimé avaient, en définitive, influencé les chevaliers du Temple.

Le *Levitikon* évoque une tradition du Moyen-Orient, transmise au fil des générations au sein d'une secte, ou Église, de chrétiens johannites. Ils seraient les héritiers de l'enseignement secret et de la véritable histoire de Jésus, qu'ils nomment « Yeshu l'oint ». Si cette secte a existé, on pourrait se demander pourquoi ses membres se faisaient appeler « chrétiens », tant leur version de l'histoire de Jésus est hérétique. Pour eux, Jésus, initié au culte osirien, n'était qu'un simple mortel et non le Fils de Dieu. En outre, il serait le fils illégitime de Marie – plus question donc d'une virginité miraculeuse. Le dogme de l'Immaculée Conception aurait été l'invention des Évangélistes pour occulter l'illégitimité de Jésus et le fait que sa mère ignorait l'identité de son père.

La secte johannite reconnaissait que le titre de « Christ » n'était pas propre à Jésus ; le terme grec original *Christos* signifie « Oint » et pouvait désigner les rois et les officiers romains. En conséquence, tous les chefs johannites adoptèrent le titre de « Christ ». (*L'Évangile de Philippe* qualifie de « Christ » tout initié gnostique[67].)

Cette secte gnostique protégeait, dit-on, divers secrets ésotériques, y compris ceux de la Kabbale. Ses membres formèrent (selon Éliphas Lévi) une organisation clandestine « seule dépositaire des grands secrets religieux et sociaux, [elle] formait les rois et les pontifes, sans s'exposer à la corruption du pouvoir ». Ils se tinrent ainsi à l'abri des caprices et des incertitudes politiques et sociales, au fil des ans. Hugues de Payns et les chevaliers fondateurs du Temple étaient des initiés johannites. Hélas, les templiers se laissèrent, à leur tour, corrompre par l'amour du pouvoir et de la richesse. L'Ordre fut donc supprimé. Le roi de France et le pape ne pouvaient tolérer que la vraie nature des templiers soit connue, aussi inventèrent-ils les accusations d'idolâtrie, d'hérésie et d'immoralité. Mais avant son exécution, Jacques de Molay, toujours selon Lévi, « organisa et institua la maçonnerie occulte [69] ».

Si cette version est vraie, elle bouleverse l'Histoire et révèle un lien direct et pertinent entre une certaine maçonnerie et les templiers – ces maçons-là détiendraient peut-être quelques révélations sur les connaissances des templiers.

Comme nous l'avons vu, Éliphas Lévi a consacré une partie de son *Histoire de la magie* à la tradition johannite évoquée dans le *Levitikon*. Les traductions anglaises – l'une de A. E. Waite, l'autre d'Albert Pike – divergent sur certains points. Où se situe la vérité ? Précisons que Pike est un spécialiste de la littérature maçonnique ; il fut grand maître du Rite Écossais Ancien et Accepté en Amérique : *Morals ans Dogma of The Ancient and Accepted Scottish Rite of Freemasonry* (1871).

Nous avons donc consulté l'édition française originale de Lévi [70]. Pike y a apporté des ajouts personnels. Ainsi, il a traduit la dernière partie de la phrase citée ci-dessus par les termes : « Maçonnerie occulte, hermétique ou écossaise [71] ». Il modifie aussi ce que dit Lévi sur le lien entre les templiers johannites et les rosicruciens. Lévi :

> Les successeurs des anciens rosicruciens, modifiant peu à peu les méthodes austères et hiérarchiques de leurs prédécesseurs en matière d'initiation, étaient devenus une secte mystique. Ils *avaient embrassé avec zèle les doctrines magiques des templiers*, et se considéraient donc comme les seuls dépositaires (sic) des secrets suggérés par l'Évangile de saint Jean [72].

Chez Pike, la partie en italique devient :

> (...) et s'étaient unis avec beaucoup de templiers, les dogmes des deux se fondant (...) [73].

Les modifications de Pike sont révélatrices : là où Lévi se montre un observateur et un commentateur objectif du monde occulte et maçonnique, Pike, lui, se révèle personnellement impliqué. Il jugea utile de corriger la version de Lévi, de sorte qu'au lieu de parler de rosicruciens adoptant des « doctrines templières », il les fit se fondre aux groupes templiers survivants.

Mais le plus significatif concerne un point tout à fait nouveau. Après avoir évoqué l'organisation par Jacques de Molay de la « maçonnerie occulte, hermétique ou écossaise », Pike ajoute que cet ordre :

> a pris saint Jean l'Évangéliste comme patron, lui associant, afin de ne pas éveiller les soupçons de Rome, saint Jean Baptiste [74]...

Voilà qui est curieux ! Jean l'Évangéliste et Jean Baptiste sont deux saints catholiques reconnus. Pourquoi la vénération de l'un devait-elle servir de « couverture » à l'autre ? Il est peu probable que Pike, spécialiste de la littérature maçonnique, ait inséré cette information sans raison dans une traduction. Nous devions creuser plus avant.

Comme nous l'avons vu au chapitre précédent, A. E. Waite a noté une influence de la « tradition johannite » sur les légendes du Graal. De prime abord, cela semblait incongru. Il est clair, maintenant, que la « tradition johannite » est, d'une manière ou d'une autre, liée à Jean l'Évangéliste ou à Jean Baptiste.

Cette tradition johannite, clairement liée à un saint Jean, est également au cœur des préoccupations du Prieuré de Sion. Là, c'est toutefois de Jean Baptiste qu'il est question.

Comme nous l'évoquions, au chapitre 2, selon le Prieuré, Godefroy de Bouillon aurait rencontré des représentants d'une mystérieuse « Église de Jean » – en d'autres termes, les frères d'Ormus. Il aurait ensuite décidé de constituer un « gouvernement secret ». La création du Temple et du Prieuré de Sion obéit à ce plan magistral. Le Prieuré et le Temple auraient donc été créés pour se conformer aux idéaux de cette mystérieuse Église de Jean. À l'exception de détails mineurs, cette histoire rejoint le *Levitikon*. Cela suffit à établir que le Prieuré moderne et les templiers font partie de la même tradition.

Ainsi, le Temple aurait été une organisation secrète possédant l'autorité de faire et de défaire le rois. Voilà qui rappelle étonnamment l'ordre des chevaliers du Graal, dans le *Parzival* de Wolfram von Eschenbach. S'il paraît établi que les templiers revendiquaient bien ce droit[75], les allusions à une lignée ésotériques datent des organisations néo-templières du XIXe siècle. Elles pourraient toutefois se révéler fondées. Il faudrait, pour cela, mettre au jour des indices indépendants démontrant les liens du Temple avec des organisations connues, vieilles de plusieurs siècles – notamment le lien Rose-Croix-maçonnerie.

Une autre difficulté tient à ce que nous nous trouvons en présence de deux théories. D'une part, certaines formes de franc-maçonnerie descendraient en droite ligne des templiers. D'autre part, les templiers seraient le prolongement d'une tradition hérétique plus ancienne, remontant à l'époque de Jésus. Hélas, confirmer l'une ne revient pas nécessairement à confirmer l'autre.

Mais l'accent mis sur une version hérétique de l'Évangile de Jean est séduisante, même s'il existe une confusion entre l'Évangéliste et le Baptiste. Quand Albert Pike affirme que les maçons ont adopté Jean Baptiste afin de masquer leur vénération pour l'Évangéliste, voilà qui paraît absurde. Pourquoi chercher à dissimuler son respect pour un saint reconnu par l'Église ? Pike n'a réussi, ce faisant, qu'à attirer l'attention sur les deux Jean et a créer autour d'eux une atmosphère de mystère et d'intrigue. Peut-être était-ce exactement son intention. A. E. Waite cite, lui, des écrits relatifs à une maçonnerie johannite qui revendique un lien avec le christianisme johannite centré sur le *Baptiste*, considéré comme « seul vrai prophète [76] ».

Comme nous l'avons vu, Jean Baptiste est le saint patron des chevaliers du Temple et des francs-maçons. La Grande Loge d'Angleterre fut fondée le 24 juin – jour de sa fête. Sur le sol des temples sont tracées deux lignes : l'une représente le bâton de Jean « l'Évangéliste » (Jean le bien-aimé), et l'autre, celui du Baptiste. Les deux Jean comptent également pour la fraternité ; bien que l'aîné ait la préséance. En outre, le serment maçonnique est prêté « aux *saints* Jean [77] ». Mais les maçons actuels ignorent, de leur propre aveu, la raison de cette double vénération[78]. Une confusion entre ces deux personnages s'est peut-être établie au fil des ans. Le terme « johannite », censé désigner un disciple du bien-aimé, s'applique, en réalité, au Baptiste. Mais qu'il s'agisse du cadet ou de l'aîné, un nom brille par sa relative absence dans les loges : Jésus. La raison avancée est que la franc-maçonnerie n'est pas une organisation chrétienne ; un théiste peut rejoindre ses rangs. Alors, pourquoi les maçons prêtent-ils allégeance à deux saints chrétiens ?

Notre investigation a fait apparaître que l'Évangile de Jean renfermerait des secrets occultes, ou qu'il en existerait un second.

Les cathares en auraient possédé une version hérétique, et sir Isaac Newton était obsédé par cette idée. (Comme l'écrit Graham Hancock : « ... malgré ses convictions profondément religieuses, il semble qu'il ait, par moments, considéré le Christ comme un homme particulièrement doué... plutôt que comme le Fils de Dieu [79] ».)

Ainsi, les francs-maçons du Rite Écossais et les templiers de « transmission Larmenius » peuvent fort bien s'être transmis les secrets des premiers templiers. Les deux écoles font remonter le Temple à une « secte johannite ». Bien qu'il n'y ait rien de spécifiquement johannite dans les rites égyptiens de la franc-maçonnerie, ils dérivent tous de la Stricte Observance Templière du baron von Hund. Le Prieuré de Sion se rattache à ces trois systèmes.

Pierre Plantard de Saint-Clair présente l'ordre du Temple en ces termes : « Le porte-glaive de l'Église de Jean et le porte-étendard de la première dynastie, le bras obéissant à l'esprit de Sion. » Son objectif était de susciter une « renaissance spirituelle » qui « bouleverserait la chrétienté ». Le résultat n'a pas été atteint – nos investigations ont toutefois démontré que la révélation susceptible de déclencher ce bouleversement existe. Ses détenteurs attendent le moment propice pour la révéler au monde. Peut-être sous l'action du Prieuré ou d'une école de mystères alliée, par exemple les Iohnistes [80].

De nombreuses questions attendent encore leur réponse, pourtant une vision cohérente commence à émerger. Elle lie Jean Baptiste et une tradition occulte, qui vénère une déesse, le Principe féminin.

Bien sûr, cette voie peut difficilement se concilier avec la franc-maçonnerie, qui semble essentiellement masculine. Mais les secrets qui sous-tendent ces deux voies – celle du Principe féminin et celle de la tradition johannite – méritent que l'on s'y intéresse. Ils ont été défendus, gardés, protégés contre vents et marées, et ont suscité l'hostilité de l'Église de Rome. Cela n'est pas fait pour surprendre quand on sait que la voie des secrets ésotériques anciens – la vénération du Principe féminin – a pris la forme d'une magie sexuelle, avec toutes les implications sur le pouvoir de la femme.

CHAPITRE 7

Sexualité : le sacrement ultime

Les vieux textes alchimiques sont riches d'une imagerie étrange et complexe, destinée à décourager le profane qui voudrait percer leurs secrets. L'alchimie, à son niveau le plus profond, recherche une transformation personnelle, spirituelle et sexuelle. Ses secrets concernent la réalisation du « Grand Œuvre ». Le psychologue C. G. Jung, qui avait identifié les préoccupations non matérielles et sexuelles de l'alchimie, y voyait le précurseur de la psychanalyse [1].

Le « Grand Œuvre » des alchimistes était une expérience unique, bouleversante. Nul ne sait précisément quelle forme elle adoptait. Cependant, Nicolas Flamel (grand maître présumé du Prieuré de Sion) réalisa cet objectif brillant le 17 janvier 1382, à Paris. Il précise qu'il y parvint en compagnie de son épouse, Perrenelle [2]. Le couple semblait particulièrement uni ; Perrenelle était probablement elle-même alchimiste – comme beaucoup de femmes... en secret. Flamel insista-t-il sur sa présence en ce jour marquant pour indiquer la nature véritable du Grand Œuvre ? S'agissait-il d'une sorte de rite sexuel ?

La pratique de l'alchimie compte, sans aucun doute, une composante sexuelle, ainsi que le révèle le classique *The Crowne of Nature*, cité dans *Alchemy* de Johann Frabricius :

> Une dame à la peau blanche s'unit amoureusement au corps rouge de son époux, enlacés dans la béatitude d'une union conjugale. Ils se fondent et se dissolvent en approchant de la perfection : être deux et ne faire qu'un, comme en un seul corps [3].

Deux disciplines orientales mettent l'accent sur la transcendance religieuse et spirituelle de la sexualité : le tantrisme indien et le taoïsme chinois. Ces anciennes traditions, hautement respectées dans leurs cultures respectives, révèlent que certaines pratiques sexuelles permettent d'accéder à une conscience mystique, à la régénération du corps, à la longévité et à l'union avec Dieu. Aujourd'hui, on connaît parfaitement tout cela. L'existence d'une branche alchimique du taoïsme et du tantrisme est, en revanche, moins connue. Elle rejoint la nature véritable de l'alchimie occidentale.

Ainsi, dans le tantrisme, la terminologie « chimique » est censée traduire des pratiques sexuelles. Comme l'écrit Benjamin Walker, dans *Man, Myth and Magic* :

> Bien qu'apparemment concernée par la transmutation des métaux vils en or, par les cornues, les instruments, les appareils de mesure et les mouvements rituels de l'alchimiste dans son laboratoire, cette alchimie s'opère en réalité dans le corps même [4].

L'ironie veut que les éléments sexuels de l'alchimie occidentale ont généralement été considérés comme la métaphore de processus chimiques ! Brian Innes fait observer, dans un article sur l'alchimie sexuelle tantrique et taoïste, paru dans *L'Inexpliqué* :

> L'imagerie alchimique et les substances utilisées dans toutes ces cultures sont étonnamment semblables. Une différence majeure en est d'autant plus frappante : l'alchimie européenne médiévale ne semble pas avoir eu de fondement sexuel explicite [5].

Les théories profanes concernant l'alchimie variaient cependant de façon considérable entre l'Orient et l'Occident. En Chine et en Inde, sa pratique n'était pas interdite. La sexualité n'étant pas un sujet aussi tabou qu'en Europe, on pouvait mieux divulguer les objectifs réels de l'alchimie.

L'Occident a récemment « découvert » la « sexualité sacrée ». C'est le premier sacrement, car elle procure de la joie ainsi qu'une fusion avec Dieu et l'univers. La sexualité est perçue comme le pont entre le ciel et la terre, la libération d'une énergie créatrice énorme, qui revitalise jusqu'au niveau cellulaire. Parmi les rares auteurs anglo-saxons qui n'ont pas eu peur d'aborder la question, A. T. Mann et Jane Lyle écrivent dans *Sacred Sexuality* :

> On a peine à croire que les enseignements alchimiques ne dissimulaient pas des secrets magiques de nature sexuelle, étroitement liés à la connaissance tantrique. Leur complexité et leur diversité donnent à penser que l'alchimie cachait encore d'autres mystères sous une allégorie poétique accessible uniquement à l'esprit de l'initié [6].

Un des nombreux auteurs français à s'être intéressés à la question, André Nataf, dit : « ...le secret que convoitait la plupart des alchimistes était de nature érotique... l'alchimie est simplement la conquête de l'amour, un "alliage" de l'érotique et du spirituel [7] ».

Tantrisme et taoïsme sont depuis longtemps considérés comme les modes d'expression de la sexualité sacrée dans la tradition orientale. Ils semblent sans équivalent en Occident – *à moins que celui-ci ne soit l'alchimie.*

L'imagerie sexuelle des textes alchimiques paraît trop criante pour notre âge post-freudien : la Lune dit à son époux, le Soleil : « Ô Soleil, tu ne fais rien seul si je ne suis présente avec ma force, de même qu'un coq est désemparé sans une poule [8] ». Les expériences chimiques sont des « mariages » ou des « copulations » – rappelons que le livre de Johann Valentin Andréa s'intitulait *Le Mariage alchimique.*

Une telle imagerie peut se prendre simplement au premier degré : une « copulation » serait une... copulation. Le symbolisme alchimique ne cacherait aucun secret. Cependant, les termes étaient choisis avec soin pour transmettre des instructions précises. Les textes alchimiques renferment essentiellement des leçons de magie sexuelle et de chimie.

Vu la formulation clairement sexuelle de la plupart des œuvres alchimiques, il est curieux qu'on les ait considérées exclusivement comme des ouvrages de chimie, en jugeant purement fantaisiste leur symbolisme. Avant la découverte des mystères de l'Orient, il n'y avait pas place, dans notre culture, pour cette notion d'alchimie sexuelle. Aujourd'hui, le problème ne se pose plus et ce concept s'impose de plus en plus largement.

Barbara G. Walker met en lumière l'importance sous-jacente de l'alchimie :

> Une partie du secret est révélé par la prépondérance du symbolisme sexuel dans la littérature alchimique. « La copulation d'Athéna et d'Hermès » pourrait désigner le mélange du soufre et du mercure dans une cornue, ou encore l'« œuvre » sexuelle de l'alchimiste et de sa bien-aimée. Les illustrations des ouvrages alchimiques évoquent souvent un mysticisme sexuel.
>
> Mercure, ou Hermès, était le héros alchimique qui fertilisait le Vase Sacré, une sphère ou un œuf ventru duquel était censé naître le *filius philosophorum.* Ce récipient était peut-être réel, une fiole ou une cornue de laboratoire, mais il semble qu'il désignait plus souvent un symbole mystique. Le Diadème Royal de cette progéniture était censé apparaître *in menstro meretricis,* « dans le sang mens-

truel d'une prostituée », laquelle était peut-être la Grande Prostituée, une expression ancienne désignant la Déesse[9]...

(Walker passe toutefois à côté de l'essentiel quand elle poursuit en affirmant que le *vas hermeticum* – le vase d'Hermès – correspondait, en réalité, au *vas spirituale*, le vase spirituel, soit le ventre de la Vierge Marie. Car quelle autre Marie est généralement représentée portant un vase ? Ou encore vêtue d'une robe rouge sang et enveloppée dans ses longs cheveux rouges ? Quelle autre Marie est associée aux notions de prostitution et de sexualité ? Une fois de plus la Vierge masque le culte de la Magdaléenne.)

Aujourd'hui, nous parlons souvent de « chimie sexuelle », mais pour l'alchimiste cette expression revêtait un sens plus profond que la simple notion d'attirance immédiate. Dans la revue ésotérique française *L'Originel*, l'occultiste Denis Labouré oppose les notions d'alchimie « interne » et « métallique ». Il évoque la relation au tantrisme et insiste sur le fait que l'alchimie fait partie intégrante de « l'héritage *occidental* traditionnel » (c'est nous qui soulignons). Il dit :

> Si l'alchimie interne est évidente dans le taoïsme ou l'hindouisme, des contraintes historiques [*i.e.* l'Église] ont obligé les auteurs occidentaux à faire montre de la plus grande prudence. Quoi qu'il en soit, certains textes s'y réfèrent clairement[10].

Il poursuit en citant un traité de Cesare della Riviera, daté de 1695, et ajoute :

> En Europe, les voies de ces anciens rituels [sexuels] passent par les écoles gnostiques, les courants alchimiques et kabbalistes du Moyen Âge et de la Renaissance – de nombreux textes alchimiques peuvent faire l'objet d'une lecture à deux niveaux –, avant de réapparaître dans les organisations occultes organisées, surtout en Allemagne, au XVIIe siècle.

En fait, l'emploi du symbolisme « métallurgique » remonte à la naissance même de l'alchimie, dans l'Alexandrie du Ier au IIIe siècle. On trouve des métaphores métallurgiques du sexe dans les charmes magiques d'Égypte : les alchimistes se sont contentés d'en reprendre l'imagerie. Voici un exemple d'un charme attribué à Hermès Trismégiste, datant du Ier siècle avant J.-C. Il y est question du forgeage symbolique d'une épée :

> Apportez-la-moi [l'épée] tachée du sang d'Osiris et placez-la dans la main d'Isis (...) tout ce qui se forge dans ce four de feu, insufflez-le aussi dans le cœur et le foie, dans les reins et le ventre de [le nom de la femme]. Conduisez-la dans la maison de [le nom de l'homme], qu'elle abandonne entre ses mains ce qui est entre les siennes, dans sa bouche ce qui est dans la sienne, à ce corps ce qui est dans son corps, à son sexe ce qui est dans son sexe [11].

L'alchimie pratiquée dans le réseau clandestin médiéval est originaire de l'Égypte des premiers siècles de l'ère chrétienne. Dans un traité intitulé *Isis la prophétesse à son fils Horus*, la déesse raconte comment elle arracha par la séduction les secrets de l'alchimie à un « ange et prophète ». Elle l'encouragea à laisser grandir son désir jusqu'à être incapable de le maîtriser, alors refusa de se donner tant qu'il ne lui aurait pas livré ses secrets – une allusion évidente à la nature sexuelle de l'initiation alchimique [12]. (Voilà qui rappelle l'histoire du pape Sylvestre II et de Meriadiana, évoquée au chapitre 4, où le prélat obtint sa connaissance de l'alchimie en faisant l'amour avec cet archétype féminin.)

Un autre traité, parmi les plus anciens, est attribué à une alchimiste du nom de Cléopâtre – initiée par l'école de la légendaire Marie la Juive [13]. On y relève une imagerie sexuelle explicite. « Vois l'accomplissement de l'art dans l'union du fiancé et de la fiancée et dans le fait qu'ils deviennent un. » Ce traité fait penser à un texte gnostique de la même époque qui dit :

> Quand l'homme atteint le moment suprême et que la semence jaillit, aussitôt la femme reçoit la force de l'homme et l'homme, la force de la femme (...) C'est pour cela que le mystère de l'union corporelle se pratique en secret de sorte que la fusion des natures ne soit pas pervertie par les regards de la multitude qui mépriserait l'œuvre [14].

Les premiers textes alchimiques sont riches d'un symbolisme masquant les techniques secrètes de la sexualité sacrée, provenant sans doute de l'équivalent égyptien du tantrisme ou du taoïsme. L'existence de cette tradition est révélée par le *Papyrus érotique de Turin* (du nom de la ville où il est actuellement conservé). Il a longtemps été considéré comme un exemple de pornographie égyptienne. Encore une illustration de l'incompréhension de l'Occident ; ce que les milieux académiques qualifiaient de pornographique était, en réalité, un rituel religieux. Certains des plus anciens rites de l'Égypte antique étaient de nature sexuelle. L'un d'eux impliquait probablement la masturbation quotidienne de Pharaon par son épouse – une reconstitution symbolique du geste de Ptah créant l'univers. L'imagerie religieuse des palais et des temples montre cet acte ; elle fut jugée si scandaleuse par les archéologues et les historiens que son sens réel n'est apparu que tout récemment – même ainsi, le sujet n'est évoqué qu'avec réticence. L'Occident a encore un long chemin à parcourir avant d'accepter, comme les anciens Égyptiens, d'appréhender la sexualité comme un sacrement.

Pour les érudits des Iᵉʳ et IIᵉ siècles de notre ère, cette question ne posait pas problème. Pourtant, Jack Lindsay fait observer qu'à partir du VIIᵉ siècle, le symbolisme sexuel des ouvrages alchimiques était déjà traité de « façon allusive [15] ».

Ainsi, l'alchimie occidentale eut, dès l'origine, une forte connotation sexuelle. Devons-nous croire qu'à partir du Moyen Âge cette profonde tradition ait totalement perdu son influence ?

Certaines des premières sectes gnostiques – notamment les carpocrates d'Alexandrie – pratiquaient des rites sexuels. Leur condamnation par les Pères de l'Église, qui les jugeaient répugnants, n'a rien de surprenant. En l'absence de documents impartiaux, nous ne disposons d'aucun moyen de connaître leur nature exacte.

Tout au long de l'histoire du christianisme, des sectes « hérétiques » affichant une attitude plus libertaire à l'égard de la sexualité virent le jour. Elles furent systématiquement condamnées et interdites. Ainsi, les frères et les sœurs de l'Esprit Libre, connus sous le nom d'adamites, auraient pratiqué un « secret sexuel » remontant aux XIIIᵉ et XIVᵉ siècles [16]. La philosophie des adamites influença certainement l'ouvrage *Schweister Katrei* – qui révèle une connaissance des Évangiles gnostiques, et notamment du rôle de Marie Madeleine. L'auteur de ce texte semble avoir appartenu à cette secte [17].

Un autre groupe qui, lui, n'est pas assimilé à une secte religieuse est marqué par le mysticisme érotique. Il s'agit des troubadours, ces fameux chantres du culte d'amour du sud-ouest de la France. Leur équivalent germanique était les *Minnesänger* – *Minne* étant la femme idéalisée ou déesse [18]. L'amour du chevalier pour sa dame exprime une dévotion pour le Principe féminin. Le contenu des poèmes – mélange de « spiritualité et de sensualité [19] » – peut être considéré comme une série d'allusions à peine voilées à la sexualité sacrée. Même la très académique Barbara Newman n'a pu éviter de recourir, dans son étude de cette tradition, à un langage empreint de sexualité sacrée lorsqu'elle la décrivit comme :

> (...) un jeu érotique comportant une diversité étonnante de mouvements : on pouvait devenir la fiancée d'un Dieu ou l'amant d'une déesse, ou encore se fondre pleinement avec l'Aimée et devenir soi-même divin (...)[20].

La tradition de l'amour courtois implique, dans une large mesure, la compréhension de techniques spécifiques, notamment la *maithuna*, la rétention délibérée de l'orgasme pour induire des sensations de béatitude et de conscience mystique.

Comme le dit le poète britannique Peter Redgrove :

> Il est possible de trouver trace de toute une tradition de *maithuna* (*sexualité visionnaire tantrique*) dans les romans de chevalerie[21].

Si les troubadours adoptèrent la rose comme symbole, c'est peut-être que ce mot est l'anagramme d'*Eros*, le dieu de l'amour érotique. Leur omniprésente « dame » – à qui l'on doit obéir à distance respectueuse, revêt peut-être un sens différent à un niveau ésotérique, comme le suggère le terme allemand de *Minnesänger*.

Cet archétype ne pouvait être la Vierge Marie. Même si la rose la symbolisait généralement au Moyen Âge, il n'y aurait eu aucune raison de camoufler son culte. En outre, sa fleur symbole par excellence n'était pas la rose érotique, mais le lys, fleur belle mais austère et dénuée de sensualité. Alors qui donc célébraient les troubadours ? Qui, sinon une « déesse » chère aux hérétiques de l'époque ? Qui, sinon Marie Madeleine ?

Les grandes rosaces des cathédrales gothiques font face à l'occident – la direction traditionnellement tenue pour sacrée par les divinités féminines[22]. Elles ne sont jamais très éloignées d'une chapelle consacrée à une Vierge noire (« Ma Dame »). Or, comme nous l'avons vu, ces statues énigmatiques sont des déesses païennes incarnant, sous d'autres atours, le Principe féminin.

Les cathédrales gothiques intègrent un autre symbole païen : le labyrinthe/toile d'araignée – à Chartres notamment. Il se réfère directement à la Grande Déesse qui tisse et guide le destin de l'Homme. Nombre d'églises contiennent une foule d'allusions féminines – certaines, si éloquentes qu'elles troubleraient le fidèle un tant soit peu observateur. Les grands portails gothiques franchis en toute innocence par des générations de chrétiens sont, en réalité, des représentations de la partie la plus intime de la déesse. Ils attirent le croyant dans le sombre ventre de sa Mère l'Église et le font bien souvent passer sous un bouton de rose, évocateur du clitoris.

Dans l'église, le fidèle s'arrête auprès du bénitier, fréquemment en forme de coquille géante, symbole de la nativité de la déesse. C'est ce que Botticelli, Grand Maître présumé du Prieuré de Sion juste avant Léonard de Vinci, a magnifiquement illustré dans sa *Naissance de Vénus*. (La coquille, emblème des pèlerins chrétiens, est également le symbole classique de la vulve[23].) Les adeptes du Principe féminin utilisaient délibérément cette symbolique, et même si leur message est subliminal, il n'en exerce pas moins un effet perturbant sur l'inconscient. Ajoutez à cela une musique évocatrice, la lumière des cierges, le parfum de l'encens... il n'est pas surprenant que la messe ait inspiré une telle ferveur !

Pour les initiés aux mystères, le Féminin était un concept à la fois sensuel, mystique et religieux. Son énergie et sa puissance émanaient de sa sexualité, et sa sagesse – parfois dite « sagesse de la prostituée » –, d'une connaissance de la « rose », *eros*.

« La connaissance est pouvoir », dit-on. Or, des secrets de cette nature conféraient un pouvoir inégalable, et menaçaient donc l'Église de Rome et toute forme de christianisme. La sexualité n'était – et dans bien des cas n'est encore – acceptée que si elle pouvait déboucher sur la procréation. Le sexe dans la joie n'est pas une notion chrétienne, et moins encore l'idée qu'il puisse – comme dans le tantrisme ou l'alchimie – mener à une illumination spirituelle. (Si l'Église catholique interdit la contraception, d'autres chrétiens vont encore plus loin : les mormons condamnent les relations sexuelles après la ménopause !)

Ces règles inhibitrices n'ont, en réalité, qu'une raison d'être : *le contrôle sur les femmes*. Celles-ci doivent apprendre à considérer leur sexualité avec appréhension, car elle ne procure pas de joie – c'est un devoir conjugal sans plus – et conduit aux douleurs de l'enfantement. Cette notion était au centre de la vision des femmes de l'Église, et des hommes en général. Si les femmes cessaient de craindre l'enfantement, on déboucherait inévitablement sur le chaos.

L'une des raisons principales aux atrocités commises lors de la chasse aux sorcières était la haine et la peur des sages-femmes. Leur manière de soulager les douleurs de l'enfantement représentait une menace pour la civilisation. Kramer et Sprenger, les auteurs de l'infamant *Malleus maleficarum* – manuel des chasseurs de sorcières européen – précisaient que les sages-femmes méritaient le pire des traitements. La terreur inspirée par la sexualité féminine entraîna des centaines de milliers de morts – des femmes pour la plupart – au cours de trois siècles de procès en sorcellerie.

Depuis la misogynie des premiers Pères de l'Église, qui allaient jusqu'à douter que les femmes aient une âme, tout était mis en œuvre pour qu'elles se sentent inférieures. On leur répétait qu'elles étaient des pécheresses et la plus grande – voire la seule – cause des péchés des hommes. Ceux qui éprouvaient un désir légitime se savaient victimes, en réalité, des charmes démoniaques des femmes. Elles les incitaient à commettre des actes dont eux-mêmes n'auraient pas eu l'idée. La position de l'Église médiévale à l'égard du viol est paroxystique : une femme violée était responsable de provocation envers son agresseur, ainsi que de la perte de son âme – elle devrait rendre compte de ces deux crimes au jour du Jugement dernier[24].

Comme l'écrit R.E.L. Masters :

> L'Église catholique romaine porte le blâme de ce cauchemar hideux que fut la chasse aux sorcières et de la corruption de la vie sexuelle de l'Occident[25].

L'Inquisition – spécifiquement créée pour régler le problème cathare – adopta aisément son nouveau rôle de chasseur de sorcières, tortionnaire et assassin. Les protestants n'allaient pas tarder à lui emboîter le pas. Les premiers procès de sorcières se déroulèrent à Toulouse, quartier général de l'Inquisition anticathares. Fut-ce une sorte d'animosité à l'encontre d'un résidu de catharisme qui motiva ce mouvement, ou fut-il le symptôme de la peur que les femmes du Languedoc inspiraient à des Inquisiteurs obsédés par le sexe ?

Leur misogynie s'appuyait sur le fait qu'elles possèdent une capacité unique à tirer du *plaisir* des rapports sexuels. Les hommes du Moyen Âge ne bénéficiaient pas de nos connaissances anatomiques, mais l'investigation personnelle ne pouvait manquer de leur révéler l'existence du clitoris. Cette minuscule protubérance, habilement – et subliminalement – célébrée par le bouton de rose à la pointe des cintres gothiques, est le seul organe féminin dont la fonction *exclusive est de procurer du plaisir*. Les implications de cette particularité anatomique sont au cœur même du refoulement patriarcal, mais aussi des rites sexuels tantriques et mystiques. Le clitoris, aujourd'hui encore sujet tabou, révèle que *les femmes sont faites pour connaître l'extase sexuelle* – contrairement aux hommes dont l'organe sexuel remplit une double fonction : uriner et procréer.

Pourtant la misogynie du patriarcat judéo-chrétien a connu un tel succès qu'il fallut attendre le XXᵉ siècle pour que l'Occident accepte le plaisir féminin lié à la sexualité. Aujourd'hui encore, l'Église fait de la résistance. Il est vrai que l'inégalité sexuelle et la pruderie ne sont pas l'apanage des trois grandes religions patriarcales : christianisme, judaïsme, islam. Il suffit de songer à l'Inde où la tradition voulait que l'on brûle vive l'épouse avec son mari défunt. L'idée que le sexe soit sale et honteux n'en demeure pas moins une tradition occidentale. Partout où une telle attitude prévaut, les désirs refoulés et le sentiment de culpabilité aboutissent à des crimes contre les femmes, voire à des chasses aux sorcières. Le contexte puritain occidental, avec sa haine et sa peur de la sexualité, a légué un terrible héritage à notre fin de millénaire : sévices envers les femmes, pédophilie, viols. Partout où la sexualité éveille la méfiance, l'enfantement et la progéniture sont eux aussi considérés comme intrinsèquement souillés. Les plus jeunes seront victimes de mêmes violences que leurs mères.

Yahvé, Dieu contradictoire et irascible de l'Ancien Testament, a créé Ève – et a passé son temps à le regretter. À peine était-elle « née » qu'elle montrait une autonomie de l'intelligence bien supérieure à celle d'Adam. Ève et le « serpent » composaient une formidable équipe. Ce n'est guère surprenant : les serpents, antiques symboles de la *Sophia*, représentaient la sagesse et non le mal ! Dieu se réjouit-il de constater que sa créature faisait montre d'initiative et d'autonomie en mangeant le fruit de l'Arbre de la Connaissance – *en désirant apprendre* ? Nullement ! Après un curieux manque de prévoyance pour un créateur omniscient et omnipotent, il condamne Ève à une vie de souffrances – à commencer par la malédiction de la *couture*... (L'infortuné Adam et elle durent se confectionner des pagnes en feuilles de figuier pour couvrir leur nudité.) Ils découvraient ainsi la *honte* de leurs corps, et... de leur sexualité. Bizarrement, on nous donne à entendre que Dieu lui-même était horrifié par la vue de la chair nue qu'il avait créée.

Ce mythe naïf a rétrospectivement justifié l'abaissement des femmes et découragé ceux qui tentaient de soulager leurs souffrances gynécologiques ou de l'enfantement. Il a refusé aux femmes le droit de s'exprimer pendant des milliers d'années. Il a avili, dégradé et démonisé l'acte sexuel, qui devrait être joyeux et *magique*. Il a substitué la honte et la culpabilité à l'amour et à l'extase. Il a inculqué la peur névrotique d'un Dieu mâle qui nourrit une telle haine de soi qu'il en est venu à mépriser sa plus belle création : l'humanité.

La sexualité entraîne toujours, dans notre culture, un sentiment de peur et d'ignorance, même si la situation a considérablement évolué ces dix dernières années. Des ouvrages importants ont exploré de nouveaux territoires ou en ont redécouvert d'anciens. Notamment *The Art of Sexual Ecstasy*, de Margo Anand (1990) et *Sacred Sexuality*, de A. T. Mann et Jane Lyle (1995), qui présentent la sexualité comme un moyen d'atteindre l'illumination et la transformation spirituelles.

D'autres cultures ne connaissent pas ce problème (à moins d'avoir été contaminées par la pensée occidentale). La sexualité y est plus qu'un art, un sacrement, qui permet aux participants de s'unir au Divin. Tel est l'objectif du tantrisme, l'union magique avec les dieux par des techniques sexuelles telles que *karezza* ou extase sans orgasme. Le tantrisme est « l'art martial » de la pratique sexuelle ; il nécessite une discipline étonnamment longue. Les hommes et les femmes y sont considérés comme *égaux.*

L'art du tantrisme ne se limite pas au monde exotique de l'Orient. On trouve des écoles tantriques à Londres, Paris et New York, mais l'extrême rigueur de cet art en décourage plus d'un. On doit parfois consacrer plusieurs mois à apprendre à respirer correctement. Pourtant la sexualité perçue comme un sacrement *n'est pas une nouveauté en Occident.*

Le Graal, coupe sacrée, est un symbole féminin. Dans la légende de *Tristan et Iseult*, Tristan, change son nom en *Tantris*[26], dans un élan d'une exceptionnelle audace... Pour la romancière Lindsay Clarke, les poèmes amoureux des troubadours sont les « écrits tantriques d'Occident[27] ».

Dans les légendes du Graal, le fléau qui s'abat sur le pays est dû à la perte de puissance sexuelle du roi, souvent évoquée symboliquement par « une blessure à la cuisse ». Wolfram est plus explicite : dans son *Parzival*, la blessure touche les parties génitales. On y a vu une réaction à la répression de la sexualité par l'Église[28]. Seule la quête du Graal, symbole spécifiquement féminin, permet de vaincre la stagnation spirituelle qui en résulte. Dans un tableau italien du XVe siècle, les chevaliers du Graal adorent Vénus (cf. premier cahier iconographique). La nature de leur quête est évidente.

Les légendes du Graal et la tradition de l'amour courtois insistent sur l'élévation spirituelle des femmes et le respect qu'elles se doivent d'inspirer. Or, ces deux branches de la tradition plongeaient leurs racines dans le sud-ouest de la France.

La plupart des chercheurs modernes croient que le tantrisme pénétra en Europe à la suite de contacts avec la secte islamique des soufis, dont les croyances et les pratiques mystiques intégraient des notions de sexualité sacrée. Des parallèles existent indéniablement entre le langage des troubadours et des soufis. Mais si le tantrisme soufi a réussi à s'implanter en Provence et en Languedoc, n'est-ce pas parce que cette région possédait déjà une tradition prônant l'égalité des sexes ? Quand la chasse aux sorcières commença à étendre son ombre sur Toulouse, quel en était l'objectif réel ? La réponse nous renvoie au culte de l'amour, via Marie Madeleine.

Une autre femme avait conscience du potentiel mystique de la sexualité. Nous commençons tout juste à la redécouvrir. Il s'agit de Hildegarde von Bingen (1098-1179). Comme l'ont écrit Mann et Lyle :

> Grande visionnaire, Hildegarde parla d'un personnage féminin, image de la déesse, qui lui était apparu au cours d'une profonde contemplation. « Puis j'eus le sentiment de voir une jeune fille d'une beauté radieuse et sans égale. Une lumière tellement aveuglante émanait de ses traits que je ne pouvais la regarder tout entière. Son manteau était plus blanc que neige, plus brillant que les étoiles et ses souliers d'or pur. Dans sa main droite, elle tenait le soleil et la lune, qu'elle caressait affectueusement. Contre son sein, elle portait une tablette d'ivoire sur laquelle apparut, avec des nuances de saphir, le portrait d'un homme. Toute la création nommait cette jeune fille, la dame souveraine. Elle se mit à parler à l'image sur son sein : « J'étais avec toi à l'origine, à l'aube de tout ce qui est sacré. Je t'ai porté dans mon ventre bien avant le premier jour. » Et j'entendis une voix me dire : « La jeune fille que tu contemples est Amour ; elle a sa demeure dans l'éternité. »
>
> Hildegarde, comme tous les amoureux courtois du Moyen Âge, croyait qu'hommes et femmes pouvaient accéder à la divinité par amour mutuel, de sorte que « toute la terre devienne comme un seul jardin d'amour ». Et cet amour devait être tout, une union complète impliquant le corps et l'âme, car écrivit-elle encore : « C'est le pouvoir de l'éternité même qui a créé l'union physique et décrété que les êtres humains devraient ne former qu'un seul corps [29]. »

Hildegarde était une femme remarquable ; très savante, surtout en matière de médecine. Son niveau d'éducation est inexplicable – elle-même l'attribuait à ses visions. Peut-être faisait-elle référence à une école de mystères ou à un autre groupe dépositaire de connaissance. Nombre de ses écrits révèlent une familiarité avec la philosophie hermétique [30].

Cette abbesse renommée décrivit précisément et en détail l'orgasme féminin – jusqu'aux contractions utérines. Ses connaissances ne semblent pas uniquement théoriques, ce qui serait inhabituel chez une sainte. Quels que soient les secrets de son information, elle influença largement saint Bernard de Clairvaux, patron et inspirateur des templiers [31].

Ces moines-soldats semblent contredire l'idée d'une tradition clandestine de l'amour hérétique. Célibataires notoires (bien que des rumeurs persistantes aient circulé sur leurs pratiques homosexuelles), il paraît peu probable qu'ils aient été adeptes d'une philosophie célébrant la sexualité féminine. Pourtant, les œuvres d'un de leurs plus fervents défenseurs – le grand poète florentin, Dante Alighieri (1265-1321) – suggèrent le contraire.

On sait depuis longtemps que ses écrits renferment des thèmes gnostiques et hermétiques. Il y a un siècle déjà, Éliphas Lévi qualifia l'*Enfer* d'œuvre « johannite et gnostique [32] ».

Dante s'inspirait directement des troubadours du sud de la France. Il était membre d'une société de poètes : les *fidele d'amore* – « les disciples fidèles de l'amour ». Les motivations de ce groupe, longtemps considéré comme un cercle esthétique, apparaissent désormais plus secrètes et ésotériques.

Dans son étude *Dante the Maker*, William Anderson, académicien respecté, décrit les *fidele d'amore* comme « une fraternité qui cherchaient à harmoniser les aspects sexuel et affectif de leur nature avec leurs aspirations intellectuelles et mystiques [33] ». Il s'inspire de chercheurs français et italiens, qui ont conclu : « Les dames qu'adorent ces poètes n'étaient pas des êtres de chair et de sang, mais les symboles de l'idéal féminin, de la *Sapientia* ou Sagesse sacrée [...] La dame de ces poètes était... une allégorie de la Sagesse divine [34]. »

Pour Anderson et Henry Corbin la voie spirituelle de Dante est une recherche de l'illumination à travers le mysticisme sexuel, comme pour les troubadours. Henry Corbin dit :

> Les *fidele d'amore*, compagnons de Dante, professent une religion secrète (...) l'union entre l'intellect possible de l'âme humaine et l'Intelligence Active (...) L'Ange de la Connaissance, la Sagesse/Sophia, est perçue et vécue comme une union amoureuse [35].

Le lien de Dante et de ses compagnons mystiques avec les chevaliers du Temple est encore plus remarquable. Il fut l'un de leurs plus fervents partisans, même après la suppression de l'Ordre, en un temps où il était fortement déconseillé de leur témoigner la moindre sympathie. Dans sa *Divine Comédie*, il qualifie Philippe le Bel de « nouveau Pilate » et lui reproche ses menées contre les templiers. Dante lui-même aurait été membre de l'ordre templier tertiaire, la Fede Santa. Les connexions sont trop évidentes pour être négligées. Si Dante n'était pas un cas isolé, le culte de l'amour fut peut-être la *règle* au sein de l'Ordre.

Anderson dit :

> De prime abord, il paraît improbable que le Temple, ordre militaire pratiquant le célibat, ait véhiculé des théories prônant la vénération des belles dames. Pourtant, de nombreux templiers étaient marqués par la culture orientale et certains ont peut-être eu des contacts avec les écoles soufies (...)[36].

Il poursuit en résumant les conclusions d'Henry Corbin :

> Le lien entre la *Sapientia* [la Sagesse] et l'imagerie du Temple de Salomon, associé au pèlerinage du Grand Cercle, conduit à supposer un lien entre les *fidele d'amore* et les chevaliers du Temple, au point de les considérer comme une fraternité profane de l'Ordre[37].

Ajoutons à cela les révélations explosives de chercheurs tels que Niven Sinclair, Charles Bywaters, Nicole Dawe, et nous pouvons conclure que le cercle intérieur des chevaliers s'inscrivait probablement dans une tradition secrète qui vénérait le Principe féminin.

La branche contestée des templiers – le Prieuré de Sion – a toujours compté des femmes parmi ses membres ; la liste des grands maîtres en recense quatre, toutes durant la période médiévale, ce qui ne laisse pas de surprendre au vu de la misogynie ambiante. En tant que grands maîtres ces femmes disposaient d'un réel pouvoir – cette fonction nécessitait une grande intégrité, l'aptitude à trancher de nombreux conflits d'intérêts et à maîtriser les ego. Il est curieux que des femmes aient pu diriger une organisation aussi puissante à une époque où elles n'avaient pas accès au savoir. Si l'on accepte l'existence d'une tradition secrète d'adorateurs de la déesse, cela surprend moins.

Les rosicruciens sont à l'origine de nombreuses écoles de mystères. Leur intérêt pour le mysticisme sexuel se retrouve jusque dans le nom de leur ordre, qui associe croix phallique et rose féminine. Ce symbole d'union sexuelle rappelle la croix de vie (*ankh*) des anciens Égyptiens : la branche verticale correspondant au phallus et la boucle, à la vulve. Les rosicruciens, qui mêlent sagesses alchimique et gnostique, ont une parfaite compréhension des principes sous-jacents, comme l'explique l'alchimiste rosicrucien du XVIIe siècle, Thomas Vaughan : « ... La vie elle-même n'est que l'union des principes masculin et féminin ; celui qui maîtrise ces secrets sait...

comment il devrait utiliser une femme[38] ». (Souvenez-vous de la rose au pied de la croix dans la fresque de Cocteau à Londres – l'allusion à la Rose-Croix est évidente. Or, on retrouve la croix rouge sur la tombe templière de sir William Saint-Clair[39]...)

Même s'il est clair, désormais, que templiers, alchimistes et Prieuré de Sion sont autant d'adeptes d'un culte de l'amour, il paraît impensable que la lignée résolument masculine des philosophes hermétistes ait entretenu des relations avec une organisation féminine – ou féministe. Ici aussi, les apparences sont peut-être trompeuses.

Léonard de Vinci lui-même a une réputation d'homosexuel misogyne. Il est vrai qu'il ne paraît pas avoir eu un amour débordant des femmes. Sa mère, la mystérieuse Catherine, l'aurait abandonné en bas âge, même s'il est probable qu'elle soit retournée vivre avec lui bien des années plus tard – ce qui est sûr c'est que Léonard avait une gouvernante qu'il appelait ironiquement « la Caterina », et dont il paya les funérailles. Peut-être fut-il homosexuel, mais cela n'a jamais empêché un homme d'adorer le Principe féminin – au contraire. L'idéal des homosexuels a souvent été une femme au tempérament fort et riche en couleur qui a traversé des épreuves traumatisante – Marie Madeleine et Isis. En outre, Léonard de Vinci était très proche d'Isabelle d'Este, femme instruite et intelligente. Il serait hâtif d'en déduire qu'elle était membre du Prieuré ou de quelque école « féministe » clandestine ; en revanche, cette amitié prouve que l'artiste florentin appréciait les femmes éduquées.

Pic de la Mirandole consacra plusieurs ouvrages au pouvoir féminin. Dans *La Strega* (*La Sorcière*), il raconte l'histoire d'un culte italien présidé par une déesse, où se pratiquaient des orgies sexuelles. Fait plus remarquable encore, il identifiait cette déesse à la « mère de Dieu[40] ».

Giordano Bruno, autre misogyne notoire, accordait lui aussi une grande importance au Principe féminin. Durant son séjour en Angleterre, de 1583 à 1585, il publia plusieurs ouvrages consacrés à la philosophie hermétique telle qu'exposée dans les manuels d'histoire. Il est également l'auteur d'un livre moins connu de poésie amoureuse *De igli furori* (*Fureurs héroïques*), qu'il dédia à son ami et mécène sir Philip Sydney. Ce n'est pas un hymne à une quelconque amourette ni un récit de la vie secrète d'un galant homme. On reconnaît généralement une dimension plus profonde à cette poésie et de nombreuses autorités en la matière y voient une expression allégorique de l'expérience hermétique. En vérité, l'amour exprimé dans ces œuvres n'était pas allégorique, mais littéral.

Les *furori* du titre désigneraient, selon Frances Yates : « Une expérience qui rend l'âme 'divine et héroïque' et peut être rapprochée de la transe propre à la *fureur* de l'amour passion[41]. » Nous avons affaire ici à l'expression d'une connaissance du pouvoir de transmutation de la sexualité.

Dans ces poèmes, Bruno fait référence à un état de conscience altéré dans lequel l'hermétiste réalise sa divinité potentielle. Cela se traduit par l'extase procurée par l'union complète avec son *autre moitié*. Citons à nouveau Frances Yates : « ... Je crois que l'expérience religieuse à laquelle se réfèrent les *Eroici furori* est, en réalité, la gnose hermétique ; c'est la poésie amoureuse du Mage, qui fut créé divin, avec des pouvoirs divins et s'est engagé dans le processus de retour au divin [42]. »

Si l'on considère la tradition dans laquelle s'inscrivait Bruno, il est clair que de tels sentiments ne sont pas de simples métaphores. Cet accent mis sur l'illumination à travers la sexualité faisait partie intégrante de la philosophie et de la pratique hermétiques. Le concept de sexualité sacrée s'accorde parfaitement aux idées exposées par Hermès Trismégiste dans son *Corpus hermeticum*, notamment lorsqu'il dit : « Si vous détestez votre corps, mon enfant, vous ne pouvez vous aimer [43]. »

Les hermétistes comme Marsile Ficin identifiaient quatre types d'états altérés où l'âme s'unit au Divin ; chacun était associé à une figure mythologique : l'inspiration poétique, aux Muses ; l'élan religieux, à Dionysos ; la transe prophétique, à Apollon ; et toutes les formes d'amour à Vénus. Ce dernier état correspond à une apothéose, car c'est alors que s'opère une véritable union avec le Divin [44].

Curieusement, les historiens ont toujours pris les trois premiers états au pied de la lettre, en revanche, ils ont perçu le dernier, le rite de Vénus, comme une simple allégorie ou comme un type d'amour impersonnel ou spirituel. Si c'était le cas, les hermétistes ne l'auraient pas attribué à Vénus ! La réticence des historiens sur ce point est due à leur ignorance de la tradition occulte. Une fois de plus, ces concepts, jugés obscurs, deviennent parfaitement limpides si l'on accepte la notion de sexualité sacrée.

Le grand magicien hermétiste Heinrich Cornelius Agrippa von Nettesheim (1486-1535) explicita le processus. Il écrivit dans *De occulta philosophia* : « La quatrième *furor*, induite par Vénus, transforme et transmute l'esprit de l'homme en un dieu par l'ardeur de l'amour, et le rend parfaitement semblable à Dieu, à l'image même de Dieu [45]. » Notez l'emploi du terme alchimique *transmuter*, qui désigne généralement la préoccupation, jugée stupide et futile, qui consiste à transformer du plomb en or. Ici, c'est un tout autre résultat qui est recherché. Agrippa fait observer que l'union sexuelle est « riche en dons magiques [46] ».

Il ne faut pas sous-estimer la place d'Agrippa dans cette tradition hérétique. Son traité *De nobilitate et praecellentia foeminei sexus* (littéralement, *De la noblesse et de la supériorité du sexe féminin*), publié en 1529, s'inspire d'un texte antérieur de vingt ans. Il va encore beaucoup plus loin que les revendications modernes sur les droits de la femme. Cette œuvre étonnante a été largement négligée jusqu'à une date toute récente, pour une raison tristement prévisible. Il prônait l'égalité sexuelle, allant jusqu'à plaider pour l'ordination des femmes. On a donc considéré son ouvrage comme une *satire* ! Triste constat sur notre société qui range aux rayons des mauvaises plaisanteries une œuvre aussi passionnée. Agrippa était très sérieux.

Il ne militait pas seulement pour ce que nous appellerions les droits des femmes – soit pour une redéfinition de leur statut politique –, il s'efforçait de formuler le principe qui sous-tend une telle campagne. Comme le dit le professeur Barbara Newman, de l'université de Northwest, dans son étude de l'œuvre :

> (...) même un lecteur à l'esprit ouvert ne peut savoir avec certitude si Agrippa prônait une Église offrant des chances égales aux deux sexes, ou une forme de vénération de la femme [47].

Newman et d'autres érudits ont identifié plusieurs sources dans l'œuvre d'Agrippa : la Kabbale, l'alchimie, l'hermétisme, le néoplatonisme et la tradition des troubadours. Une fois encore, la quête de la *Sophia* semble avoir exercé une influence majeure.

Il serait erroné de penser qu'Agrippa prônait uniquement le respect et l'égalité des femmes. Il allait beaucoup plus loin, estimant que les femmes devaient faire l'objet d'une véritable *vénération* :

> Nul, à moins d'être totalement aveugle, ne peut ignorer que Dieu a réuni toute la beauté du monde dans la femme, de sorte que la création soit émerveillée à sa vue, et en vienne à l'aimer et à la vénérer sous tant de noms [48].

(Pour Agrippa, comme pour les alchimistes, le sang menstruel possédait des vertus pratiques et mystiques [49]. Il renfermait, selon lui, un élixir ou une substance chimique unique. Son ingestion, dans le respect d'antiques techniques, garantissait un rajeunissement physique et conférait la sagesse. Bien sûr, rien ne pouvait être plus éloigné de l'attitude de l'Église.)

Agrippa n'était pas un théoricien, et encore moins un lâche. Il se maria trois fois et remporta une cause jugée perdue d'avance : il défendit, et innocenta, une femme accusée de sorcellerie.

Bien sûr, Vaughan, Bruno et Agrippa étaient des hommes. Il serait tentant de supposer qu'ils retiraient des bénéfices personnels d'une extase sexuelle, même de nature profondément spirituelle. Il est vrai qu'une femme assez téméraire pour consacrer des écrits à de tels sujets eût été accusée de sorcellerie. Il est également vrai que le rite de Vénus n'était censé produire de résultats que si les deux partenaires atteignaient les mêmes objectifs. Que des pôles opposés et égaux œuvrent dans le même sens pour accéder à la même illumination, n'est pas sans rappeler la notion chinoise de l'être complet, union du Yin et du Yang.

Giordano Bruno n'était pas le genre d'homme à garder ses convictions par-devers lui. Dans ses dernières publications, il utilisa une imagerie encore plus explicitement sexuelle[50], que les historiens ont également négligée. Les rares à l'avoir évoquée n'y ont vu qu'une allégorie. D'autres références explicites de son œuvre sont généralement incomprises. Quand Bruno dédie sa poésie amoureuse à une « déesse », la plupart des commentateurs n'y voient qu'une épithète amoureuse. Quand il rédigea son discours d'adieu à l'Allemagne, déclarant de façon péremptoire que la déesse Minerve était en réalité la *Sophia* (la sagesse), on parla à nouveau d'allégorie. Pourtant ses propos sont immanquablement ceux d'un adorateur de la déesse :

> Je l'ai aimée et recherchée depuis ma plus tendre jeunesse, je l'ai désirée comme épouse, et je suis tombé amoureux de sa forme (...) et j'ai prié pour (...) qu'elle soit envoyée pour vivre avec moi, et travailler avec moi, que je puisse découvrir ce qui me manque[51]...

Dans sa dédicace aux *Eroici furori*, il compare son œuvre au Cantique des Cantiques[52]. Nous voilà une fois encore confrontés au culte des Vierges noires, et par association, à celui de la Magdaléenne. (William Shakespeare, autre grand auteur hermétiste et rosicrucien de l'époque, dédia ses sonnets à une mystérieuse Dame Noire dont l'identité a fait couler beaucoup d'encre. Il s'agissait peut-être d'une femme – ou d'un homme –, mais nous ne pouvons exclure qu'elle représentait la Vierge noire, la déesse. Les hermétistes désignaient symboliquement un état altéré de conscience

– sorte de transe spécifique – par l'expression « dame à la peau noire [53] ».)

Les attaques véhémentes de Bruno à l'encontre de la foi et des *mœurs* chrétiennes lui valurent une fin tragique, au titre d'avertissement pour les autres esprits téméraires. L'holocauste atroce des sorcières renforça, chez les « hérétiques », la nécessité de faire montre de circonspection (n'oublions pas que même si les bûchers avaient disparu depuis longtemps, le dernier procès en sorcellerie, en Grande-Bretagne, eut lieu en 1944). Mais l'amour transcendantal, secret des milieux occultes, n'était pas la propriété de quelques individus, et il ne disparut pas avec eux.

On suit difficilement la trace de cette tradition de sexualité sacrée en Europe en raison de l'antagonisme de l'Église à son encontre et du secret dont les gardiens de cette connaissance durent s'entourer. Il semble, cependant, qu'aux XVIIe et XVIIIe siècles, l'Allemagne en soit devenue le foyer, bien que peu de recherches aient été consacrées à la question jusqu'à ces derniers temps. Selon des chercheurs français contemporains – notamment Denis Labouré – la pratique de « l'alchimie intérieure » se concentra en Allemagne dans diverses sociétés occultes. D'autres recherches récentes, notamment celles du Dr Stephen E. Flowers, ont confirmé que l'occultisme allemand de cette période était de nature essentiellement sexuelle [54].

Le problème auquel se heurtent les chercheurs intéressés par cette question tient à ce que les preuves de l'existence de cultes sexuels proviennent en majeure partie de l'Église, ou de ceux qui voient du satanisme dans tout ce qui s'y rapporte. Quand de tels mouvements font l'objet de persécutions, leurs archives sont détruites ou censurées. Ne subsiste que la version des événements propagée par leurs ennemis. Ce fut le cas pour les cathares et les templiers, et plus encore pour les infortunées « sorcières ». Nous retrouvons cette même tendance chaque fois que sont exprimées des idées relatives à la sexualité sacrée – songeons à ce qu'il advint en France au XIXe siècle.

À cette époque, plusieurs mouvements intimement liés virent le jour au sein même de l'Église catholique. Ils réunissaient des individus qui se déclaraient bons catholiques. Leur dénominateur commun était l'intérêt pour la sexualité sacrée et l'exaltation du Principe féminin (généralement sous la forme de la Vierge Marie). Ils étaient associés à une obscure société « johannite » – concernée, cette fois, par Jean Baptiste.

On se trouve face à une série complexe d'événements à démêler. Outre les idées religieuses hérétiques et les concepts de sexualité qui valurent à ces mouvements d'être jugés immoraux, leur implication dans des causes politiques leur attirèrent les foudres des autorités. En conséquence, tout ce que nous savons d'eux provient en majeure partie des archives de leurs ennemis.

Les mobiles politiques de ces groupes sortent du cadre de notre présente enquête, bien qu'ils fussent d'une grande importance pour leurs membres. Contentons-nous de signaler qu'ils appuyaient les déclarations d'un certain Charles Guillaume Naundorff (1785-1845), prétendu Louis XVII (lequel était censé avoir été tué en bas âge, en même temps que son père Louis XVI, durant la Révolution française).

L'un de ces groupes n'était autre que l'Église du Carmel, aussi connue sous le nom d'Œuvre de la Miséricorde, créée au début des années 1840 par Eugène Vintras (1807-1875). Prêcheur charismatique et convaincant, Vintras attira l'élite de la haute société. Son mouvement ne tarda pas à se voir accuser de diabolisme. Ses rituels comprenaient des éléments de nature sexuelle, notamment (*dixit* Ean Begg) « le plus grand des sacrements, l'acte sexuel [55] ».

Vintras et Naundorff se soutenaient mutuellement, ce qui aggravait encore leur cas aux yeux des autorités. Vintras se retrouva inévitablement plongé dans un procès spectacle. Accusé de fraude – alors que les prétendues victimes niaient les faits –, il fut condamné à cinq années de réclusion, en 1864. À sa libération, il se rendit à Londres. C'est à cette époque qu'un ancien membre de son Église – un prêtre du nom de Gozzoli – écrivit un pamphlet l'accusant d'avoir pratiqué toutes sortes d'orgies sexuelles. Ces charges ne semblent que le fruit d'une imagination délirante, mais peut-être renfermaient-elles une part de vérité. En 1848, la secte fut déclarée hérétique par le pape, qui excommunia tous ses membres. Devenu indépendant, le mouvement ordonna des prêtres – hommes et femmes –, comme les cathares. On ignore toutefois si les principes du culte de Vintras visaient la même élévation.

Derrière Vintras et Naundorff, on trouve la secte inquiétante des « Sauveurs de Louis XVII », aussi appelés johannites. L'origine de ce groupe remonte aux années 1770. Ses membres auraient joué un rôle actif dans l'agitation civile qui précéda la Révolution. Contrairement aux johannites « francs-maçons » évoqués précédemment, ils vénéraient Jean Baptiste sans la moindre ambiguïté.

Après la Révolution, les johannites s'efforcèrent de restaurer la monarchie. Ils contribuèrent largement à la promotion de Naundorff au titre de prétendant au Trône et favorisèrent l'éclosion de mouvements « prophétiques », comme celui de Vintras. Les johannites apportèrent leur soutien à un autre gourou autoproclamé : Thomas Martin, qui avait connu une ascension fulgurante en passant de paysan à conseiller du roi [57]. Ils auraient également « organisé » des visions de la Vierge – notamment à La Salette, au pied des Alpes, en 1846 [58]. Il est difficile de se faire une idée précise des événements, mais on peut identifier des fils conducteurs.

Tout d'abord, il y eut une tentative d'autorégénération du catholicisme. Elle visait à remplacer le dogme principal – basé sur l'autorité de Pierre – par un christianisme mystique et ésotérique prônant l'ascendance de l'Esprit Saint. Cette évolution s'accompagnait de l'exaltation du Principe féminin, sous la forme apparente de la Vierge Marie. Ce mouvement ne tarda pas à prendre une orientation plus ouvertement sexuelle et à afficher une attitude hostile envers l'Église. La vision de La Salette – condamnée par l'Église – jouait un rôle central dans ce plan. La prééminence de Jean Baptiste y était essentielle.

Le mouvement entendait aussi faire reconnaître Naundorff comme roi de France légitime, probablement parce qu'il aurait favorisé ce nouveau courant religieux (ayant déjà soutenu Vintras). Mélanie Calvé, la fillette qui avait eu une vision à La Salette, s'était elle-même prononcée en faveur de Naundorff. L'Église l'envoya dans un couvent, à Darlington, au nord-est du Royaume-Uni, où elle ne risquait pas de nuire [59] !

Les forces combinées de l'Église et de l'État empêchèrent la réalisation de ce grand projet. La réalité des faits demeure enfouie sous une avalanche de scandales et d'insinuations. Mais il est significatif que l'Église réagit à la menace en faisant de l'Immaculée Conception un article de foi, en 1854. (Une doctrine qui devait être confirmée fort à propos par la Vierge même lors de son apparition à une jeune paysanne, Bernadette Soubirous, à Lourdes, quatre années plus tard.)

Des prophètes tels que Martin et Vintras semblent s'être faits manipuler par les johannites, sans avoir eux-mêmes été membres de la secte. Vintras leur était lié par l'entremise de son mentor, une certaine madame Bouche, domiciliée place Saint-Sulpice à Paris et connue sous le nom évocateur de « Sœur Salomé ». (L'Église du Carmel de Vintras opérait encore à Paris dans les années 1940, et des rumeurs donnent à entendre qu'elle était toujours en activité à Londres dans les années 1960 [60].)

Un autre mouvement, bien qu'antérieur, fusionna avec elle. Les frères de la Doctrine Chrétienne fut fondé, en 1838, par trois prêtres, les frères Baillard. Ils établirent deux maisons en des sites montagneux ; Sainte-Odile, en Alsace et Sion-Vaudémont, en Lorraine. Ces deux propriétés étaient importantes et il est permis de se demander comment ils réussirent à les acquérir.

Sion-Vaudémont est un site païen majeur de l'Antiquité, consacré à la déesse Rosamerta. Comme son patronyme le laisse supposer, il est associé depuis longtemps au Prieuré de Sion. En fait, l'ordre de Notre-Dame de Sion – dont l'existence est établie par des documents historiques – fut créé en ce lieu, au XIVe siècle, par Ferri de Vaudémont. Sa charte le rattache à l'abbaye du mont Sion de Jérusalem, dont le Prieuré prétend tenir son nom. Le fils de Ferri épousa Yolande de Bar, grand maître du Prieuré de 1480 à 1483. C'était la fille du précédent grand maître, René d'Anjou. Yolande fit de Sion-Vaudémont un important centre de pèlerinage, dédié à la Vierge noire. La statue fut détruite pendant la Révolution et remplacée par une Vierge médiévale de l'église de Vaudémont consacrée à Jean Baptiste – celle-là n'était pas noire[61].

Serait-ce un hasard si les frères Baillard établirent là une de leurs nouvelles églises ? Leurs idées rejoignaient celles de Vintras, notamment sur l'avènement de l'Esprit Saint et la sexualité sacrée. Ce mouvement reçut de nombreux soutiens, notamment de la maison des Habsbourg, mais fut dissous en 1852.

Après la mort de Vintras, en 1875, l'abbé Joseph Boullan (1824-1893) – un personnage encore plus controversé – prit la relève. Il avait séduit une jeune nonne du couvent de La Salette, Adèle Chevalier. Ensemble ils créèrent, en 1859, la Société pour la Réparation des Âmes, qui pratiquait des rites sexuels. Leur philosophie générale faisait de la sexualité un sacrement en vue de la rédemption de l'humanité. Si cette démarche peut paraître pure et alchimique en théorie, il est regrettable que Boullan ait étendu les bénéfices de ces rites au règne animal.

En 1860, Boullan et Adèle Chevalier auraient sacrifié leur enfant au cours d'une messe noire. Cependant, même si cet événement est établi aux yeux des auteurs modernes, on n'en trouve aucune confirmation fiable. Si Boullan a vraiment commis un tel crime, il n'a pas été inculpé. Il a certes été révoqué en tant que prêtre, cette année-là, mais après quelques mois, il était réintégré dans ses fonctions. En 1861, Adèle et lui furent emprisonnés pour fraude (les autorités recourent souvent à ce chef d'inculpation, quand elles n'en trouvent pas d'autre). Après son arrestation, Boullan fut à nouveau révoqué, mais une fois encore on le réintégra. Après sa sortie de prison, il se présenta *spontanément* au Saint-Office (le nom officiel de l'Inquisition à l'époque), à Rome. Aucune charge ne put être retenue contre lui et il rentra à Paris [62].

Pendant son séjour à Rome, Boullan consigna ses doctrines dans un cahier (dit le *cahier rose*, en raison de la couleur de sa couverture), que l'écrivain J. K. Huysmans découvrit parmi ses papiers, après son décès en 1893. On ignore ce qu'il dit précisément dans ce « document choquant », conservé aujourd'hui dans le secret de la bibliothèque du Vatican. Toutes les demandes de consultation sont refusées [63].

L'affaire Boullan mérite que l'on s'y attarde. De prime abord, il semble que nous ayons affaire à un club de pervers. Pourtant, l'Église a protégé Boullan, du moins dans une certaine mesure. Ainsi, des instructions furent données pour qu'il ne fasse l'objet d'aucune poursuite. On a laissé entendre qu'il possédait un secret qui assurait sa sécurité [64]. L'histoire de Boullan est typiquement celle d'un *agent provocateur* – il infiltre une organisation dans le but délibéré de la discréditer au profit d'une autre. Cela expliquerait les différences flagrantes entre sa vie et l'attitude des autorités envers lui.

On comprend mieux dès lors que J. K. Huysmans (adepte du culte de la Vierge noire) ait choisi Boullan comme modèle de son « Dr Johannès » (l'un des pseudonymes de Boullan) dans *Là-Bas* (1891), roman sur le satanisme à Paris. Mais ne tirons pas de conclusions hâtives – le Dr Johannès est présenté comme un prêtre qui pratique la magie pour *combattre* Satan. Il resta incompris par l'Église, pour qui toute forme de magie était l'œuvre du Malin. Huysmans entretint des relations d'amitié avec Boullan, chez qui il logea, à Lyon, lors de ses recherches pour la rédaction du roman. Mais s'il possédait des connaissances magiques, Huysmans demeura toujours, en théorie, un vrai fils de l'Église.

La description précise d'une messe noire impressionne toujours le lecteur de *Là-Bas*. Il semble que seul un témoin oculaire ait pu écrire une telle scène. Cependant, les vrais « méchants » de ce roman sont les rosicruciens. Un combat magique opposa notoirement Boullan aux membres d'ordres rosicruciens alors prospères en France. Un tel antagonisme a de quoi surprendre. Bien sûr, il s'agissait peut-être d'un choc de personnalités, caractéristique de ce genre de mouvements, mais on ne peut exclure que certains rosicruciens se soient inquiétés de la manière dont Boullan divulguait leurs secrets.

La France abritait, à cette époque, plusieurs loges occultes. Divers ordres rosicruciens étaient, en fait, les produits de la fusion de mouvements templaristes-maçonniques-rosicruciens du sud-ouest de la France. Bien qu'il ne s'agît pas d'ordres strictement maçonniques, ceux-ci étaient proches de systèmes de maçonnerie occulte, notamment le Rite Écossais Rectifié et les Rites Égyptiens. Les groupes maçonniques et rosicruciens embrassèrent la philosophie martiniste – les enseignements occultes de Louis Claude de Saint-Martin. En fait, l'importance du martinisme ne doit pas être sous-estimée : à l'heure actuelle, les francs-maçons du Rite Écossais Rectifié recrutent leurs membres en son sein [65].

Les premières de ces organisations rosicruciennes semblent être nées d'une loge maçonnique irrégulière, La Sagesse, à Toulouse. Vers 1850, l'un de ses membres, le vicomte de Lapasse (1792-1867), médecin et alchimiste respecté, fonda l'ordre de la Rose-Croix, du Temple et du Graal [66]. Joseph Péladan (1859-1918), l'un de ses successeurs, également originaire de Toulouse, parraina des sociétés rosicruciennes françaises.

Formé par l'écrivain Éliphas Lévi (de son vrai nom Alphonse Louis Constant, 1810-1875), Péladan était expert en matière d'occultisme. Il développa un système magique, décrit comme un « catholicisme érotique et magique [67] ». Il fut l'organisateur du populaire Salon de la Rose-Croix. (Sur une affiche annonçant cette manifestation, Dante prête ses traits à Hugues de Payns, premier grand maître des templiers, et Léonard de Vinci, au Gardien du Graal. [Cf. illustration]) Péladan croyait l'Église catholique dépositaire d'une connaissance qu'elle avait oubliée. Il s'intéressa, en particulier, à l'Évangile de Jean [68]. Bien avant tout le monde, il vit dans les *fidele d'amore* une société ésotérique rattachée aux rosicruciens du XVIIe siècle [69].

Péladan rencontra un autre occultiste, Stanislas de Guaïta (1861-1898), et en 1888, ils formèrent l'ordre Kabbalistique de la Rose-Croix. Guaïta infiltra l'Église du Carmel et avec Oswald Wirth, membre déçu de ce culte, il écrivit *Le Temple de Satan*, qui dénonce le diabolisme de ce mouvement. Cette publication déboucha sur un combat de mages, Boullan accusant Guaïta de recourir à la magie pour l'assassiner ; et vice versa. Bien que Boullan semble être décédé de causes naturelles, sa mort donna lieu à deux duels. Le premier opposa Guaïta à Jules Bois, disciple de Boullan, et le second, Jules Bois à Gérard Encausse, rosicrucien plus connu sous le pseudonyme de Papus. Ces duels ne connurent ni gagnant ni perdant.

Cet épisode n'a jamais été expliqué de manière vraiment satisfaisante. Pourquoi Guaïta et les rosicruciens de Paris ont-ils lancé une vendetta contre Boullan ? Il est difficile de se prononcer car nous ne disposons que des déclarations de Guaïta et Wirth sur les activités prétendument dépravées de Boullan et de ses disciples. En principe, il n'aurait pas dû y avoir matière à dispute entre des loges occultes et l'ordre religieux de Boullan.

Une étude plus approfondie de la question permet de mieux comprendre cette querelle ; Guaïta et un tribunal de rosicruciens avaient condamné Boullan pour « profanation » et révélation de « secrets kabbalistiques », que les rosicruciens considéraient comme leur propriété [70]. (Cette condamnation date du 23 mai 1887, *avant* que Guaïta n'infiltre le groupe de Boullan.) Telle est la véritable motivation de cette hostilité.

Certains n'en ont pas mesuré les implications ; si les rites pratiqués par Boullan étaient ceux des rosicruciens, il s'ensuit qu'eux aussi *pratiquaient des rites sexuels*. L'erreur de Boullan étaient de les avoir portés sur la place publique.

Le Paris de la fin du XIXe siècle avait vu la multiplication de mouvements occultistes et philosophiques – cela correspond, peut-être, à la quête d'un sens plus profond à la vie typique d'une *fin de siècle*. Ils attirèrent beaucoup de penseurs et artistes, notamment Oscar Wilde, Claude Debussy et William Butler Yeats. (La vraie Union européenne était une fraternité occulte.) Les salons accueillaient une foule de personnalités connues aussi avides de formules magiques que des ragots – Marcel Proust, Maurice Maeterlinck et la cantatrice Emma Calvé (1858-1942). Beauté célèbre, elle finit par organiser ses propres soirées où elle invitait tous ceux qui avait quelque chose d'intéressant à partager – de préférence des secrets occultes. Ces cercles réunissaient Joseph Péladan, Papus et Jules Bois (l'un des nombreux amants d'Emma Calvé).

La plupart des animateurs de ces cercles étaient, comme elle, originaires du Languedoc. (Emma Calvé était parente de Mélanie, qui avait eu la fameuse vision de La Salette, et Adèle Chevalier, la nonne séduite par Boullan, était une amie de Mélanie !) Emma allait jouer un rôle majeur dans l'histoire compliquée de l'abbé Saunière, prêtre du petit village de Rennes-le-Château, dans le Languedoc, sur laquelle nous reviendrons largement.

En 1894, elle acheta le château de Cabrières (Aveyron), près du lieu de naissance de Millau. Au XVIIe siècle, il aurait abrité le Livre d'Abraham le Juif, objet de tant de convoitises. C'est l'ouvrage que Flamel aurait utilisé pour réaliser le Grand Œuvre [71]. Dans son autobiographie, Calvé raconte que le château « servit de refuge à un groupe de chevaliers du Temple [72] ». Hélas, elle n'en dit pas plus !

D'importants groupes occultes avaient vu le jour en Languedoc et s'étaient liés aux sociétés rosicruciennes. Marqués par la franc maçonnerie de Stricte Observance Templière du baron von Hund, ils étaient également influencés par un personnage mystérieux, le comte de Cagliostro (1743-1795)[73].

Généralement considéré comme un charlatan, Cagliostro recherchait sincèrement une connaissance occulte. Né Giuseppe Balsamo, il prit le titre de comte Alessandro de Cagliostro, qui lui venait de sa marraine. À l'occasion d'un séjour à Malte, il rencontra le grand maître des chevaliers de Malte – alchimiste et rosicrucien – qui l'initia à l'occultisme. Il avait alors trente-trois ans. Cagliostro se passionna dès lors pour l'occulte et devint à son tour alchimiste. En avril 1777, tandis qu'il résidait à Londres, il fut initié à la franc-maçonnerie, dans une loge de la Stricte Observance Templière de von Hund, située dans la Gerrard Street, à Soho. Il parcourut ensuite l'Europe, résidant surtout en Allemagne, à la recherche de la connaissance perdue des templiers. Il acquit aussi une réputation de guérisseur.

Le pape l'autorisa à venir à Rome en 1789. Dès son arrivée, il fut arrêté par l'Inquisition sur ordre dudit pape. Accusé d'hérésie et de conspiration politique, il fut condamné à la réclusion à perpétuité. Il mourut dans le donjon de la forteresse de San Leo, en 1795.

Cagliostro avait créé la franc-maçonnerie égyptienne (sa loge mère vit le jour à Lyon, en 1782). Celle-ci comptait des loges masculines et féminines, lesquelles étaient dirigées par son épouse Serafina. Lévi décrit son entreprise comme une tentative destinée à « ressusciter l'adoration mystérieuse d'Isis[74] ».

Les recherches de Cagliostro au sein des sociétés occultes d'Europe l'amenèrent à rédiger un corpus de connaissances connu sous le nom d'*Arcana Arcanorum* (Secret des Secrets), ou A. A. Il emprunta cette dénomination aux rosicruciens du XVIIe siècle. Cet *Arcana* consistaient en un ensemble de descriptions de pratiques magiques, qui mettaient essentiellement l'accent sur « l'alchimie intérieure », donc sur des techniques *sexuelles* apparentées au tantrisme. Cagliostro les avaient apprises en *Allemagne*, auprès de groupes rosicruciens[75].

C'est sous son autorité que le Rite de Misraïm (Égyptiens, en hébreu) fut créé à Venise, en 1788. Vers 1810, les trois frères Bédarride introduisirent le système en France, où il fut incorporé au Rite Écossais Rectifié[76].

Le Rite de Misraïm fut l'antécédent direct du Rite de Memphis, fondé par Jacques-Étienne Marconis de Nègre, et auquel le Prieuré de Sion s'était associé. (Les deux systèmes furent réunis sous le nom de Rite de Memphis-Misraïm, en 1899, sous la grande maîtrise de Papus, qui le dirigea jusqu'à sa mort en 1918.) Le Rite de Memphis était étroitement lié à une société secrète, les philadelphes, fondée par le marquis de Chefdebien, en 1780 – une émanation de la Stricte Observance Templière de von Hund, constituée spécifiquement en vue de l'acquisition de connaissances occultes. Marconis de Nègre accordait beaucoup d'importance à cette collaboration avec les Philadelphes, à tel point qu'il donna ce nom à l'un des grades de son mouvement[77].

Ni le Rite de Memphis ni celui de Misraïm n'exerçaient, en soi, d'influence particulière. Mais réunis, ils devinrent une puissance considérable, dont l'influence se répandit comme une traînée de poudre dans tous les milieux occultes européens. Parmi ses membres on trouve aussi bien des individus inquiétants comme l'occultiste britannique Aleister Crowley, que des êtres d'exception tel Rudolf Steiner. On y rencontre également Karl Kellner qui fonda, avec Théodore Reuss, l'ordre des Templiers d'Orient, plus connu sous le sigle OTO.

Cette organisation était – et est – spécifiquement orientée vers une magie sexuelle, généralement considérée comme une occidentalisation du tantrisme. Elle est en outre le prolongement logique de secrets enseignés à Memphis-Misraïm, issus des connaissances acquises par Cagliostro auprès des groupes rosicruciens alchimiques allemands et des loges de la Stricte Observance Templière.

Crowley quitta Memphis-Misraïm pour rejoindre cet Ordre, dont il devint grand maître. Un autre personnage influent suivit la même voie : Rudolf Steiner, surtout célèbre comme père de l'anthroposophie. Il entoura d'un tel secret son lien avec l'ordre des Templiers d'Orient que ses plus fervents disciples n'en eurent jamais vent. Il fut toutefois inhumé avec ses décors[78].

Théodore Reuss écrivit que la magie sexuelle de l'Ordre était : « la clé de tous les secrets maçonniques et hermétiques[79]... ». Il déclara de la même manière que la magie sexuelle est le secret des chevaliers du Temple[80].

Une autre émanation du rite de Memphis-Misraïm se développa en Angleterre, à la fin du XIXe siècle : l'ordre hermétique de la Golden Dawn. Parmi ses membres, on trouve Bram Stoker, directeur de théâtre célèbre pour son roman *Dracula*, Aleister Crowley, poète, patriote et mystique irlandais, William Butler Yeats et Constance Wilde, épouse du célèbre Oscar. Fondée en 1888 par Macgregor Mathers et W. Wynn Westcott, cette organisation s'inspire de la Rose-Croix d'Or et de la Stricte Observance Templière, à laquelle

elle emprunta d'ailleurs la plupart de ses grades et rituels [81]. La Golden Dawn utilisa aussi des rites empruntés à Memphis-Misraïm. En définitive, cet Ordre doit ses titres de naissance au baron von Hund – les influences françaises et allemandes remontent toutes à lui et à ses rites templiers [82].

La Golden Dawn est plus connue dans les pays anglo-saxons que les autres groupes européens. Elle y jouit d'une réputation de grande intégrité et semble, de prime abord, rassembler des ésotéristes amateurs de déguisements et d'incantations, ainsi que des occultistes de salon aux idéaux élevés. Sa réputation dans les milieux occultes français est toutefois beaucoup plus sinistre ; quand elle installa une loge à Paris, en 1891, elle accepta en son sein nombre de personnages douteux évoqués dans les pages précédentes, notamment l'omniprésent Jules Bois.

En fait, la Golden Dawn anglaise avait, elle aussi, un aspect plus secret. Elle rassemblait deux Ordres distincts : le plus connu, d'apparence parfaitement respectable, et le cercle intérieur, baptisé la Rose-Croix d'Or et de la Rose Rouge, où l'initiation avait lieu exclusivement sur cooptation. L'ordre extérieur semble avoir servi de sas de sélection pour le cercle intérieur secret, dont les pratiques comportaient des rites sexuels.

La Golden Dawn protégeait bien ses secrets intérieurs. Pendant des années, des écrivains comme Katan Shu'al [83], pourtant bien introduits dans les milieux occultes, ne pouvaient que spéculer sur la nature des rites sexuels pratiqués par l'Ordre. Il semble que ce type de rites ait été pratiqué dès l'origine. La Golden Dawn est issue d'une autre société, la *Societas Rosicruciana in Anglia*, qui comptait parmi ses fondateurs Hargrave Jennings (1817-1890), dont les écrits étaient aussi explicites que possible pour un gentleman traitant de magie sexuelle. Dans son œuvre colossale *The Rosicrucians : Their Rites and Mysteries* (1870), Jennings « donne à entendre que ces rites et mystères étaient de nature essentiellement sexuelle » (*dixit* Peter Tompkins [84]). Ainsi, évoquant le symbolisme sexuel des triangles enlacés du sceau de Salomon (ou étoile de David), Jennings évoque le clitoris... « ce minuscule organe original, essentiel dans la conception rosicrucienne de l'anatomie [85] ».

Le 18 juillet 1921, Moina Mathers – l'une des fondatrices de la Golden Dawn et sœur du philosophe Henri Bergson – écrivit à Paul Foster Case, tuteur de la branche new-yorkaise de l'Ordre, dont elle avait entendu dire qu'il enseignait des rituels magiques :

Je regrette que la question sexuelle soit abordée dans le Temple à ce stade, car nous abordons seulement ces sujets dans les hauts grades [86] (...).

Lorsque Dion Fortune (de son vrai nom Violet Firth), écrivain de l'occulte et membre de la Golden Dawn, consacra des articles à la sexualité, Moina réclama son exclusion de l'Ordre pour trahison des secrets. En définitive, elle dut admettre que Dion Fortune ne pouvait en avoir eu connaissance car elle n'avait pas accédé aux grades concernés [87].

Des commentateurs comme Mary K. Greer [88] reconnaissent aujourd'hui qu'il est prouvé que la Golden Dawn pratiquait effectivement la magie sexuelle. Ces connaissances étaient jugées trop précieuses pour être divulguées aux nouvelles recrues ou aux membres des grades inférieurs.

On trouve aussi des allusions aux secrets de la Golden Dawn dans des textes décrivant une vision commune de deux adeptes, Florence Farr et Elaine Simpson, dans les années 1890. La première, célèbre comédienne londonienne, était connue pour ses relations amoureuses avec divers hommes, parmi lesquels George Bernard Shaw et William Butler Yeats. Florence et sa partenaire en magie, Elaine, entreprirent de concert un voyage dans l'astral – sorte d'aventure jumelle dans les Plans intérieurs, ou hallucination partagée. Ce phénomène fait partie de l'instruction magique, et est généralement considéré comme un « exercice » kabbalistique, sorte de projection mentale ou d'association d'images s'inscrivant dans le cadre classique de l'Arbre de Vie.

Florence et Elaine décidèrent de visiter la « sphère de Vénus ». Ce voyage astral prit, à son point culminant, la forme d'une rencontre avec un archétype féminin majeur, qui leur dit en souriant :

Je suis la puissante Mère Isis ; la plus puissante du monde, celle qui ne lutte pas, mais est toujours victorieuse. Je suis cette Belle au bois dormant que les hommes cherchent depuis toujours. Les chemins qui mènent à mon château sont parsemés d'embûches et d'illusions. Ceux qui échouent à me trouver s'endorment, ou risquent de courir après la *Fata Morgana* qui égare ceux qui subissent son influence illusoire. Je m'élève très haut et j'attire à moi les hommes. Je suis le désir du monde, rares sont ceux qui me trouvent. Quand mon secret sera révélé, ce sera celui du Saint Graal (...).
J'ai donné mon cœur au monde, qui est ma force. L'amour est Mère de l'Homme-Dieu, qui donne la quintessence de sa vie pour sauver l'humanité de la destruction et indiquer la voie de la vie

éternelle. L'amour est la Mère du Christ-Esprit, qui est l'amour le plus élevé. Le Christ est le cœur de l'amour, le cœur de la Grande Mère Isis, l'Isis de la Nature. Il est l'expression de sa puissance. Elle est le Saint Graal. Il est le sang de vie de l'Esprit contenu dans le vase [89].

Ces mots s'accompagnaient d'images vives, parmi lesquelles une coupe renfermant un liquide rouge et une croix à trois branches.

De prime abord, on songe à une élucubration de type *new age*, mêlant Jésus, Isis et le Saint Graal uniquement pour les connotations occultes et mystiques d'une telle association. Mais, le regretté spécialiste de l'occulte Francis X. King releva deux points significatifs dans ce récit : « Le premier est l'identification de la Sainte Vierge, "Mère de l'Homme-Dieu", à la déesse de l'amour Vénus – l'amour *sexuel*, *eros* et non *agapé*. La seconde est l'identification du Graal... à Vénus, le *yoni* archétype, organe féminin de la génération [90]. »

Les lecteurs cyniques considéreront la vision de ces dames comme un simple fantasme sexuel partagé – d'autant que Florence Farr passait pour une sorte d'Emma Calvé britannique. Pourtant cette vision révélerait un secret propre à la philosophie sexuelle de la Golden Dawn. Francis X. King se demanda d'où ces dames tenaient leur vision puisque cette société n'était pas supposée pratiquer de rites sexuels. Une telle opinion paraît aujourd'hui erronée, même si les rites en question étaient réservés aux initiés des hauts grades, aux membres du cercle intérieur.

Il est significatif qu'Isis soit liée au Graal et à la sexualité. Cela n'aurait nullement paru étrange aux alchimistes, pas plus qu'aux gnostiques ou aux troubadours. Voir dans le Graal – sous sa forme traditionnelle de coupe – un symbole féminin est assez logique pour notre mentalité post-freudienne, mais cela ne paraissait pas moins concevable à l'époque. Ici, le liquide rouge, le sang qu'il contient, est toutefois porté par *Isis*...

Notons, en outre, que la Belle au bois dormant occupe une place importante dans *Le Serpent rouge*, texte essentiel pour le Prieuré de Sion. Sa quête en est un motif récurrent, mêlé à celle de la reine d'un royaume perdu. Nous avons vu que ce document évoque aussi Marie Madeleine et Isis, fondues en un seul être.

La quête d'une reine est un symbole alchimique. Il n'y a donc rien de surprenant à ce que l'objet de la recherche ait été, en réalité, ces incarnations de la sexualité que sont la Magdaléenne et Isis. Aujourd'hui encore, le rôle de la sexualité dans les mouvements hérétiques et occultes est méconnu, voire nié. Ce serait toutefois une erreur de sous-estimer son importance. La sexualité n'a jamais été un thème mineur, et encore moins une fantaisie individuelle. Elle est au cœur de *la plupart* des organisations clandestines puissantes.

La tradition qui nous intéresse le plus et motive notre enquête repose, en fait, sur la notion de sexualité sacrée. Comme nous l'avons vu, elle semble comporter deux branches – l'une qui vénère Marie Madeleine et l'autre, Jean Baptiste. À ce stade, nous nous trouvions confrontés à la possibilité que la Magdaléenne n'ait été qu'un symbole incarnant la notion de sexualité sacrée, sans correspondre à aucun personnage historique réel. Le lien entre Marie Madeleine et la sexualité n'est pas difficile à établir ; il semble même parfaitement naturel.

Il en va tout autrement, en revanche, quand il s'agit de rapprocher l'autre courant, celui de Jean Baptiste, de l'idée de sexualité sacrée. Le récit biblique et la tradition chrétienne ont imprimé l'image forte et durable d'un homme menant une existence ascétique et prônant une moralité sans compromis et un célibat inébranlable. Comment un tel personnage aurait-il pu revêtir la moindre importance dans un culte fondé sur les pratiques sexuelles ? Le lien semblait improbable, voire impossible, Nos recherches nous ont, pourtant, permis de découvrir que des générations d'occultistes ont cru le contraire. Or nous avons vu, avec la Golden Dawn, qu'il ne faut jamais se fier aux apparences quand on étudie les groupes occultes.

Florence Farr et ses collègues de la Golden Dawn appartenaient à un large cercle d'occultistes internationaux, comptant dans ses rangs Péladan et Emma Calvé. Les sociétés réunissant ces personnages étaient très influentes, et c'est ce réseau qui fournit le cadre d'un des plus célèbres mystères français, qui concerne directement le Prieuré de Sion.

Le cœur des *Dossiers secrets* et d'autres documents du Prieuré de Sion est sans équivoque le mystère de Rennes-le-Château. Ainsi, *Le Serpent rouge* fait fréquemment allusion à des lieux situés dans ce village ou ses environs immédiats. Nous devions donc tourner notre attention vers Rennes-le-Château et nous plonger, une fois de plus, au cœur de l'hérésie – dans le Languedoc.

CHAPITRE 8

« Que ce lieu est redoutable »

Rennes-le-Château est devenu un cliché occulte, presque au même titre que le Graal, et tout aussi insaisissable. Il s'agit, pourtant, d'un site bien réel, où notre quête nous entraîna. L'endroit pourrait être comparé à Glastonbury, en Grande-Bretagne, Tous deux renferment de profonds mystères et ont suscité des mythes et des suppositions grotesques, relayés par un grand nombre.

Rennes-le-Château, dans l'Aude, non loin de Limoux, se situe dans une région connue aux VIIIe et IXe siècles sous le nom de Razès. À la sortie de Couiza, des panneaux signalent une route secondaire, tout en lacets, qui mène au *Domaine de l'abbé Saunière*. En l'empruntant, on arrive au village de Rennes-le-Château, au sommet d'une colline.

Grâce à *L'Énigme sacrée*, mais aussi à la légende qui se propage de bouche à oreille, cette simple balade a tôt fait de prendre des allures de parcours initiatique. Pourtant, l'endroit où les visiteurs s'arrêtent en général est très prosaïque. : un parking à l'extrémité d'une *grand rue* étroite sans bureau de poste ni la moindre épicerie, mais avec une librairie ésotérique, un bar/restaurant, les ruines du château qui a donné son nom au village, et des chemins menant à la célèbre petite église et à son presbytère.

L'histoire de ce lieu est sinistre et sa réputation encore plus sombre, quoique assez vague. Il y a un peu plus d'un siècle, François Bérenger Saunière (1852-1917), un simple prêtre, originaire du village de Montazels, à trois kilomètres de Rennes-le-Château, aurait fait une découverte à la faveur de travaux de rénovation dans son église paroissiale du Xe siècle, qui menaçait ruine[1]. Cette découverte le mit à la tête d'une immense fortune – soit en raison de sa valeur intrinsèque, soit parce qu'il était possible de la monɹayer. Sa véritable nature a donné lieu à de multiples spéculations au fil des ans. Certains, prosaïques, prétendent que Saunière a trouvé un fabuleux trésor, d'autres parlent de l'arche d'Alliance, du trésor du Temple de Jérusalem, du saint Graal, et même de la tombe du Christ – une idée exprimée par Richard Andrews et Paul Schellenberger, dans *The Tomb of God* (1996). (Cf. l'appendice II, pour une discussion de cette théorie.)

Nous devions nous rendre à Rennes-le-Château parce que, selon les *Dossiers secrets* et *L'Énigme sacrée*, l'endroit revêt une importance particulière pour le Prieuré de Sion. Nous étions déterminés à savoir pourquoi. Le Prieuré prétend que Saunière aurait découvert des parchemins contenant des informations généalogiques prouvant la survie de la dynastie mérovingienne et établissant que certains individus ont des droits sur le trône de France – notamment Pierre Plantard de Saint-Clair. Cette affirmation paraît peu crédible étant donné que personne, à l'exception des membres du Prieuré, n'a vu ces documents et que l'idée d'une lignée mérovingienne ininterrompue est pour le moins douteuse.

En outre, l'explication du Prieuré présente une incohérence flagrante. S'il est vrai que sa seule mission consiste, depuis tant de siècles, à protéger les descendants mérovingiens, il est curieux qu'il se soit réjoui de découvrir des informations sur leur identité. Ses membres connaissaient sûrement les hommes qu'ils étaient chargés de défendre – sans quoi ils n'auraient jamais fait montre d'un tel zèle fanatique pour préserver leur organisation ! S'appuyer – apparemment – sur une *raison d'être a posteriori* est pour le moins suspect.

Quoi qu'il en soit, nous étions intrigués par l'importance que le Prieuré accordait à ce village. Nous y voyions deux raisons possibles : il est significatif en soi, mais pas pour les raisons exposées dans les *Dossiers*, ou bien l'affaire Saunière est sans intérêt réel pour le Prieuré, qui se contente d'entretenir le mystère pour des raisons spécifiques. Il nous fallait découvrir laquelle de ces hypothèses correspondait à la vérité.

Du parking, on a une vue étonnante sur la vallée de l'Aude jusqu'aux sommets enneigés des Pyrénées. On imagine aisément pourquoi ce modeste hameau acquit une telle importance stratégique par le passé : la vue dégagée permettait d'anticiper l'approche de troupes ennemies. Rennes-le-Château fut l'une des places fortes wisigothes. Certains y voient la cité perdue de Rhedae, qui était alors l'équivalent de Carcassonne et de Narbonne. L'endroit exerce toujours une influence magnétique. Alors que sa population dépasse à peine une centaine d'habitants, le village accueille plus de vingt-cinq mille visiteurs par an.

Le château d'eau, qui se dresse sur le parking, porte les signes du zodiaque – un motif qu'on retrouve au-dessus des portes de certaines demeures – mais c'est habituel dans la région. Le regard est immédiatement attiré par un petit bâtiment, sorte de folie, accroché à la falaise et surplombant le précipice. C'était la bibliothèque privée de Saunière, qui la baptisa Tour Magdala. Elle fait partie de son *domaine*, récemment ouvert au public. Telle une petite tourelle médiévale, elle se poursuit d'un côté par de longs remparts, qui mènent à une serre aujourd'hui abandonnée. Dans les salles sous les remparts, on trouve un petit musée consacré à la vie de Saunière et au mystère qui l'entoure. Un jardin sépare la tour de la vaste demeure, construite grâce à son inexplicable fortune, la Villa Bethania, dont certaines pièces sont ouvertes au public. Juste derrière, au bout d'un chemin de gravier, s'ouvre une grotte réalisée par le prêtre lui-même à l'aide de pierres provenant, sans doute au prix de grands efforts, d'une vallée voisine. Puis, viennent le cimetière du village et les ruines de l'église dédiée à Marie Madeleine.

La renommée de l'église est telle qu'on est surpris de la trouver si petite, mais la déception est vite dissipée par le caractère étrange de la décoration conçue par l'abbé Saunière. Sur ce point, l'abbé ne cesse d'intriguer.

Au-dessus du portail, avec ses oiseaux en plâtre blanc presque comiques et ses tuiles jaunes brisées, sont gravés les mots : *Terribilis est locus iste* (Que ce lieu est redoutable), une citation de la Genèse (28 : 17) qui se poursuit, en latin, sur la voûte du portail : « C'est ici la maison de Dieu, c'est ici la porte des cieux. » Une statue de Marie Madeleine se dresse au-dessus de la porte, alors que le tympan est décoré d'un triangle équilatéral, de roses sculptées et d'une croix. Plus étonnante encore est la présence d'un démon de plâtre, hideux et déformé, qui semble garder le seuil. Cornu et grimaçant, il est accroupi dans une position sans équivoque, et porte sur ses épaules le bénitier. Il est surmonté de quatre anges, chacun accomplissant l'un des gestes du signe de la croix, tandis que sous leurs pieds on lit : *Par ce signe tu le vaincras*. Sur le mur du fond, un tableau illustre le baptême de Jésus – représenté dans une position reproduisant celle du démon inversée, (comme dans un miroir). Celui-ci et Jésus regardent le même endroit du sol, sur lequel est dessiné un échiquier*. Dans le tableau, Jean Baptiste

* Un échiquier ou un pavé mosaïque ? (Note du traducteur.)

domine Jésus, et lui verse sur la tête l'eau d'une coquille. Le bénitier que porte le démon est lui aussi en forme de coquille. L'abbé a clairement voulu établir un parallèle entre les deux images, entre le démon et le baptême de Jésus. (En avril 1996, un vandale décapita le démon et emporta sa tête – de tels actes sont fréquents dans cette église.)

Quand on observe, debout sur le pavement noir et blanc, cette petite église paroissiale de Sainte-Marie Madeleine, on a le sentiment de se trouver dans un lieu de culte typiquement catholique. Sa décoration, avec ses saints en plâtre – notamment saint Antoine l'ermite et saint Roch –, paraît habituelle d'une église. Un examen plus attentif révèle, toutefois, de curieux détails. Ainsi, les stations du chemin de croix, disposées dans le sens inverse à celui des aiguilles d'une montre – ce qui est inhabituel – montrent un garçon vêtu d'une jupe courte et un petit enfant noir. En outre, le dais au-dessus de la chaire a la forme du Temple de Salomon.

Le bas-relief à l'avant de l'autel faisait, dit-on, la fierté et la joie de Saunière. Il y apporta lui-même la touche finale. On y voit la Magdaléenne dans une robe dorée, agenouillée dans l'attitude de la prière ; un livre est ouvert devant elle et un crâne repose sur ses genoux. Une croix apparemment taillée dans un arbre vivant – avec une pousse feuillue à mi-hauteur – se dresse devant elle. Derrière la grotte rocheuse près de laquelle la sainte est agenouillée, on distingue la forme de bâtiments se détachant sur l'horizon. Si le crâne et le livre ouvert sont des éléments classiques de l'iconographie de la Magdaléenne, le vase, lui, fait curieusement défaut.

La sainte apparaît encore dans le vitrail au-dessus de l'autel : glissée sous une table, elle oint les pieds de Jésus avec de précieux parfums. L'église compte quatre représentations de la Magdaléenne, ce qui paraît un peu excessif dans un espace aussi petit, même si l'on considère qu'il lui est dédié. L'intérêt de Saunière pour cette sainte est renforcé par les noms qu'il a choisis pour sa bibliothèque, *Tour Magdala*, et sa maison, *Villa Bethania*. Dans la Bible, Béthanie est la ville où résidait la famille de Lazare, Marthe et Marie.

Une pièce secrète, dissimulée derrière un placard de la sacristie, est rarement visitée par le public. Le vitrail de son unique fenêtre, à peine visible de l'extérieur, représente la crucifixion. Mais, comme presque tous les détails de ce « lieu redoutable », celle-ci n'est pas conforme à la tradition. L'œil est attiré par le paysage lointain, sous les bras de l'homme en croix. C'est, semble-t-il, l'élément vraiment important du tableau. Or, il représente également le Temple de Salomon.

Même l'entrée du cimetière est inhabituelle. Le portail est décoré d'un crâne métallique et d'os croisés, emblème traditionnel des templiers – son originalité réside dans le sourire qui découvre vingt-deux dents. Parmi les sépultures ornées de compositions florales et de photographies des défunts, on trouve celles de la famille Bonhommes. En un autre lieu, cela n'appellerait pas de commentaire, mais ici ce rappel linguistique des cathares – *les Bonshommes* – est poignant. La tombe de Saunière, ornée de son profil en bas relief, s'appuie au mur mitoyen entre le cimetière et son ancien *domaine*. Elle a récemment été l'objet d'actes de vandalisme. Marie Denarnaud, sa fidèle femme de ménage (et peut-être plus), est inhumée à ses côtés.

Il n'entre pas dans notre propos de détailler une affaire rebattue. Mais nous ne nous trompions pas en soupçonnant que le mystère de Rennes nous permettrait de pénétrer plus avant la tradition occulte, qui apparaît au cœur de notre recherche. Nous avions trouvé des indices suggérant l'existence d'une tradition *gnostique* dans une région connue depuis toujours pour ses « hérétiques » : cathares, templiers, « sorcières ». Depuis le traumatisme de la croisade des Albigeois, le Languedoc n'a jamais rendu sa confiance au Vatican. Hérésies et minorités politiques y ont toujours fait bon ménage. Sans doute est-ce encore le cas à l'heure actuelle.

Avec Saunière, nous avons affaire à un prêtre rebelle. Il n'avait rien de l'ecclésiastique de village typique. Il maîtrisait le grec et le latin, et s'était abonné à une revue allemande. Qu'il ait ou non découvert un trésor secret, il est peu probable que « l'affaire de Rennes » ne soit qu'une mystification. En revanche, l'interprétation habituelle nous paraît erronée[2].

Il est difficile de restituer la suite exacte des événements, vu qu'ils reposent plus sur les souvenirs des villageois que sur des documents écrits. Saunière prit ses fonctions de prêtre paroissial au début de juin 1885. Quelques mois plus tard, il donna, du haut de sa chaire, un sermon férocement antirépublicain (à l'occasion des élections) et fut provisoirement suspendu. Réinstallé dans ses fonctions au cours de l'été 1886, il reçut un don de trois mille francs de la comtesse de Chambord, veuve du prétendant au trône de France – Henri de Bourbon, qui revendiquait le titre d'Henri V –, en reconnaissance de services rendus à la cause monarchiste. Apparemment, il employa cet argent à rénover l'ancienne église. Selon la plupart des récits, c'est alors que fut retirée la colonne des Wisigoths – dans laquelle, il aurait découvert des parchemins codés. Cela semble improbable. Les projets ambitieux de l'abbé ne commencèrent qu'en

1891. C'est vers cette époque que le carillonneur, Antoine Captier, fit une découverte importante. Certains prétendent qu'il trouva un cylindre en bois. D'autres parlent d'un flacon de verre. Toujours est-il que l'objet aurait contenu des parchemins ou des documents roulés, qu'il aurait remis à Saunière. C'est *cette* découverte qui aurait bouleversé la vie du prêtre.

La version habituelle veut que Saunière ait présenté les parchemins à l'archevêque de Carcassonne, Félix-Arsène Billard, ce qui aurait motivé un voyage précipité à Paris. On aurait conseillé à Saunière d'apporter les documents à un expert, un certain Émile Hoffet, pour qu'il les décode. Hoffet n'était alors qu'un jeune séminariste, mais il possédait déjà une connaissance approfondie de l'occultisme et des sociétés secrètes. (Il enseigna, par la suite, à l'église Notre-Dame des Lumières à Goult, où l'on trouve une Vierge noire à laquelle le Prieuré de Sion accorde une importance capitale[3].) L'oncle d'Hoffet dirigeait le Séminaire de Saint-Sulpice à Paris.

Sur le pavement de l'église Saint-Sulpice, le méridien de Paris – qui passe tout près de Rennes-le-Château – est indiqué par une ligne en cuivre. Bâtie à l'emplacement d'un temple d'Isis, en 1645, elle fut fondée par Jean-Jacques Olier, qui la fit construire selon la Proportion dorée de la géométrie sacrée. Elle reçut le nom d'un évêque de Bourges de l'époque mérovingienne, Dagobert II – on célèbre sa fête le 17 janvier, date récurrente dans les mystères de Rennes-le-Château et du Prieuré de Sion. La majeure partie du roman satanique de J. K. Huysmans se situe à Saint-Sulpice, dont le séminaire était connu, à la fin du XIXe siècle, pour un manque d'orthodoxie (et c'est un euphémisme !). Ce fut le quartier général, au XVIIe siècle, d'une mystérieuse société secrète, la Compagnie du Saint-Sacrement, qui aurait servi de couverture au Prieuré de Sion.

Durant son séjour à Paris – lors de l'été 1891 ou du printemps 1892 –, Hoffet introduisit Saunière dans la société occulte animée par Emma Calvé, qui rassemblait des personnages comme Joséphin Péladan, Stanislav de Guaïta, Jules Bois et Papus (Gérard Encausse). Selon une rumeur persistante, Saunière et Emma auraient été amants.

Saunière aurait visité l'église de Saint-Sulpice et étudié certaines de ses peintures ; il aurait acheté des reproductions de tableaux exposés au Louvre. C'est dès son retour à Rennes-le-Château, qu'il entreprit la décoration de son église et la construction de son *domaine*.

La visite à Paris est un épisode capital de l'énigme Saunière. Les chercheurs se sont toujours efforcés d'en percer le mystère. Or, rien ne permet d'affirmer qu'elle ait eut lieu. Une photographie de Saunière portant le nom d'un studio parisien fut longtemps considérée comme la preuve de ce voyage, mais une étude récente a révélé qu'il s'agissait, en réalité, de son jeune frère Alfred (prêtre lui aussi)[4]. On a également prétendu que la signature de Saunière figurait dans le livre de messe de Saint-Sulpice, mais cela n'a jamais été confirmé. Gérard de Sède, qui possède des documents ayant appartenu à Émile Hoffet, affirme détenir le compte rendu (hélas, non daté) d'une rencontre avec Saunière à Paris[5]. À notre connaissance, ce point n'est pas plus confirmé. Nous l'avons précisé, la majeure partie de l'affaire repose sur des souvenirs et sur les témoignages des villageois. Ainsi, Claire Captier, née Corbu, fille de celui qui acheta, en 1946, le *domaine* de Saunière à Marie Denarnaud – qui vécut avec les Corbu jusqu'à sa mort en 1953 – est catégorique : le voyage à Paris eut bien lieu[6].

La découverte de Saunière semble lui avoir assuré une richesse immédiate. À sa prise de fonctions, ses revenus mensuels étaient de soixante-quinze francs. Pourtant, entre 1896 et sa mort en 1917, il dépensa une somme phénoménale. Il est peut-être excessif de parler, comme certains, de vingt-trois millions. En revanche, cent soixante mille francs par mois ne font aucun doute. Il possédait des comptes en banque à Paris, Perpignan, Toulouse, Budapest, et investissait en valeurs mobilières et en titres – ce qui correspond mal au standing habituel d'un prêtre. On a suggéré que cette fortune était le produit d'un trafic d'indulgences (censées épargner au fidèle plusieurs années de purgatoire), mais même si ce fut le cas, comme le prétend l'historien René Descadeillas – spécialiste de l'affaire Saunière –, cela n'aurait pas suffi à « produire les sommes suffisantes pour lui permettre d'ériger semblables constructions et de vivre sur un tel pied. Il devait y avoir autre chose[7] ». Quoi qu'il en soit, pourquoi tant de personnes auraient voulu faire dire des messes par Saunière – prêtre de campagne anonyme dans une paroisse mineure ?

Son train de vie dispendieux lui attira maintes critiques. Marie s'habillait toujours à la dernière mode de Paris (ce qui lui aurait valu le surnom de « la Madone »). Ils recevaient avec un faste disproportionné en regard de leurs revenus supposés ou à leur statut social. En outre, des personnages riches et célèbres faisaient le voyage pénible de Rennes-le-Château pour leur rendre visite. (Pour des raisons étranges, Saunière n'utilisait la Villa Bethania que pour ses réceptions, préférant vivre dans le presbytère en ruine de l'église.) Parmi leurs visiteurs, mentionnons un prince de Habsbourg – au nom curieusement évocateur de *Johann Salvator* de Habsbourg –, un ministre et Emma Calvé.

Leur train de vie ne fut pas la seule source d'hostilité à leur encontre : Saunière et Marie avaient pris l'habitude de creuser la terre du cimetière, de nuit. On ignore à quel genre de travaux ils se livraient, mais on sait qu'ils effacèrent les inscriptions de la pierre tombale de la tombe de Marie de Nègre d'Ables – au nom également évocateur. Cette dame de la noblesse locale était décédée le 17 janvier 1781. Sans doute désiraient-ils voir disparaître l'information qui y figurait. Leurs efforts furent vains, car une copie de l'inscription existait, réalisée par des membres d'une société archéologique locale – ce qu'ignoraient Saunière et Marie. Toutefois, l'acharnement du prêtre à détruire cette épitaphe revêt une grande importance dans le cadre de notre investigation.

À l'époque présumée du voyage à Paris, Saunière découvrit aussi la « Pierre du chevalier » près de l'autel, une dalle sculptée de l'époque wisigothe, qui représentait un chevalier à cheval avec un enfant. Il aurait trouvé quelque chose d'importance sous cette dalle – peut-être une autre cache contenant des documents ou des objets, voire l'entrée d'une crypte. Nous l'ignorons puisque Saunière fit resceller la dalle. Mais son journal porte, au 21 septembre 1891, cette note énigmatique : « Lettre de Granès. Découverte d'une tombe. Il pleuvait. »

Les excavations nocturnes de Saunière suscitèrent un scandale local. Mais c'est son trafic d'indulgences qui provoqua, en définitive, le courroux des autorités ecclésiastiques, au point qu'on lui retira son office. On lui confia une autre paroisse, mais il refusa purement et simplement d'obéir, et continua résolument à vivre à Rennes-le-Château avec Marie. Quand l'Église envoya un autre prêtre au village, Saunière célébra officieusement la messe dans la Villa Bethania, et les villageois lui demeurèrent fidèles.

Le mystère qui suivit l'abbé Saunière est l'un des plus persistants. Il tomba malade le 17 janvier 1917 et mourut cinq jours plus tard. Son corps fut exposé, dans un fauteuil, à l'air libre, sur les remparts de la terrasse de son *domaine*, tandis que les villageois – et d'autres qui avaient parcouru une longue route – défilaient devant lui, cueillant des pompons rouges sur son manteau. C'est le prêtre du village voisin d'Espéraza qui reçut son ultime confession : elle eut, sur lui, un effet si profond que René Descadeillas prétend que : « ... à partir de ce jour, le vieux prêtre ne fut jamais plus le même ; il avait manifestement reçu un choc [8]. »

Après la mort de l'abbé, la fidèle Marie Denarnaud vécut dans la

Villa Bethania. Saunière, en tant que prêtre, n'était pas autorisé à posséder quoi que ce soit, aussi avait-il acheté le terrain au nom de Marie. Celle-ci devint de plus en plus solitaire. On la disait irascible ; elle refusait toutes les offres d'achat du *domaine* qu'elle délaissait. En 1946, le jour de la fête de Marie Madeleine [9], elle finit par le vendre à Noël Corbu, un homme d'affaires, à condition de pouvoir continuer à y vivre jusqu'à la fin de ses jours.

La fille de Corbu, Claire Captier, se souvient d'avoir vécu là quand elle était enfant. Selon elle, Marie se rendait sur la tombe de Saunière tous les jours – et toutes les nuits. Marie parla à la jeune Claire d'un phénomène qui se produisait lors de certaines de ses visites : « Ce soir, j'ai été suivie par les feux follets du cimetière. » À la question de savoir si elle avait eu peur, elle répondait : « J'ai l'habitude... Je marche lentement, ils me suivent... quand je m'arrête, ils s'arrêtent, et quand je referme les portes du cimetière, ils disparaissent [10]. »

Claire Captier [11] se souvient aussi que Marie disait : « Avec ce que monsieur le curé a laissé, on pourrait nourrir tout Rennes pendant cent ans et il en resterait encore. » Quand on lui demandait pourquoi, si elle avait hérité d'une telle fortune, elle vivait aussi chichement, elle répondait : « Je ne peux y toucher. » En 1949, quand elle apprit que les affaires de Corbu périclitaient, elle dit : « Ne vous en faites pas tant, mon bon Noël... un jour, je vous confierai un secret qui fera de vous un homme riche... très riche ! » Hélas, durant les mois qui précédèrent sa mort par apoplexie, en janvier 1953, elle devint sénile. Le secret disparut avec elle.

Que cache l'histoire de Saunière ? Il semble qu'on l'ait payé pour rester au village (malgré sa fortune, il choisit d'y demeurer, même lorsqu'il ne fut plus en fonction), quoique les versements fussent irréguliers. Sa richesse ne consistait pas en une importante somme d'argent, comme certains l'ont suggéré. Son compte en banque connaissait des hauts et des bas. Il traversait souvent des périodes creuses, mais quelques mois plus tard, il reprenait son train de vie dispendieux. Juste avant sa mort, il caressait de nouveaux projets ambitieux qui lui auraient coûté au moins huit millions de francs [12] – il entendait faire construire une route jusqu'au village pour permettre le passage de sa future voiture, amener l'eau dans toutes les maisons et créer des fonts baptismaux à l'air libre. Il comptait aussi ériger une tour de soixante-dix mètres du haut de laquelle il aurait appelé ses paroissiens à la prière.

On a prétendu que son argent lui venait des monarchistes, ce qui pose un autre problème. Quel service Saunière pouvait-il leur rendre, qui justifiait un salaire aussi somptueux ? Faut-il chercher dans son obsession pour la Magdaléenne un élément de réponse ? Il est évident que sa richesse ne pouvait uniquement provenir d'un complot politique. Les rares documents dont nous disposions révèlent, si l'on en croit Gérard de Sède :

> (...) une curieuse dévotion pour la *Bona Dea*, pour le principe féminin qui, selon les propres termes de Bérenger [Saunière], semble transcender les croyances et la foi [13].

Une fois encore nous voyons apparaître des secrets relatifs au Principe féminin incarné par Marie Madeleine... et un nouveau lien avec le Prieuré de Sion, qui vénère les Vierges noires et Isis. La région de Rennes-le-Château révèle de nombreux indices de la perpétuation de ce culte.

Qu'en est-il des fameux parchemins découverts par Saunière (selon le Prieuré de Sion) ? Il s'agirait de deux généalogies concernant la dynastie mérovingienne et de deux extraits des Évangiles, dans lesquels certaines lettres, soulignées, recelaient un message codé. Les parchemins eux-mêmes n'ont jamais été publiés, mais de pseudo-copies des textes codés ont été divulguées, pour la première fois en 1967, dans *L'Or de Rennes*, de Gérard et Sophie de Sède. (En fait, même si son nom n'est pas mentionné, Pierre Plantard de Saint-Clair a prétendu en être le coauteur [14].)

Ces textes ont fait couler beaucoup d'encre et donné matière à spéculations. Dans l'épisode des épis de blé et du sabbat, dans le Nouveau Testament, les lettres soulignées se lisent :

> À DAGOBERT II ROI ET À SION EST CE TRÉSOR ET IL EST LA MORT.

L'autre texte concerne la scène où Marie de Béthanie oint les pieds de Jésus. La version décodée donne :

> BERGÈRE PAS DE TENTATION QUE POUSSIN TENIERS GARDENT LA CLEF PAX 681 PAR LA CROIX ET CE CHEVAL DE DIEU J'ACHÈVE CE DAEMON DE GARDIEN À MIDI POMME BLEUE.

Ce second message fut beaucoup plus difficile à décoder que le premier. En lisant les lettres soulignées on obtient dans ce cas REX MUNDI (« Roi du Monde » – une expression gnostique, utilisée par les cathares pour désigner le dieu de cette terre). Cent quarante lettres supplémentaires ont été ajoutées, rendant le décodage très complexe avant d'obtenir le message « Bergère pas de tentation[15]... ». (On notera que le système employé avait été inventé par l'alchimiste français Blaise de Vignère, secrétaire de Laurent de Médicis.) Le texte final est l'anagramme parfait de l'épitaphe de Marie de Nègre, sur laquelle nous reviendrons au prochain chapitre.

Que le décryptage soit correct ne fait guère de doute. Des tentatives ingénieuses – souvent fantasques – se multiplient pour en *expliquer* le sens. Aucune n'est tout à fait satisfaisante. (La plus récente, avancée par Andrews et Schellenberger, est analysée dans l'appendice II.)

Le problème avec ces parchemins tient à ce que Philippe de Chérisey, associé de Pierre Plantard de Saint-Clair (qui lui succéda probablement au titre de grand maître du Prieuré de Sion en 1984), reconnut qu'il les avait lui-même fabriqués en 1956[16]. (Quand les auteurs de *L'Énigme sacrée* en firent la remarque à Plantard de Saint-Clair, en 1979, celui-ci prétendit que Chérisey s'était contenté de les recopier, ce qui n'est guère convaincant[17].) Il est inutile de consacrer plus de temps à ces parchemins, car ils ne sont pas assez fiables pour fournir des indices susceptibles de faire progresser l'enquête sur l'affaire Saunière.

S'ils n'ont pas été découverts par l'abbé, celui-ci a peut-être mis la main, néanmoins, sur quelque trésor..., beaucoup le pensent. Il a certainement découvert, dans l'église, une cachette contenant de vieilles pièces et des bijoux. Mais au vu des multiples vestiges archéologiques régionaux, cela n'aurait pas dû engendrer une telle frénésie. Nombreux sont ceux qui pensent que Saunière est tombé sur une véritable caverne d'Ali Baba remplie de trésors somptueux, si riches que ses amis et lui n'ont pas réussi à l'épuiser. Il en resterait encore une grande quantité pour le chercheur entreprenant qui saura les retrouver.

Toute romantique qu'elle soit, cette idée est stupide. Ce scénario s'accorde mal avec les difficultés financières récurrentes de Saunière. Si l'église est comparable à une grande carte du trésor, le symbolisme utilisé est curieux et ésotérique à l'excès. Si Saunière entendait garder le trésor pour lui-même, pourquoi aurait-il tracé une telle carte ? S'il désirait que seules certaines personnes puissent trouver la cache, pourquoi ne pas la leur avoir indiquée purement et simplement ? En outre, le fait qu'il ait découvert un trésor n'explique pas que des personnalités influentes aient eu un tel désir de lui rendre visite dans sa petite paroisse perdue à flanc de montagne.

Si on prend en compte tous nos indices, il semble établi que Saunière était payé par *quelqu'un pour quelque service*, impliquant l'obligation de rester à Rennes-le-Château. Ses excavations nocturnes dans le cimetière, ses longues tournées dans le proche voisinage et ses déplacements plus lointains, qui duraient parfois plusieurs jours, montrent bien qu'il cherchait quelque chose. Il était, toutefois, si important qu'on le croie à Rennes-le-Château que, pendant ses absences, Marie Denarnaud envoyait des lettres préparées en réponse aux éventuels courriers. (Certaines de ces réponses préparées furent retrouvées dans ses papiers après sa mort.)

Un rebondissement à l'affaire Saunière eut lieu en 1995. L'ésotériste André Douzet produisit une *maquette* en plâtre représentant un paysage en relief, que Saunière aurait commandé juste avant son décès[18]. Elle représente des collines et des vallées traversées par des routes ou des rivières. Un bâtiment unique se détache sur un versant. La maquette semble représenter la région de Jérusalem, et plus particulièrement des sites bibliques tels que le jardin de Gethsémani et le Golgotha. Or, ce paysage ne correspond pas à celui de Jérusalem, mais plutôt à la région de Rennes-le-Château. Saunière envisageait-il de faire de son pays natal une Nouvelle Jérusalem[19] ?

On pourrait consacrer une vie entière aux mystères de Rennes-le-Château ; peut-être est-ce là son rôle : n'être qu'une fausse piste. Car si l'endroit est indéniablement intéressant, il détourne l'attention d'autres sites voisins tout aussi intriguants.

D'autres prêtres furent impliqués dans l'affaire, y compris le supérieur de Saunière, Félix-Arsène Billard, évêque de Carcassonne. Il aurait envoyé Saunière à Paris et fermé les yeux sur son comportement scandaleux. (C'est à la mort de Billard, en 1902, et après la nomination de son successeur que Saunière subit des poursuites.) Billard lui-même fut impliqué dans de douteuses affaires commerciales[20].

Le plus connu de cette coterie de prêtres autour de Saunière est l'abbé Henri Boudet (1838-1915), qui officiait à Rennes-les-Bains depuis 1872. Homme érudit, réservé, sage – l'opposé de Saunière –, il était aussi engagé dans d'étranges activités. En 1886, il publia *La Vraie Langue celtique et le cromlech de Rennes-les-Bains*, qui n'a cessé depuis d'intriguer les chercheurs. Le livre traite de deux sujets. Le premier, une théorie bizarre selon laquelle diverses langues anciennes (celte, hébreu, etc.) dérivaient de l'anglo-saxon – il l'illustrait d'exemples souvent hilarants pour montrer que des noms de lieux proches de Rennes-le-Château avaient des racines anglaises. Le second, une description de divers mégalithes de la région. Boudet était un historien et un archéologue local respecté. Ses théories étaient si farfelues que, pour beaucoup, elles cachaient un message plus profond – sorte de complément au décor de l'église de Saunière. Certains ont suggéré qu'en rapprochant les œuvres des deux hommes, on obtiendrait, sous forme codée, des indications sur le lieu du « trésor ». Nul n'a réussi à ce jour à les décrypter, et le livre de Boudet intrigue toujours autant. Ses autres activités évoquent celles de Saunière. Il a altéré des inscriptions sur des pierres tombales de son cimetière et déplacé des bornes de sa région.

Certains considèrent Boudet comme le vrai cerveau derrière les entreprises de construction de Saunière. Ils vont jusqu'à prétendre, à l'instar de Pierre Plantard de Saint-Clair, que Boudet était le « commanditaire » de Saunière [21] – mais ils n'étaient pas leurs assertions. Boudet est lié à un autre acteur de ce mystère : Plantard de Saint-Clair lui-même, qui rédigea la préface au fac-similé de *La Vraie Langue celtique*, paru en 1978. Plantard possède une propriété à Rennes-les-Bains. Dans le cimetière de la vieille église de Boudet, une indication signale l'endroit où il a prévu de se faire inhumer.

L'abbé Antoine Gélis, contemporain de Saunière, fut prêtre de la paroisse de Coustassa, située sur le versant opposé de la vallée du Sals, par rapport à Rennes-le-Château. Le 1er novembre 1897, Gélis, âgé alors de soixante-dix ans, fut sauvagement assassiné de plusieurs coups violents à la tête. Il avait, semble-t-il, accueilli son agresseur dans le presbytère et conversait avec lui au moment du drame. Gélis était un ami de Saunière. Dans son journal, l'abbé dit l'avoir rencontré, avec d'autres, le 29 septembre 1891, soit huit jours avant qu'il ne soit fait mention de la « découverte d'une tombe ». Gélis a vécu ses derniers jours dans la peur ; il condamnait sa porte et ne voyait personne hormis sa nièce, qui lui apportait ses repas. Il avait reçu, peu de temps auparavant, une importante somme d'argent – environ quatorze mille francs –, dont personne n'a pu expliquer la provenance. Il en avait dissimulé une partie dans sa maison et l'autre, dans son église. On a trouvé des papiers qui révèlent où. La somme était presque intacte après son assassinat. Le meurtrier – qui n'a jamais été appréhendé – avait fouillé la maison, mais n'avait pas touché aux huit cents francs qui traînaient bien en vue. Plus étrange encore, il avait disposé le corps de façon rituelle, croisant les bras sur la poitrine, et laissant derrière lui un bout de papier sur lequel étaient écrits les mots : « Viva Angelina ». On n'a jamais identifié le mobile du crime.

Plusieurs éléments intriguent dans le meurtre de Gélis. Sa tombe est la seule du cimetière de Coustassa orientée vers Rennes-le-

Château – elle porte une croix rouge. En outre, bien que le meurtre odieux de ce frêle vieillard ait choqué la population locale, le diocèse a souhaité étouffer l'affaire au plus tôt. Gérard de Sède a enquêté sur ce drame au début des années 1960. Il n'en a trouvé aucune trace dans les archives diocésaines de Carcassonne. Il a fallu attendre 1975 pour que deux avocats reconstruisent l'affaire à partir des rapports de la police locale et de la cour[22].

Certains ont suggéré que Saunière était responsable du meurtre de Gélis, mais c'est pure spéculation. Il semble bien, cependant, qu'un événement sinistre ait impliqué des prêtres locaux, et pas seulement celui de Rennes-le-Château.

Le village de Rennes-le-Château est important en soi, mais il a peut-être trop monopolisé l'attention, car la région environnante est également baignée de mystère. La plupart des chercheurs reconnaissent qu'il existe d'autres sites étranges à proximité, mais ils ont toujours tendance à les considérer en fonction de l'affaire Saunière. Cependant, si l'abbé a effectivement fait une découverte, celle-ci aurait pu se produire ailleurs. Outre ses absences, parfois de plusieurs semaines, Saunière faisait de longues promenades dans les environs immédiats. (Ses expéditions de chasse et de pêche couvraient peut-être d'autres activités.)

Une étude du voisinage de Rennes-le-Château révèle l'implication non seulement du Prieuré, mais encore d'une tradition clandestine plus large – dont nous soupçonnions désormais l'existence.

Les églises consacrées au Baptiste y prolifèrent. Elles sont souvent groupées – ainsi, on n'en compte pas moins de trois dans la petite région de Belvèze-du-Razès. (Une partie de celle-ci est appelée *La Magdaléenne*.)

L'église magdaléenne de Rennes-le-Château était jadis la chapelle du château. Une autre église se dressait dans le village – dédiée à Jean Baptiste[23]. Elle fut détruite au XIVe siècle, lors de la prise de Rennes-le-Château par les troupes d'un noble espagnol, qui la fit démolir pierre par pierre parce qu'il était convaincu qu'elle renfermait un trésor[24].

Non loin de là, à Arques, l'église originale de Jean Baptiste fut, par la suite, consacrée à sainte Anne, ce qui est étrange puisqu'elle renferme toujours une relique du Baptiste.

Arques et Couiza – où se trouve une autre église dédiée à Jean – furent la propriété de la famille de Joyeuse jusqu'en 1646, lorsque Henriette-Catherine de Joyeuse vendit toutes ses terres languedociennes à la monarchie française. Cette dame était veuve de Charles, duc de Guise, dont le précepteur ne fut autre que Robert Fludd – lequel était venu spécialement d'Angleterre pour tenir ce rôle[25].

Couiza ou Arques abrita une Vierge noire, connue sous le nom de Notre-Dame de la Paix. La famille de Joyeuse l'emporta à Paris en 1576, où elle est toujours visible dans l'église des Sœurs du Sacré-Cœur (dans le XIIè arrondissement)[26]. Saunière correspondit avec la supérieure de cet Ordre, pour qui il semblait revêtir une importance toute particulière. La sœur Augustine Marie, secrétaire de l'Ordre, lui adressa une lettre le 5 février 1903[27], pour lui demander de dire des messes en l'honneur de leur Vierge noire, et lui proposer d'acheter une statue du Petit Jésus de Prague (toujours exposée dans la Villa Bethania). Elle le remercie, en outre, « pour la dévotion que vous témoignez à l'égard de notre bon roi ». Faisait-elle allusion à un prétendant au trône de France ou à Jésus ? Nous verrons que les groupes hétérodoxes honoraient un autre « roi ». On pourrait en déduire que les propos de sœur Augustine Marie étaient codés et que la paroisse et les paroissiens de Rennes-le-Château avaient *quelque chose de spécial*.

La famille de Joyeuse bâtit aussi une église Jean-Baptiste à Arques, en utilisant les ruines de l'ancien château détruit par Simon de Montfort. En fait, l'actuel clocher et le mur principal faisaient partie du château original. Le maire d'Arques ne put nous expliquer pourquoi l'église avait été rebaptisée et consacrée à sainte Anne.

Son prédécesseur dans les années 1930 et 1940 était un certain Déodat Roché, étudiant assidu de l'histoire ésotérique de la région, responsable des tentatives les plus sérieuses pour y rétablir une église cathare[28]. L'un de ses oncles était le médecin de Saunière, et un autre, son notaire.

À mi-chemin entre Rennes-le-Château et Limoux se trouve la station thermale d'Alet-les-Bains. Ancien site de l'évêché local (avant son transfert à Carcassonne), Alet était, au Moyen Âge, un centre alchimique renommé. La famille de Nostradamus était originaire de cette ville, et le célèbre prophète, lui-même, y aurait vécu un certain temps. Les racines templières de la ville remontent aux toutes premières années de l'Ordre – plusieurs actes importants lui attribuant des terres y furent signés dans les années 1130. Des symboles templiers sont toujours gravés sur les linteaux de plusieurs maisons pittoresques datant du Moyen Âge ; en fait, les armes de la ville reproduisent une croix templière. Franck Marie[29], chercheur et écrivain, a démontré que le plan de l'imposante église de Saint-André s'inspire, comme celui de la chapelle de Rosslyn, de la géométrie de la croix templière – pourtant, l'église fut construite à la fin du XIVe siècle, *après la suppression de l'Ordre*. La bâtisse se distingue aussi par ses fenêtres avec l'étoile à six branches, sceau de David. Ce symbole possède, outre ses connotations juives évidentes (inhabituelles pour une église chrétienne médiévale), des connotations magiques traditionnelles – symbolisant l'union des principes masculin et féminin.

La rue principale d'Alet-les-Bains est l'avenue Nicolas-Pavillon, du nom de son plus célèbre évêque (de 1637 à 1677). Ce personnage important fut impliqué dans des événements liés au Prieuré de Sion. Pavillon et deux autres ecclésiastiques, le célèbre saint Vincent de Paul et Jean-Jacques Olier (bâtisseur de Saint-Sulpice), furent les inspirateurs de la Compagnie du Saint-Sacrement, appelée aussi « Kabbale du Dévot ». Organisation charitable, elle apparaît désormais, aux yeux des historiens, comme une société secrète politico-religieuse qui manipulait des personnalités importantes et influençait même la monarchie. La Compagnie a si bien préservé ses vrais mobiles qu'ils divisent toujours les historiens – ils semblent parfois farouchement catholiques, parfois férocement hérétiques. On a suggéré qu'elle servait de couverture au Prieuré de Sion [30]. Son quartier général se trouvait au séminaire de Saint-Sulpice, à Paris.

L'un de ces conspirateurs, le mystérieux saint Vincent de Paul (1576-1660) – qui se prétendait initié à l'alchimie – est honoré dans un autre site, considéré comme l'un des plus énigmatiques du Languedoc : la basilique Notre-Dame de Marceille – au nord de Limoux –, qui se dresse juste à l'extérieur de la ville. Une statue de saint Vincent rappelle qu'il a fondé l'ordre des Pères lazaristes, qui ont la charge de la basilique depuis 1876. (L'abbé lazariste de Notre-Dame de Marceille fut un hôte de marque des cérémonies organisées par Saunière à l'occasion de l'inauguration des diverses parties de son *domaine*.)

Ce site entretenait des liens avec les « hérésies » qui font l'objet de notre investigation [31]. Pour commencer, malgré la différence d'orthographe, ce « Marceille » (nom d'origine inconnue) évoque la Magdaléenne par son homonymie avec « Marseille ». La basilique fut érigée sur le site d'un ancien sanctuaire païen, au-dessus d'une source réputée pour ses propriétés curatives, en particulier pour les yeux. L'église doit son nom à une Vierge noire du XIe siècle, qui y est toujours exposée et à laquelle de nombreux miracles ont été attribués. Est-il étonnant, dès lors, que ce site appartînt autrefois aux templiers ? Pendant plusieurs siècles, ce fut un lieu de pèlerinage prisé.

Au fil des ans, divers groupes religieux s'en sont disputés le contrôle, pour quelque mystérieuse raison. Il appartenait, à l'origine, à l'abbaye bénédictine de Saint-Hilaire, toute proche, qui s'était attiré bien des critiques, durant la croisade contre les Albigeois, en raison de sa neutralité envers les cathares. (La population de Limoux fut même excommuniée pour leur avoir offert l'hospitalité.) Au XIIIe siècle, une lutte opposait l'archevêque de Narbonne, les bénédictins et les dominicains. Par la suite, le roi dut intervenir pour régler un différent opposant, pour le même motif, l'archevêque, le seigneur de Limoux et Guillaume de Voisins, seigneur de Rennes-le-Château. Le 14 mars 1344 (centième anniversaire de la mystérieuse cérémonie cathare qui se déroula à Montségur, la veille de la reddition de la forteresse), le pape Clément IV offrit l'église au collège de Narbonne, à Paris, qui maintint son privilège jusqu'au milieu du XVIIe siècle. Elle revint alors à l'évêque d'Alet-les-Bains[32]. Durant la Révolution, l'église et ses terres furent vendues, mais la Vierge noire fut cachée par un prieuré de l'ordre des Pénitents Bleus, un groupe étrange qui entretenait des relations avec les francs-maçons du Rite Écossais Rectifié et la famille Chefdebien – autres acteurs importants de ce drame, comme nous allons le voir[33]. L'église redevint un lieu de culte en 1795.

Pourtant, un autre différend allait éclater du vivant de Saunière. Il impliquait son supérieur, monseigneur Billard, évêque de Carcassonne. Plusieurs propriétaires se partageaient alors le site, mais à la suite d'une série de manœuvres financières subtiles – et pas toujours scrupuleuses –, l'évêque utilisa un banquier comme « prête-nom » pour acheter toutes les parts. La vente eut lieu le 17 janvier 1893 (Billard avait déjà acquis la Vierge noire, qui était à Limoux depuis quelque temps). Quatre mois plus tard, le nouveau propriétaire céda les terres à l'évêché et Billard en devint l'unique détenteur, conformément à son désir.

En 1912, le pape Pie X décréta que l'église devait être élevée au rang de basilique, un honneur rare et inexplicable pour un édifice aussi modeste. Le statut de basilique n'est généralement accordé qu'aux églises d'une certaine importance – comme dans le cas de Saint-Maximim, en Provence, qui abriterait les reliques de Marie Madeleine.

Jusqu'à tout récemment, les Gitans manifestaient un intérêt tout particulier pour la région de Notre-Dame de Marceille. Ils avaient l'habitude de s'installer dans un champ entre l'église et l'Aude, distante de quelques centaines de mètres, plus à l'ouest.

Notre-Dame de Marceille est mentionnée dans le livre énigmatique de l'abbé Boudet, *La Vraie Langue celtique*... C'est cette mention qui amena le chercheur belge, feu Jos Bertaulet, sur le site[34]. Il y fit une découverte intéressante : sur les anciennes terres de l'église, aujourd'hui propriétés de particuliers, se trouve une chapelle souterraine. Elles est composée de deux grandes salles qui datent de la fin de la période romaine ou du début de l'ère wisigothe (IIIe-IVe siècles). D'une hauteur de six mètres environ, un puits s'ouvre dans le plafond voûté de la première de ces salles. Le seul accès est un tunnel étroit, haut d'un mètre, apparemment postérieur et dissimulé dans une petite maison actuellement en ruine (elle semble n'avoir été construite que dans ce but). La fonction de cette chapelle est inconnue. Certains suggèrent que c'était une salle d'inhumation wisigothe – bien qu'elle soit vide de nos jours – ou d'un lieu d'initiation à une école de mystère. Il semble qu'elle ait été en activité jusqu'au début du XXe siècle. Son existence était pourtant si secrète que même les prêtres de la basilique n'en avaient pas connaissance – nous allions le découvrir dans des circonstances dramatiques. Peut-être est-ce cette salle secrète que Billard était si désireux de découvrir...

Lors d'un voyage de recherche en France, au cours de l'été 1995, Clive Prince visita la région avec son frère Keith. Le chercheur belge Filip Coppens nous avait renseignés sur la chapelle, et notamment sur la direction à suivre pour y arriver – elles s'avérèrent précieuses, car l'entrée était dissimulée sous un amas d'herbes folles. Jos Bertaulet avait recouvert le puits de la première salle de dalles de pierre, afin d'éviter tout risque d'accident.

L'escalier en bois étant pourri depuis longtemps, Keith est descendu à l'aide d'une corde. Il a trébuché et est tombé de tout son long au milieu des gravats accumulés au fil des ans. Dans l'obscurité totale, il a cru s'être brisé la jambe. Par bonheur, un examen ultérieur devait révéler qu'il ne s'agissait que d'une déchirure des ligaments. Il était toutefois dans l'incapacité de se redresser et plus encore de ressortir du puits. Clive s'est empressé d'appeler les services d'urgence. Quatre heures plus tard, une équipe de secours transportait Keith à l'hôpital de Carcassonne.

Cette mésaventure compromettait toute nouvelle exploration des salles souterraines, les autorités menaçant de faire sceller l'entrée du puits. Au printemps 1996, nous sommes revenus sur les lieux avec Charles Bywaters et nous avons eu l'heureuse surprise de constater qu'elles n'en avaient rien fait. Cette fois-ci, nous n'avons pas cherché à explorer les salles principales. Nous nous sommes contentés d'examiner le tunnel qui y menait – et nous y avons fait une découverte révélatrice.

Le tunnel semblait partir d'un mur blanc. Suivant les conseils de Filip Coppens, nous l'avons examiné soigneusement et il nous est apparu qu'il s'agissait probablement d'une ancienne porte. Celle-ci avait toutefois été condamnée – une initiative qui ne pouvait être le fait des autorités locales puisqu'elles ignoraient l'existence de la chapelle. Mais alors, qui tenait à interdire l'accès à l'une des salles ?

À en juger par l'état des barreaux de fer, qui avaient dû servir de poignées, la condamnation de la porte remontait à une centaine d'années, alors que Billard était seul propriétaire des lieux. Avait-il caché quelque chose derrière ce mur ? Peut-être. Pourtant, l'acharnement qu'il mit à acquérir ces terres donne à penser qu'il *cherchait* plutôt quelque chose. S'il s'est ainsi donné la peine d'interdire l'accès de cette salle sombre et humide, c'est peut-être qu'elle renferme des indices permettant d'atteindre l'objet de sa quête.

Peu avant d'être emporté par le cancer, en 1995, Jos Bertaulet affirma avoir décodé l'œuvre étrange de Boudet, *La Vraie Langue celtique*.... Elle révélait, selon lui, que cette chapelle souterraine abritait un reliquaire contenant la tête d'un « roi sacré ». Il affirma, en outre, que Boudet rattachait cette salle aux légendes du saint Graal. Nous avons vu que le thème des rois décapités y est récurrent (et les sœurs du Sacré-Cœur de Paris n'ont-elles pas remercié Saunière pour la dévotion dont il avait fait montre à l'égard de « notre bon roi » ?). Or, Notre-Dame de Marceille était, autrefois, une propriété templière.

La réponse à bien des questions se trouve peut-être de l'autre côté de cette porte scellée. Hélas, il semble peu probable – à l'époque où nous écrivons ces lignes – que l'autorisation de la percer soit jamais accordée. Or, tant de thèmes inhérents à notre investigation convergent vers ce lieu : les Vierges noires, les templiers, la Magdaléenne et le cycle du Graal. En outre, l'allusion à une tête tranchée n'est pas sans évoquer Jean Baptiste, à qui tant d'églises sont dédiées dans les environs. Il est clair que la région dans son ensemble, et le site de Notre-Dame de Marceille en particulier, cache un profond secret.

On voit mal quel rôle Saunière jouait dans cette histoire, pourtant on ne peut l'ignorer. Il a incontestablement fait une découverte importante. Mais, de quelle nature ? Voilà qui demeure un mystère. Notre investigation nous a toutefois permis d'identifier ceux dont il recherchait la compagnie. En fait, les indices que nous avons mis au jour concernant ses véritables relations modifient de façon considérable l'image classique du petit curé de campagne ayant, par hasard, découvert un trésor. Un point est désormais établi : l'importance de sa découverte dépasse largement le cadre limité du curieux village de Rennes-le-Château.

CHAPITRE 9

Un curieux trésor

Il n'y a pas de mystère Rennes-le-Château, disent les sceptiques. Pour eux, Saunière a bâti sa fortune par un trafic de messes ou quelque autre malversation. La légende d'un éventuel trésor serait une invention cynique pour faire du lieu une attraction touristique. L'importance accordée au village dans les *Dossiers secrets* traduirait le désir du Prieuré de s'entourer d'une aura de mystère. Quant à l'histoire qui nous est parvenue, elle remonte à 1956, lorsque Noël Corbu l'a imaginée pour distraire les hôtes de la Villa Bethania devenue hôtel-restaurant.

Pourtant il existe bien un mystère ; le village attirait les passionnés d'ésotérisme bien avant cette date. Ainsi, en 1950, un chercheur s'est rendu dans la région en quête du légendaire trésor cathare qui y aurait été transporté depuis Montségur [1]. Pendant la Deuxième Guerre mondiale, des officiers allemands furent cantonnés dans la Villa Bethania pour les mêmes raisons. Nul n'ignore plus que les nazis étaient fascinés par l'occulte et les objets rituels. Ils consacrèrent de nombreux mois à fouiller le site de Montségur dans l'espoir, dit-on, d'y trouver le saint Graal ; il est établi, en tout état de cause, que l'archéologue nazi Otto Rahn avait déjà entrepris des recherches dans la région au cours des années 1930.

Noël Corbu fut l'un des acteurs importants de l'histoire de Rennes-le-Château. Son rôle dépasse largement celui d'hôtelier ou de conteur local – comme le démontre sa participation active à la publication des parchemins codés. Ceux-ci parurent, pour la première fois en 1967, dans un livre de Gérard de Sède. Un proche de Pierre Plantard de Saint-Clair, Philippe de Chérisey, membre du Prieuré de Sion, avoua, par la suite, les avoir forgés de toutes pièces.

Dans son ouvrage consacré au mystère de Rennes-le-Château,

paru en 1988, Gérard de Sède affirme avoir publié ces documents en toute bonne foi, après les avoir reçus d'une personne impliquée dans l'affaire. Selon son informateur, il s'agissait de copies confiées par Saunière au maire du village avant qu'il n'emporte les originaux à Paris. Mais Sède évite soigneusement de préciser le nom de cet « intermédiaire [2] ».

Son identité *est* toutefois révélée dans le livre de Jean Robin. Il s'agit de Noël Corbu [3]. Précision importante car si Chérisey a lui-même rédigé ces documents, Corbu ne peut se les être procurés que grâce à des contacts avec le Prieuré de Sion.

Plus on étudie les circonstances qui ont amené Corbu à entrer en possession du *domaine* de Saunière, plus elles paraissent étranges. Selon la version habituelle, il aurait découvert le village par hasard durant la Deuxième Guerre mondiale ; ayant sympathisé avec Marie Denarnaud, il aurait décidé que la villa ferait une résidence idéale. La vérité est tout autre. Corbu se serait intéressé à l'affaire Saunière dès les années 1940. Il aurait délibérément recherché l'amitié de Marie pour lui soutirer des informations [4].

L'intrigue se complique encore. L'Église avait toujours souhaité, pour des raisons inexpliquées, racheter l'ancienne propriété de Saunière, mais sans que cela se sache. Elle fit plusieurs tentatives auprès de Marie pour la convaincre de lui vendre son bien, en vain. Il semble qu'elle soit, en définitive, parvenue à ses fins grâce à l'intervention de l'abbé Gau, qui persuada Corbu d'agir en son nom. Il aurait ainsi été convenu qu'il achète la propriété pour la revendre ensuite à l'Église. Mais Corbu n'aurait pas respecté le contrat [5].

Plus tard, il aurait demandé au Vatican une subvention si importante que Rome décida d'envoyer son ambassadeur à Carcassonne pour enquêter auprès du diocèse. L'ambassadeur en question n'était autre que le cardinal Roncalli – futur Jean XXIII (qui, à en croire les auteurs de *L'Énigme sacrée*, aurait été membre du Prieuré de Sion). Les conclusions du rapport établi par le diocèse auraient été négatives, recommandant à Rome le refus de la subvention... que le Vatican accorda néanmoins !

L'implication de Corbu démontre clairement que l'affaire de Rennes-le-Château ne s'arrête pas à la mort de Saunière. Il vécut sept ans aux côtés de Marie Denarnaud. Il se trouvait donc bien placé pour découvrir le secret de l'abbé. Quoi qu'il en soit, il ne l'a certainement pas inventé. (Corbu fut, dit-on, avec Pierre Plantard de Saint-Clair, le principal artisan de l'apparition du Prieuré sur la scène publique, dans les années 1950 ; ces rumeurs n'ont jamais été confirmées [6].)

Saunière n'était qu'un pion sur un échiquier plus vaste – un protagoniste d'un mystère qui mettait en jeu d'importantes sommes d'argent et qui conduisit au meurtre.

L'affaire concernait aussi les groupes parisiens avec lesquels Saunière eut des contacts. Beaucoup de proches d'Emma Calvé étaient, comme Emma elle-même, d'origine languedocienne. Pour rencontrer ces gens, Saunière n'était nullement obligé de se rendre à Paris puisque eux-mêmes se rendaient souvent à Toulouse, le « berceau de leur cercle [7] ».

Ces liens revêtent une importance capitale ; ils nous livrent des renseignements précieux sur Saunière, et confirment que l'histoire de Rennes-le-Château entre bel et bien dans le cadre de notre investigation.

C'est dans l'église de Rennes qu'il faut chercher des indices sur l'affiliation particulière de Saunière. Certains n'ont voulu voir dans sa décoration tapageuse et originale qu'une preuve de son mauvais goût – voire de sa déraison. Une recherche plus approfondie révèle pourtant que le mystère de ce « lieu redoutable » est plus riche qu'on n'a pu le penser.

Nous soupçonnions que l'église et ses environs immédiats répondaient à un plan occulte. Ses thèmes majeurs semblaient être le croisement des opposés ; ainsi, une serre fait pendant à la Tour Magdala, à l'autre extrémité des remparts. Si la tour est bâtie en pierre solide et compte un escalier de vingt-deux marches, la serre est d'un matériau inconsistant et ses vingt-deux marches descendent vers une salle souterraine. L'agencement du jardin de Saunière et du calvaire extérieur à l'église respecte une géométrie préconçue – et significative.

Nos observations furent confirmées par Alain Féral [8], artiste renommé, protégé de Jean Cocteau. Féral, qui vit à Rennes depuis le début des années 1980, a précisément mesuré les plans de l'église et des bâtiments environnants. Il y a ainsi découvert des thèmes récurrents. (Saunière n'a pu les réaliser lui-même. Peut-être furent-ils l'œuvre d'Henri Boudet, son architecte, ou des supérieurs du groupe auquel l'abbé appartenait.)

Féral nous fit observer que dans le pilier wisigoth (qui soutenait autrefois l'autel) est gravée une croix. Saunière l'a placée, la tête en bas, à l'extérieur de l'église – ce qui vient conforter notre hypothèse de l'effet miroir. Il insiste aussi sur l'omniprésence du nombre vingt-deux ; c'est le nombre de marches de la tour et de la serre, mais on le retrouve en d'autres endroits. Deux volées de marches mènent du jardin à la terrasse – chacune de onze marches. Les deux inscriptions dans l'église – *Terribilis est locus iste* sur le portique et *Par ce signe tu le vaincras* au-dessus du bénitier – comptent chacune vingt-deux lettres. (L'expression latine habituelle aurait été : *Terribilis est hic locus* et la française : *Par ce signe tu vaincras* ; Saunière les a modifiées pour obtenir le nombre de lettres voulu.) Or, les nombres 11 et 22 sont les « nombres du Maître » dans la tradition occultiste. Ils revêtent, en outre, une importance particulière dans les études kabbalistiques.

Par ailleurs, on remarquera le tracé formé par quatre objets – deux situés à l'intérieur de l'église et deux, à l'extérieur : le confessionnal en face de l'autel ; l'autel ; la statue de Notre-Dame de Lourdes (avec son inscription « Pénitence ! Pénitence ! » à l'extérieur de l'église, sur le pilier wisigoth inversé ; et le « calvaire », dans le petit jardin minutieusement élaboré par Saunière. Ces quatre objets forment un carré parfait et véhiculent un message symbolique. Le confessionnal et l'inscription « pénitence » renvoient à la même notion : *le repentir* ; or, ils font respectivement face à l'autel et au calvaire, deux symboles du *salut*. Les deux paires semblent donc suggérer un voyage spirituel ou une initiation : repentir, pardon, salut[9]. Le message est à ce point évident qu'il *doit* avoir un sens profond. Saunière cherche-t-il à signifier qu'il est possible de trouver le pardon et le salut en dehors de l'Église ? Mieux, ne cherche-t-il pas à nous diriger vers des figures associées au *repentir et à la pénitence* : Jean Baptiste et Marie Madeleine[10] ?

Il serait oiseux de voir dans la décoration de l'église le plan de quelque trésor. Si la richesse de Saunière était d'origine mystérieuse, pourquoi se serait-il donné tant de mal pour la révéler, fût-ce de manière codée ? La décoration vise, au contraire, à *cacher* quelque chose, ou tout au moins à exprimer un message réservé à un initié. On pourrait la comparer à celle d'une loge maçonnique. Un profane aura beau « décoder » les divers symboles – compas, équerre... –, il ne saura précisément ce que sont les francs-maçons. Pour cela, il devrait connaître la philosophie, l'histoire, les secrets qu'ils incarnent.

Beaucoup ont reconnu dans la décoration de l'église le symbolisme de diverses sociétés occultes : rosicruciens, templiers, francs-maçons. Les roses et la croix du tympan renvoient sans conteste aux rosicruciens. Une des anomalies du chemin de la croix se situe au niveau de la huitième station, dans laquelle Jésus (qui porte sa croix sans effort) rencontre une femme. Elle porte un voile de veuve sur la tête et dans les bras, un petit garçon enveloppé dans une sorte de tartan. On peut y voir une allusion aux francs-maçons, qui se disent « fils de la Veuve ». (Ce n'est sûrement pas par hasard si la maison VIII, en astrologie, régit les mystères de la sexualité, de la mort, de la renaissance... et de l'occulte.) Le pavé mosaïque noir et blanc qui couvre le sol de l'église et le plafond bleu semé d'étoiles dorées sont d'autres éléments d'une loge maçonnique.

L'un des éléments les plus importants est, en fait, le premier que découvre le visiteur en entrant dans l'église. Le démon, récemment victime de vandales, est appelé « Asmodée », le gardien traditionnel des trésors enfouis. Or rien ne permet de relier cette statue et ce démon biblique. Nous avons abordé la question avec Robert Howells, qui dirige l'une des librairies occultes les plus célèbres de Londres et possède une connaissance rare du symbolisme ésotérique. Ses recherches sur le mystère de Rennes-le-Château sont, qui plus est, tout à fait sérieuses et approfondies. Il nous confia que d'après une ancienne légende juive sur la construction du Temple, le roi Salomon recourut à divers stratagèmes pour empêcher des démons de perturber les travaux. Pour neutraliser Asmodée, il lui fit porter de l'eau, le seul élément susceptible d'avoir raison de lui[11]. Ces légendes font partie de la mythologie maçonnique et ce n'est donc pas une coïncidence si l'on retrouve Asmodée comme support du bénitier dans l'église de Saunière – avec au-dessous la formule : *Par ce signe tu le vaincras*. Enfin, la décoration du bénitier – anges, salamandres, eau et démon – représente les quatre éléments essentiels dans toute œuvre occulte : air, feu, eau et terre.

Si le lien avec Asmodée est réel, il serait pour le moins curieux. En effet, nous avons vu que cette statue est à mettre en parallèle avec le baptême de Jésus. Le démon étant neutralisé par l'eau, devons-nous en déduire qu'il en va de même pour Jésus quand Jean le baptise ? Dans le même esprit, un autre élément est troublant : l'inversion des deux lettres grecques *alpha* et *oméga*, traditionnellement associées à Jésus. On s'attendrait à ce que l'alpha soit situé sous Jean – censé annoncer Jésus – et l'oméga, sous Jésus l'aboutissement. Or ici c'est l'inverse.

La présence d'allusions au Temple de Salomon, tant à l'intérieur qu'à l'extérieur de l'église, peut renvoyer aux francs-maçons comme aux templiers. Le fait que les lettres supplémentaires dans la formule *Par ce signe tu <u>le</u> vaincras* (le est superflu et modifie le sens de la phrase) occupent les treizième et quatorzième positions pourrait faire référence à l'an 1314, date de l'exécution de Jacques de Molay, grand maître du Temple.

Ce symbolisme a été amplement étudié par plusieurs dizaines d'investigateurs compétents, qui sont presque tous parvenus à des conclusions différentes. Or la réalité pourrait être très simple et même décevante : Saunière était franc-maçon (en effet, le symbolisme de l'église de Rennes-le-Château n'a jamais posé problème à ceux qui connaissent la maçonnerie). Cette hypothèse est confirmée par le choix du sculpteur qui réalisa le chemin de la croix et les autres statues – un certain Giscard, qui vivait à Toulouse. Sa maison et son studio, dont la décoration est curieuse, sont toujours visibles, avenue de la Colonne. Giscard était un franc-maçon connu, spécialisé dans la décoration... d'églises. D'autres exemples de son travail se rencontrent dans tout le Languedoc. L'église de Jean Baptiste à Couiza possède un chemin de croix identique à celui de Rennes – mais il s'agit ici de versions monochromes dépourvues des anomalies observées à Rennes-le-Château. L'artiste a voulu, semble-t-il, que celui qui a des yeux pour voir, puisse comparer les deux églises, séparées de quelques kilomètres à peine, afin de mettre en relief les anomalies de l'église de Saunière.

Jean Robin écrit, dans son livre sur Rennes-le-Château, que l'affiliation maçonnique de Saunière est confirmée par les archives du diocèse [12]. La franc-maçonnerie compte plusieurs traditions distinctes. À laquelle Saunière appartenait-il ? La plupart des chercheurs français s'accordent sur un point : il pratiquait le Rite Écossais Rectifié, la branche de la franc-maçonnerie « occulte » qui prétend descendre des templiers.

Antoine Captier, petit-fils du carillonneur de Saunière, nous a déclaré : « Nous savons qu'il appartenait à une loge maçonnique. Il a été envoyé en un lieu précis. Il y a trouvé certaines choses. Mais il n'était pas seul. Il ne travaillait pas seul [13]. » Il se fit plus précis au cours de la conversation : « Saunière avait des liens avec le Rite Écossais Rectifié. Ce n'est pas un secret. » Gérard de Sède, qui a étudié l'affaire pendant trente ans, était parvenu à la même conclusion. En fait, Sède croit que le symbolisme de la neuvième station du chemin de croix évoque en partie le grade de Chevalier Bienfaisant de la Cité Sainte – un euphémisme pour « templier [14] ».

Autre indication sur l'affiliation probable de Saunière à la maçonnerie : le choix des statues des saints. Madeleine mise à part, il y a là saint Germain, saint Roch, saint Antoine de Padoue et saint Antoine l'ermite – et au-dessus de la chaire : saint Luc. Alain Féral a fait observer que si on les relie par une lettre « M » tracée sur le sol de l'église, leurs initiales forment le mot *graal* [15].

Si l'on ajoute à cela des symboles rosicruciens sur le tympan et le nombre d'images renvoyant au Temple de Salomon, on est en droit de penser à l'ordre de la Rose-Croix, du Temple et du Graal, fondé à Toulouse vers 1850 et dirigé, par la suite, par Joséphin Péladan, le parrain des groupes occultes érotiques de l'époque.

Au début de notre enquête, nous pensions que les chercheurs se trompaient en imaginant que tous les chemins mènent à Rennes-le-Château. Or ils avaient raison, mais pas pour les bonnes raisons. Nous étions ravis de mettre à jour la toile complexe des groupes occultes et maçonniques évoqués précédemment, et de voir que tous ses fils convergeaient vers Saunière. Ce n'est pas le fruit d'une coïncidence ; tout cela fait partie d'un plan complexe et minutieux, élaboré bien avant la naissance de l'abbé – et qui se poursuit aujourd'hui encore.

Nous savons l'intérêt que Saunière portait à la tombe de Marie de Nègre d'Ables, dame d'Hautpoul de Blanchefort, œuvre d'Antoine Bigou, prêtre de Rennes-le-Château, en 1791. Elle fut la dernière de la lignée directe à porter le titre. Marie de Nègre d'Ables avait épousé le marquis de Blanchefort, en 1732, lequel devait son nom à un « château » voisin (en fait, il s'agissait tout au plus d'une tour), dont les ruines sont toujours visibles aujourd'hui. Les membres de la famille de Marie sont intéressants à plus d'un titre. Nous avons déjà évoqué le Rite de Memphis, qui fusionna avec celui de Misraïm. Il avait été fondé, en 1838, par Jacques-Étienne Marconis *de Nègre*[16]. Un d'Hautpoul – Jean-Marie-Alexandre – créa, en 1778[17], au Rite Écossais Rectifié, le grade de Chevalier Bienfaisant de la Cité Sainte, soit de *templier*. D'autres membres de la famille jouèrent un rôle important dans la loge maçonnique *la Sagesse*, qui donna naissance à l'ordre de la Rose-Croix, du Temple et du Graal[18]. Le neveu et héritier de Marie de Nègre, Armand d'Hauptoul, était certainement lié à des proches du Prieuré, notamment Charles Nodier – grand maître de 1801 à 1844[19]. Armand d'Hautpoul fut aussi le tuteur du comte de Chambord, dont la veuve se montra si généreuse avec Saunière[20].

Le Rite de Memphis fondé par Marconis de Nègre était étroitement associé à la société des philadelphes, créée, à Narbonne, en 1780[21], par le marquis de Chefdebien – maçon du Rite Écossais Rectifié. Les philadelphes était une autre société maçonnique templière influencée par les idées du baron von Hund ; Chefdebien avait assisté au fameux convent de Wilhemsbad de 1782, destiné à régler une fois pour toutes la question des origines templières de la franc-maçonnerie – il y avait pris le parti de von Hund. Les philadelphes, comme les membres du Rite de Memphis, se préoccupaient essentiellement de connaissance occulte – certains grades

des deux groupes n'avaient pas d'autre objectif. Les philadelphes s'employaient, en outre, à démêler les fils de l'histoire complexe de la franc-maçonnerie afin de découvrir son objectif et ses secrets originaux. Ils devinrent les dépositaires d'informations sur la franc-maçonnerie et les sociétés similaires, qui leur furent confiées de bonne foi ou qui leur parvinrent à la suite d'infiltrations. Le frère de Saunière, Alfred (prêtre lui aussi), fut le tuteur de la famille Chefdebien – il fut renvoyé pour avoir dérobé une partie de leurs archives [22].

Alfred Saunière joua sans conteste un rôle clé dans les étranges événements qui impliquèrent son frère aîné ; il mérite que l'on s'y intéresse de plus près. Il est toutefois difficile d'en apprendre beaucoup sur son compte, hormis qu'il fut l'amant de la marquise du Bourg de Bozas, l'une des occultistes visiteuses de la Villa Bethania, qu'il fut excommunié et mourut alcoolique en 1905.

Après la mort d'Alfred, Saunière écrivit dans une lettre à son évêque que les villageois semblaient estimer qu'il « devait expier les erreurs de mon frère, l'abbé mort trop tôt [23]. »

Dès la découverte des liens de Saunière avec la franc-maçonnerie de rite écossais, tout devint beaucoup plus clair. Et la fascination de Saunière pour la Magdaléenne nous apparut – sans que cela devienne pour autant une obsession personnelle – s'inscrire dans la grande hérésie européenne. La clé de son affiliation était à rechercher parmi ses proches.

En fait, il est possible d'aller plus loin encore et de relier Saunière et Pierre Plantard de Saint-Clair à travers un homme : Georges Monti [24], qui se faisait aussi appeler comte Israël Monti et Marcus Vella. C'est l'un des personnages les plus inquiétants et les plus puissants des sociétés secrètes du XXe siècle – même s'il n'est pas le plus connu. Fidèle aux pratiques habituelles des mages, il préférait jouer le rôle d'éminence grise plutôt que de rechercher la publicité à la manière de son associé Aleister Crowley. Toute sa vie, il s'est élevé dans les rangs de sociétés occultes, magiques et maçonniques, souvent pour les infiltrer. Il fut agent double des services de Renseignement français et allemand ; le monde de l'occulte et celui de l'espionnage font souvent bon ménage, comme le montre aussi le cas de John Dee, voire de Léonard de Vinci. Il mena une vie si complexe qu'il est quasiment impossible de savoir à qui il faisait véritablement allégeance – sans doute, à nul autre que lui-même et à son goût de l'intrigue et du pouvoir.

Quels que furent ses vrais mobiles, Monti réussit étonnamment à préserver le secret de sa vie ; il occupait souvent des grades importants dans des groupes opposés, parfois sans que nul n'en ait vent, parfois en ayant convaincu les uns qu'il infiltrait, en fait, les autres. Monti et plusieurs de ces groupes étaient foncièrement antisémites, ce qui ne l'empêcha pas de tenir un rang élevé dans la B'nai B'rith, une société juive paramaçonnique fondée aux États-Unis. Pour y être admis, il alla jusqu'à se convertir au judaïsme.

Monti était né à Toulouse, en 1880. Abandonné par ses parents italiens, il fut élevé par des jésuites. Dès son plus jeune âge, il s'intéressa au monde trouble des sociétés secrètes occultes. Il voyagea à travers l'Europe, ainsi qu'en Égypte et en Algérie. Parmi les multiples sociétés auxquelles il appartint, citons la Sainte Vehme, une organisation allemande spécialisée dans l'assassinat politique. On raconte qu'il « détenait aussi les clés » de la franc-maçonnerie italienne. Il aurait été le « représentant en France »[25] de Crowley, et membre de l'ordre des Templiers d'Orient, sous la grande-maîtrise de cet Anglais excentrique. La vie douteuse de Monti finit par le rattraper – ce qui n'a rien d'étonnant. Il fut empoisonné à Paris, en octobre 1936.

S'il s'inscrit dans le cadre de notre enquête, c'est qu'il fut secrétaire de Joséphin Péladan, et donc intime du cercle d'Emma Calvé. Saunière qui entretenait des relations avec le groupe de Péladan, et connaissait Emma Calvé, a objectivement dû le rencontrer. Qui plus est, Monti était languedocien et vivait souvent à Toulouse ou dans le Midi.

En 1934, Monti fonda l'ordre Alpha-Galates, dont Pierre Plantard de Saint-Clair devint le grand maître en 1942 – il n'avait alors que vingt-deux ans (un âge peut-être symbolique). Plantard était âgé de seize ans à la mort de Monti, mais il l'avait connu. Son ex-épouse, Anne Léa Hisler, est catégorique ; elle écrivit dans un article de 1960 : « Il connaissait bien le comte Georges Monti[26]. » Monti aurait même été son maître et son mentor en occultisme.

On peut donc établir un lien entre Saunière et Plantard de Saint-Clair, via Georges Monti, représentant peut-être la continuation d'une tradition souterraine.

Que pouvons-nous déduire de l'histoire de Saunière ? Faire le tri dans tout un fatras de mythes et de suppositions n'est pas une mince affaire. L'abbé *recherchait quelque chose* et ne travaillait pas seul. Des indices suggèrent l'existence d'un bailleur de fonds secret, sans doute lié à d'influentes sociétés occultes de Paris et du Languedoc. Cette explication, la plus plausible, est celle-là même qu'avançait Saunière. Quand le successeur de Billard à l'évêché de

Carcassonne lui demanda d'expliquer son mode de vie dispendieux, l'abbé répondit avec humour :

> Je ne suis nullement tenu (...) à divulguer le nom de mes donateurs (...) Si je révélais leur identité sans leur autorisation, je risquerais de semer la zizanie dans certaines familles (...) dont les membres ont fait ces dons sans en informer leurs époux, leurs enfants ou leurs héritiers [27].

Par la suite, cependant, il accepta de révéler ces noms à l'évêque – mais uniquement sous le secret de la confession. Un proche de Saunière lui adressa, en 1910, une lettre d'encouragement :

> Vous avez reçu l'argent. Nul n'est en droit de violer le secret que vous conservez... Si quelqu'un vous a donné cet argent sous le sceau du secret, vous êtes obligé de respecter votre engagement, et rien ne peut vous en délier [28]...

Alfred, le frère de Saunière, était dans le secret. En réponse aux questions des autorités sur ses extravagances, Saunière répondit :

> Mon frère étant prêcheur, il avait de nombreux contacts. Il a servi d'intermédiaire à des âmes généreuses [29].

Mais si Rennes-le-Château semble avoir été le point de départ de la quête mystérieuse de Saunière, son véritable objet se situait probablement ailleurs.

Récemment, des chercheurs ont relevé des indices curieux sur les véritables intérêts et motivations de Saunière. Durant l'un de nos voyages dans la région, en 1995, nous nous fîmes accompagner par Lucien Morgan, présentateur à la télévision qui fait autorité en matière de tantrisme. Il constata avec stupeur que la Tour Magdala et les remparts étaient construits selon les anciens principes d'un rite sexuel. Pour lui, Saunière et son cercle secret pratiquaient des rituels sexuels destinés à favoriser la clairvoyance, à les mettre en contact avec des énergies divines, à réaliser le Grand Œuvre cher aux alchimistes et à leur assurer richesse et pouvoir. D'autres ont également relevé des indices suggérant la pratique d'une magie sexuelle. Les auteurs britanniques Lionel et Patricia Fanthorpe citent la spécialiste en occultisme, Bremna Agostini, pour laquelle Saunière se livrait à un rituel sexuel magique, connu sous le nom de « Convocation de Vénus », auquel participaient Marie Denarnaud et Emma Calvé [30].

Le seul point qui nous concerne vraiment dans toute cette affaire est l'importance de Marie Madeleine dans les constructions de Saunière. Certes, l'église du village était dédiée à la sainte bien avant la naissance de l'abbé, mais était-ce un simple hasard ? N'oublions pas qu'il s'agissait de la chapelle de la famille régnante locale – celle de Marie de Nègre. Or compte tenu de ses relations étroites avec le Rite Écossais Rectifié, la dédicace est significative. En outre, Saunière donna le nom de la sainte à sa bibliothèque et, pour sa maison, il choisit le toponyme de Bettania – l'endroit où, selon le Nouveau Testament, elle aurait vécu avec son frère Lazare et sa sœur Marthe. Enfin, de tous les éléments décoratifs de l'église, il choisit de peindre lui-même le bas-relief devant l'autel – celui qui représente la Magdaléenne.

Il avait aussi réalisé une statuette en bronze de Marie de Magdala et l'avait placée à l'extérieur de la grotte, près de l'église. Elle mesurait tout juste un mètre et pesait quatre-vingt-cinq kilos – c'était le reflet parfait, sinon inversé, du bas-relief. Cette statue a disparu depuis longtemps, mais André Galaup, journaliste en retraite de Limoux, en possède des photographies [31].

La phrase *Terribilis est locus iste*, au-dessus du porche de l'église, ne manque pas de retenir l'attention. Comme Keith Prince nous le fit remarquer, elle est extraite de la Genèse (28 : 17) : Jacob rêve d'une échelle parcourue par des anges. À son réveil, il prononce ces paroles, puis baptise le lieu Béthel, qui signifie Maison de Dieu. Dans l'Ancien Testament, Béthel est une puissance rivale de Jérusalem – en conséquence, ce concept pourrait désigner un rival du centre religieux « officiel ». En France, cependant, l'implication est encore plus évidente. Un dictionnaire présente « Béthel » comme *le temple d'une secte dissidente* [32]. Est-ce cette idée que Saunière entendait exprimer ? D'après les *Dossiers secrets*, Saunière projetait, vers la fin de sa vie, de fonder « une nouvelle religion » et d'organiser une croisade dans la région. Les derniers travaux réalisés sur son *domaine* – la haute tour et les fonts baptismaux à l'extérieur de l'église – s'inscrivaient dans cette ambition [33].

Qu'avait donc découvert Saunière à son arrivée à Rennes-le-Château ? Qu'est-ce qui avait pu l'inspirer dans sa quête ? Ignorant la fausse piste des parchemins, nous nous sommes concentrés sur l'attitude apparemment contradictoire de l'abbé. Certains pensent qu'il a voulu laisser des indices dans la décoration de l'église. Pourtant on sait qu'il a soigneusement *détruit* des éléments existants – en particulier les inscriptions sur les pierres tombales de

Marie de Nègre, qu'il a, en outre, déplacées, sans doute, pour détourner l'attention du site original.

Ces pierres – l'une debout, l'autre couchée – avaient été placées sur cette tombe par l'abbé Antoine Bigou, un siècle avant l'arrivée de Saunière. Bigou fit ériger les pierres en 1791 – dix ans après la mort de celle qui était censée reposer en cet endroit. À la même époque, il fit placer la « Pierre du chevalier », face vers le bas, dans l'église. (Le retournement de cette pierre marqua, semble-t-il, une étape importante dans la quête de Saunière.) Un autre élément donne à penser que Saunière suivait les pas de l'abbé Bigou. Avant de devenir prêtre paroissial de Rennes, Bigou avait officié dans le petit village de montagne du Clat, distant d'une vingtaine de kilomètres. Saunière, lui aussi, fut prêtre à Le Clat juste avant sa nomination à Rennes-le-Château. Se peut-il qu'il cherchât quelque chose qui était lié à Bigou et, par voie de conséquence, aux familles d'Hautpoul ou de Nègre ?

Les événements qui se déroulèrent en France entre la mort de Marie et 1791 – le début de la Terreur de la Révolution française – expliquent peut-être les travaux de Bigou sur cette tombe. Les révolutionnaires étaient hostiles à l'Église catholique, et de nombreuses reliques, icônes et décorations furent détruites ou pillées durant cette période. Peu après avoir achevé ces travaux à Rennes-le-Château, Bigou, adversaire de la République, s'enfuit en Espagne, où il mourut en 1793.

Un autre point intrigue au sujet de l'inhumation de Marie de Nègre. Les seigneurs de Rennes, la famille d'Hautpoul, étaient généralement inhumés dans leur caveau familial, situé sous l'église. Pourquoi Marie aurait-elle failli à la coutume ? La crypte existait, puisqu'il en est fait mention dans un registre paroissial qui couvre les années 1694 à 1726 et est exposé dans le musée. Selon ce document, l'entrée de la crypte se trouve dans l'église. Elle est aujourd'hui perdue, mais il semble que Saunière l'ait trouvée. Les documents qu'il a découverts lui ont-ils indiqué où chercher ?

Les frères Antoine et Marcel Captier, se fondant sur les souvenirs de leurs parents[34], racontent que l'abbé avait découvert l'entrée de la crypte sous la Pierre du chevalier, et qu'il y était descendu. Il en dissimula ensuite l'accès sous le nouveau dallage pour que nul ne le retrouve. Antoine Bigou avait probablement eu la même réaction, puisque c'est lui qui plaça la Pierre du chevalier, face vers le bas, en 1791, masquant ainsi l'entrée. Pourquoi ces deux prêtres, à un siècle de distance, se souciaient-ils tant que nul ne trouve la crypte des seigneurs de Rennes-le-Château ?

La réponse est simple. Si Saunière était descendu dans la crypte et avait trouvé la tombe de Marie de Nègre dans son caveau, là où elle aurait dû être en toute logique, il aurait trouvé curieux que cette femme *eût deux sépultures* ! Or, celle du cimetière fut réalisée par Bigou, dix ans après la mort de Marie. De toute évidence, Marie n'y était pas enterrée – mais alors, qui ou qu'avait-on enterré là ?

Une hypothèse raisonnable serait que Bigou, personnellement menacé par les soulèvements de la Révolution française, ait enterré « quelque chose » dans le cimetière de Rennes-le-Château avant sa fuite pour l'Espagne. S'agissait-il d'un autre corps, d'un objet ou de documents ? Était-ce quelque chose de trop encombrant pour que Bigou l'emporte dans ses bagages ou quelque chose qui *appartenait* à Rennes-le-Château ? Nous ne le saurons jamais, mais Saunière, lui, ouvrit la tombe. Ensuite, il veilla à en effacer l'épitaphe. Fournissait-elle des indications sur le contenu ?

Ce qui est gravé sur la pierre tombale de Marie de Nègre comporte tant d'erreurs que l'on a peine à y voir la maladresse d'un artisan[35]. Des mots sont mal orthographiés, des lettres omises, des espaces supprimés ou, au contraire, ajoutés. Sur les vingt mots, on ne compte pas moins de onze erreurs. Certaines paraissent banales, mais il en est une, si énorme, qu'elle aurait dû scandaliser la famille. Les derniers mots auraient dû être : REQUIESCAT IN PACE – « qu'elle repose en paix » – mais on lit : REQUIES CATIN PACE. Le mot *catin* n'aurait pu laissé ses parents indifférents. D'autant que cette idée est renforcée par une erreur dans le nom de famille du mari : d'Hautpoul devient DHAUPOUL. Le sens reste inchangé, mais la modification suffit à attirer l'attention : *poul(e)* renvoie à la notion de *catin*[36].

Le nom figurant sur la pierre tombale fait écho à des thèmes importants de notre recherche. Il est même tentant de penser que Marie de Nègre ne fut qu'un nom codé. En effet, Blanchefort, probablement le nom d'un seigneur local, signifie soit « forteresse blanche » soit « *fort blanc* », un terme alchimique. « Marie de Nègre » fait penser aux Vierges noires associées à Marie Madeleine, ce qui est accentué par l'allusion à la prostitution de l'épitaphe. Une fois encore, nous voyons apparaître des éléments évocateurs de la sexualité sacrée et peut-être – compte tenu des rumeurs sur la présence d'un « trésor » –, aux aspects sexuels du Grand Œuvre alchimique. Une autre erreur orthographique surprend davantage : D'ABLES est devenu D'ARLES. S'il convient d'y voir, comme nous le supposons, une allusion à Arles en Provence, peut-être est-ce une manière d'indiquer que cette ville fut un antique centre du culte d'Isis. En tout cas, Arles est proche des Saintes-Maries-de-la-Mer.

Le cas de la seconde pierre, posée horizontalement sur la tombe, est plus sujet à caution, car les diverses publications [37] divergent. Dans la plupart des versions, elle porte deux inscriptions transversales : une phrase latine, curieusement écrite en caractères grecs : *Et in Arcadia ego*, et quatre mots latins : *Reddis Regis Cellis Arcis*. Le sens de cette dernière inscription n'est pas clair. Plusieurs interprétations ont été avancées. Elle semble se référer à une tombe (ou un coffre) royale, peut-être lié à Rhedae et/ou au village d'Arques.

On retrouve la citation *Et in Arcadia ego* sur une tombe du tableau *Les bergers d'Arcadie*, de Nicolas Poussin (1593-1665), qui ressemble étonnamment à un tombeau proche de la route menant de Rennes-le-Château et Couiza à Arques. (Le plus récent fut dynamité en 1988, car le propriétaire du champ où il se trouvait ne supportait plus que des centaines de touristes envahissent ses terres. Hélas, cette mesure radicale fut inutile : les touristes viennent toujours prendre des photographies de l'endroit où se trouvait la tombe.)

Saunière aurait rapporté de son voyage à Paris les copies de certains tableaux, dont celui de Nicolas Poussin [38]. Cette toile, qui date d'environ 1640, représente un groupe de trois bergers qui examinent une tombe sous le regard d'une femme, que l'on croit être une bergère. Sur la tombe, l'inscription latine *Et in Arcadia ego*, à la construction grammaticale curieuse, a fait l'objet de plusieurs interprétations. Le plus souvent, on la considère comme un *memento mori*, une méditation sur notre condition de mortels : même dans le paysage paradisiaque d'Arcadie, la mort est présente. Cette devise, étroitement liée à l'histoire du Prieuré de Sion, figure sur les armes de Pierre Plantard de Saint-Clair. Le thème du tableau n'est pas dû à la seule inspiration de Poussin. On le trouve déjà traité, vingt ans plus tôt, par un certain Giovanni Francesco Guercino. Cependant, le cardinal Rospigliosi, qui a passé commande de la toile à Poussin, en aurait lui-même suggéré le thème à Guercino. La première apparition de la phrase *Et in Arcadia ego* remonterait à une gravure allemande du XVIe siècle, intitulée *Le Roi de la nouvelle Sion est détrôné après avoir inauguré l'âge d'or* [39]...

À propos de Poussin, il est intéressant de mentionner la lettre que l'abbé Louis Fouquet écrivit de Rome à son frère Nicolas, le surintendant des finances de Louis XIV, en avril 1656 :

> (Poussin) et moi avons mis au point certaines choses dont je vous parlerai plus en détail bientôt, (et) qui vous procureront, grâce à M. Poussin, des avantages que les rois auraient bien du mal à tirer de lui et qu'après lui personne, peut-être, dans les siècles à venir,

ne retrouvera plus. Qui plus est, cela se fera sans grand frais mais produira d'importants bénéfices, et ces choses sont si difficiles à trouver que rien sur cette terre ne pourrait avoir fortune meilleure, ni même égale [40].

Charles Fouquet, frère de Louis et Nicolas s'assura, alors qu'il était évêque de Narbonne, le contrôle de Notre-Dame de Marceille pour une période de quatorze ans [41].

Si le tableau de Poussin revêt une telle importance pour nous, c'est que le paysage qu'il représente évoque étrangement celui de la tombe d'Arques. On y distingue même au loin Rennes-le-Château. Les deux paysages se ressemblent, mais ne sont pas identiques. Il n'en fallut pas plus pour qu'on dise que le rapprochement était purement fortuit. En ce qui nous concerne, il nous paraît évident que Poussin a reproduit la région de Rennes.

Le mystère s'épaissit. La tombe d'Arques ne daterait que des premières années du XXe siècle. Elle fut érigée en 1903 par le propriétaire d'une usine locale, Jean Galibert, puis vendue à un Américain nommé Lawrence. Pourtant, selon des rumeurs, cette tombe en remplaça une plus ancienne, située au même endroit, qui en avait elle-même remplacé une précédente. Notre ami John Stephenson, qui a vécu de nombreuses années dans la région, nous a confirmé que pour les gens du pays, il y a « toujours eu une tombe à cet endroit ». Poussin s'est sans doute contenté de peindre ce qu'il voyait. Le rapprochement avec son tableau était connu dans la région depuis longtemps – ce qui balaie la version des sceptiques pour qui ce fut une invention des années 1950 ou 1960. Cet endroit a toujours revêtu une importance particulière.

On a aussi prétendu que le thème de l'*Arcadie* ne fut adopté qu'au XXe siècle par Plantard de Saint-Clair et le Prieuré de Sion. Or en 1832, Auguste de Labouïse-Rochefort publia un *Voyage à Rennes-les-Bains*. Il y parle d'un trésor caché, lié à Rennes-le-Château et à Blanchefort. Labouïse-Rochefort écrivit un autre livre, *Les Amants, à Éléonore*, qui porte notre dédicace en sous-titre.

Les habitants de la région désignent la tombe sous le nom de « tombe d'Arques ». Cette expression serait plus correcte que « tombe de Poussin », mais n'est pas tout à fait exacte, car le village d'Arques est situé trois kilomètres plus à l'est. La tombe est plus proche du village de Serres. Cependant Arques ressemble trop à Arcadie pour ne pas être exploité.

Selon Deloux et Brétigny, dans *Rennes-le-Château : capitale secrète de l'histoire de France*, la dalle posée sur la tombe de Marie de Nègre par l'abbé Bigou s'inspire d'une version antérieure de la tombe d'Arques[42]. Poussin se serait-il contenté de peindre ce qu'il a vu : une tombe avec, gravés dessus, les mots *Et in Arcadia ego* ?

John Stephenson nous raconta une étrange légende locale liée à cette tombe : elle concerne la sépulture de Marie Madeleine – la pierre tombale de Marie de Nègre est traversée en son milieu par une flèche. Hélas, comme elle a été déplacée, nous ne savons plus dans quelle direction pointait la flèche.

Saunière croyait que le corps de Marie Madeleine attendait d'être retrouvé à proximité directe de Rennes-le-Château, ou que le village détenait la clé de sa découverte. Que cachait la seconde tombe de Marie de Nègre ? L'inscription codée qui fait allusion à une *catin* renvoie-t-elle vraiment à la Magdaléenne ?

Saunière recherchait quelque chose de très particulier, de précieux, lié à sa chère Marie Madeleine – et qu'y aurait-il de plus précieux que ses ossements ? Bien sûr, il s'agissait peut-être d'une simple obsession personnelle. Cependant, nous avons vu qu'une organisation secrète finançait ses travaux. Se peut-il que ces gens partageaient le même leurre ? Peut-être pas. L'abbé semblait rechercher un objet réel.

Tandis que notre investigation progressait, nous étions de plus en plus convaincus de la valeur de l'hypothèse de la Magdaléenne. En Grande-Bretagne, nous étions les seuls, aussi était-il réconfortant de voir que des chercheurs français partageaient notre sentiment. Pour eux comme pour nous, il n'était nullement inconcevable que Saunière et ses mystérieux amis aient recherché *Marie Madeleine elle-même*.

Durant l'un de nos séjours dans la région, au printemps 1995, Nicole Dawe organisa à notre intention un dîner avec Antoine et Claire Captier et Charles Bywaters. Antoine, petit-fils du carillonneur qui avait découvert le cylindre de bois contenant les documents qu'il avait confiés à Saunière, a gardé le secret toute sa vie, tout comme Claire, la fille de Noël Corbu.

Antoine fut direct : il n'avait nullement l'intention de se complaire dans le mystère. « Ne comptez pas sur moi pour vous dire ce que j'ignore[43]. » Toutefois nos questions sur une éventuelle relation entre Saunière et le culte de Marie Madeleine le surprirent. Cet aspect avait été négligé jusqu'à ces derniers temps.

Antoine nous confirma que Saunière avait bel et bien étudié la légende de la Magdaléenne. C'est dans cet esprit qu'il avait visité Aix-en-Provence et sa région. Ce fait parut dans une revue intitulée *Cep d'or de Pyla*, dirigée par André Douzet, qui a découvert la *maquette* évoquée au chapitre précédent. Douzet vit à Narbonne ; les membres de son cercle sont des étudiants enthousiastes de l'histoire ésotérique de la France. Antoine ajouta : « Le prochain numéro de la revue vous intéressera... vous y trouverez sur la Magdaléenne. »

Toujours grâce à Nicole, nous avons ensuite rencontré André Douzet. Lui et quelques autres, notamment Antoine Bruzeau, s'étaient intéressés à la fascination de Saunière pour la Magdaléenne. Il leur apparut que la clé du mystère était à rechercher en dehors de Rennes-le-Château. À vrai dire, Antoine avait été amené à s'intéresser au mystère Saunière par des voies détournées : c'était l'examen de certains sites de sa ville natale de Lyon qui l'avait dirigé vers Rennes-le-Château.

Pour suivre le parcours d'André Douzet, il fallait remonter à Gérard de Roussillon, le fondateur, au IXe siècle, de l'abbaye de Vézelay, en Bourgogne. On prétendit qu'il y avait apporté le corps de Marie Madeleine. Nous avons vu au chapitre 3, que les moines de Vézelay ne pouvant produire les reliques, ce fut au tour de Saint-Maximin en Provence de revendiquer la possession du corps. Rappelons également que ces événements incitèrent Charles II d'Anjou à entreprendre une quête fiévreuse en Provence.

Gérard de Roussillon était comte de Barcelone, de Narbonne et de Provence – un vaste fief. Sa famille possédait aussi des terres aux environs du Pilat, au sud de Lyon. C'étaient de fervents adorateurs de la Magdaléenne, et la région célébrait activement son culte. (Une chapelle de Sainte-Madeleine, proche du Pilat, détiendrait les reliques de Lazare.)

Au XIIIe siècle, le comte régnant, Guillaume de Roussillon, mourut aux croisades et sa veuve éplorée, Béatrice, se retira dans les collines du Pilat. Elle y fonda un monastère carthusien, Sainte-Croix-en-Jarez, dans lequel elle finit ses jours. Par la suite, le monastère aurait développé une étrange association avec Marie Madeleine.

Antoine Bruzeau prétend que cette famille gardait les vraies reliques de Marie Madeleine, et que Béatrice les avait emportées à Sainte-Croix. (Ou du moins avait-elle confié à l'abbé le secret de leur cachette.) Marie de Magdala n'aurait pas accosté en Camargue mais sur la côte du Roussillon, en un lieu toujours appelé *Mas de la Madeleine*. Elle aurait terminé ses jours non en Provence, mais dans le Languedoc – dans la région de Rennes-le-Château[44].

Pour quelque mystérieuse raison, la famille Roussillon pensait qu'il était de son devoir de protéger les reliques et de garder le secret à leur propos – fait étrange en un temps où leur commerce était lucratif ! Sans doute, leur motivation n'était-elle pas la simple vénération d'une sainte du Nouveau Testament. Peut-être était-elle liée au véritable rôle de la Magdaléenne.

Au XIVe siècle, une curieuse fresque décora l'abbaye de Sainte-Croix, montrant Jésus crucifié sur un *bois vivant*. Elle fut masquée sous une couche de plâtre, mais redécouverte en 1896 – peu avant que Saunière ne peigne lui-même le bas-relief sur son autel, montrant la Magdaléenne contemplant une croix faite d'un bois vivant.

Au XVIIe siècle, un moine de Sainte-Croix, dom Polycarpe de la Rivière, érudit renommé, entreprit des rénovations dans le monastère. Il n'est pas exclu qu'il ait déterré quelque chose. Il s'intéressait tout particulièrement à la Magdaléenne – il lui consacra un ouvrage, hélas disparu, ainsi qu'un autre sur la région d'Aix-en-Provence, Saint-Maximin et la Sainte-Baume, *qui fut mis à l'index par le Vatican*. La Rivière était également lié à Nicolas Poussin. Les recherches de Bruzeau ont révélé qu'ils appartenaient tous deux à une société secrète, connue sous le nom de Société Angélique[45].

Dans les collines du Pilat, une petite route grimpe vers une chapelle dédiée à Marie Madeleine – elle part du village de Malleval, dont l'église contient des statues de saint Antoine de Padoue et de sainte Germaine, identiques à celles de Rennes-le-Château. Elle longe une chapelle consacrée à Antoine l'Ermite – un autre saint vénéré dans l'église de Saunière (fêté le 17 janvier). Elle aboutit, enfin, à la chapelle magdaléenne où un tableau de la sainte dans sa grotte ressemble étonnamment à celui de Rennes-le-Château. Bruzeau fait observer que dans le fond du bas-relief de l'autel de Saunière on voit une arche (*pyla*, en latin) et une colonne (*pila* en celte) – rappels phonétiques du Pilat. En outre, les sommets montagneux qui se découpent sur l'horizon semblent être ceux du mont Pilat.

Saunière a omis, dans son bas-relief, l'élément iconographique le plus représentatif de Marie Madeleine : le vase en albâtre ou *sainte baume*... N'était-ce pas une manière de dire que ses reliques ne se trouvaient pas, en définitive, à Saint-Maximin-la-*Sainte-Baume* ?

Les registres des agences de location de fiacre et de chevaux de la région de Lyon, en 1898 et 1899[46], font apparaître que Saunière a largement sillonné la région du Pilat – sans doute, à la recherche des restes de sa chère Marie Madeleine.

Pourquoi se donner tant de mal pour retrouver ce qui ne serait, somme toute, qu'une boîte d'ossements ? Certes, les catholiques ont toujours eu le goût des reliques, mais n'oublions pas que la plupart des chercheurs acharnés des restes de Marie Madeleine étaient des occultistes et des *hérétiques*. Dans un cas comme dans l'autre, il ne s'agit pas de sentimentaux et le commerce des reliques est largement révolu. Alors pourquoi consacrer tant d'énergie à cette quête ?

Peut-être ne recherchent-ils pas qu'un squelette ; peut-être espèrent-ils trouver quelque secret dans le cercueil ou le tombeau. Henry Lincoln a suggéré à la presse, non sans humour, qu'il s'agissait peut-être tout simplement du contrat de mariage de Jésus et la Magdaléenne [47]. Plus sérieusement, ce secret doit être tel que sa divulgation causerait bien des remous.

Il doit s'agir d'une révélation *hérétique* susceptible d'ébranler l'Église. Mais qu'est-ce qui pourrait constituer une telle menace ? En quoi un fait remontant, vraisemblablement, à deux mille ans influencerait-il notre société moderne ?

CHAPITRE 10

Le courant souterrain

À ce stade de nos investigations, nous nous trouvions à nouveau confrontés à l'existence d'un réseau clandestin, hérétique, qui accordait, selon toute vraisemblance, une importance considérable à Marie Madeleine. Nous étions, en fait, revenus à notre point de départ et au symbolisme subliminal de la « dame M », dans *La Cène* de Léonard de Vinci. Pourtant, au cours de toutes ces années de recherche, nous avions couvert bien du terrain – dans tous les sens du terme. Il était temps de faire le point sur nos découvertes.

La « dame M » – peut-être Marie Madeleine – intéressait au plus haut point l'artiste florentin, supposé grand maître du Prieuré de Sion. Nos rencontres avec des membres actuels de l'organisation ont confirmé nos soupçons : la sainte revêt une importance particulière à leurs yeux. Et cela vaut également pour Jean Baptiste.

Nos nombreux voyages dans le sud de la France nous font prendre au sérieux les légendes selon lesquelles Marie Madeleine aurait vécu dans la région. Le lien avec le culte des Vierges noires suggère une connexion *païenne*. En outre, la vénération dont la Magdaléenne fait l'objet est chargée de fortes connotations sexuelles – nous n'en voulons pour preuve que le rapprochement effectué entre elle et le poème érotique de l'Ancien Testament, le Cantique des Cantiques.

Relevons ce paradoxe : d'une part, Marie de Magdala aurait été l'épouse – ou tout au moins, la maîtresse – de Jésus ; d'autre part, elle est constamment associée à des déesses païennes. Pourquoi lier l'épouse du fils de Dieu à Diane chasseresse ou à Isis, déesse égyptienne de l'amour et de la magie ?

Les templiers, saint Bernard de Clairvaux, l'abbé Saunière... nous ont systématiquement ramenés au concept du Principe féminin.

Certains n'y voyaient peut-être qu'un idéal philosophique, mais le fait qu'il soit associé à un visage féminin identifiable suggère une dévotion plus spécifique. Il s'agissait, sinon de la Magdaléenne, du moins d'Isis, ancienne reine des Cieux et épouse d'Osiris. Cette chaîne d'associations – Marie Madeleine/Vierges noires/Isis – a toujours été le moteur du Prieuré de Sion. Pour ses membres, les Vierges noires représentent à la fois la Magdaléenne et Isis. Le mystère de l'amalgame entre une sainte chrétienne et une déesse païenne demeure entier.

Les cathares avaient déjà une conception hérétique de Marie de Magdala, qui valut à Béziers tout entière de passer au fil de l'épée. Pour eux, Marie Madeleine avait été la concubine de Jésus – un curieux écho aux Évangiles gnostiques, qui la décrivent comme la femme que Jésus embrassait souvent sur la bouche, et qu'il aimait plus que tout autre ! Les cathares y croyaient, nous pourrions dire, à contrecœur, car dans leur vision de la gnose, la sexualité et la procréation n'étaient que des maux nécessaires. Cette idée de l'union de la Magdaléenne et de Jésus n'était pas le legs de leurs prédécesseurs bogomiles. Elle était spécifique du sud de la France, qui exaltait le Principe féminin sous toutes ses formes, comme le démontrent les troubadours. *Sœur Catherine* prouve bien que les idées sur Marie Madeleine développées dans les Évangiles gnostiques ont été transmises au XIVe siècle.

Par ailleurs, les templiers, soldats virils par excellence, se souciaient – tout au moins ceux du cercle intérieur – de glorifier le Principe féminin. Nul ne vénérait plus les Vierges noires. Leur quête chevaleresque d'un amour transcendantal a nourri le cycles des légendes du Graal.

Les templiers se montraient avides de connaissance. Ils les cherchaient de tous côtés. Aux Arabes, ils empruntèrent les principes de la géométrie sacrée ; aux cathares, l'élément gnostique qui enrichit leurs conceptions religieuses déjà largement hétérodoxes. Dès l'origine, cet ordre de chevaliers s'est passionné pour l'occulte. Leur raison d'être officielle était de protéger les pèlerins chrétiens se rendant en Terre sainte. C'est peu convaincant et cela suffit à mettre en lumière les anomalies qui les caractérisent.

C'est en Languedoc que l'on trouve la plus forte concentration de terres templières en Europe. À son apogée, le catharisme était presque la religion d'État de cette région, qui vit naître ensuite le mouvement troubadour. De récentes recherches ont révélé que les templiers pratiquaient l'alchimie. Or, dans plusieurs villes du Languedoc, notamment à Alet-les-Bains, des maisons (que l'on sait liées aux templiers) portent toujours des symboles alchimiques gravés sur leurs façades.

Après les sinistres événements entourant sa suppression, l'Ordre a exercé clandestinement son influence sur d'autres organisations. De quelle manière les templiers ont-ils réussi ce tour de force ? Qui a hérité de leur savoir ? Voilà deux questions qui demeuraient sans réponse jusqu'à ces dix dernières années. On sait aujourd'hui que les templiers se sont perpétués à travers les rose-croix et les francs-maçons, et que ces sociétés ont hérité de leurs connaissances.

Un examen minutieux de ces deux groupes nous a permis d'identifier leurs principaux centres d'intérêt – notamment leur vénération, parfois extrême, de saint Jean l'Évangéliste (ou le « bien-aimé ») ou/et de saint Jean Baptiste. Cette attitude surprend de la part d'individus qui ne sont pas vraiment des chrétiens orthodoxes et qui ont même tendance à considérer Jésus avec un certain recul. Un autre groupe qui partage cette fascination est le Prieuré de Sion, dont tous les grands maîtres adoptent le prénom de « Jean ». Pierre Plantard de Saint-Clair prétend que le titre de « Jean Ier » est « symboliquement réservé au Christ [1] ». Pourquoi celui-ci devrait-il se sentir honoré d'être appelé Jean ?

Peut-être, comme le croient ces groupes, Jésus a-t-il transmis ses enseignements *secrets* au jeune saint Jean. C'est cette tradition que gardent si jalousement les templiers, les rosicruciens et les francs-maçons. Jean l'Évangéliste aurait été confondu délibérément avec Jean Baptiste.

L'existence d'un Évangile secret de Jean est une idée courante dans les milieux « hérétiques », des cathares du XIIe siècle aux auteurs du *Levitikon*. Il est curieux de constater que ce fil johannite perdure à travers tous ces groupes, car il est quasiment passé inaperçu. Peut-être parce qu'ils ont réussi à maintenir tendu le voile du secret, pendant si longtemps.

L'autre thème omniprésent dans le « courant souterrain » de l'hérésie est la glorification du Principe féminin, et plus spécifiquement l'exaltation de la sexualité comme sacrement ultime. Le Grand Œuvre alchimique, par exemple, présente des parallèles avec les rites sexuels tantriques – bien que cette évidence soit toute récente. Quelle ironie que notre culture occidentale ait dû découvrir le tantrisme pour que ses anciennes traditions prennent un sens !

On a longtemps cherché la sagesse, tant sur un plan philosophique qu'à travers l'acte sexuel censé la transmettre magiquement. Cette quête de la *Sophia* est le fil qui relie tous les groupes que nous avons étudiés : les premiers gnostiques, les groupes hermétiques, les templiers et leurs successeurs de la franc-maçonnerie du Rite Écossais Rectifié. La *Pistis Sophia* rattache *Sophia* à Marie Madeleine, ainsi qu'à Isis – voilà qui aide peut-être à comprendre que le Prieuré de Sion ait fait l'amalgame entre la sainte et la déesse. Mais ceci n'est qu'une hypothèse.

L'importance persistante de la Magdaléenne ne laisse aucun doute. Sa dépouille a fait – et fait toujours – l'objet d'une quête fiévreuse. Au XIIIe siècle, Charles II d'Anjou l'a entreprise avec un zèle fanatique, en vain puisque deux siècles plus tard, son descendant, le célèbre René d'Anjou, ne l'avait pas encore trouvée. À la fin du XIXe siècle, ce même désir consumait, semble-t-il, l'abbé Saunière de Rennes-le-Château.

D'une manière ou d'une autre, la Magdaléenne est la clé d'un grand mystère jalousement et farouchement gardé depuis plusieurs siècles. Une partie de ce secret concerne Jean Baptiste (et/ou Jean l'Évangéliste). Dès que nous en avons été convaincus, nous n'avons eu de cesse de dépoussiérer l'Histoire pour faire apparaître la lumière. Mais la tâche n'était pas aisée : les groupes qui protègent cette connaissance ont élaboré des procédés très efficaces pour éloigner les curieux. Certains nous ont livré quelques indices, mais aucun ne nous a révélé l'ensemble du secret. Selon toute évidence, le mystère repose essentiellement sur la *Sophia* et Jean. Mais pourquoi ? Nous n'avions qu'une certitude : ce secret ne devrait pas renforcer l'autorité de l'Église ! En vérité, cette grande hérésie cachée constituerait la plus grande menace pour le catholicisme, et même pour le christianisme tel que nous le connaissons. Les gardiens du secret sont indubitablement convaincus de détenir une connaissance relative aux vraies origines du christianisme, et même de Jésus.

Ce secret est aussi important – et significatif – au XXe siècle qu'au XIXe. À Rennes-le-Château, Saunière accueillait des représentants de la haute société parisienne, comme Emma Calvé, certains politiciens et même des membres de familles impériales. Aujourd'hui, Pierre Plantard de Saint-Clair et le Prieuré de Sion ont approché des personnages tels que Charles de Gaulle et Alain Poher, homme d'État français, deux fois Président par intérim[2]. Des rumeurs récentes font même état de contacts entre François Mitterrand et Plantard[3]. Il est clair en tout cas que François Mitterrand a visité Rennes-le-Château en 1981, puisqu'il s'est fait photographier sur la Tour Magdala et dans l'église, à côté de la statue d'Asmodée (voir photo dans le cahier central). Le fait n'est peut-être pas dépourvu de sens qu'il soit né à Jarnac et s'y soit fait inhumer, à l'issue d'une cérémonie privée, alors que les chefs d'État du monde entier participaient à une grand-messe à Notre-Dame de Paris. Selon les statuts de 1950, Jarnac est depuis longtemps un centre du Prieuré de Sion[4].

Le Prieuré exercerait une influence occulte profonde sur la politique européenne, voire mondiale. Mais alors pourquoi notre enquête, outre son intérêt historique et philosophique, concerne-t-elle ses membres ? Faut-il rechercher la réponse à cette question dans le « renversement du christianisme » promis par l'union du Prieuré de Sion et de « l'Église de Jean » et évoqué précédemment ?

Le point commun entre Marie Madeleine et Jean Baptiste est qu'ils furent tous deux sanctifiés ; en outre, ce seraient des personnages *historiques* du Nouveau Testament. Il ne nous restait plus qu'à fouiller leur vie et étudier leur rôle dans l'espoir d'identifier les raisons de la fascination qu'ils n'ont cessé d'exercer sur les courants hérétiques souterrains. Si nous voulions avoir la moindre chance de comprendre leur importance pour les groupes ésotériques, nous devions commencer par lire très attentivement la Bible.

DEUXIÈME PARTIE

Le réseau de la vérité

CHAPITRE 11

Les fausses vérités des Évangiles

À Pâques 1996, les médias britanniques [1] ont fait grand cas d'une information surprenante : on avait découvert, à Jérusalem, un ossuaire contenant les ossements d'un groupe d'individus, parmi lesquels « Jésus, fils de Joseph ». Il y avait également là deux Marie (l'épitaphe de l'une était rédigée en grec) – on pouvait supposer qu'il s'agissait de la Vierge et de la Magdaléenne –, un Joseph, un Matthieu et un certain « Jude, fils de Jésus ». Tous ces noms rassemblés en un même lieu ne pouvaient qu'exciter l'imagination des chrétiens... et les inquiéter. En effet, le christianisme se fonde sur l'idée que Jésus s'est relevé d'entre les morts et est monté aux cieux. Trouver son squelette viderait le dogme de son sens. Mais s'agissait-il vraiment de ses restes et de ceux des siens ?

Soyons francs, c'est peu probable. La coïncidence avait de quoi troubler, certes, mais ces prénoms étaient communs en Palestine, au Ier siècle de notre ère. Si nous mentionnons cette affaire, c'est en raison de l'ampleur et de la ferveur des débats qu'elle a suscités. Les chaînes de télévision et les magazines s'en sont emparés : quelles seraient les répercussions pour le christianisme de la découverte des ossements de Jésus ? Nous étions stupéfaits de constater que tant de chrétiens étaient choqués à l'idée que Jésus ait pu être un simple mortel. Beaucoup furent même sidérés d'apprendre que son nom était aussi courant à l'époque.

Il est compréhensible que des chrétiens sincères s'acharnent à voir en Jésus le Fils de Dieu, au point de nier les faits. En revanche, il est étonnant qu'ils soient si nombreux à ignorer les inexactitudes historiques des Évangiles. Jamais la masse d'informations disponibles n'a été aussi grande. Au cours des cinquante dernières années, beaucoup de livres ont exposé des points de vue très divers (et parfois originaux) sur Jésus et son mouvement. On l'a ainsi prétendu père divorcé de trois enfants, franc-maçon, bouddhiste, conspirateur, hypnotiseur, fondateur d'une lignée de rois de France, philosophe cynique, halluciné et même... femme ! Cette multitude d'opinions étranges et d'affabulations répond, en partie, à une volonté de tout remettre en question. Cependant, si ces théories ont pu voir le jour, c'est que des recherches sérieuses ont démontré que la tradition canonique était radicalement fausse et indéfendable. Il semble donc indispensable de procéder à une nouvelle interprétation – voire à une relecture – des Évangiles.

Les failles de ces textes sont apparues dès que la recherche académique en a précisé le cadre historique. Des découvertes archéologiques, comme celles des textes de Nag Hammadi et des *Manuscrits de la mer Morte*, nous ont livré une information riche sur l'époque contemporaine de Jésus. Brusquement, divers aspects du christianisme se sont inscrits dans un contexte qui tendait à les banaliser. Les concepts les plus familiers prenaient une tout autre dimension.

Ainsi, les protestants aiment annoncer à la porte de leurs églises : « Jésus est notre Seigneur. » Pour eux, cette désignation tirée des Évangiles serait l'expression de sa divinité – il serait le Seigneur, Dieu incarné. « Seigneur » serait un titre dont les disciples paraient Jésus en reconnaissance de son statut unique. Or, Geza Vermes, éminent exégète de la Bible, nous apprend que c'était un terme courant ; c'est ainsi que les enfants appelaient leur père ou les femmes, leur époux [2]. Il ne faut y voir aucune connotation spirituelle, encore moins divine. Pourtant au fil des siècles, le sens de cette expression a changé. Elle est devenue une preuve patente de la divinité de Jésus.

On trouvera un autre exemple de la confusion entre tradition chrétienne et faits historiques dans les fêtes telles que Pâques et Noël. Chaque année des millions de chrétiens célèbrent la naissance de l'enfant Jésus, le 25 décembre. La Nativité est l'une des histoires les plus célèbres : Marie était vierge quand elle se retrouva enceinte par la vertu du Saint-Esprit. Il n'y avait plus une chambre d'hôtel disponible pour elle et son époux, Joseph, aussi l'enfant naquit dans une étable (certaines versions parlent d'une grotte). Les mages et les bergers vinrent adorer le Rédempteur nouveau-né. Cette histoire fait peut-être sourire les chrétiens plus évolués et les théologiens, mais c'est l'une des premières qu'on raconte aux enfants. Elle est devenue très tôt... parole d'Évangile.

Le pape provoqua un véritable tollé, le jour où il tenta d'expliquer que Jésus n'était pas vraiment né le 25 décembre, que cette date avait été choisie parce qu'elle correspondait à une vieille fête païenne célébrant le milieu de l'hiver. Pour la masse des fidèles, l'information fit l'effet d'une bombe. Il semble incroyable que l'Église ait attendu 1994 pour procéder à cette mise au point. Or ce n'est que le sommet de l'iceberg. Les théologiens savent depuis longtemps que la fête de Noël n'est qu'un mythe.

Les chrétiens ont été délibérément maintenus dans un état d'ignorance. Si le 25 décembre est la date supposée de la naissance de Jésus, c'est aussi celle de plusieurs dieux païens : Osiris, Attis, Tammuz, Adonis, Dionysos, etc. Eux aussi sont nés dans d'humbles demeures – notamment des grottes –, et des bergers ont assisté à leur naissance, annoncée par des signes et des prodiges – l'apparition d'une nouvelle étoile, par exemple. Ces dieux étaient qualifiés de « bon berger » ou de « sauveur de l'humanité ». Quand on fait remarquer que Jésus s'inscrit dans une longue tradition de « dieux qui meurent et ressuscitent », le clergé avance une explication peu convaincante : les païens pressentaient intuitivement la venue d'un vrai rédempteur.

Nous reviendrons sur les véritables origines du christianisme. Précisons d'ores et déjà que la date de naissance n'est pas le seul dénominateur commun entre Jésus et les dieux païens. Ainsi, Osiris, époux d'Isis, a été traîtreusement assassiné *un vendredi*, avant de « ressusciter » après un voyage de *trois jours* aux enfers. Lors des mystères de Dionysos, les participants devaient manger le dieu – son corps et son sang symbolisés par du pain et du vin. Théologiens, historiens et exégètes de la Bible sont familiers de ces mythes, mais une conspiration du silence semble avoir privé le « troupeau » des fidèles de cette connaissance.

Au vu de la masse d'informations nouvelles dont nous disposons sur les origines du christianisme, nous pourrions aisément, par excès d'enthousiasme, adopter n'importe quelle théorie sans réflexion ni discernement. Une interprétation hasardeuse du matériau original égarerait vite l'imprudent. Ainsi, les *Manuscrits de la mer Morte*, découverts en 1947, ont fait couler beaucoup d'encre, mais ont surtout éclairé d'un jour nouveau la naissance du christianisme. Certains passages ont donné à penser que Jésus et Jean Baptiste étaient membres de la secte des esséniens, installée à Qumrân. Pour beaucoup, c'est désormais un fait incontestable.

Or, rien ne prouve que les manuscrits soient d'origine essénienne – ce n'est qu'une hypothèse émise au moment de leur découverte. Il en est une autre : ces documents seraient les écrits de l'une des diverses sectes qui avaient trouvé refuge dans la région. Seulement, Norman Golb, éminent professeur d'histoire juive, qui a étudié avec beaucoup d'attention les *Manuscrits de la mer Morte*, a contesté cette interprétation : ni les vestiges archéologiques ni les manuscrits ne prouvent que ces documents proviennent d'une secte unique, ni même qu'une communauté religieuse ait jamais existé à Qumrân. Golb croit que les manuscrits appartenaient, en réalité, à la bibliothèque du Temple, cachée durant la révolte juive, en 70 de notre ère[3].

S'il a raison, ce que tout semble indiquer, la majorité des ouvrages consacrés aux *Manuscrits de la mer Morte* sont erronés. En effet, les auteurs ont généralement tenté de dégager la doctrine d'une secte hypothétique en se fondant sur un ensemble de documents d'origines, en réalité, diverses. Cela reviendrait à extrapoler les convictions d'un homme en examinant les livres de sa bibliothèque. Prenons notre cas. Il serait aisé de déduire de nos lectures que nous nous intéressons aux religions et à l'occulte. Il serait, en revanche, beaucoup plus difficile de connaître notre position personnelle, car les livres que nous possédons défendent des points de vue très divers – sceptiques, rationnels, crédules. (Il est intéressant de noter que nul n'a jamais considéré les textes de Nag Hammadi comme provenant d'une secte unique.)

Si les *Manuscrits de la mer Morte* n'ont pas de rapport avec les esséniens, leur importance historique pour la compréhension du judaïsme à l'époque reste grande. Nous ne nous y attarderons pas, cependant, car ils n'éclairent pas les origines du christianisme.

La Clé d'Hiram, de Knight et Lomas, illustre parfaitement les dangers de conclusions échafaudées sur des prémices erronées. Ils relèvent dans les manuscrits des idées proches de la franc-maçonnerie. Or, ils affirment : « Il est désormais établi que les auteurs des *Manuscrits de la mer Morte* étaient esséniens[4]. » Il s'ensuit donc, disent-ils, que les esséniens furent les précurseurs de la franc-maçonnerie. Comme Knight et Lomas sont convaincus que Jésus était essénien, leur conclusion coule de source : Jésus était franc-maçon.

Hélas, les manuscrits n'ont pas été rédigés par des esséniens ; en outre, il n'est nullement établi que Jésus fût l'un des leurs. La belle théorie s'écroule donc ! Voilà qui devrait inciter à la prudence les chercheurs trop enthousiastes.

À ce stade de notre enquête, un réexamen du statut de Jean Baptiste et de Marie Madeleine semble s'imposer. Ces personnages historiques revêtent une importance considérable dans les milieux occultes européens, qui rassemblent certains des esprits les plus fins de leur époque. Il est donc temps que nous nous y intéressions sérieusement.

Le thème principal de ce que nous avons baptisé la grande hérésie européenne est l'inexplicable vénération, allant parfois jusqu'à l'adoration, de Marie Madeleine et Jean Baptiste. Faut-il vraiment y voir autre chose qu'une rébellion contre l'Église ? Existe-t-il quelque fondement historique à cette dévotion ? Pour répondre à ces questions, nous nous sommes tournés vers le Nouveau Testament, et surtout vers les quatre Évangiles canoniques.

Ce rapprochement « hérétique » entre le Baptiste et la Magdaléenne n'a pas manqué de nous surprendre. Rien ne permettait, de prime abord, de les unir, sinon leur dévotion apparente pour Jésus. Ils se situent aux antipodes l'un de l'autre. Jean Baptiste vécut en ascète et mourut à cause de son éthique intransigeante – même si sa mort ne fut pas celle d'un martyr *chrétien*. La Magdaléenne, elle, n'aurait été qu'une prostituée repentie, qui aurait terminé ses jours dans la pénitence. On ne peut dire que Jean et Marie fassent figure d'alliés naturels ; d'ailleurs, les Évangiles ne précisent pas qu'ils se soient jamais rencontrés.

Certains indices suggèrent toutefois qu'ils avaient entendu parler l'un de l'autre. Les exégètes reconnaissent que Jean Baptiste jouissait d'une grande renommée, comme prédicateur venu du désert pour appeler les hommes au repentir. Marie était une disciple de Jésus occupant une place importance dans son entourage. On croit que Jean et Marie étaient cousins, ou au moins parents. En lisant entre les lignes, on peut imaginer que Marie Madeleine passait aux yeux de Jean pour une femme qui lave les pieds des hommes, leur apporte des serviettes et prépare leurs repas. Peut-être avait-il eu écho de sa réputation et jugeait-il sa présence « impure » – à moins qu'il ne l'ait baptisée lui-même. Les Écritures n'en parlent pas, mais elles ne parlent pas plus du baptême de *saint Pierre*, par exemple[5].

Pourtant, en poursuivant notre étude du cadre biblique, nous avons identifié des indices qui éclairent la relation entre la Magdaléenne et le Baptiste. Le premier concerne leur complémentarité dans la carrière de Jésus prédicateur. Jean en marque le début et Marie, la fin.

Jean ouvre le ministère de Jésus par le rituel du baptême. Marie est présente à sa mort et à sa résurrection. Tous deux ont pratiqué *l'onction*. Jean baptise avec de l'eau, Marie de Béthanie, souvent identifiée à Marie Madeleine, purifie avec du nard. En outre, elle oint le corps de Jésus avec de la myrrhe et de l'aloès avant sa mise au tombeau.

Il est une autre similitude entre ces deux personnages fascinants – la plus marquante sans doute. Ils remplirent, l'un et l'autre, une fonction rituelle majeure dans la vie de Jésus. Or, les Évangélistes n'en parlent qu'à contrecœur. Jean et Marie traversent les pages de la Bible avec une fulgurance troublante. On nous raconte comment les hommes d'Hérode ont exécuté Jean, mais on ne nous dit pas que Jésus en éprouva de la peine ni qu'il invita ses disciples à respecter la mémoire du Baptiste. Le rôle de la Magdaléenne au moment de la crucifixion révèle subitement une intimité certaine avec Jésus. Elle est, en outre, le premier témoin de sa résurrection. Pourquoi n'apparaît-elle pas plus tôt dans le récit ? Doit-on en déduire que seule l'importance cruciale de Jean et Marie dans ces épisodes cruciaux de la vie de Jésus ont empêché les Évangélistes de les ignorer totalement ? Mais alors, comment expliquer leur réticence et celle des Pères de l'Église à l'encontre de ces deux saints ?

Cette marginalisation délibérée est évidente dans le cas de la Magdaléenne. On ne peut douter de son importance, pourtant les Évangiles ne nous apprennent quasiment rien sur elle. Chez Luc, hormis une mention préalable, elle n'apparaît pour la première fois que comme témoin de la crucifixion. On ne nous précise pas comment elle devint disciple, à peine évoque-t-on le fait que sept démons soient sortis d'elle. On ne nous précise pas non plus la nature exacte de son rôle dans l'inhumation de Jésus.

Nous avons cru, assez naïvement, que Marie Madeleine était traitée de la sorte parce qu'elle était une femme et donc un être inférieur aux yeux des Juifs du Ier siècle. Mais alors comment expliquer la curieuse insistance sur son surnom : *Magdaléenne* ou *de Magdala* ? Nous reviendrons sur l'étymologie du terme, mais son emploi prouve qu'il s'agissait d'une femme riche. Les autres femmes mentionnées dans les Évangiles sont toujours définies par leur rôle d'épouse, de mère ou de sœur d'un homme important. Or en l'occurrence, on nous parle de *Marie Madeleine*, comme si les Évangélistes estimaient que leurs lecteurs savaient fort bien de qui il était question.

Selon le Prieuré de Sion, Marie Madeleine, Marie de Béthanie, sœur de Lazare, et la femme qui oint les pieds de Jésus sont une seule et même personne. Si c'est le cas, le traitement cavalier que lui réservent les Évangélistes est encore plus flagrant. Ils auraient cherché à brouiller délibérément les pistes. Les Évangiles synoptiques ne précisent pas le nom de la femme qui oint les pieds de

Jésus. Or, il est évident que leurs auteurs connaissaient son identité et son importance.

Le même processus de marginalisation a été appliqué à Jean Baptiste. Les exégètes du Nouveau Testament reconnaissent aujourd'hui la difficulté de préciser sa relation avec Jésus. Pour beaucoup, Jean répète trop souvent qu'il ne fait qu'annoncer Jésus. L'Évangile de Marc – probablement le premier, celui qui inspira Matthieu et Luc – insiste moins sur le rôle secondaire de Jean. De nombreux érudits en ont déduit que sa soumission à Jésus, répétée *ad nauseam*, visait, en réalité, à masquer la rivalité opposant les deux hommes et leurs groupes respectifs.

Un examen attentif des Évangiles permet de relever des traces de cette rivalité. Pour commencer, les premiers disciples de Jésus – les plus célèbres – furent recrutés, pour la plupart, parmi ceux de Jean. Ainsi, Jean « le bien-aimé » (que l'on trouve au cœur de la plupart des « hérésies ») était l'un des fidèles célèbres du Baptiste ; il aurait adopté son prénom en signe de respect. Les disciples de Jean firent bande à part après la décapitation de leur chef. Certains auraient même emporté son corps. Le Nouveau Testament évoque des dissensions entre les disciples de Jésus et ceux de Jean au sujet de leurs modes de vie respectifs [8].

Plus révélateur encore, Jean aurait émis des doutes sur l'identité de Jésus comme Messie – cet épisode est généralement ignoré par l'Église. Quand Jean est incarcéré dans les prisons d'Hérode, il envoie deux de ses disciples à Jésus pour lui demander : « Es-tu celui qui doit venir ou devons-nous en attendre un autre [9] ? » Voilà qui a toujours embarrassé les théologiens. À leurs yeux, Dieu a chargé Jean de préparer la venue du Messie, et de le présenter comme tel au peuple. Or voilà que « l'annonciateur » doute devant un Messie qui correspond si peu à son attente !

On trouve d'autres indices, moins criants mais tout aussi révélateurs, de la rivalité entre les deux hommes – notamment dans les propos de Jésus. Citons, tout d'abord, le célèbre passage dans lequel Jésus semble vanter les mérites de Jean à la foule : « Je vous le dis en vérité, parmi ceux qui sont nés de femmes, il n'en a point paru de plus grand que Jean Baptiste [10]. » Mais il ajoute aussitôt : « Cependant, le plus petit dans le royaume des cieux est plus grand que lui. » Geza Vermes observe que, dans d'autres contextes, l'expression : « Le plus petit dans le royaume des cieux », désigne le Christ lui-même [11]. En conséquence, Jésus dit : « Jean est peut-être grand, mais *je suis le plus grand.* »

Une autre interprétation, que nous n'avons jamais rencontrée chez aucun exégète, concerne l'expression : « né d'une femme ». C'était quasiment une injure, à l'époque, car elle impliquait une notion de faiblesse [12]. Cette citation biblique prend donc un tout autre sens. Ainsi : « Je vous le dis en vérité, parmi ceux qui sont nés de femmes, il n'en a point paru de plus grand que Jean Baptiste » serait une *insulte directe*, renforcée par la phrase suivante : « Cependant, le plus petit dans le royaume des cieux est plus grand que lui. » Si Geza Vermes a raison et si Jésus se présentait comme le plus grand, il ne chante nullement les louanges de Jean. On pourrait même interpréter ses propos de la manière suivante : « Même le plus petit de mes disciples est plus grand que lui. »

Certains ont signalé [13] un autre camouflet à peine voilé à Jean – qui aurait paru évident à des Juifs du Iᵉʳ siècle. Au cours d'une discussion avec ses disciples et ceux de Jean, Jésus dit : « Personne ne met du vin nouveau dans de vieilles outres [14]. » En ce temps-là et dans cette région, on transportait le vin dans des « récipients » en peau, or Jean se vêtait de peaux... Il est donc fort probable que cette réflexion le visait directement.

Cinquante ans après la crucifixion, les Évangélistes ne pouvaient ignorer la rivalité entre les deux hommes. Leurs textes cherchaient peut-être à la minimiser pour assurer la prééminence de Jésus. En fait, les Évangélistes auraient sûrement préféré omettre toute référence à Jean.

Le principal point commun entre le Baptiste et la Magdaléenne est qu'ils plaçaient les Évangélistes dans une situation inconfortable – l'un baptisa Jésus et l'autre assista à sa résurrection, deux scènes capitales du christianisme. Sommes-nous en mesure d'établir la raison du malaise des Évangélistes et de rendre leurs vrais rôles aux protagonistes de l'histoire et ainsi rétablir l'importance originale de chacun ?

Notre problème majeur est que le Nouveau Testament représente une source d'informations peu fiable. Comme tous les textes anciens, il a fait l'objet d'incessantes révisions, traductions et interprétations. Au fil des siècles, des épisodes se sont adjoints aux originaux – parfois insignifiants, mais souvent révélateurs. Ainsi, on sait qu'une phrase a été ajoutée à la première Épître de Jean [15] : « Car il y en a trois qui rendent témoignage : le Père, le Verbe et le Saint-Esprit et les trois sont un. » L'épisode de « la femme adultère », qui n'apparaît que dans l'Évangile de Jean, ne figure pas dans les premières versions [16]. Son authenticité est donc discutable.

Un exemple type d'erreur de traduction fait de Jésus un humble charpentier. Le terme employé dans le texte araméen original est *naggar*, qui signifie ouvrier du bois, *mais aussi* érudit ou homme instruit[17]. Ce second sens paraît le plus probable ici, car nulle part ailleurs on ne suggère que Jésus fut un artisan – en revanche, son érudition fut relevée par tous ceux qui l'écoutaient. Et seuls ceux qui évoquent son savoir emploient le terme *naggar*[18]. Pourtant, Jésus charpentier est aujourd'hui un dogme, au même titre que sa naissance un 25 décembre.

La date de rédaction des Évangiles canoniques alimente bien des débats et des controverses. A. N. Wilson écrit :

> L'un des faits les plus étranges concernant le Nouveau Testament est que de nombreux exégètes étudient ces documents, depuis des siècles, or aucun n'a jamais réussi à répondre avec certitude à des questions aussi simples que : Où les Évangiles ont-ils été écrits, quand et par qui[19] ?

Les premiers manuscrits complets datent du IVe siècle, mais copient des textes plus anciens. Pour établir leur provenance, les chercheurs ont dû analyser la langue des fragments qui nous sont parvenus. On s'accorde aujourd'hui sur les faits suivants : le premier Évangile, rédigé vers 70 de notre ère, fut celui de Marc ; Matthieu et Luc s'en sont largement inspirés et leurs Évangiles sont donc postérieurs, même s'ils incorporent d'autres sources ; l'Évangile de Jean, rédigé entre 90 et 120, est le plus récent[20] et le plus énigmatique.

Les Évangiles synoptiques – ceux de Matthieu, Marc et Luc – racontent plus ou moins la même histoire. La chronologie des événements et la présentation de Jésus y sont sensiblement identiques. On relève, néanmoins, certaines contradictions dans des épisodes spécifiques. Ainsi, le nombre de femmes qui préparent le sépulcre de Jésus et leur identité varient. L'Évangile de Jean, lui, présente l'histoire de Jésus selon une chronologie différente et inclut des événements ignorés par les autres.

Les deux exemples majeurs concernent les noces de Cana, au cours desquelles Jésus réalisa son premier miracle (il transforma l'eau en vin) et la résurrection de Lazare, qui devient, chez Jean, un événement capital. Les historiens n'ont jamais compris que les autres chroniqueurs n'aient pas eu connaissance d'événements aussi importants.

L'image de Jésus diffère aussi chez Jean. Les Évangiles synoptiques racontent l'histoire d'un professeur de religion faiseur de miracles, ce qui s'inscrit assez bien dans un contexte juif. Jean est beaucoup plus mystique et gnostique ; il insiste sur la divinité de Jésus et s'efforce d'expliquer le sens de l'histoire, au fur et à mesure de son déroulement[21].

La vision courante aujourd'hui fait de Jésus un chef religieux juif, contesté par les siens. Beaucoup de commentateurs modernes pensent qu'il n'a jamais eu la moindre intention de créer une nouvelle religion, que le christianisme a vu le jour de façon fortuite, parce que ses enseignements ont fait souche dans l'ensemble de l'Empire romain. Cela expliquerait, par exemple, la divinisation de Jésus : il devait apparaître comme le Fils de Dieu – littéralement Dieu fait homme – pour séduire le monde romanisé, habitué à diviniser ses dirigeants et ses héros. Or Jean insiste sur ces thèmes. On en a donc déduit qu'il avait écrit plus tardivement, alors que la religion naissante s'implantait dans le cadre élargi de l'Empire romain.

Le problème est que l'Évangile de Jean est le seul à prétendre s'inspirer du témoignage direct d'un proche de Jésus : « le disciple bien-aimé » – en qui la tradition a vu le jeune Jean, l'auteur lui-même.

Ce quatrième Évangile est, sans conteste, le plus détaillé. Ainsi, nomme-t-il des personnages demeurés anonymes dans les autres versions. Pour certains exégètes[22], il s'agirait du premier Évangile. Pour d'autres, Jean se serait montré le plus imaginatif des quatre, ou aurait interprété à sa manière un témoignage direct.

L'Évangile de Jean est indéniablement étrange. Ses contradictions intriguent les plus grands spécialistes. Le ton – reconnaissable entre tous – tranche avec l'exposition minutieuse des faits. Il passe pour l'Évangile le mieux informé du point de vue historique, or ce serait le plus tardif. Il démontre une parfaite connaissance des pratiques religieuses juives, or c'est le moins juif et le plus hellèniste des quatre. Ses diatribes à l'encontre des Juifs sont carrément haineuses, pourtant mieux que tout autre, il présente les Romains et non les Juifs comme responsables de la mort de Jésus. Sa marginalisation du Baptiste est la plus nette – il s'appesantit sur son apparente infériorité et fait silence sur les circonstances de sa mort. Pourtant, il est le seul à préciser que Jésus a recruté ses premiers disciples dans l'entourage de Jean et que les deux groupes étaient rivaux – ce faisant, il reconnaît l'importance intrinsèque du Baptiste.

Ces contradictions s'expliquent par la multitude des sources utilisées par Jean pour rédiger son Évangile – notamment son témoignage personnel du ministère de Jésus. Nous verrons que certaines de ces sources sont particulièrement significatives.

De nombreux chrétiens croient toujours que le Nouveau Testament est d'inspiration divine. Les faits prouvent le contraire. Il fallut attendre le concile de Nicée, vers 325, pour savoir quels textes, parmi une multitude, constitueraient le Nouveau Testament. Il est indéniable que les membres du concile furent influencés par des préjugés et des mobiles personnels. Nous en supportons toujours les conséquences. En définitive, le concile décida que seuls quatre Évangiles seraient inclus dans le Nouveau Testament. Il rejeta ainsi plus de cinquante livres qui, pourtant, ne sont pas moins convaincants[23].

Dès lors, les points de vue exposés, implicitement ou explicitement, dans le matériau rejeté devinrent hérétiques. (Le terme *hérésie* n'a d'autre sens que *choix*. La sélection opérée au concile de Nicée, au IVe siècle, est toujours d'actualité. Nos contemporains ne sont pas plus autorisés à se faire une opinion propre sur les textes. Ainsi, la version complète de *l'Évangile de Thomas*, dont l'existence est connue depuis longtemps, n'a été révélée qu'à l'occasion de la découverte des documents de Nag Hammadi, en 1945. La raison qui a conduit les théologiens à accepter sa publication doit toutefois modérer notre enthousiasme : il s'accorde avec les quatre Évangiles (ce qui n'a pas empêché l'Église catholique de le déclarer hérétique). D'autres textes, datant sensiblement de la même époque, ont été écartés parce que leurs vues religieuses ne s'accordent pas avec celles du Nouveau Testament. Ces textes sont généralement d'origine gnostique.

Les chrétiens sont élevés dans l'idée que les Évangiles sont infaillibles et qu'ils exposent des *faits* d'inspiration divine, sans équivoque ni ambiguïté. Rares sont les exégètes qui acceptent encore de voir le Nouveau Testament comme parole divine ; ils savent trop bien qu'il n'est pas plus fiable que n'importe quel récit relaté cinquante ans après les faits.

Est-ce une coïncidence si les Évangiles ont été écrits après que le premier missionnaire, Paul, a évangélisé de nombreuses régions de la Méditerranée orientale ? Rien dans ses Épîtres ne suggère qu'il ait connu la vie de Jésus, hormis les circonstances de sa mort et de sa résurrection. Les Évangiles ont-ils été rédigés pour renforcer sa vision ou pour la contester ? Leurs auteurs ne pouvaient ignorer Paul.

Les Évangiles datent, dans le meilleur des cas, de quarante ans après la crucifixion. Bien des choses avaient changé durant ce laps de temps. Notamment, parce que le « royaume des cieux » annoncé par Jésus ne s'était pas matérialisé. Ce délai pose de sérieux problèmes pour l'évaluation de leur authenticité. Nous ignorons quels passages se fondent sur des faits historiques réels ou sur la rumeur, l'extrapolation voire l'invention pure et simple. Les propos attribués à Jésus n'ont peut-être pas été reproduits *verbatim* et n'ont, peut-être, jamais été prononcés[24]. Certains peuvent avoir été déformés par ses propres disciples (il se peut toutefois que, s'inscrivant dans une tradition orale, leur mémoire ait été plus fidèle que la nôtre). Enfin, on a pu attribuer à Jésus les dires d'un tiers. Un moyen de vérifier l'authenticité d'un propos est le « principe de dissemblance » ; en d'autres termes, est-ce qu'il *contredit* le message global des Évangiles ? Après tout, s'il va à l'encontre de l'esprit du texte, il est peu probable que son auteur l'ait inventé[25].

Pendant près de deux mille ans, les Évangiles ont été considérés d'inspiration divine. En conséquence, les faits exposés *sont* la vérité incontestable sur Jésus, ses enseignements et son message pour l'humanité. Il fut le Fils de Dieu envoyé pour sauver les hommes du péché par son sacrifice suprême. Il devait établir une nouvelle Église destinée à remplacer la religion de l'Ancien Testament et, par voie de conséquence, toutes les religions païennes du monde gréco-romain. Il y a à peine deux siècles que l'on soumet la Bible à une analyse critique, comme tout document historique, et que l'on tente de restituer la vie et les enseignements de Jésus dans leur contexte.

Ces études auraient dû contribuer à préciser la personnalité et les motivations de Jésus. En fait, c'est l'inverse qui s'est produit. Certes, cette approche a démontré que bien des hypothèses étaient fausses – ainsi, Jésus *n'a pas* été exécuté à l'initiative des chefs religieux juifs, mais bien des Romains qui l'accusaient de manigances politiques[26]. Seulement de nombreuses questions essentielles demeurent sans réponse. Nous sommes en mesure de dire ce que Jésus *n'était pas* ; il nous est nettement plus difficile de préciser ce qu'il *était*[27].

Il s'ensuit que l'étude du Nouveau Testament est aujourd'hui en crise. Les spécialistes sont incapables de s'accorder sur ces questions fondamentales : Jésus a-t-il prétendu être le Messie ? A-t-il prétendu être le Fils de Dieu, le roi des Juifs ? Nombre de ses actes demeurent inexplicables. Sa crucifixion, notamment. En effet, rien de ce que Jésus a dit ou fait – selon les Évangiles – ne justifierait que les chefs religieux juifs ou les dirigeants romains aient voulu le tuer[28]. Certains de ses actes symboliques – chasser les marchands du temple ou instaurer l'eucharistie lors de la Cène – ne s'expliquent pas dans le cadre du judaïsme.

Le plus surprenant, toutefois, c'est que l'étude du Nouveau Testament n'explique pas qu'une religion soit née du ministère de Jésus. S'il fut bien le Messie attendu par les Juifs, il a échoué dans sa mission, puisqu'il a été humilié, torturé et exécuté. Or, ses disciples ont continué à le vénérer après la crucifixion, au point de se considérer comme différents des autres Juifs.

Les œuvres de deux des plus éminents spécialistes du Nouveau Testament, Hugh Schonfield et Geza Vermes, illustrent à merveille cette confusion académique. Les parallèles entre ces deux professeurs sont frappants. Tous deux sont juifs et se sont intéressés très tôt aux origines du christianisme – ils ont consacré la majeure partie de leur vie à étudier ce sujet. Tous deux s'accordent pour dire que la plupart des exégètes chrétiens ont omis de restituer Jésus dans le cadre plus large de la culture juive de son temps. Tous deux espéraient trouver la réponse à leurs interrogations en comparant soigneusement les récits des Évangiles et le judaïsme de l'époque. Tous deux ont publié le résultat de leurs recherches dans des documents académiques, mais aussi dans des ouvrages de vulgarisation : *The Passover Plot* (1965) pour Schonfield et *Jesus the Jew* (1973) pour Vermes. Or, leurs conclusions sont radicalement divergeantes.

Pour Vermes, Jésus était un hassid – un héritier de la lignée chamanique des prophètes de l'Ancien Testament, célèbres pour leur indépendance à l'égard du judaïsme institutionnel et pour leurs miracles. Selon lui, Jésus n'a jamais prétendu être le Messie et encore moins le Fils de Dieu – ces revendications sont le fait de ses disciples. Pour Schonfield, Jésus fut avant tout un leader politique acharné à libérer la Palestine du joug romain. Il aurait *consciemment* bâti sa carrière de manière à correspondre au profil du Messie attendu, allant jusqu'à organiser sa propre crucifixion.

Dans *The Passover Plot*, Schonfield expose d'autres raisons de ne pas prendre les Évangiles au pied de la lettre. Il démontre qu'il existait, derrière Jésus et ses disciples connus, un groupe plus obscur, qui défendait ses intérêts propres et avait de bonnes raisons de manipuler l'histoire. Son argumentation mérite d'être résumée.

Tout au long des Évangiles, Jésus rencontre des individus qui ne sont ni ses proches disciples ni les brebis de son troupeau. Il s'agit souvent de nantis – comme Joseph d'Arimathie, surgi de nulle part pour organiser à lui seul la mise au tombeau de Jésus. Les personnages principaux de ce groupe, que Schonfield nomme « la base d'opérations » de Jésus, sont originaires de Béthanie[29].

Ils veillaient très attentivement à ce que Jésus remplisse bien son rôle de Messie, en particulier en ce qui concerne l'entrée à Jérusalem. Selon la prophétie de Zacharie (9 : 9), le Messie ferait son entrée dans la cité sainte monté sur un âne. Ils firent donc préparer l'animal à son intention. Les Apôtres – inconscients de la chose – durent communiquer un mot de passe à son propriétaire[30]. Autre fait confirmant la thèse du complot : la salle où se déroula la Cène avait été préparée et les attendait. Or, c'était la période la plus active de l'année, celle où Jérusalem attirait une grande foule. Jésus dit à ses disciples d'aller en ville et de chercher un homme portant une cruche d'eau (seules les femmes exécutaient alors de telles tâches ménagères). Les disciples durent également lui communiquer un mot de passe. Ensuite seulement, l'homme les emmena dans une grande chambre haute[31].

Ces épisodes montrent que les Apôtres ignoraient la réalité des faits. Jésus accomplissait un plan soigneusement préparé. Il est désormais établi que ses disciples comptaient des membres de diverses factions – certains passeraient aujourd'hui pour des terroristes. La plupart des exégètes pensent que le nom de Judas – Iscariote – est dérivé de *sicarii*, l'un de ces groupes. Simon le zélote est un autre exemple des liens unissant Jésus à des terroristes[32].

Les ouvrages de Schonfield et Vermes sont relativement connus et aisément disponibles. Un autre commentateur de la Bible est passé plus inaperçu. Pourtant, son œuvre mérite que l'on s'y attarde.

Le Dr Morton Smith (professeur d'Histoire ancienne à l'université de Columbia, New York) réalisa, en 1958, une découverte importante dans la bibliothèque de Mar Saba, une communauté isolée et fermée de l'Église orthodoxe orientale, à une quinzaine de kilomètres de Jérusalem. Smith avait visité le monastère durant la Seconde Guerre mondiale, alors qu'étudiant, il avait échoué en Palestine. Conscient de l'importance des documents accumulés là au fil des siècles, il y retourna en 1958.

Sa découverte la plus importante concerne des fragments d'un « Évangile secret » attribué à Marc[33]. Il trouva, en fait, une copie d'une lettre écrite au IIe siècle, par Clément d'Alexandrie, l'un des Pères de l'Église. Celle-ci remontait, au mieux, à la seconde moitié du XVIIe siècle et avait été réalisée sur les dernières pages vierges d'un livre daté de 1646 (une pratique courante quand de très anciens documents commençaient à se détériorer). L'analyse du style – qui contenait de nombreuses expressions caractéristiques de Clément – ont permis aux paléographes de lui attribuer le texte original. Certains particularismes des extraits de « l'Évangile secret » attestent de son authenticité. (Ainsi, on y lit que Jésus se fâcha. Or, le seul Évangile canonique attribuant des émotions humaines à Jésus est justement celui de Marc – les autres omettent soigneusement ce genre de détails, et il est peu probable qu'un père de l'Église, comme Clément, les ait inventés.)

La lettre de Clément est, en fait, une réponse adressée à un certain Théodore, qui lui avait demandé conseil sur la manière de traiter une secte hérétique, les carpocrates (du nom de leur fondateur). Ce culte gnostique pratiquait des rites sexuels, qui furent, comme l'on pouvait s'y attendre, condamnés par Clément et les autres Pères de l'Église. Les doctrines de cette secte s'inspiraient, apparemment, d'un Évangile de Marc. Clément reconnaît l'existence de cet Évangile et son authenticité, mais prétend que les carpocrates l'ont mal interprété et l'auraient même falsifié. Il ajoute que ce texte contient les enseignements ésotériques de Jésus, qui ne devaient pas être mis entre toutes les mains. Cet « Évangile secret » était semblable à la version canonique connue sur presque tous les points. Cependant, deux passages au moins en avaient été délibérément omis pour les soustraire aux regards des profanes.

Cette découverte est importante pour trois raisons. Tout d'abord, elle nous renseigne sur les premières années du christianisme et sur les méthodes employées par les Pères de l'Église pour établir le dogme. Elle prouve que les textes *étaient* censurés. Même s'ils étaient jugés aussi authentiques que les Évangiles canoniques, les fidèles ne pouvaient en avoir connaissance. Elle révèle qu'un personnage aussi respectable que Clément était prêt à mentir pour éviter que certaines vérités ne soient divulguées ; il avoue, en effet, que l'Évangile secret de Marc existe, mais ordonne à Théodore d'en nier l'existence.

Ensuite, la lettre de Clément confirme que les Évangiles canoniques et les autres livres du Nouveau Testament ne donnent pas une vision complète des enseignements et des mobiles de Jésus. Elle admet, (comme le suggèrent certains propos de Jésus lui-même dans les Évangiles canoniques) qu'il existe deux niveaux d'enseignement : l'un, exotérique, destiné à la foule des fidèles, l'autre, ésotérique, réservé au cercle intérieur des *initiés*.

Le troisième point significatif – particulièrement intéressant dans le cadre de notre investigation – concerne la nature des deux passages cités par Clément.

Le premier relate la résurrection de Lazare – qui n'est pas nommé mais désigné comme « un jeune homme de Béthanie ». Le récit ressemble assez à celui de l'Évangile de Jean, sinon que cette version donne une suite au miracle : six jours plus tard, le jeune homme vint trouver Jésus, « le corps couvert d'un vêtement de lin » et il passa une nuit avec lui, durant laquelle il fut « instruit... au mystère du royaume de Dieu [34] ». Il semble donc que la résurrection ne fut pas un miracle, mais une épreuve initiatique au cours de laquelle l'initié vécut une mort et une renaissance symboliques avant de recevoir les enseignements secrets. Un tel rite était courant dans les religions à mystères pratiquées dans le monde gréco-romains – mais impliquait-il, comme certains lecteurs l'ont sans doute déduit, une initiation homosexuelle ?

Morton Smith est tenté de répondre par l'affirmative, en relevant l'allusion spécifique au vêtement de lin sous lequel le jeune homme était nu et le fait qu'il passa la nuit avec Jésus. Cette interprétation nous paraît toutefois trop moderne et spéculative, car la nudité et les longues heures d'isolement avec son initiateur étaient traditionnelles dans les écoles de mystères, sans impliquer pour autant de relations sexuelles.

Que cet extrait concerne la résurrection de Lazare est significatif. Nous avons vu qu'elle apparaît exclusivement dans l'Évangile de Jean – ce qui a incité certains exégètes à émettre des doutes quant à l'authenticité de ce texte. Or, le fait qu'elle soit évoquée dans, au moins, un autre Évangile et qu'elle en ait été délibérément supprimée, témoigne en faveur de Jean et nous aide à comprendre pourquoi des événements aussi importants ont été censurés : ils suggéraient l'existence d'un enseignement secret réservé aux membres du cercle intérieur.

L'autre extrait cité par Clément est plus court mais tout aussi intéressant, car il comble un vide déjà observé par les chercheurs. Dans l'Évangile canonique de Marc (10 : 46), on trouve cette curieuse déclaration : « Ils [Jésus et ses disciples] arrivèrent à Jéricho. Et, lorsque Jésus en sortit avec ses disciples et une assez grande foule, le fils de Timée, Bartimée, mendiant aveugle, était assis au bord du chemin. » Pourquoi nous dire que Jésus se rendit à Jéricho, si l'on ne précise pas ce qu'il y fit ? Il est évident que ce récit est incomplet. La lettre de Clément confirme ce sentiment, puisqu'elle reproduit le passage censuré :

> Et la sœur de celui que Jésus aime et sa mère et Salomé étaient là, et Jésus ne les reçut pas.

Le verset supprimé semble bien innocent et n'a pas reçu la même attention que le passage sur Lazare. Or, il est beaucoup plus significatif qu'il n'y paraît. Dans l'Évangile de Jean, l'expression « celui que Jésus aime » désigne Lazare. (La même expression est utilisée pour désigner le disciple dont le témoignage a inspiré l'Évangile : Jean. De là à supposer que le « disciple bien-aimé » et Lazare ne font qu'un...) Les sœurs de Lazare sont Marie et Marthe de Béthanie. Si l'on accepte que cette Marie correspond à la Magdaléenne, celle-ci serait l'une des trois femmes que Jésus a refusé de voir à Jéricho.

Cet extrait est trop court pour avoir les mêmes répercussions théologiques que celui sur Lazare. Pourtant, les Pères de l'Église ont jugé bon de le supprimer. En quoi cela pouvait-il perturber les fidèles de savoir que Jésus était en relation avec la sœur de Lazare, sa mère et une certaine Salomé ?

Les spécialistes de la Bible ont jugé ce second extrait trop vague pour faire l'objet d'une analyse valable. Pourtant, il soulève, semble-t-il, des questions intéressantes.

Clément pensait que Marc avait écrit cet « Évangile secret » alors qu'il vivait à Alexandrie, en Égypte. Or le « mythe de fondation » du Prieuré de Sion et du Rite de Memphis identifie le prêtre égyptien Ormus à saint Marc. Faut-il voir dans la remarque de Clément une référence voilée à cette tradition secrète ?

La découverte de l'Évangile secret de Marc confirme que les livres du Nouveau Testament, tels que nous les connaissons, *ne sont pas* des comptes rendus objectifs et fidèles du ministère de Jésus. Ce sont, dans une certaine mesure, des œuvres de propagande. Il semble vain d'espérer en dégager une image précise des premiers temps du christianisme. La situation n'est toutefois pas totalement désespérée. Il est possible de tirer des conclusions raisonnables d'une œuvre de propagande, si elle est reconnue comme telle. Une analyse minutieuse doit permettre de découvrir ce qu'elle veut cacher – ainsi, les passages suspects sont ceux qui révèlent des manipulations évidentes, ceux qui omettent des noms sans raison apparente.

Une bonne partie du matériau « interdit » – passages expurgés des textes originaux composant le Nouveau Testament ou livres condamnés par le concile de Nicée – a été préservée dans le plus grand secret par les « hérétiques ». Dans bien des cas, étaient jugés hérétiques ceux qui connaissaient la vérité contenue dans ces documents. Quel danger pouvait bien contenir ces matériaux censurés pour que l'Église traque impitoyablement ceux qui en avaient connaissance et les condamne au bûcher ?

Forts des indices récoltés au cours de notre investigation sur les mouvements clandestins européens, nous avons entrepris de relire l'histoire de Jésus et ses enseignements. Nous avons cherché à voir clair dans la masse d'informations en notre possession :

textes théologiques classiques, Nouveau Testament, écrits apocryphes et gnostiques, œuvres alchimiques et hermétiques, ainsi qu'interviews d'hérétiques. Les pièces du puzzle ont fini par se mettre en place. L'image obtenue était si consternante, si différente de celle enseignée dans les églises, que nous avons douté de nos propres conclusions.

Et si les « hérétiques », par leur connaissance secrète de la véritable histoire de Jésus, étaient *les vrais chrétiens* ? Que peut nous apprendre l'analyse objective des événements capitaux survenus en Palestine au Ier siècle ?

Il était temps de jeter les œillères des préjugés et de nous aventurer au-delà du mythe.

CHAPITRE 12

La femme que Jésus embrassait

Nous l'avons vu, cette femme énigmatique et puissante que fut Marie Madeleine a engendré bien des légendes. Mais qui était-elle et quel est son secret ?

Les références explicites à « Marie de Magdala » sont rares dans le Nouveau Testament. Cependant, la manière dont en parlent les Évangélistes montre qu'elle fut la plus importante des disciples féminines de Jésus. Aujourd'hui, l'Église ignore presque totalement les autres. Quand elle les évoque, c'est pour suggérer que le terme « disciple » a plus de poids appliqué aux hommes. En fait, le rôle des femmes a été minimisé de façon coupable par les commentateurs de la Bible. Si le contexte sociologique et religieux du Ier siècle aide à comprendre les difficultés des Juifs à reconnaître l'importance des femmes, il n'en va pas de même pour les auteurs plus proches de nous. Pourtant, le débat sur l'ordination des femmes, notamment dans l'Église anglicane, prouve que la situation n'a guère évolué en deux mille ans. Pour les fidèles du monde entier, « les disciples » sont automatiquement et exclusivement des hommes comme Pierre, Jacques, Luc... et pas Marie Madeleine, Jeanne, Salomé... bien qu'elles soient citées par les Évangélistes.

Durant l'interminable débat sur la question des femmes prêtres (les femmes étaient, elles-mêmes, trop scrupuleuses pour utiliser le terme « païen » de *prêtresse*), le clergé s'est appuyé sur une lecture partiale des Écritures pour « démontrer » que les femmes n'étaient pas appelées à accéder à la prêtrise. Ainsi, il a affirmé que les disciples de Jésus étaient exclusivement des hommes alors que les Évangélistes citent *nommément* les femmes de son entourage – la tradition juive de l'époque était telle que si les Évangélistes avaient pu les ignorer, ils ne s'en seraient pas privés. Le fait que leurs noms soient précisés révèle que leur rôle était incontournable dans le ministère de Jésus – ce qui allait se vérifier ultérieurement. En effet, l'Italien Giorgio Otranto, professeur d'histoire de l'Église, notamment, a fait remarquer que pendant plusieurs siècles les femmes étaient non seulement membres de la congrégation, mais encore *prêtres* et même *évêques*.

Karen Jo Torjesen, qui a largement étudié le rôle des femmes dans les origines du christianisme, écrit dans son livre *When women were priests* (1993) :

> Sous un haut portail d'une basilique romaine consacrée à deux saintes – Prudentiana et Praxedis –, une mosaïque représente quatre femmes : les deux saintes, Marie et une quatrième, les cheveux recouverts d'un voile et la tête entourée d'un halo carré – cette convention artistique indiquait que la personne était toujours en vie au moment de la réalisation de la mosaïque. Les quatre visages affichent une expression sereine, sur un fond doré scintillant. Marie et les deux saintes sont aisément identifiables. L'identité de l'autre est moins évidente. Une inscription soigneusement calligraphiée précise que le personnage de gauche est Theodora Episcopa, ce qui signifie Évêque Theodora. La forme masculine d'évêque en latin est *episcopus*, au féminin *episcopa*. Le dessin de la mosaïque et la nuance grammaticale de l'inscription ne laissent aucun doute : l'évêque Theodora était une femme. Le *a* de Theodor*a* a été partiellement effacé – les carreaux de la mosaïque ayant été grattés à cet endroit –, ce qui donne à penser qu'on a cherché à faire disparaître la terminaison féminine, peut-être dès les premiers temps [1].

Le clergé s'est donné beaucoup de mal pour expliquer ces représentations de femmes prêtres – certains ont même prétendu que Theodora était la *mère* de l'évêque. Il n'en demeure pas moins que les faits parlent d'eux-mêmes. Les femmes ne se contentaient pas de préparer le café et de beurrer les sandwiches, elles officiaient à l'eucharistie et dirigeaient les congrégations. Aux origines du christianisme, nul n'a jamais suggéré – comme ce fut le cas récemment – qu'une femme réglée polluerait le sang et le pain symboliques [2].

Il semble qu'au VIe siècle, on se souvenait toujours du statut réel des femmes aux premiers jours de l'Église. Ainsi, dans son traité sur la supériorité des femmes (évoqué au chapitre 7), Agrippa écrit : « Nous n'ignorons pas toutes ces abbesses et nonnes saintes en nos rangs, que l'Antiquité ne dédaignait pas d'appeler prêtres [3]. »

L'importance des femmes dans le culte de Jésus répondait à de bonnes raisons – qui rendaient, malheureusement, inévitables le mépris et le dénigrement de la part d'un certain type d'hommes.

Nous reviendrons sur ce point, mais pour l'instant insistons sur le fait que, dans l'Église chrétienne des premiers temps, les femmes ont incontestablement rempli des fonctions sacerdotales à l'égal des hommes.

Pour un clergé condescendant, les femmes citées dans les Épîtres et les Actes se contentaient d'offrir l'hospitalité aux Apôtres, qui voyageaient pour évangéliser et baptiser les païens. Luculla et Phillippa sont ainsi remerciées pour leur accueil. Il apparaît clairement qu'elles étaient riches et étonnamment indépendantes pour l'époque. Marie Madeleine fut l'une des premières à tenir ce rôle, même si nous contestons que ce fût là sa seule fonction.

Comme d'autres, elle subvenait aux besoins de Jésus et de ses disciples. Certains passages précisent toutefois qu'elle « le suivait », et la version originale implique sa participation pleine et entière aux activités et pratiques du groupe.

Nous avons vu que Marie Madeleine est la seule femme des Évangiles à ne pas être identifiée par rapport à un homme – sœur, mère, fille ou épouse. Elle est simplement appelée par son nom. Se pourrait-il que les chroniqueurs ignoraient son identité ? Il est plus vraisemblable de la supposer si célèbre qu'aucune précision supplémentaire n'était nécessaire à un chrétien pour la reconnaître.

Si sa relation avec les autres demeure sujette à discussion, un fait ressort clairement des Évangiles : Marie Madeleine était une femme indépendante. Susan Haskins fait observer qu'il s'ensuit forcément qu'il s'agissait d'une « femme aisée[4] ».

Rares sont les personnages des Évangiles qui se voient accoler, comme elle, une épithète à leur nom : Marie *la Magdaléenne*. Les deux principaux sont Jésus le Nazaréen et Jean le Baptiste.

Que signifie ce qualificatif de « Magdaléenne » ? Il semble vouloir dire « de Magdala », et on considère généralement qu'il renvoie au village de pêcheurs d'El-Mejdel, en Galilée. Mais rien ne prouve que ce soit le cas, ni même que ce village se soit appelé Magdala à l'époque de Jésus. (En fait, Josèphe appelle El-Mejdel, Tarichea.) Il existait, toutefois, une ville de Magdolum au nord-est de l'Égypte, près de la frontière de Judée – sans doute la Migdol mentionnée par Ézéchiel[5].

Le sens même de Magdala a donné lieu à diverses interprétations, notamment « la place de la colombe », « la place de la tour » et le « temple-tour[6] ».

Peut-être le nom de Marie fait-il référence à la fois à un lieu et à un *titre*, car on trouve dans l'Ancien Testament une prophétie révélatrice (Michée 4 : 8) :

> Et toi, tour du troupeau, colline de la fille de Sion, à toi viendra, à toi arrivera l'ancienne domination, le royaume de la fille de Jérusalem.

Margaret Starbird observe dans son étude du culte magdaléen, *The Woman with the Alabaster Jar* (1993), que les mots traduits par « tour du troupeau » étaient Magdal-eder. Elle ajoute :

> En hébreu, l'épithète *Magdala* signifie littéralement « tour » ou « élevé, grand, magnifique [7] ».

Le lien de la Magdaléenne avec les tours et la restauration de Sion était-il connu de son vivant ? Il est significatif que *Magdal-eder* signifiait « tour du troupeau », car cela implique une notion de tour de garde, de gardienne et pourquoi pas de « bon berger » ?

Marie Madeleine fut déjà à l'origine d'un scandale quand les auteurs de *L'Énigme sacrée* ont prétendu qu'elle avait été l'épouse de Jésus. Cette hypothèse n'était pas nouvelle, mais c'était la première fois qu'on la divulguait. Il n'est pas surprenant qu'elle ait choqué. La culpabilité liée à la sexualité est si vive dans notre culture que toute allusion au fait que Jésus ait pu avoir une compagne – fût-ce dans un cadre monogame – est perçue par beaucoup comme sacrilège et répugnante. L'idée que Jésus ait pu être marié apparaît improbable – pire, satanique ! Il existe pourtant de bonnes raisons de penser que Jésus entretenait une relation intime avec une femme – probablement Marie Madeleine.

De nombreux exégètes trouvent curieux que le Nouveau Testament fasse silence sur le statut marital de Jésus. Les chroniqueurs de l'époque n'hésitaient jamais à décrire les individus en fonction de leurs *différences* ; or, un célibataire de trente ans aurait été un cas unique. Notre vision de Jésus nous vient des Évangélistes, dont la perspective était essentiellement juive. Or, les Juifs jugeaient le célibat *malséant*, car il impliquait un refus de perpétuer la lignée des élus de Dieu, fait inadmissible pour les anciens de la synagogue. Si l'on en croit Geza Vermes, certains rabbins du IIe siècle « comparent le refus délibéré de procréer à un meurtre [8] ». Les généalogies souvent ennuyeuses de la Bible prouvent à loisir que les Juifs étaient une race dynastique fière. Aujourd'hui encore, les liens familiaux revêtent une grande importance à leurs yeux. Le mariage a toujours été un élément capital du mode de vie juif – surtout quand la nation était menacée, comme c'était le cas sous la domination romaine. Qu'un prédicateur charismatique et célèbre n'ait pas été marié et n'ait pas eu d'enfants aurait été jugé scandaleux. Son groupe aurait eu peu de chances de subsister longtemps et il n'aurait, en aucun cas, survécu à la mort de son fondateur.

Selon le Nouveau Testament, Jésus et ses disciples comptaient de nombreux ennemis. Or, nul ne les a jamais accusés d'homosexualité, ce qui n'aurait pas manqué pour une communauté de célibataires. Si un tel scandale avait dû éclater, Rome en aurait été informée. Il en subsisterait des traces. Ce genre de rumeurs n'est pas le propre de la presse moderne – Pilate et ses acolytes étaient des Romains éduqués et mondains. Les Juifs connaissaient l'homosexualité et la condamnaient. Si Jésus et ses disciples prônaient le célibat, les autorités n'y seraient pas demeurées insensibles.

Les exégètes négligent souvent cette question, prenant pour argent comptant la position de l'Église. Pourtant, dès que l'on s'y attarde, on mesure la difficulté de prouver le statut marital de Jésus. Geza Vermes, qui s'est efforcé de cerner la personnalité historique de Jésus, en est arrivé à la conclusion qu'il s'inscrivait parfaitement dans la tradition des hassidim, ces descendants des prophètes de l'Ancien Testament. Il a donc comparé – avec plus ou moins de succès – les actes et les enseignements de Jésus à ceux de hassidim connus de l'époque. Le célibat de Jésus (qu'il ne remet pas en question) pose aussitôt problème. Vermes doit reconnaître que la plupart des hassidim choisis comme points de comparaison étaient mariés et pères de famille. En fait, il n'a trouvé qu'un seul saint prônant le célibat – Pinhas ben Yair –, qui vécut un siècle avant Jésus et n'était pas hassid[9] ! Vermes en tire une conclusion surprenante : Jésus vivait comme cet homme – cela n'a pas convaincu grand monde. En vérité, le célibat de Pinhas était si exceptionnel qu'il doit sa notoriété à *cette seule particularité*.

Il est vrai que les membres de certaines sectes juives, les esséniens notamment, restaient célibataires. Mais nous connaissons ce fait justement en raison de son caractère exceptionnel, qui a suscité maints commentaires. Certains en ont déduit que Jésus était essénien. Or, la secte n'est pas mentionnée une seule fois dans le Nouveau Testament, ce qui paraît incroyable si Jésus en provenait.

Quelques commentateurs modernes ont toutefois évoqué l'hypothèse du mariage de Jésus. Le silence de l'Évangile sur ce point pourrait s'expliquer si Jésus n'était pas uni à sa compagne par les liens du mariage, ou alors d'un mariage non reconnu par les Juifs.

N'oublions pas que la tradition hérétique précise que Jésus et Marie Madeleine entretenaient des relations sexuelles ; il n'est pas question d'union maritale. Les Évangiles gnostiques, les cathares et autres organisations clandestines parlent de la « concubine » ou de la « compagne » de Jésus, et évoquent leurs relations à l'aide d'expressions ambiguës comme « leur union ».

Certains ont suggéré que les noces de Cana, au cours desquelles Jésus a transformé l'eau en vin, étaient, en fait, les siennes [10]. Le récit permet, sans conteste, de voir en lui le fiancé, puisqu'on attend qu'il fournisse le vin du banquet – ce qui ne se justifierait pas autrement. Or, cet événement majeur, qui relate le premier miracle de Jésus, n'est évoqué que dans l'Évangile de Jean – les trois autres l'ignorent purement et simplement. Il existe pourtant une autre explication à cet épisode, mais n'anticipons pas.

Plusieurs questions se posent à ce stade de notre réflexion : si Jésus était marié, pourquoi les Évangiles n'en parlent-ils pas ? Qui était son épouse ? Pourquoi ses disciples l'ignorent-ils aussi délibérément ? Sa relation avec Jésus les offensait-elle ? Risquait-elle de leur porter préjudice dans leur mission ? Si Jésus et sa compagne n'étaient pas mariés, mais entretenaient une liaison fondée sur la sexualité et la spiritualité, ses disciples ont peut-être jugé préférable de la taire.

Telle est précisément la situation décrite dans les Évangiles gnostiques, qui précisent l'identité de la *partenaire sexuelle* de Jésus : Marie Madeleine, dont les Apôtres réprouvaient l'influence.

Pourquoi la relation entre Jésus et Marie Madeleine dérangeait-elle ? La raison parfois avancée aujourd'hui aurait été nulle et non avenue au Ier siècle : les femmes sont des êtres inférieurs aux yeux de l'Église chrétienne et la procréation est un mal nécessaire. Or, avant de devenir une institution hiérarchique, l'Église n'avait pas le moindre préjugé à l'encontre des femmes.

Que la relation entre Jésus et Marie Madeleine ait été délibérément occultée ne fait aucun doute. Cependant, la misogynie pure et simple ne suffit pas à expliquer cette attitude. Elle devait avoir une autre raison, peut-être liée à la personnalité de Marie Madeleine, à son identité, et/ou à la nature de sa relation avec Jésus. En d'autres termes, le problème n'était pas que Jésus soit marié, mais qu'il ait épousé cette femme-là.

Nous avions souvent relevé, au cours de notre investigation, des allusions à la réputation équivoque de la Magdaléenne. Il nous restait à en identifier la source. Quels facteurs, hormis la misogynie, alimentent l'étrange peur inspirée depuis des siècles par la puissante amie de Jésus ?

L'identification de Marie Madeleine à Marie de Béthanie (sœur de Lazare) et à la « pécheresse sans nom » qui oint Jésus dans l'Évangile de Jean a toujours donné matière à débats. L'Église catholique a décrété de bonne heure que ces trois femmes n'en faisaient qu'une – elle a revu sa position en 1969. Pour l'Église orthodoxe orientale, Marie Madeleine et Marie de Béthanie ont toujours été des personnages distincts.

Certes, incohérences et contradictions obscurcissent le tableau, mais cette confusion est significative en soi, car les Évangélistes deviennent évasifs dès qu'ils cherchent à cacher quelque chose – une réaction de culpabilité typique. Ainsi, le flou qui entoure la description de Béthanie, la famille qui y résidait (Lazare, Marie et Marthe) et les événements qui s'y déroulèrent, rendent le lieu particulièrement significatif.

Morton Smith a démontré que la suppression de la résurrection de Lazare dans l'Évangile de Marc fut un acte de censure délibéré. Or c'est un événement marquant de l'Évangile de Jean, seule version canonique à l'évoquer. Pourquoi cet épisode mettait-il les chrétiens si mal à l'aise qu'ils le passèrent sous silence ? Est-ce parce qu'il faisait intervenir à nouveau *Marie* ? Ou est-ce que Béthanie était, d'une certaine manière, un lieu évocateur ?

L'Évangile de Luc (10 : 38) rapporte comment Jésus fut reçu dans la maison de deux sœurs, Marie et Marthe, mais il n'est pas fait mention d'un frère et le village n'est même pas nommé. Cette discrétion suffit à éveiller nos soupçons, d'autant qu'elle ne semble pas motivée par l'ignorance, puisque les autres chroniqueurs en font mention. Luc omet aussi de parler de Lazare. Qu'avaient de si particulier ce lieu et cette famille ? Est-ce le fait que Jean Baptiste ait commencé son ministère à *Béthanie* ?

C'est également Luc (7 : 36-50) qui donne le récit le plus obscur de l'épisode du lavement des pieds de Jésus par une femme. Il est le seul Évangéliste à situer la scène à Capharnaüm, au début du ministère de Jésus. Il ne nomme pas celle qui interrompt le repas pour lui oindre la tête et les pieds de précieux parfum, avant de les sécher avec ses propres cheveux.

L'Évangile de Jean (12 : 1-8) est plus explicite. La scène se déroule à Béthanie, dans la maison de Lazare, Marie et Marthe et c'est Marie qui oint Jésus. Évoquant la résurrection de Lazare, Jean (11 : 2) précise que c'est « cette Marie qui oignit de parfum le Seigneur ».

Ni Marc (14 : 3-9) ni Matthieu (26 : 6-13) ne nomment la femme en question, mais ils s'accordent pour dire que l'épisode se déroula à Béthanie, deux jours (six, selon Jean) avant la Cène. Seulement, pour eux, l'onction eut lieu dans la maison de Simon le lépreux. Tout ce qui touche à Béthanie et à cette famille inquiétait les chroniqueurs synoptiques. Ils ne pouvaient ignorer les faits, aussi s'employèrent-ils à les obscurcir. Les raisons de ce malaise à l'égard de Béthanie sont peut-être les mêmes que celles qui rendaient ce village si important pour les hérétiques.

Béthanie est le point de départ du périple fatal de Jésus vers Jérusalem – vers la Cène, l'arrestation et la crucifixion. Les Apôtres semblaient tout ignorer de la tragédie qui se préparait. Il n'en allait probablement pas de même pour la famille de Béthanie, qui aurait fourni l'âne sur lequel Jésus devait faire son entrée dans la capitale.

Marie de Béthanie et la femme anonyme qui oignit Jésus étaient bien la même personne – mais peut-on également les identifier à Marie Madeleine ? Une autre question demeure posée : pourquoi les Évangélistes ont-ils créé une telle confusion ?

La plupart des commentateurs modernes à quelques exceptions près, n'identifient pas Marie de Béthanie et Marie Madeleine. William E. Phipps trouve étrange que Marie de Béthanie – qui, de toute évidence, était une amie de Jésus – ne soit pas présente à la crucifixion, alors que Marie Madeleine, qui n'avait fait que de la figuration auparavant, se presse au pied de la croix [11]. Il suggère que les deux épithètes « de Béthanie » ou « de Magdala » pourraient s'appliquer à la même personne, selon le contexte. Cela est encore plus vraisemblable si les auteurs tentent délibérément d'égarer leur lecteur.

Ces mêmes commentateurs ne songent pas un seul instant que les Évangélistes aient pu pratiquer la censure, qu'ils aient choisi délibérément de modifier certains aspects de l'histoire. Hugh Schonfield admet, toutefois, que les Évangélistes nous cachent des choses sur le groupe de Béthanie, à moins qu'ils ne les aient ignorées. Si l'on admet que la confusion fut délibérée, il devient possible de voir en Marie de Béthanie et Marie Madeleine une seule et même personne.

Les lecteurs anglo-saxons ont découvert le Prieuré de Sion grâce à *L'Énigme sacrée*. Or ce livre affirme sans ambages que Marie de Madeleine et Marie de Béthanie ne font qu'une. La réédition (anglaise) de 1996 présente des éléments nouveaux, et notamment le « document Montgomery » qui apporte de l'eau au moulin des auteurs. On y lit que Jésus avait épousé « Myriam de Béthanie », qui gagna la France, enceinte d'une fille. Il s'agirait bien évidemment de Marie Madeleine – c'est en tout cas ce que *croient* les partisans du Prieuré. Or tous les récits qui évoquent la venue de la Magdaléenne en France – notamment *La Légende dorée* – supposent une identité entre elle et Marie de Béthanie. Mais existe-t-il des indices appuyant ces hypothèses ?

On en trouve un chez Luc. Après avoir décrit l'onction de Jésus par la « pécheresse sans nom », il introduit aussitôt – et pour la première fois – la Magdaléenne (8 : 1-3). Il semble que l'association ait été si forte qu'il lui était impossible, au moins inconsciemment, de l'ignorer.

Jésus lui-même lie non seulement *l'acte* de l'onction, mais encore la personne qui le pratique à sa future inhumation. Ainsi lit-on dans Marc (14 : 8) : « Elle a fait ce qu'elle a pu ; elle a d'avance embaumé mon corps pour la sépulture. » Le lien implicite est évident entre cette femme de Béthanie et Marie Madeleine qui, quelques jours plus tard, se rendrait au tombeau pour oindre le corps de Jésus. L'onction de Jésus vivant et celle prévue de son corps sans vie sont des actes rituels capitaux. Quoi qu'il en soit, un fait revêt une importance encore plus grande : la personne qui oint Jésus – le marquant pour sa vraie destinée – *est une femme*.

L'idée que Marie Madeleine soit une prostituée découle de l'association (ou confusion) habituelle entre elle et Marie de Béthanie, présentée comme « une pécheresse ». Bien entendu, si Marie de Béthanie était une prostituée et si Marie Madeleine et elle ne font qu'une, on comprend l'extrême prudence – et même la réticence – des Évangélistes à son encontre. Attardons-nous donc un instant sur cette Marie de Béthanie et voyons ce qu'elle peut nous apprendre.

Les Évangiles synoptiques ne nomment pas la femme qui oint Jésus ; les auteurs se contentent de la présenter comme une pécheresse. En revanche, Jean l'identifie explicitement, mais se garde de préciser son statut moral. Voilà qui peut paraître suspect en soi.

Chez Luc, la femme en question est décrite comme « une pécheresse qui se trouvait dans la ville ». Or le terme grec original était *harmartolos*, c'est-à-dire la personne qui a transgressé et s'est placée hors la loi – sans qu'il soit nécessairement question de prostitution. Autre caractéristique de cette femme : elle portait les cheveux défaits, ce qui n'était pas respectable et suggérait une sorte de provocation sexuelle, du moins aux yeux des Évangélistes [12].

Certes, Marie de Béthanie devait choquer les Juifs de son temps, mais rien ici ne suggère qu'elle ait fait commerce de ses charmes. (Le nard pur provient d'une plante très rare, et donc très onéreuse, qui pousse en Inde. Une simple prostituée n'aurait jamais eu les moyens de s'en procurer. Selon William E. Phipps, le nard lui coûta l'équivalent d'une année de salaire d'un agriculteur[13].) Supposons même que Marie ait été une riche tenancière de bordel, elle n'aurait probablement pas vécu avec son frère Lazare et sa sœur Marthe, dont la réputation était, semble-t-il, parfaitement respectable – Jésus, qui logea chez eux, était leur ami. Mais alors, quelle est la nature réelle des « péchés » de cette Marie ?

Harmartolos est un terme emprunté au tir à l'arc, qui signifie manquer la cible ; en l'occurrence, il désigne quelqu'un qui ne respecte pas la loi juive ou ses rituels soit parce qu'il néglige les pratiques prescrites, soit parce qu'il n'est pas juif[14]. Si Marie de Béthanie n'était pas juive, l'attitude des Évangélistes à son encontre s'explique mieux. En fait, on en est arrivé à penser que sa transgression était de nature sexuelle parce qu'elle portait les cheveux défaits – et aussi en raison de l'attitude des disciples à son endroit.

Le caractère sulfureux de cette femme a occulté le véritable sens de l'onction de Jésus. Un élément essentiel de cet acte n'a guère retenu l'attention, alors qu'il constitue un fondement du christianisme. Le terme « Christ » est dérivé du grec *Christos*, traduction de l'hébreu « Messie ». Mais, contrairement à l'opinion largement répandue, il ne renferme aucune notion de divinité. *Christos* signifie simplement « oint ». (En conséquence, tout fonctionnaire « oint » est un « Christ » – de Ponce Pilate à la reine d'Angleterre.) La divinité du Christ est une invention ultérieure des chrétiens. Le Messie *juif* ne devait être qu'un grand chef politique et militaire – fût-il l'élu de Dieu. À l'époque, le terme « Messie » ou « Christ » appliqué à Jésus, impliquait ni plus ni moins qu'il avait été « oint ».

Or, dans tous les Évangiles, il n'est fait qu'une seule allusion à l'onction de Jésus. Certains ont prétendu qu'elle découlait de son baptême par Jean. Si c'est le cas, tous ceux qui sont venus se baigner dans les eaux du Jourdain auraient été des Christs, ce qui est absurde. La seule personne qui a oint Jésus *était une femme*.

Il est ironique de constater que Jésus aurait dit lors de son onction (Marc 14 : 9) :

> Je vous le dis en vérité, partout où la bonne nouvelle sera prêchée, dans le monde entier, on racontera aussi en mémoire de cette femme ce qu'elle a fait.

N'est-il pas curieux que l'Église, qui reconnaît en sainte Marie Madeleine celle qui pratiqua l'onction, ait soigneusement ignoré cette injonction ? Le traitement de la Magdaléenne en chaire, *dans le monde entier*, prouve que les paroles de Jésus, comme l'ensemble du Nouveau Testament, font, en permanence, l'objet d'une lecture partiale. Dans ce cas précis, elles sont quasiment ignorées. Même lorsque le rôle de Marie Madeleine dans cet épisode est reconnu, ses implications sont passées sous silence.

Dans le Nouveau Testament, seuls deux personnages officient lors de rituels majeurs de la vie de Jésus : Jean, qui le baptise au début de son ministère, et Marie de Béthanie, qui l'oint, à la fin. Or, tous deux ont été marginalisés par les Évangélistes, qui les auraient probablement ignorés si leur rôle n'avait été aussi important. Il est une raison fondamentale à ce rejet : le baptême et l'onction *impliquent que les officiants sont investis d'une autorité*. Si celui qui baptise, ou qui oint, *confère une autorité, c'est que lui-même possède l'autorité d'agir de la sorte*.

Nous reviendrons sur celle de Jean. Arrêtons-nous, pour l'instant, sur le fait curieux que les Évangélistes aient pris la peine d'évoquer l'onction. Si cet acte avait été insignifiant, nul n'en eut parlé. Or, il nous est dit que les disciples, en particulier Judas, ont reproché à Marie d'avoir utilisé, pour oindre Jésus, un parfum rare et cher, qui aurait pu être vendu au profit des pauvres. Jésus leur répondit que ceux-ci seront toujours avec eux, alors que lui ne sera pas toujours là. Sa réponse justifie l'acte de Marie, mais démontre également que seuls, elle et lui, mesuraient la véritable valeur de cet acte. Les disciples, qui ne comprennent pas les implications de ce rituel rudoient Marie, et Jésus doit intervenir. Cet incident revêt une autre importance, car il marque le moment où Judas devint traître – peu après, il allait vendre Jésus aux grands prêtres.

Marie de Béthanie fit de Jésus un Christ avec le nard. Cet onguent, associé aux rites funéraires, avait probablement été conservé pour cette occasion spécifique. Jésus lui-même avait dit (Marc 14 : 8) : « ... elle a d'avance embaumé mon corps pour la sépulture. » Dans son esprit, il s'agissait clairement d'un *rituel*.

Quel était l'objectif précis de cette onction ? Et pourquoi fut-elle pratiquée par une femme dans le cadre de ce patriarcat ? Compte tenu du sexe et de la réputation (même imméritée) de l'officiante, la cérémonie ne pouvait s'inscrire dans la pratique judaïque. Le « document Montgomery » renferme peut-être un indice sur la nature réelle de cet acte.

Il rapporte le mariage de Jésus avec Myriam de Béthanie, « prêtresse d'un culte féminin », qui s'inscrirait, donc, dans une tradition d'adoration de la déesse. Il est dès lors compréhensible que l'onction ait paru incongrue aux disciples, même si son acceptation par

Jésus demeure inexpliquée. En outre, si cette femme était bien une prêtresse païenne, il est normal que les disciples aient jugé sa morale douteuse.

À ce stade, plusieurs questions se posent. Si Marie de Béthanie était une prêtresse païenne, pourquoi a-t-elle oint Jésus ? Ou, plus précisément, pourquoi Jésus a-t-il accepté de se faire oindre ? Existe-t-il des parallèles entre ce rituel et les cérémonies païennes de l'époque ? En fait, cette pratique évoque un rite ancien : l'onction du *roi sacré*. Un vrai roi ou un vrai prêtre ne pouvaient être investis du pouvoir divin que par l'autorité de la grande prêtresse. Cela s'accomplissait traditionnellement à l'occasion d'un *hieros gamos*, ou mariage sacré : le roi prêtre s'unissait à la reine prêtresse. C'est donc par l'union sexuelle qu'il était reconnu roi.

Rien dans la culture occidentale moderne ne fait écho à cette pratique. Il nous est difficile, aujourd'hui, d'accepter la notion de *hieros gamos*. La sexualité s'inscrit dans la sphère intime du couple et a perdu toute dimension sacrée. Cependant, cette cérémonie n'est pas seulement affaire de sexualité ou d'érotisme, même sublimés ; par le mariage sacré, l'homme et la femme *deviennent véritablement des dieux*. La grande prêtresse incarne la déesse qui confère à l'homme – divinisé – le don ultime de régénération – comme en alchimie. Leur union est censée les imprégner – eux et le monde environnant – d'un baume régénérateur et répéter l'impulsion créative de la naissance de la planète [15].

Le *hieros gamos* était l'expression ultime de ce que l'on nommait la « prostitution sacrée » : l'homme visitait la prêtresse pour recevoir la gnose et connaître le divin à travers l'acte d'amour. Cette prêtresse se nommait, alors, *hiérodule*, qui signifie « servante sacrée [16] » – le terme « prostituée » avec ses connotations morales est une interprétation victorienne. En outre, cette prêtresse, contrairement aux prostituées, gardait le contrôle de la situation mais aussi de l'homme, et tous deux retiraient des bénéfices considérables de la cérémonie en termes de puissance physique, spirituelle et magique. Le corps de la prêtresse devenait, d'une manière inconcevable aux amants occidentaux contemporains, littéralement et métaphoriquement, la porte des dieux.

Rien ne pourrait être plus éloigné de l'attitude de l'Église à l'égard de la sexualité et des femmes. La prostitution sacrée conférait l'illumination spirituelle – un processus appelé *horasis*. Sans « connaissance » charnelle de l'hiérodule, un homme demeurait spirituellement incomplet. Livré à lui-même, il n'avait guère d'espoir de contact extatique avec le divin ; les femmes, elles, n'avaient pas besoin d'une telle cérémonie, car elles étaient naturellement en relation avec le plan supérieur.

L'onction pratiquée sur Jésus symbolisait peut-être l'acte de pénétration sexuelle. Mais, il n'est pas nécessaire d'aller jusque-là pour comprendre la solennité du rituel. Il existe d'anciens rites au cours desquels les prêtresses, qui personnifient la déesse, étaient physiquement préparées pour « recevoir » l'homme choisi pour symboliser le roi sacré ou le dieu rédempteur. Toutes les écoles de mystère d'Osiris, Tammuz, Dionysos, Attis, etc. incluaient un rituel similaire : le dieu était oint par la déesse avant de mourir réellement ou symboliquement, pour rendre sa fertilité au pays. Traditionnellement, c'est *trois jours après* que, grâce à l'intervention magique de la prêtresse/déesse, il se relevait – la nation pouvait pousser un soupir de soulagement, jusqu'à l'année suivante. (La déesse disait : « Ils ont emporté mon Seigneur et j'ignore où le trouver » – presque les mots de Marie Madeleine au jardin. Nous y reviendrons.)

On trouvera des indications sur le sens réel de l'onction de Jésus dans l'Ancien Testament, et plus particulièrement dans le Cantique des Cantiques (1 : 12), où la « bien-aimée » dit : « Tandis que le *roi* est en son enclos, *mon nard* donne son parfum. » Nous avons vu que Jésus lui-même a associé onction et ensevelissement, aussi le verset suivant prend un sens précis : « Mon bien-aimé est un sachet de myrrhe, qui repose entre mes seins. »

Le lien est évident entre l'onction de Jésus et le Cantique des Cantiques. De nombreux exégètes voient dans ce poème la liturgie rituelle d'un mariage sacré et mettent en évidence ses multiples similitudes avec des liturgies d'Égypte et d'autres pays du Moyen-Orient[17].

Margaret Starbird relève un parallèle particulièrement frappant :

> On trouve des phrases identiques dans le Cantique des Cantiques et le poème liturgique du culte de la déesse égyptienne Isis, la sœur-épouse du dieu mutilé... Osiris[18].

La déesse/prêtresse s'unit au dieu/prêtre par le mariage sacré pour des raisons complexes. Il s'agit, de prime abord, d'un rite de fertilité visant à assurer une fécondité personnelle et nationale, garante de l'avenir du peuple et du pays. Mais c'est également à travers l'extase et l'intimité du rite sexuel que la déesse/prêtresse confère la sagesse à son partenaire. L'analyste jungienne Nancy Qualls-Corbett, dans *The Sacred Prostitute* (1988), met en exergue le lien entre la prostituée sacrée et le Principe féminin, symbolisé par *Sophia* (Sagesse)[19].

L'onction de Jésus était donc un rituel païen. La femme qui le pratiqua, Marie de Béthanie, était une prêtresse. Dans ce nouveau scénario, il est probable qu'elle remplissait les fonctions d'initiatrice sexuelle, dans le cercle intérieur de Jésus. Or les catholiques comme les hérétiques ont longtemps assimilé Marie de Béthanie et Marie Madeleine. Nous comprenons désormais pourquoi le rôle réel de la Magdaléenne dans la vie de Jésus a engendré une telle confusion. Si elle était vraiment une hiérodule, elle ne pouvait qu'être réprouvée dans le monde patriarcal du judaïsme. Pourtant, sa présence aux côtés de Jésus lui assurait une protection contre toutes les agressions – sauf verbales, comme le montrent ses échanges avec Simon Pierre (relatés dans les Évangiles gnostiques).

Baigent, Leigh et Lincoln sont également parvenus à la conclusion que Marie Madeleine était une prêtresse païenne, mais ils ne semblent pas y avoir attaché d'importance. Ainsi, s'ils disent bien que la Magdaléenne fut liée à un culte de la déesse, ils concluent : « Il n'est pas exclu qu'avant sa rencontre avec Jésus, la Magdaléenne en ait été l'un des nombreux adeptes [20]. » Et ils passent à autre chose. Pourtant, l'élément important de leur phrase est « avant sa rencontre avec Jésus ». Ils sous-entendent que Jésus l'a convertie et ils l'inscrivent donc dans la vision traditionnelle de la pécheresse repentie. Contester celle-ci revient à évoquer un scénario beaucoup plus dérangeant.

Qualls-Corbett évoque la relation entre prostituée sacrée, *Sophia* et Vierge noire, soulignant ainsi les liens relevés dans la première partie [21]. Cette personnification multiforme du Principe féminin révèle le grand secret érotique, jalousement préservé par la tradition occulte occidentale : *Sophia* est tout à la fois la Prostituée, la « chère bien-aimée » du mariage sacré, Marie Madeleine, la Vierge noire et Isis. Le mariage sacré du Grand Œuvre alchimique est une continuation directe de cette antique tradition, dans laquelle un rituel sexuel procure illumination spirituelle et transformation physique. Après cette expérience suprême avec la déesse/prêtresse, le dieu/prêtre est à ce point transfiguré qu'il n'est plus reconnaissable et doit « ressusciter » dans une vie nouvelle.

Nancy Qualls-Corbett et d'autres exégètes ont montré que le portrait de Marie Madeleine qui se dégage des Évangiles gnostiques est celui d'une illuminatrice : Marie Lucifer, la porteuse de lumière, qui dispense l'illumination par la sexualité sacrée. Compte tenu de nos conclusions relatives à Marie de Béthanie, il semble bien que les deux femmes ne faisaient qu'une.

Marie fut bien l'épouse de Jésus, même s'il nous faut redéfinir ce terme. Elle fut sa partenaire dans le cadre d'un mariage *sacré*, et pas nécessairement d'un mariage d'amour. Le Cantique des Cantiques est, en réalité, la liturgie d'un mariage sacré, or il a toujours été lié à Marie Madeleine.

La sexualité sacrée – anathème pour l'Église de Rome – s'exprime dans le concept du mariage et de la « prostitution » sacrés, dans les systèmes orientaux taoïste et tantrique, ainsi qu'en alchimie.

Comme le dit Marvin H. Pope dans son étude exhaustive du Cantique des Cantiques (1977) :

> Les hymnes tantriques à la déesse offrent certains des parallèles les plus provocateurs au Cantique des Cantiques [22].

Et comme l'explique Peter Redgrove, dans *The Black Goddess* (1989), à propos des arts sexuels taoïstes :

> Il est intéressant de les comparer aux pratiques religieuses sexuelles du Moyen-Orient et à l'image qui nous en a été transmise. Marie-Ishtar, la Grande Prostituée, oint son époux Tammuz (à qui Jésus fut identifié) et en fait donc un Christ. Ce rituel vise à préparer sa descente aux enfers, d'où il reviendra à l'invocation de la déesse. Celle-ci, ou sa prêtresse appelée la Grande Prostituée, pratiquait un rite sexuel d'*horasis*, un orgasme de l'ensemble du corps qui transportait l'époux dans le continuum de connaissance visionnaire. C'était un rite de passage, duquel il revenait transfiguré. De la même manière, Jésus dit que Marie Madeleine l'oignit en préparation à son ensevelissement. Seules les femmes pouvaient accomplir ces rites au nom de la déesse, et c'est pourquoi aucun homme ne participa à la préparation du tombeau de Jésus ; il n'y eut que Marie Madeleine et ses suivantes. Un symbole majeur de la Magdaléenne dans l'art chrétien est le vase d'huile sainte – signe extérieur du baptême intérieur vécu par le taoïste [23]...

Un autre détail relatif à ce vase d'huile est particulièrement intéressant. Les Évangélistes précisent qu'il contenait du nard pur – un onguent extrêmement onéreux, provenant de l'Inde lointaine, berceau du tantrisme. Or, dans la tradition tantrique, chaque parfum et chaque huile s'applique à une partie spécifique du corps : *le nard s'appliquait sur les cheveux et les pieds...*

Dans l'*Épopée de Gilgamesh*, il est dit aux rois sacrificiels : « La prostituée qui vous a oints avec une huile parfumée, maintenant vous pleure. » On trouve une phrase semblable dans les mystères de Tammuz pratiqués à Jérusalem, au temps de Jésus [24]. En outre, les « sept démons » dont Jésus aurait délivré la Magdaléenne peuvent être rapprochés des sept Maskim, esprits suméro-accadiens qui gouvernent les sept sphères sacrées et *sont nés de la déesse* Mari[25].

Il était de coutume, lors d'un mariage sacré, que la fiancée – la grande prêtresse – choisisse le moment de la mort du roi sacrificiel, organise son ensevelissement puis le fasse sortir des enfers, par magie, pour le ramener à la vie. Le plus souvent, bien sûr, cette « résurrection » était purement symbolique. Elle se traduisait par le renouveau de la vie au printemps – ou, pour Osiris, par la crue annuelle du Nil qui restaurait la fertilité du pays.

L'onction pratiquée par Marie Madeleine prend désormais tout son sens : c'est à la fois, une manière d'annoncer que le moment du sacrifice de Jésus est arrivé et une reconnaissance rituelle du roi sacré. Nous ne devrions pas être surpris de constater que ce rôle est diamétralement opposé à celui que l'Église lui a traditionnellement attribué.

L'Église catholique ne souhaitait pas que ses membres aient connaissance des véritables relations unissant Jésus et Marie. C'est pour cela que les Évangiles gnostiques n'ont pas été inclus dans le Nouveau Testament, et qu'on a caché leur existence aux chrétiens. Quand le concile de Nicée rejeta de nombreux Évangiles gnostiques, limitant le Nouveau Testament aux écrits de Matthieu, Marc, Luc et Jean, cet acte de censure se fit mandat divin. Ses membres n'avaient d'autre intention que d'assurer leur propre pérennité, car en ce temps-là – au IVe siècle –, le pouvoir de la Magdaléenne et de ses disciples était déjà trop répandu pour que le patriarcat romain puisse l'étouffer dans l'œuf.

Selon ces textes censurés, Jésus appelait la Magdaléenne l'« Apôtre des Apôtres » et « la femme qui connaissait le Tout ». Il dit qu'elle s'élèverait au-dessus de tous les autres disciples et dirigerait le Royaume de la Lumière. Il la baptisa aussi *Marie Lucifer* – Marie, la porteuse de lumière –, et l'on raconte qu'il ramena Lazare à la vie, uniquement par amour pour elle, car il ne lui aurait rien refusé. L'*Évangile* (gnostique) *de Philippe* précise que les autres disciples la détestaient et que Pierre, en particulier, lui contesta son statut auprès de Jésus, allant jusqu'à lui demander, assez naïvement, pourquoi il la préférait à tous les autres et pourquoi il *l'embrassait toujours sur la bouche* ! Dans l'*Évangile* (gnostique) *de Marie*, la Magdaléenne dit que Pierre la détestait, « elle, et toutes les femmes », et dans l'*Évangile de Thomas*, Pierre dit : « Que Marie parte, car les femmes ne sont pas dignes de vivre » – un avant-goût amer de la lutte qui opposera l'Église de Rome, fondée par Pierre, aux hérésies fidèles à Marie. (À l'origine de cette opposition, on trouve donc l'antagonisme de deux personnes – l'une d'elle étant la compagne même de Jésus.)

L'*Évangile* (gnostique) *de Philippe* (qui présente la Magdaléenne comme la partenaire de Jésus) évoque de nombreuses unions entre hommes et femmes. L'illumination ultime est symbolisée par les fruits de l'union de la fiancée et du promis ; ici Jésus est le promis, *Sophia*, la fiancée et le fruit de leur union, la gnose [26]. (Même dans les Évangiles canoniques, Jésus utilise souvent l'expression « le Promis » en parlant de lui.) En outre, l'*Évangile de Philippe* associe très clairement Marie Madeleine et la Sophia [27].

Cet Évangile gnostique recense cinq rituels initiatiques ou sacrements : baptême, *chrisme* (onction), eucharistie, rédemption – et le plus grand : « la chambre nuptiale » :

> Le chrisme est supérieur au baptême (...) et le Christ est ainsi nommé en raison du chrisme (...) Celui qui est oint possède le Tout. Il possède la résurrection, la lumière, la Croix, le Saint-Esprit. Le Père lui a transmis cela dans la chambre nuptiale [28].

Si le sacrement du *chrisme* était supérieur à celui du baptême, il s'ensuit que l'autorité de Marie était supérieure à celle de Jean Baptiste. Plus significatif encore, l'*Évangile de Philippe* stipule que *tous* les adeptes de ce système, et pas seulement Jésus, deviennent « Christ » par l'onction. Le sacrement le plus élevé, celui de la « chambre nuptiale » n'est jamais détaillé et demeure un mystère pour les historiens. Notre enquête nous permet toutefois d'avancer une hypothèse : ce passage renferme une indication sur la nature véritable de la relation entre Jésus et Marie. Nous avons vu que celle-ci était appelée dans les Évangiles gnostiques : « la femme qui connaissait le Tout », or il est dit, ici : « Celui qui est oint *possède le Tout.* » Et l'*Évangile de Philippe* ajoute : « Comprenez la puissance que possède l'acte d'amour pur [29]. »

La *Pistis Sophia*, écrit gnostique du IIIe siècle, transmet les enseignements que Jésus aurait dispensés douze ans après sa résurrection. La Magdaléenne y est présentée dans le rôle archétypique de catéchiste. Elle interroge Jésus pour mettre en lumière sa sagesse, telle la Shakti, ou déesse, orientale, qui questionne rituellement son époux divin. Dans ce texte, Jésus évoque Marie par un terme désignant ces déesses indiennes : « Chère bien-aimée. » Ce sont ces mêmes mots qui qualifient les partenaires lors d'un mariage sacré.

L'intimité entre Jésus et Marie a une autre implication riche de sens. Si l'on compare leur relation et celle que Jésus entretient avec ses autres disciples on n'a plus de doute sur la personne la mieux informée de ses idées, pensées et secrets. Les disciples sont souvent *effacés*. Ainsi lit-on régulièrement : « Ils ne savaient pas ce qu'il voulait dire » – n'est-ce pas surprenant de la part d'hommes appelés à fonder son Église ? Les Actes des Apôtres parlent du feu céleste de la Pentecôte qui transmit aux disciples sagesse et pouvoir ; les Évangiles gnostiques, eux, évoquent « le » disciple qui n'eut pas besoin de cette intervention divine. Selon ces textes censurés, la Magdaléenne rassembla les disciples après la crucifixion et les incita, par sa verve, à poursuivre l'œuvre entreprise alors qu'ils étaient sur le point de renoncer. Certes, elle avait vu Jésus ressuscité, mais on est frappé par le manque de motivation, de foi et de courage des disciples.

Se pourrait-il que les Douze n'appartenaient pas, en réalité, au cercle intérieur des disciples de Jésus – qu'ils n'étaient que les plus loyaux des fidèles *non initiés* ? Leur ignorance surprend a posteriori. Ainsi, la mort et la résurrection sont la quintessence même de la mission de Jésus, or Jean dit : « ... ils ne comprenaient pas encore que, selon l'Écriture, Jésus devait ressusciter des morts [30] ».

Quand Marie Madeleine se rendit au sépulcre, accompagnée de ses suivantes, les propos qu'elle échangea avec le « jardinier » – Jésus ressuscité – : « Ils ont enlevé mon Seigneur et je ne sais où ils l'ont mis », pourraient donner à penser qu'elle n'en savait pas plus que les autres disciples. Il en va tout autrement si elle était une prêtresse informée des mystères intérieurs. Marie Madeleine étant vraisemblablement l'épouse de Jésus et la première des Apôtres, son rôle revêtait une signification plus ancienne et païenne.

On explique généralement qu'aucun homme n'aida à préparer la sépulture de Jésus par le fait que ce n'était pas une tâche masculine. Pourtant, la lecture des écrits gnostiques révèle que l'absence des disciples s'explique par le découragement et non par les coutumes de l'époque. Or, dans les mystères, seule la prêtresse annonçait l'apogée du sacrifice du roi, à savoir : sa résurrection miraculeuse.

Les similitudes entre l'onction, la mort et la résurrection de Jésus et les traditions païennes sont patentes, mais n'expliquent pas qu'un prêcheur juif se soit prêté à un tel jeu. Même s'il paraît établi que Marie Madeleine était prêtresse d'un culte pratiquant la prostitution sacrée et que son influence sur son époux fut grande, on comprend mal les raisons qui incitèrent Jésus à se détourner de la tradition juive pour participer à un *rite païen* ?

La réalité sur Jésus et sa mission est peut-être très différente de ce qu'enseigne l'Église. Posons-nous quelques questions ? *Et si*

Jésus avait pris part à un mariage sacré ? *Et si* Jésus avait, de son plein gré, participé à des rites sexuels païens ? *Et si* Marie Madeleine était une prêtresse et *l'égale de Jésus sur le plan spirituel* ? Et si Pierre et les autres disciples n'appartenaient pas au cercle intérieur du mouvement ? Ce qui appelle une ultime question : Qui fut, en réalité, Jésus ?

CHAPITRE 13

Le fils de la déesse

Comme nous l'avons vu, les historiens ont fait, ces dernières années, des découvertes qui bouleversent notre vision des origines du christianisme. Pourtant, le gouffre ne cesse de se creuser entre la connaissance des érudits et celle de la masse des fidèles. Burton L. Mack, professeur d'étude du Nouveau Testament, à la Clarement School of Theology, de Californie, se plaignait récemment du « terrible manque de connaissance des chrétiens sur la constitution du Nouveau Testament [1] ».

Les premières analyses critiques du Nouveau Testament ne datent que du XIXe siècle, ce qui traduit bien une réticence quasi superstitieuse à remettre en question les textes fondamentaux. Cette attitude s'explique par l'interdiction de lire la Bible imposée par l'Église aux fidèles. Pendant des siècles, seuls les prêtres lisaient les saintes Écritures – à vrai dire, ils étaient, le plus souvent, les seuls à savoir lire. La naissance du protestantisme a partiellement eu raison de ce monopole, en permettant à un plus grand nombre d'accéder aux textes sacrés. Cependant, les formes extrêmes de protestantisme – du puritanisme au fondamentalisme – ont insisté sur l'inspiration *divine* du Nouveau Testament. Une autre manière d'interdire son analyse critique.

À ce jour, des millions de chrétiens ignorent encore que le Nouveau Testament est un mélange de mythe, d'inventions, de témoignages tronqués et d'emprunts à d'autres traditions. Ce faisant, ils négligent l'essentiel et défendent un système de croyance de plus en plus vulnérable.

Quand les chercheurs du XIXe siècle appliquèrent à la Bible les critères d'analyse des textes historiques, ils parvinrent à des conclusions confondantes. Pour commencer, il semblait que Jésus n'avait jamais existé et que les Évangiles ne rassemblaient que des éléments mythologiques et métaphoriques. Cette thèse a toujours ses partisans, mais ils sont de plus en plus rares. En effet, l'existence de Jésus paraît désormais établie. Il est néanmoins intéressant d'étudier le raisonnement qui amena certains à voir en Jésus une pure fiction.

Les partisans de cette théorie avancent qu'il n'apparaît dans *aucun* texte de l'époque, exception faite des Évangiles – de nombreux chrétiens en furent bouleversés. Qui plus est, les autres livres du Nouveau Testament, notamment les Épîtres de Paul, considèrent l'existence de Jésus comme allant de soi, mais sans apporter aucune preuve tangible. Paul, dont les lettres sont les premiers écrits chrétiens connus, ne fournit aucune information biographique, hormis sur les événements proches de la crucifixion. Il ne dit rien des parents de Jésus, de sa naissance ou de sa vie. Paul, comme les autres auteurs du Nouveau Testament, est plus soucieux de théologie que d'histoire. Son objectif est d'assurer la pérennité du christianisme et d'expliquer ses enseignements.

Beaucoup d'historiens du XIXe siècle furent troublés par cette absence de récits contemporains. Aucun chroniqueur du Ier siècle ne parle de Jésus ! Bamber Gascoigne écrit : « Pendant les cinquante premières années de ce que nous nommons, aujourd'hui, l'ère chrétienne, pas un mot n'a été consacré au Christ ou à ses disciples[2]. »

Tacite évoque, dans ses *Annales* (*v.* 115), la naissance du christianisme – qu'il qualifie de « superstition dangereuse » – à Jérusalem et à Rome. Il mentionne vaguement l'exécution de son fondateur, qu'il nomme « Christ », et c'est tout[3] !

Suétone, dans ses *Vies des douze César* (*v.* 120), évoque un soulèvement juif, à Rome, en 49, à l'instigation de « Chrestus ». On a souvent cru que ce genre d'allusion prouvait l'existence d'une branche romaine précoce du christianisme, mais ce n'est pas forcément le cas. Il y eut beaucoup de messies autoproclamés parmi les juifs de l'époque et tous pouvaient être appelés en grec « Christ ». La manière dont Suétone en parle donne à penser que ce Christ-là particulier incitait les Juifs à se rebeller contre Rome[4].

Pline le Jeune évoque lui aussi les chrétiens dès les premières années de notre ère, mais se contente de dire que leur fondateur s'appelait « Christ », sans autre précision. En revanche, son récit fait apparaître que ce Christ passait déjà pour un dieu[5].

Ces auteurs étaient romains. La Palestine représentait une colonie mineure de l'empire et il n'est pas surprenant qu'ils ne se soient pas appesantis sur Jésus et les débuts de l'Église chrétienne. (En ce temps-là, les rebelles et les criminels n'avaient pas droit aux feux des projecteurs comme de nos jours. Même la rébellion de l'ex-esclave Spartacus n'eut guère d'échos.) Pourtant, on eût été en droit de s'attendre à ce que la vie et le ministère de Jésus soient évoqués par Flavius Josèphe (38-*v.* 100), un Juif qui changea de camp durant la révolte juive et consacra deux livres à l'Histoire de cette période. Dans ses *Antiquités judaïques* (écrits vers 98), Josèphe parle d'autres personnages des Évangiles – notamment de Jean Baptiste et Ponce Pilate. Il fait une allusion à Jésus, mais on sait désormais qu'il s'agit d'un ajout d'un auteur chrétien, probablement du IVe siècle, désireux de combler un manque gênant[6]. Cette référence est si enthousiaste que de nombreux commentateurs se sont demandé pourquoi Josèphe ne s'est jamais converti au christianisme s'il admirait tant Jésus ! La vraie question est de savoir si cet ajout visait uniquement à combler un vide, ou s'il remplaçait un passage beaucoup moins flatteur pour Jésus et son mouvement. Il nous est impossible de répondre avec certitude, sans doute ne s'agissait-il que d'une invention. Ces lignes ne sont pas dans le style de Josèphe et s'inscrivent mal dans le cours de l'Histoire. En outre, Origène, auteur chrétien de la fin du IIIe siècle, ne semble pas avoir eu connaissance d'une référence à Jésus dans l'œuvre de Josèphe[7]. (Eusèbe, lui, la cite au siècle suivant.) En revanche, la référence de Josèphe au prêche de Jean Baptiste et à son exécution par Hérode Antipas ne peut être contestée[8].

L'absence d'évocations de Jésus en dehors des Évangiles ne prouve nullement qu'il n'existât pas, mais implique peut-être que son influence restait insuffisante à l'époque. Bien d'autres messies sont passés complètement inaperçus.

Pourquoi si un tel personnage n'a pas existé, aurait-on jugé utile de l'inventer ? Pourquoi tant d'individus ont-ils cru en lui, au point de lui dédier une religion ? Geoffrey Ashe fait observer que le concept de personnages fictifs – habituel dans notre culture – n'était pas familier aux auteurs antiques[9]. Même les œuvres de fiction s'inspiraient de personnages réels – Alexandre le Grand, par exemple. Il est donc peu probable que Jésus ne soit qu'une invention. En outre, si le besoin – culturel ou spirituel – d'un « Dieu mourant » s'était fait sentir, il en existait suffisamment pour qu'il soit inutile d'en inventer un de plus.

Les Évangélistes ont situé Jésus dans un cadre historique connu, à côté de personnages bien réels comme Jean Baptiste et Pilate. Cela aussi parle en faveur de son existence réelle. D'ailleurs, les premiers adversaires du christianisme n'ont jamais contesté son existence, ce qu'ils n'auraient pas manqué de faire si elle avait soulevé le moindre doute.

La manière même dont Jésus est dépeint suggère qu'il s'agit d'un être réel. Aucun auteur ne se serait donné la peine de créer un messie fictif en restant aussi vague sur son rôle et en glissant des phrases aussi sibyllines dans ses enseignements. L'ambiguïté, les contradictions et les tournures de phrases parfois inintelligibles abondent dans les Évangiles, comme dans la plupart des biographies de personnages historiques.

On a vu dans l'absence d'éléments biographiques chez Paul la preuve de l'imposture concernant Jésus. Mais nul n'a jamais suggéré que Paul lui-même soit une invention. Or il connaissait incontestablement des êtres qui avaient, eux, rencontré Jésus. Ainsi, connaissait-il Pierre, avec lequel il se brouilla, d'ailleurs (ce qui suffit à démontrer qu'il s'agissait de personnages bien réels – aucun auteur de l'époque n'aurait imaginé des héros aussi imparfaits). On peut donc accepter l'existence de Jésus, même si tous les événements relatés dans les Évangiles ne sont pour autant vrais.

Pourtant, les auteurs du XIXe siècle avaient une autre raison d'en douter. Avec l'enrichissement du savoir historique et la multiplication des études critiques du Nouveau Testament, il apparut que l'histoire de Jésus présentait des parallèles étonnants avec celles de figures mythologiques célèbres – en particulier les dieux qui meurent et ressuscitent du Moyen-Orient. Antérieurs au christianisme, ils faisaient encore l'objet de cultes à mystères à cette époque.

Nous devons à J. M. Robertson l'une des études les plus savantes et les plus convaincantes sur ce thème : *Pagan's Christs* (1903). Dans l'introduction à une version abrégée de cet ouvrage, Hector Hawton résume la position de l'auteur sous forme de question :

> (...) personne n'a jamais prétendu qu'Adonis, Attis et Osiris étaient des personnages historiques... pourquoi déroger à la règle pour le fondateur du christianisme [10] ?

Pour étudier ces parallèles, il convient de scinder le mythe christique en deux parties. On considérera, d'une part, les récits biographiques de Jésus – notamment sa mort et sa résurrection, ou encore, la Cène avec l'eucharistie. Et d'autre part, le sens dont les premiers chrétiens ont investi ces événements. Un bref résumé des points principaux soulevés par Robertson et d'autres exégètes montrera que beaucoup d'éléments de l'histoire de Jésus sont déjà présents dans d'anciennes religions.

Robertson dit :

> Comme le Christ, Adonis, Attis, Osiris et Dionysos sont morts et ressuscités. Ne faire qu'un avec eux telle est la passion mystique de leurs adorateurs. Tous se rejoignent sur un point : leurs mystères confèrent l'immortalité. Le Christ emprunte au mithraïsme les clés symboliques des cieux et assume la fonction de Saoshayant, le destructeur du mal né d'une vierge (...) [11].
> Fondamentalement, le christisme n'est qu'une reformulation du paganisme [12].
> Le christianisme s'est développé en s'appropriant des concepts originaux de cultes païens (...) Comme l'enfant-dieu du culte de Dionysos, il est représenté emmailloté dans une crèche. Il est né dans une étable comme Horus – le temple étable de la déesse vierge Isis, reine des cieux. Comme Dionysos, encore, il a transformé l'eau en vin ; comme Esculape, il a ramené des hommes d'entre les morts et a rendu la vue à des aveugles ; comme Attis et Adonis, il est pleuré par des femmes. Sa résurrection, comme celle de Mithra, a lieu dans une grotte (...) [13].
> *Il n'est pas un concept associé au Christ qui ne se retrouve dans certains cultes antiques de dieux rédempteurs – voire dans tous.* (C'est nous qui soulignons [14].)

Il est surprenant que les points soulevés par Robertson aient rencontré aussi peu d'échos à l'époque et soient toujours méconnus. En 1994, Burton L. Mack a écrit :

> Les études ont démontré, les unes après les autres, que le christianisme des premiers temps n'était pas une religion originale ; elle était « influencée » par celles de l'Antiquité... la découverte que le christianisme présentait une nette ressemblance avec les cultes de mystère hellénistiques était dérangeante, surtout sur les points les plus importants, à savoir les mythes relatifs à des dieux qui meurent et ressuscitent, les rituels du baptême et les festins sacrés [15].

Hugh Schonfield écrit dans *The Passover Plot* :

> Les chrétiens sont toujours troublés par les doctrines contradictoires de l'Église, fruits de tentatives malheureuses pour fondre des idéaux païens et juifs incompatibles [16].

Pour des chercheurs comme Robertson, ce n'est pas par hasard que tant d'éléments inhérents aux cultes de dieux ressuscités se sont retrouvés dans l'histoire de Jésus. Celui-ci en conclut que les Évangiles ont repris les événements clés des mythes d'Osiris, Attis, etc., et les ont greffés sur un héros « local » – Jésus – dépourvu d'existence réelle.

Ahmed Osman s'est récemment fait l'écho de cette position. Dans *House of the Messiah*, il suggère que les récits évangéliques reproduisaient, en réalité, un mystère de l'ancienne Égypte, vieux de plusieurs siècles. Comme ses prédécesseurs, Osman s'appuie sur les parallèles troublants entre les mythes de Jésus et d'Osiris, et sur les doutes relatifs à l'existence même de Jésus [17].

Mais pourquoi introduire des personnages réels comme Jean Baptiste dans le mystère d'une autre tradition ? Pour Osman, les Évangiles sont l'*invention des disciples du Baptiste*. Selon lui, ils auraient inventé Jésus pour réaliser la prophétie de leur maître sur celui qui viendrait après lui... lequel ne se décidait pas à paraître. Cette thèse est indéfendable. Les disciples de Jean n'auraient jamais inventé une histoire marginalisant à ce point leur maître bien-aimé – qui se trouve réduit au rôle d'annonciateur d'un autre plus grand. En outre, rien ne prouve que Jean annonça vraiment « celui qui viendrait après lui ».

Selon Osman, personne n'aurait jamais eu vent de la mission rédemptrice de Jésus avant sa mort, de sorte qu'il n'aurait guère eu de disciples de son vivant. Osman est convaincu que les Juifs attendaient un messie qui mourrait pour leur salut. C'est faux – les Juifs n'ont jamais attendu un héros roi qui se laisserait sacrifier et humilier. Le concept de la mort qui rachète les péchés est une interprétation chrétienne ultérieure.

Rares sont les chercheurs qui doutent encore de l'existence de Jésus, mais la plupart sont troublés par les ressemblances évidentes entre le dogme chrétien et les cultes à mystères. Incapables de les concilier avec la tradition juive, ils sont tentés de voir dans les éléments païens des ajouts apparus lorsque les premiers chrétiens entrèrent en contact avec le reste de l'Empire romain – notamment Paul. La version officielle veut que l'Église de Jérusalem, dirigée par Jacques le Juste, frère de Jésus, représente la forme originale « pure » du christianisme. Hélas, l'Église de Jacques fut balayée durant la révolte juive, de sorte que la nature de ses croyances reste objet de spéculation. On sait que ses adeptes célébraient leur culte dans le Temple de Jérusalem et l'on en déduit que leurs croyances se fondaient sur des pratiques judaïques. Après la chute de l'Église de Jérusalem, Paul n'avait plus qu'à prendre la relève. De prime abord, c'est une solution élégante au problème.

Renversons l'argument et nous voyons se dessiner une autre explication. Et si le christianisme de Paul était le plus proche des enseignements de Jésus alors que l'Église de Jérusalem s'était, elle, fourvoyée ? Des frères ne se comprennent pas forcément et les relations de Jésus avec sa famille étaient relativement tendues. Il n'y a donc aucune raison de penser que le christianisme de Jacques ait été plus fidèle au message de Jésus que celui de Paul.

Notre vision habituelle du développement du christianisme n'explique pas pourquoi Paul, qui était juif, aurait éprouvé le besoin de paganiser la religion naissante. Sa conversion sur le chemin de Damas eut lieu cinq années après la crucifixion. Avant cela, il aurait persécuté les chrétiens. Il devait avoir ses raisons d'agir ainsi.

Nous avons vu que la Magdaléenne devait être initiatrice dans une école de mystères et qu'elle initia vraisemblablement Jésus. Comment pouvait-il s'être à ce point impliqué dans un culte païen alors qu'il était juif ?

Il importe de remettre en question nos préjugés habituels. Comme l'écrit Morton Smith, dans son *Jesus the Magician* :

> Bien sûr que Jésus était juif, comme tous ses disciples – probablement. Supposition n'est pas certitude [18].

Pour commencer, il convient de se demander *comment* nous « savons » ce que nous tenons pour vrai sur Jésus.

La vision académique se fonde sur deux postulats qui tentent de concilier les éléments juifs et païens de son histoire.

Selon le premier, Jésus était juif – mais on ne précise pas de quel clan. Selon le second, les aspects païens des Évangiles correspondent à des ajouts ultérieurs : au fil de la pénétration du christianisme dans les communautés non juives de l'Empire romain, les affinités entre la nouvelle religion et les cultes à mystères, devenues perceptibles, furent enrichies, car elles permettaient d'expliquer l'échec apparent de la mission messianique de Jésus.

Il n'est nullement démontré que Paul ajouta les éléments païens au corpus.

L'histoire du christianisme rassemble un tel consensus que, même à la fin de notre XXe siècle sceptique, les exégètes, par ailleurs critiques, sont inconscients de leurs préjugés. Ainsi, A. N. Wilson enchaîne deux phrases sans même réaliser qu'elles sont parfaitement contradictoires :

> (...) Il est nécessaire, avant de chercher [à répondre aux questions relatives au Jésus historique], de vider son esprit et de ne rien accep ter comme allant de soi. Le fondement de l'enseignement de Jésus était sa croyance en Dieu et dans le judaïsme [19].

Qu'adviendrait-il si nous n'acceptions pas ces suppositions « comme allant de soi » ?

Tout le monde admet d'emblée que Jésus était adepte de la religion juive. Examinons plus attentivement ce présupposé, qui implique un contexte à la fois ethnique et religieux, et nous nous apercevrons qu'il ne repose sur rien. (Peut-être Jésus était-il juif, dans le sens ethnique, mais certes pas dans le sens religieux.)

Nous avons constaté, avec un certain soulagement, que d'autres chercheurs se posent la même question que nous : Jésus était-il juif ?

Le premier livre à porter cette interrogation devant le grand public parut en 1994 : *The Last Gospel*, de Burton L. Mack. Plusieurs exégètes avaient déjà publié des articles dans des revues spécialisées vers la fin des années 1980 – les résultats de leurs recherches allaient toutes dans le même sens.

Mack aborde le problème non sous l'angle biographique mais du point de vue des enseignements de Jésus. Il fonde son argument sur la source perdue des Évangiles synoptiques, dits *Q* (de *Quelle*, en allemand : source), ou tout au moins ce qu'il est permis d'en déduire d'après l'exégèse. Il en conclut que les enseignements de Jésus ne s'inspiraient pas du judaïsme, mais de concepts, et même du style, d'écoles philosophiques grecques, en particulier les cyniques.

Q est un recueil des dits et enseignements de Jésus, qui répond parfaitement aux normes des « livres de sagesse ». On en trouvait, certes, chez les anciens Hébreux, mais ils n'étaient pas l'apanage de cette religion ou de cette culture. Le genre était populaire dans le monde hellénistique, le Proche-Orient et l'Égypte ancienne. Kloppenborg prétend que *Q* suit de près le modèle des « manuels d'instruction » hellénistiques. Il en diffère toutefois par l'intégration de textes prophétiques et apocalyptiques. Mack croit que seules les « sagesses » forment le *Q* original, les autres éléments ayant été ajoutés ultérieurement.

Ces chercheurs fondent leurs conclusions sur les enseignements et les dits de Jésus. Ils rejettent les *événements* rapportés dans les Évangiles, parce que ceux-ci ne s'inscrivent pas plus dans les traditions juives que cyniques. Ils en déduisent que les thèmes du dieu ressuscité ou des écoles de mystères sont des ajouts des premiers chrétiens[20].

Nous nous sommes donc posé les questions suivantes : Existe-t-il des indices démontrant que Jésus était – ou n'était pas – juif ? Les éléments propres aux écoles de mystères éclaircissent-ils le tableau ?

Le ministère de Jésus s'inscrivait dans un environnement juif : la

Judée du Iᵉʳ siècle. Ses disciples proches, comme les Évangélistes, le croyaient juif. Pourtant, il représentait une énigme pour ses fidèles, qui ne savaient s'ils devaient vraiment voir en lui le Messie. Les Évangélistes, eux-mêmes, eurent bien du mal à concilier les éléments de sa vie et ses enseignements. Ils ne savaient pas comment l'appréhender.

De prime abord, il semble assez logique de croire que Jésus était juif. Souvent, il évoquait des personnages de l'Ancien Testament – Abraham, Moïse... – et débattait avec les pharisiens sur la Loi. S'il n'était pas juif, il n'aurait eu aucune raison de se comporter de la sorte.

Pour la plupart des exégètes, ces passages sont les moins susceptibles d'être authentiques. Ils furent ajoutés par la suite. Les Apôtres, débattant entre eux de la Loi juive, éprouvaient le besoin de justifier rétrospectivement leur position en se retranchant derrière celles de Jésus. La preuve en est que ses adversaires dans le Nouveau Testament sont généralement des pharisiens, qui n'occupaient aucune fonction particulière et ne détenaient aucune autorité en son temps – surtout en Galilée. En revanche, leur position s'affirmait à l'époque de la compilation des Évangiles [21]. Comme le précise Morton Smith :

> On peut démontrer que toutes les références aux pharisiens, dans les Évangiles, datent des années 70, 80 et 90 – qui correspondent aux dernières révisions des Évangiles [22].

Pour comprendre les vraies origines de Jésus, il n'est qu'un moyen : le restituer dans son contexte. Le débat reste ouvert sur le lieu de sa naissance et de sa formation, mais nous verrons que les Évangélistes s'accordent à dire qu'il a commencé sa mission en Galilée. Il est toutefois improbable que ce soit en cette région qu'il vit le jour. En effet, les Évangélistes évoquent l'accent galiléen des disciples – dont les Judéens se moquaient, car ils le trouvaient rustique –, mais ils ne font aucun commentaire sur celui de Jésus [23].

Que savons-nous donc des relations entre Jésus et la Galilée ? Mack résume clairement la position académique :

> Dans l'imaginaire chrétien, la Galilée faisait partie intégrante de la Palestine, dont la religion était le judaïsme. Il s'ensuit que tout Galiléen devait être juif. C'est une erreur (...) il importe donc de donner au lecteur une image plus précise de la réalité [24].

Ce que nous considérons comme le judaïsme de l'époque de Jésus – en nous fondant sur l'image véhiculée par les Évangiles – n'est, en réalité, que le judaïsme propre à la Judée, qui se limite aux pratiques en vigueur dans le Temple de Jérusalem. Il fut établi par les Juifs après leur captivité traumatisante à Babylone, et ne cessa d'évoluer à partir de là. Mais tous les Juifs n'avaient pas vécu l'exil. Deux versions du judaïsme se développèrent donc indépendamment l'une de l'autre. La religion de ceux qui ne furent pas exilés était essentiellement pratiquée en Samarie et en Galilée, au nord, ainsi qu'en Idumée, au sud de la Judée.

La Galilée n'était pas le foyer d'un judaïsme fervent de quelque sorte que ce soit. Cette région n'avait fait que très brièvement partie du royaume d'Israël, bien des siècles avant la naissance de Jésus ; elle avait ensuite subi l'influence de diverses cultures. Ce n'est pas sans raison que la Galilée était dite « terre des gentils [25] ». Elle était encore plus cosmopolite que la Samarie, qui s'étend entre ce territoire et la Judée. Comme le souligne Mack : « Il serait erroné de croire que la Galilée s'était soudainement convertie à la culture juive [26]. »

La Galilée, avec son climat propice à l'agriculture et à la pêche, grâce au lac de Galilée, était une région riche et fertile. Elle entretenait des relations commerciales fructueuses avec les autres cultures du monde héllénistique et se trouvait au cœur d'un réseau routier la liant au reste de la Syrie, de la Babylonie et de l'Égypte. Elle abritait des peuples venus de pays et de cultures diverses, et était visitée par des tribus de Bédouins. Comme l'observe Morton Smith, les influences principales sur la religion galiléenne étaient, à l'époque, « celles du cru, de Palestine, du paganisme sémitique, de Grèce, de Perse, de Phénicie et d'Égypte [27] ».

Les Galiléens étaient connus pour leur farouche indépendance. Mais, comme le précise Mack, la région « n'avait ni capitale ni temple ni hiérarchie cléricale [28] ». La plus ancienne synagogue de Galilée date à peine du IIIe siècle [29].

La Galilée a été annexée à Israël en 100 avant J.-C. En 63, les Romains ont conquis la Palestine et en ont fait une de leurs provinces. Lors de la naissance de Jésus, Israël était dirigé par un vassal de Rome, Hérode le Grand – en réalité, un Idumidéen polythéiste. Ses trois fils se partageaient le pays au début du ministère de Jésus. Hérode Antipas gouvernait la Galilée et (son frère Archilaos ayant été contraint de se retirer dans le domaine familial du sud de la France à Vienne), la Judée fut directement gouvernée par Rome, représentée par Ponce Pilate.

La Galilée était alors une région cosmopolite florissante – sans rapport avec la pauvre colonie de l'imagerie populaire. Les Juifs n'y occupaient pas une position dominante – les autorités de Jérusalem n'y étant guère plus populaires que leurs maîtres romains.

La Galilée était donc très différente de l'image traditionnelle véhiculée par les Évangiles, ce qui pose des questions sur les objectifs et motivations réels de Jésus. S'il y régnait une culture sophistiquée sans fanatisme antiromain ou projuif, Jésus avait-il vraiment l'intention de soulever la population contre les Romains, comme le suggèrent certains commentateurs ? La Galilée était-elle le bon point de départ pour une campagne de réforme du judaïsme, comme d'autres le croient ?

Certes, des Juifs vivaient en Galilée, mais beaucoup de religions y cohabitaient dans la tolérance. Des formes « hérétiques » de judaïsme étaient même florissantes. Dans une région accueillante à toute forme de religion, une tentative de réforme du courant officiel du judaïsme n'aurait reçu aucun écho. Et la mission de Jésus à Jérusalem eût été vide de sens.

Comme Schonfield le souligne, dans *The Passover Plot* :

> (...) les Juifs considéraient le nord de la Palestine comme la terre naturelle de l'hérésie... Nous ne savons pas grand-chose de l'ancienne religion israélite, sinon qu'elle semble avoir intégré une part importante des cultes syriens et phéniciens, et que le zèle réformateur d'Ezra et ses successeurs n'a pas réussi à balayer cette influence aussi largement que dans le Sud[30].

Un autre territoire allait se révéler important pour Jésus : la Samarie. La parabole du bon Samaritain inspira tant de sermons, qu'on en déduisit que les Juifs méprisaient les Samaritains. Ainsi, l'histoire de cet homme qui traverse la rue pour aider un homme agressé par des brigands illustre parfaitement le besoin de reconnaître le potentiel de bonté en chacun.

Nous avons toutefois une autre raison de nous intéresser à la Samarie. Ses habitants attendaient, eux aussi, un Messie, qu'ils nommaient Ta'eb et qui différait considérablement du Messie judaïque. Dans son Évangile, Jean (4 : 6-10) raconte comment Jésus rencontra une Samaritaine auprès d'un puits et comment elle vit en lui le Messie attendu (probablement Ta'eb) – son judaïsme semble avoir été peu orthodoxe. Jésus imagina peut-être la parabole du bon Samaritain pour remercier ce peuple de son soutien.

Une autre erreur courante consiste à parler de « Jésus de Nazareth », comme s'il était originaire de cette ville, alors qu'elle apparaît seulement au IIIe siècle. Le terme exact devrait être *nazoréen*, qui ferait de Jésus le membre d'une des sectes regroupées sous ce nom collectif – sans qu'il en soit toutefois le fondateur. Les nazoréens formaient un ensemble de sectes sur lesquelles nous ne possédons guère de renseignements. Le mot est, toutefois, révélateur, car il dérive de l'hébreu *Notsrim*, qui signifie « Gardiens... ceux qui maintiennent l'enseignement et la tradition authentiques, ou qui préservent certains secrets [31]... »

Voilà qui va à l'encontre de l'une des principales doctrines du christianisme, selon laquelle la religion s'adresse à tous. Il en va tout autrement dans les écoles de mystères, qui proposent un enseignement gradué à ceux qui gravissent les échelons toujours plus abrupts de l'initiation. La sagesse n'y est accessible que d'après le *mérite* ; un disciple ne reçoit l'illumination que si ses maîtres spirituels le jugent prêt. Cette conception était assez répandue du temps de Jésus. Les écoles de mystères grecques, romaines, babyloniennes et égyptiennes recouraient régulièrement à cet enseignement progressif, et gardaient jalousement leurs secrets. On rencontre toujours ce type d'approche dans de nombreuses religions et écoles philosophiques orientales (notamment le bouddhisme zen), ainsi que dans des groupes tels que les francs-maçons et les templiers. C'est ce qui valut à l'*occulte* son nom, ce terme ne signifiant rien de plus que « caché ». Si l'enseignement de Jésus n'était pas *destiné* à tous, alors il était, par nature, élitiste et hiérarchique – donc *occulte*. Il existe trop de similitudes entre les écoles de mystères et le mouvement de Jésus pour que nous les ignorions.

Noël n'est qu'une légende empruntée aux nativités des autres dieux ressuscités. Il n'est d'ailleurs pas certain que Jésus naquit à Bethléem. L'Évangile de Jean (7 : 42) suggère même le contraire.

Si les éléments de la Nativité proviennent, pour la plupart, des mythes de naissance de dieux ressuscités, la visite des Sages d'Orient se fonde, elle, sur un récit datant du règne de l'empereur Néron [32]. Ces personnages sont parfois appelés Mages, un titre attribué aux magiciens – ou sorciers – perses. Il semble étrange de voir trois répliques d'Aleister Crowley apporter des offrandes à l'enfant Jésus sans que cela suscite ni critique ni censure des Évangélistes. Ces mages prétendant avoir suivi une étoile jusqu'à Bethléem, devaient être également astrologues (l'astronomie n'était pas une disciple distincte en ce temps-là).

Nous avons vu que Jésus est qualifié de *naggar*, un terme qui se traduit à la fois par charpentier et savant – ce dernier sens étant le plus vraisemblable. Il est donc peu probable que ses célèbres disciples furent d'humbles pêcheurs. A. N. Wilson affirme qu'ils possédaient une entreprise de pêche sur le lac Galilée [33]. (Morton Smith fait observer que plusieurs disciples n'étaient pas juifs – Philippe est un nom grec [34].)

De nombreux exégètes ont vu dans le recours aux paraboles la preuve que Jésus était issu d'un milieu modeste. Il utilisait des analogies se référant à des situations quotidiennes, ce qui impliquerait qu'il s'inspirait de son vécu [35]. D'autres [36], en revanche, font observer que son imagerie traduit une connaissance on ne peut plus superficielle des réalités de la vie laborieuse – un peu comme s'il s'efforçait de mettre son discours à la portée de la foule, comme un aristocrate s'adressant à la classe ouvrière en des termes susceptibles de lui paraître familiers.

Même si les noces de Cana ne furent pas l'occasion de son mariage avec la Magdaléenne, elles prouvent néanmoins qu'il évoluait dans des cercles choisis, si l'on en juge par la richesse de la célébration. En outre, le fait que les soldats romains aient joué ses vêtements prouvent qu'ils devaient avoir de la valeur. Qui aurait voulu s'approprier des haillons ?

Le cadre de vie qui se dessine est assez différent de ce que nous présente la tradition.

La question suivante consiste à savoir si nous disposons d'éléments nous permettant d'avancer quelques affirmations sur la personne de Jésus. Existe-t-il dans les Évangiles des indices confortant l'idée qu'il n'était pas juif ?

Après son baptême, Jésus se retira dans le désert où il fut tenté par le diable, qui chercha à l'amener à révéler sa divinité. Cette lecture habituelle de l'épisode est peut-être trop évidente. Pour certains, la tentation traduit, en réalité, le rejet implicite de Yahvé lui-même par Jésus [37]. Cette interprétation est discutable, mais un événement renseigne clairement sur sa position à l'égard du dieu juif.

Le Nouveau Testament nous présente Jésus chassant les marchands du temple. Cet épisode pose problème aux théologiens.

On explique généralement la fureur du Christ par l'horreur qu'il éprouva en voyant le temple profané par des transactions commerciales. Cette réaction est typiquement occidentale et récente. En effet, l'achat d'animaux pour le sacrifice dans le Temple de Jérusalem n'avait rien d'un acte de corruption ou d'un abus. Cela faisait partie intégrante du culte. Comme l'écrit John Dominic Crossan, professeur d'études bibliques à l'université de Chicago : « Rien n'indique quoi que ce soit de déplacé en matière de finance ou de sacrifice...

(il s'agissait « d'une attaque contre le temple même... une négation symbolique de tout... ce qu'il représentait[38]). »

Certains expliquent aussi cette action – capitale dans le ministère de Jésus – par son désaccord sur la gestion du Temple. Mais en ce temps-là et en ce lieu, un tel déchaînement eût été vu comme l'acte d'un déséquilibre. Les fidèles savaient faire la différence entre une action justifiée – aussi symbolique fût-elle – et une protestation sacrilège. L'attitude de Jésus relevait du sacrilège.

L'attitude de Jésus ne se situait pas dans la droite ligne du judaïsme. Certaines indications suggèrent qu'il sortait d'une école de mystères. Mais trouve-t-on, dans les Évangiles, des épisodes confirmant cette impression ?

Nous étions surpris de constater que peu de chercheurs s'étaient posé une question qui nous paraissait essentielle : « De qui Jean Baptiste détenait-il le rituel du baptême ? » Il n'existait aucun précédent à cette cérémonie dans le judaïsme, bien que les *Manuscrits de la mer Morte* mentionnent une purification par l'eau – des immersions répétées. Il serait toutefois erroné d'assimiler ces pratiques au « baptême ». Jean prônait un acte initiatique unique, transcendant, avant lequel l'individu devait se confesser et se repentir. Le fait que son baptême n'avait pas de précédent juif est suggéré par son titre ou son surnom – Jean *le* Baptiste –, le seul et non un parmi d'autres. On a souvent vu dans ce rituel une innovation de sa part, or cet acte est courant *en dehors* du monde juif.

Le baptême, en tant que symbole extérieur et visible d'un renouveau spirituel intérieur caractérisait alors de nombreux cultes à mystères hellénistiques. Dans le culte d'Isis, le baptême pratiqué sur les berges du Nil était précédé d'un repentir et d'une confession publics. (Nous y reviendrons au chapitre suivant.)

Ce fut la seule époque de la longue histoire de la religion isiaque, où des missionnaires furent envoyés dans des pays voisins de l'Égypte. Jean a pu être influencé par leur rituel, à moins qu'il n'ait eu une expérience personnelle de cette religion en Égypte même. D'après de vieilles traditions chrétiennes, sa famille s'y réfugia pour fuir les foudres d'Hérode. On en trouve l'écho dans *La Vierge aux rochers* de Léonard de Vinci.

Le baptême de Jésus pose plusieurs questions. La première tient au fait que le Fils de Dieu, en principe exempt de tout péché, ait *besoin* d'être lavé de ses... péchés ! Nous ne pouvons suivre ceux qui voient là le désir de Jésus de donner l'exemple à ses disciples, car rien dans les Évangiles ne le suggère. On relève, en revanche, des anomalies dans la description évangélique du baptême de Jésus par Jean. Morton Smith[39] fait observer que l'image de la colombe descendant du ciel n'a aucun précédent dans la tradition juive. Desmond Stewart va plus loin en relevant des parallèles précis avec le symbolisme et les pratiques égyptiens. Il écrit :

> Bien que Yahvé soit censé avoir envoyé des corbeaux pour nourrir un prophète, il n'est pas dans ses habitudes de se manifester sous la forme d'oiseaux. Les colombes, en revanche, étaient sacrées pour la déesse païenne de l'amour, qu'on la nomme Aphrodite ou Astarté (...)
> L'Égypte est plus proche de ce que Jésus a cru voir (...) Quand Rê (le dieu solaire égyptien) serre contre son cœur son protégé, Pharaon, il prend la forme d'Horus, symbolisé le plus souvent par un faucon (...)
> L'adoption, à la faveur d'un rite de baptême, d'un mortel par une divinité ne posait pas de problème majeur aux Égyptiens[40].

La seule divinité égyptienne généralement associée à la colombe est, une fois encore, Isis, « Reine des cieux », « Étoile de la mer » (*Stella Maris*) et « Mère de Dieu », bien avant la naissance de la « Vierge » Marie. Isis était souvent représentée allaitant Horus, le rejeton de son union magique avec le défunt Osiris. C'est au cours de la fête annuelle de sa mort et de sa résurrection, trois jours plus tard, que le soleil devenait, dit-on, noir avant de mourir et d'entrer aux Enfers. (Or c'est un soleil noir qui brille dans la fresque de Cocteau représentant la crucifixion, à Londres.)

Étant donnés le zèle missionnaire inhabituel de certains groupes isiaques, la proximité géographique de l'Égypte et la nature cosmopolite de la Galilée, il n'est pas surprenant que Jean, Jésus et leurs disciples aient subi l'influence du culte d'Isis.

Les chrétiens ont toujours tendance à penser que leur croyance est parfaitement unique et n'a jamais été marquée par un autre courant philosophique ou religieux. C'est tout à fait faux. Prenons, par exemple, la Cène, au cours de laquelle Jésus aurait inauguré la pratique du festin sacré, avec le vin et le pain, symbolisant son sang et son corps de sacrifice.

A. N. Wilson écrit : « Voilà qui évoque fortement les cultes à mystères de la Méditerranée, sans points communs avec le judaïsme[41]. » Il en déduit que la cène fut une invention des Évangélistes – mais ne s'agissait-il pas plutôt d'un *rite païen* ?

Desmond Stewart observe :

> [Jésus] prit le pain et le vin, des aliments du quotidien certes, mais qui marquaient aussi un moment important du cérémonial osirien ; ensuite, il les transforma, non en objet de sacrifice mais en un lien entre deux états d'être [42].

Pour les chrétiens, l'eucharistie – apogée de la communion protestante et de la messe catholique – est propre à Jésus. En fait, cette cérémonie était *pratique courante* dans les principales écoles de mystères de dieux ressuscités, comme Dionysos, Tammuz et Osiris. On y voyait un moyen de communier avec le dieu et d'accéder à l'élévation spirituelle (les Romains étaient horrifiés par le cannibalisme implicite d'un tel rituel). Tous ces cultes étaient largement représentés en Palestine à l'époque de la Cène.

Il est significatif de noter que Jean évoque la Cène mais omet de parler du partage du pain et du vin – peut-être parce qu'il ne s'agissait pas d'une première. Il suggère, par ailleurs (6 : 54), que Jésus évoqua l'eucharistie dès le début de son ministère en Galilée.

L'idée de manger et boire le dieu – le rituel même de la messe – était une abomination pour les Juifs. Desmond Stewart écrit :

> L'identification du blé à Osiris était courante chez les Égyptiens et on trouve un symbolisme similaire attaché aux déesses Déméter et Perséphone en Grèce [43].

L'histoire de la résurrection de Lazare fournit un autre parallèle avec les écoles de mystères – mais n'éveille aucun écho dans la doctrine judaïque. Il s'agit clairement d'un acte initiatique : Lazare est « redressé » par la mort et la renaissance *symboliques*, caractéristiques de ces courants – on les rencontre encore dans certains rituels francs-maçons. Le seul Évangile canonique à mentionner cet épisode – celui de Jean – le présente comme un miracle, une véritable résurrection d'entre les morts. Mais l'Évangile secret de Marc précise qu'il s'agissait d'un acte symbolique exprimant la « mort » du vieux moi de Lazare et sa renaissance spirituelle. On suppose qu'il a disparu des autres Évangiles parce que l'allusion aux écoles de mystères y était trop évidente. En ce qui nous concerne, l'élément majeur de ce rituel est sa résonance avec les cérémonies de « renaissance » du culte isiaque. Comme le souligne Desmond Stewart :

> (...) la référence à Béthanie indique que Jésus pratiquait une sorte de mystère, semblable à celui vécut par Lucius Apulée dans le cadre du culte d'Isis [44].

La crucifixion confirme le refus des Juifs de voir en Jésus le Messie attendu, car celui-ci n'aurait jamais connu une mort aussi humiliante. Cet argument ne perturbe aucunement les chrétiens, pour qui la mission de Jésus transcendait, en termes de spiritualité, l'attente des Juifs. La mort du Christ pose cependant d'autres problèmes. L'interprétation chrétienne de la crucifixion – sacrifice mystique suprême – fut une invention ultérieure visant à concilier ce que les Juifs attendaient de leur Messie et ce que Jésus vécut en réalité.

On a suggéré, en renvoyant au personnage de Joseph dans les écrits juifs apocryphes, que Jésus et ses disciples ont développé un concept original de Messie, en y intégrant l'idéal du Juste sacrifié. Or, en Galilée, la partie nord – hérétique – de la Palestine, Joseph le sacrifié avait incorporé des caractéristiques du culte syrien d'Adonis-Tammuz[45]. Certains exégètes ont également relevé l'influence du dieu *berger* Tammuz sur le Cantique des Cantiques[46], si important dans le culte des Vierges noires. Jésus se faisait probablement appeler le bon berger en référence à Tammuz, et ses disciples proches avaient connaissance de cette expression – Bethléem était un important centre du culte d'Adonis-Tammuz. (Les chrétiens, comme saint Jérôme, étaient irrités par l'existence d'un temple à Tammuz sur le site supposé de la naissance de Jésus à Bethléem.)

De nombreux commentateurs reconnaissent désormais les influences païennes sur la vie et la doctrine de Jésus, mais n'approfondissent pas la question. Ainsi, Hugh Schonfield dit :

> Il fallut un Nazoréen de Galilée pour comprendre que la mort et la résurrection fournissaient le pont entre les deux phases (du Juste sacrifié au Roi messianique). La tradition même de la terre où Adonis mourait et ressuscitait chaque année paraissait l'exiger[47].

Geoffrey Ashe reconnaît, lui : « Le Christ devint un Rédempteur clairement apparenté aux dieux ressuscités des mystères : Osiris, Adonis, etc. [48] »

Pourtant l'archétype le plus proche de Jésus est le dieu égyptien Osiris, époux d'Isis. Selon la tradition, il est tué un vendredi et ressuscite trois jours plus tard[49]. En outre, au début du christianisme le titre *Christos* fut confondu avec un autre terme grec, *Chrestos*, qui signifie gentil ou bon. Or *Chrestos* était l'une des épithètes d'Osiris – on relève, par ailleurs, à Délos, une inscription à *Chrestos Isis*[50].

Le cri poussé par Jésus sur la croix se prête, lui aussi, à une interprétation païenne. La version de Marc, « *eloi eloi !* », comme celle de Matthieu, « *eli eli !* », sont traduites par « Mon Dieu ! Mon Dieu ! » [pourquoi m'as-tu abandonné ?]. Mais en araméen « Mon Dieu » se dit *ilahi.* Quelques-uns de ceux qui étaient là crurent qu'il avait appelé le prophète Élie, que Jésus lui-même reliait à Jean Baptiste [51]. Desmond Stewart [52] suggère que le mot exact était, en réalité, *Helios* – le dieu solaire. Cette interprétation est intéressante car le cri intervint pendant les ténèbres, anormales à ce début d'après-midi. En fait, l'un des premiers manuscrits connus du Nouveau Testament précise que les assistants entendaient Jésus appeler Helios, dont le culte – largement répandu en Syrie jusqu'au IVe siècle – fut christianisé par substitution du nom d'Élie. Or, un dieu solaire se réfère essentiellement à un cycle de mort et renaissance.

Jésus s'intègre parfaitement à la tradition du dieu ressuscité, mais cet archétype ne recouvre pas l'ensemble des anciens mystères. Le dieu – Osiris, Tammuz, Attis, Dionysos, etc. – était inévitablement associé à son épouse, qui tenait généralement le rôle principal dans le drame de sa résurrection. Comme l'observe Geoffrey Ashe :

> Le dieu était toujours l'amant tragique de la déesse ; il mourait chaque année avec la végétation pour renaître au printemps (...) [53].

En conséquence, si Jésus s'inscrivait vraiment dans la tradition du « dieu ressuscité », il lui manque un élément. Ashe poursuit :

> Dans son rôle de Rédempteur qui meurt et ressuscite, il ne pouvait être seul. De tels dieux ne l'ont jamais été (...) Il est impossible d'imaginer Osiris sans Isis, Attis sans Cybèle [54].

Pour certains commentateurs, Jésus ne pouvait tenir le rôle du dieu ressuscité puisqu'il n'y avait pas de déesse à ses côtés. Il était, disent-ils, seul face à sa destinée et n'avait nul besoin d'une femme avec qui la partager. Or Jésus avait *effectivement* une telle partenaire. C'est cette connaissance qui fut secrètement protégée par des générations d'« hérétiques ». *L'Isis de Jésus se nommait Marie Madeleine.*

Les Égyptiens s'adressaient à Isis en ces termes : « Maîtresse des dieux... dame à la robe rouge... maîtresse du tombeau... [55]. » Or la tradition représente la Magdaléenne vêtue d'une robe rouge, ce qui lui valut d'être considérée comme une prostituée. En outre, elle présida aux cérémonies dans le sépulcre de Jésus.

Malgré les apparences, le Principe féminin n'est pas absent des Évangiles – du moins à l'origine. Les premiers mots du célèbre prologue du quatrième Évangile sont : « Au commencement était le Verbe, et le Verbe était avec Dieu, et le Verbe était Dieu. » Le concept de Verbe (*Logos*) est dérivé des idées du philosophe juif néo-platonicien, Philon d'Alexandrie, contemporain de Jésus. Mais dans la version de Jean, le Verbe semble explicitement *féminin*. Certes, *Logos* est un mot masculin mais paradoxalement le concept décrit semble, lui, féminin. Il est clair qu'une confusion est intervenue quand on a extrait l'Évangile de son contexte. À ce stade, il nous restait à découvrir l'importance des origines réelles de ce passage.

La traduction : « ... et le Verbe était avec Dieu » altère radicalement le sens original – et en supprime les implications embarrassantes. Les termes grecs sont *pro ton theon*, qui se traduisent littéralement par « aller vers Dieu », et suggèrent la démarche d'un homme cherchant l'unité avec la femme. Comme le dit George Witterschein :

> (...) Nous pourrions même employer le terme *érotique* pour décrire un désir d'unité visant à supprimer la séparation.
> La clé de tout cela (...) était l'attraction entre homme et femme, qui fait écho à (...) l'attraction entre le Verbe et Dieu [56].

En d'autres termes, le Verbe est féminin. La traduction précise du premier verset du prologue à l'Évangile de Jean est donc :

> Au commencement était le Verbe, et le Verbe était tourné vers Dieu, et Dieu était ce qu'était le Verbe. Il était avec Dieu au commencement [57].

Ainsi le Verbe était une force distincte de Dieu. On considère généralement que le Verbe et le Saint-Esprit ne font qu'un, or le terme original désignant ce dernier est féminin sans aucune ambiguïté. Il s'agit de *Sophia*.

Les concepts évoqués ici n'ont rien de juif. Ils ne sont pas plus caractéristiques des premières années de cette « nouvelle » religion qu'était le christianisme. Karl Luckert, anthropologue américain et professeur d'histoire des religions, auteur d'une étude importante sur la religion égyptienne et son influence sur les concepts théologiques et philosophiques ultérieurs, n'a aucun doute quant à leur origine réelle. Il écrit :

> (...) dans toute la littérature religieuse de la période dite hellénistique, il n'existe pas de meilleur résumé de l'ancienne théologie égyptienne orthodoxe que le prologue à l'Évangile de Jean [59].

Desmond Stewart, dans *The Foreigner*, dit que Jésus a grandi et est peut-être né en Égypte. Il pouvait néanmoins être juif, car de nombreuses communautés judaïques y fleurissaient. Selon Stewart son manque d'accent galiléen et le cadre de ses paraboles suggèrent une éducation égyptienne. Le Nouveau Testament raconte que Marie, Joseph et l'enfant Jésus fuirent en Égypte pour échapper à la colère d'Hérode. Hormis l'épisode où Jésus, âgé de douze ans, s'oppose aux anciens dans le Temple de Jérusalem, les Évangiles ne nous apprennent rien de sa jeunesse. Or, cet épisode est pure invention. En effet, Marie et Joseph s'étonnent d'entendre Jésus parler de son père divin – cette attitude est incohérente puisqu'on vient de nous raconter les circonstances de sa naissance miraculeuse ! On ne trouve rien d'authentique sur Jésus dans les Évangiles canoniques depuis son enfance jusqu'à sa maturité. Où était-il ? Pourquoi ce silence ? S'il vivait à l'étranger, dans une autre culture, les Évangélistes ont peut-être estimé qu'il ne leur incombait pas – sans doute par manque d'imagination – d'inventer des événements susceptibles de combler les vides.

D'autres sources confirment cette vue. Selon le livre sacré des juifs, le *Talmud*, Jésus n'était ni originaire de Galilée ni de Nazareth – il venait d'*Égypte*[60]. Il aurait été initié à la magie égyptienne, ce qui lui vaudra d'être accusé de *sorcellerie* et incarcéré. Telle est également l'idée maîtresse exposée par Morton Smith dans *Jesus the Magician* (1978) : les miracles de la transformation de l'eau en vin ou la marche sur l'eau faisaient partie de la panoplie des sorciers égyptiens, au même titre que le truc de la corde indienne pour les fakirs orientaux.

Smith donne de nombreux exemples de la similitude entre les miracles de Jésus et les charmes et incantations trouvés dans des papyrus contemporains. Il établit aussi un parallèle entre Jésus et la vie et l'œuvre du célèbre magicien Appolonius de Tyane (cadet de Jésus) et de Simon le Magicien. Ces deux hommes étaient crédités de dons identiques.

Les chrétiens attribueront à la naïveté des masses cette image d'un Jésus charlatan : ses miracles étaient, en réalité, un don du Saint-Esprit. Cette interprétation est aussi subjective que l'autre, mais nettement moins défendable. Morton Smith attire notre attention sur un paradoxe majeur du christianisme :

> (...) nous avons là une tradition qui s'emploie à faire tomber les charges de sorcellerie pesant sur Jésus tout en le vénérant comme un grand magicien[61].

On rencontrait un grand nombre de sorciers itinérants mineurs dans le monde gréco-romain contemporain de Jésus. Ils pratiquaient la guérison et l'exorcisme, comme le font toujours les saints indiens et les prêtres vaudous, notamment. (Il nous est impossible de préciser si les guérisons étaient authentiques, mais l'émerveillement de la foule était, lui, bien réel. Le bouche à oreille faisait ensuite le reste pour bâtir la réputation de ces « faiseurs de miracles ».)

L'expression « Fils de Dieu » a toujours intrigué théologiens et spécialistes du Nouveau Testament car elle est sans précédent dans le judaïsme ; en outre, elle ne correspond pas à un concept messianique. Pour Smith, il s'agirait d'un emprunt à la tradition gréco-romano-égyptienne. Un magicien habile acquiert son talent en devenant canal pour le dieu, comme chez les chamans. Smith pense que Jésus est devenu « Fils de Dieu » à la suite d'une *possession magique* par la divinité.

Le miracle de « l'eau changée en vin » aux noces de Cana présente de curieuses similitudes avec le récit d'une cérémonie dionysiaque qui se déroula à Sidon – les termes eux-mêmes sont identiques[62]. Or, dans le monde hellénistique, Dionysos était un « double » d'Osiris[63]. Smith cite encore deux textes magiques égyptiens qui font référence à l'eucharistie, ce rituel si sacré pour les chrétiens qu'ils l'imaginent inventé par Jésus. Smith dit (les italiques sont de lui) :

> *Ce sont les parallèles les plus évidents avec le texte de l'eucharistie.* Dans les uns comme dans l'autre un dieu-magicien fait don de son corps et de son sang à un disciple qui, en l'ingérant, se trouve uni à lui en amour[64].

Les Évangiles font allusion au fait que Jésus était considéré comme un magicien à son époque. Dans l'Évangile de Jean, il est livré à Pilate par les Juifs qui lui reprochent d'être un « malfaiteur ». Dans la loi romaine ce terme désignait un *sorcier*[65].

En se fondant exclusivement sur une comparaison entre les Évangiles et les papyrus magiques, Morton Smith arrive à dresser un portrait de Jésus conforme à celui du *Talmud* et des premiers écrits rabbiniques. Jésus n'y est jamais présenté comme un Juif inventeur d'une forme hérétique de judaïsme, mais comme un Juif converti à une autre religion ou, plus simplement, comme un non-juif. En fait, ils le dénoncent comme pratiquant la magie égyptienne. Le *Talmud* précise sans équivoque que Jésus a passé les premières années de sa maturité en Égypte et qu'il y a appris la magie.

Dans un récit de la littérature rabbinique, Jésus est comparé à un personnage plus ancien du nom de Ben Stada. Ce Juif avait tenté d'introduire le culte de divinités païennes, à côté de celui de Yahvé ; lui aussi pratiquait une magie apprise en Égypte. D'autres textes rabbiniques sont aussi explicites sur ce point : Jésus « pratiqua la magie ; il trompa et égara Israël ».

Il est clair que ses contemporains lui reprochaient d'avoir introduit *des idées et des dieux païens* en terre juive.

Les versions les plus anciennes qui nous soient parvenues du *Talmud* et de ces autres textes datent du IIIe siècle. Certains y ont vu l'expression d'une diffamation délibérée de la part des ennemis de Jésus. Pourtant, ces accusations de sorcellerie ne sont pas le fruit d'une simple malveillance. Jésus était déjà perçu de la sorte de son vivant.

Justin Martyr rapporte, vers 160, une discussion avec un Juif, Tryphon, qui qualifie Jésus de « magicien galiléen ». Le philosophe platonicien Celse écrit, en 175, que Jésus, bien que né en Galilée, a travaillé un certain temps comme saisonnier en Égypte, où il a appris la magie.

Les Évangélistes ne voyaient rien de honteux ni de choquant à ce que des mages viennent adorer Jésus et lui apporter or, encens et myrrhe. Pourtant il ne s'agissait pas de simples sages ou rois, mais de membres d'une fraternité occulte originaire de Perse. Les chrétiens voient dans cet épisode une forme de reconnaissance symbolique de la supériorité du Fils de Dieu, mais rien dans les Évangiles ne conforte cette interprétation : la visite des mages est clairement destinée à susciter émerveillement et admiration.

Morton Smith observe que les premiers chrétiens, surtout en Égypte, pratiquaient la magie – même si l'histoire a occulté ce fait. Parmi les objets qui nous sont parvenus, on trouve des amulettes à l'effigie de Jésus, avec des incantations magiques. La première génération de disciples reconnaissait donc en lui un magicien soit parce qu'ils savaient que c'était le cas, soit parce qu'il se comportait comme tel[66].

Une rumeur nettement plus sombre circulait, du vivant de Jésus, sur sa pratique de la sorcellerie. Si elle s'avérait confirmée, elle renforcerait l'image propagée par les écrits rabbiniques et résoudrait un vieux problème biblique. Cette accusation étrange et choquante, sur laquelle nous reviendrons, renferme peut-être la clé du mystère entourant la relation de Jésus et Jean Baptiste, et expliquerait l'importance de Jean dans les milieux occultes au fil des siècles.

Nous avons vu qu'il existe des parallèles remarquables entre la vie de Jésus et l'histoire d'Osiris. Mais un fait est encore plus troublant. Ses propos semblent issus mot pour mot de la tradition égyptienne. Ainsi, Jésus dit (Jean 12 : 24) : « Si le grain de blé qui est tombé en terre ne meurt, il reste seul ; mais, s'il meurt, il porte beaucoup de fruit. » Cette image et ce concept sont empruntés au culte osirien[67]. Quand Jésus dit : « Il y a plusieurs demeures dans la maison de mon Père » (Jean 14 : 2), les chrétiens s'interrogent, or cette formule osirienne est extraite du *Livre des morts*[68].

Ce texte, qu'il serait plus juste d'intituler *Sortir au jour*, est une série d'incantations, lues au mourant par le prêtre ou la prêtresse, grâce auxquelles l'âme peut vaincre les terreurs de la vie après la mort. Le fait que Jésus en ait eu connaissance prouve sa familiarité avec les écrits religieux du culte d'Isis/Osiris, mais également avec la magie. Nous l'avons vu, religion et magie sont étroitement liés chez les Égyptiens.

Osiris fut tué un vendredi et son corps démembré et dispersé. Trois jours plus tard, il se redressa grâce à l'intervention magique d'Isis, qui l'avait pleuré à travers tout le pays. Dans les mystères osiriens annuels, la grande prêtresse, qui incarnait Isis, se lamentait : « Des hommes mauvais ont tué mon bien-aimé, et j'ignore où est son corps. » Quand elle eut réuni ce qui était épars, elle dit : « Vois, je t'ai trouvé couché là... Ô Osiris, vis, lève-toi, infortuné qui repose là ! Je suis Isis. » Le prêtre incarnant Osiris se levait alors et apparaissait aux disciples, qui exprimaient doute et émerveillement face à cette résurrection miraculeuse[69].

Comparons la première phrase à celle de Marie Madeleine au « Jardinier » (Jésus) : « ... ils ont enlevé mon Seigneur et je ne sais où ils l'ont mis. » (« Mon Seigneur » était, alors, une expression courante pour parler de son époux[70].) Un rituel se déroula peut-être dans le sépulcre au cours duquel la Magdaléenne prononça les mots de la déesse égyptienne, avant de guérir Jésus de ses blessures. Dans les mystères de l'époque, la déesse, assistée de ses servantes, descendait aux Enfers pour en ramener le dieu ressuscité. L'Hadès ténébreux était souvent représenté par un *tombeau*.

Nous sommes convaincus que Jésus et la Magdaléenne revivaient la mort et la résurrection d'Osiris, aussi le choix de la crucifixion est-il parfaitement justifié – *la croix étant un ancien symbole osirien*.

Si Marie Madeleine et ses servantes se rendirent au sépulcre ce n'était pas seulement parce que les femmes entretenaient habituellement le tombeau, mais parce qu'elles devaient, consciemment, remplir leur fonction dans le mythe d'Osiris. Jésus incarnait le dieu défunt qui ressuscitait grâce à l'intervention magique de sa « déesse » – partenaire sexuelle et spirituelle –, en l'occurrence Marie Madeleine. C'est elle qui l'avait intronisé Messie par l'onction avec le nard. Si elle était aussi riche qu'on le prétend, il n'est pas exclu que son influence ait rendu possible le rite initiatique et magique de la crucifixion.

Jésus aurait subi les affres de la crucifixion délibérément, mais pour des raisons très différentes de ce que l'on suppose habituellement. Pour les chrétiens, Jésus est Dieu fait homme, mais peut-être pensait-il, lui, qu'une mort et une renaissance symboliques lui permettraient de *devenir* dieu. La crucifixion a peut-être été organisée – par corruption – pour que Jésus, comme Lazare, renaisse à la manière osirienne et devienne ainsi Osiris. C'est d'autant plus vraisemblable s'il s'estimait de lignée royale – celle de David –, car un pharaon mort devenait automatiquement « un Osiris », seigneur des cieux et maître des Enfers, par l'intervention magique d'Isis. Jésus imaginait-il sortir du sépulcre investi de pouvoirs divins ? Nous tiendrions là la résolution d'une des énigmes les plus obsédantes du christianisme : Jésus est-il mort sur la croix ?

Beaucoup en doutent. Certains Évangiles gnostiques, le *Coran*, et des hérétiques chrétiens – le Prieuré de Sion, par exemple – sont persuadés qu'un autre a pris sa place (peut-être Simon de Cyrène). D'autres croient qu'il a été crucifié mais n'est pas mort sur la croix – s'il est « ressuscité », c'est simplement qu'il a reçu des soins efficaces. Pour Léonard de Vinci, il a survécu : le sang coule sur le « suaire de Turin », or un cadavre ne saigne pas. (Même si notre thèse est erronée, et si Léonard de Vinci n'est pas l'auteur du suaire, celui qui a fabriqué cette « relique » devait être convaincu que Jésus n'était pas mort sur la croix. Si, contre toute évidence, le suaire est authentique, *Jésus était vivant dans le sépulcre*.)

Certes, la version traditionnelle pourrait être la bonne : ce serait un pur hasard s'il était encore en vie à sa descente de croix. Mais elle rencontre trop d'objections logiques. Les forces d'occupation romaines se composaient d'individus pragmatiques ; les fonctionnaires étaient des tortionnaires et des exécuteurs expérimentés. Or, on nous dit qu'ils se hâtèrent de mettre un terme aux exécutions de ce sinistre vendredi – allant jusqu'à briser les jambes des larrons pour pouvoir les enterrer avant le début du sabbat. Les Romains respectaient-ils à ce point les coutumes juives ?

Par ailleurs, la crucifixion était la pire des morts, car la victime agonisait plusieurs jours durant. Est-il, dès lors, imaginable que l'on en organise une un vendredi en sachant qu'à la nuit venue, le crucifié devait être descendu de la croix, alors qu'il n'aurait probablement pas rendu l'âme ?

Certes il y eut procès et crucifixion. Mais il semble que Jésus et son cercle intérieur – en particulier, la « famille de Béthanie » – aient planifié les événements. Dans *The Passover Plot*, Hugh Schonfield explique comment ce plan fut exécuté mais ne précise pas pourquoi, Jésus se posant en Messie, il choisit d'être crucifié – le héros tant attendu du peuple juif ne pouvait connaître une mort aussi humiliante.

Ce plan minutieux va bien au-delà de l'arrestation et de la crucifixion de Jésus. Certaines anomalies des Évangiles devraient éveiller nos soupçons. Le temps de crucifixion fut relativement court et les soldats romains durent donner le *coup de grâce* aux larrons, or Jésus eut, lui, la décence de mourir avant la tombée du jour. Selon certains, l'éponge qui lui fut tendue était imbibée d'un puissant narcotique qui l'aida à feindre la mort. Les conspirateurs avaient donc acheté les gardes. Le complot consistait en une mise en scène on ne peut plus cynique : une crucifixion était l'annonce publique d'une mort ; toute « résurrection » ultérieure était forcément miraculeuse.

Nous avons là la preuve que ce sont les Romains et non les Juifs qui ont arrêté et condamné Jésus : les Juifs l'auraient lapidé. Il lui eût été beaucoup plus difficile de feindre la mort.

Qu'espéraient les auteurs de ce subterfuge complexe et risqué ? Un crucifié pouvait difficilement se prétendre Messie. Pour les Juifs, un destin aussi humiliant était incompatible avec une mission messianique.

Ce plan ne s'inscrivait pas dans la tradition juive, mais s'intégrait parfaitement dans les cultes de dieux ressuscités, pratiqués dans les écoles de mystères. Les Juifs croyaient en un dieu unique et ils n'auraient jamais pris part à un culte sanglant, car tout ce qui avait trait au sang et au tombeau leur paraissait impur et détestable. En revanche, le pourtour moyen-oriental de la Méditerranée abondait en cultes semblables.

L'histoire de la mort et de la résurrection de Jésus n'a rien d'unique. Il est clair qu'il cherchait à être assimilé à l'un des nombreux dieux ressuscités de l'époque. Mais lequel ? Et quel bénéfice espérait-il retirer de ce plan risqué ?

Le cri qu'il poussa sur la croix était peut-être « *Helios ! Helios !* » (« Ô Soleil ! Ô Soleil ».) La mort d'Osiris était généralement symbolisée par un soleil noir – suggérant la disparition de la lumière –

ce qui pourrait expliquer la détresse de Jésus : « *Ô Soleil ! Ô Soleil ! pourquoi m'as-tu abandonné ?* »

Il paraît de plus en plus évident que Jésus revécut, en ce lointain vendredi, la passion d'Osiris.

Un nombre considérable de questions sur la résurrection de Jésus subsiste si l'on refuse la version chrétienne. Dans quel état était-il à sa descente de croix – avait-il sombré dans le coma ou était-il simplement blessé mais conscient ? Que lui est-il arrivé alors ? A-t-il fui la Palestine pour gagner des pays lointains, comme l'Inde, ainsi que certains l'ont suggéré ? Comment a évolué sa relation avec la Magdaléenne – car il semble qu'il ne l'ait pas accompagnée en Gaule ? Quelle que soit la vérité, Jésus disparaît après sa pseudo-résurrection.

En fait, les Évangiles tournent court après la découverte du sépulcre vide. Les récits de l'apparition de Jésus à ses disciples et sa pseudo-ascension dans les cieux sont très confus – même en tant que mythes, ils sont inconsistants. Les non-chrétiens en profitent pour nier leur réalité – nous ne pouvons qu'abonder dans leur sens. Hugh Schonfield fait même observer que l'épisode au cours duquel Jésus rencontre deux disciples sur la route d'Emmaüs, après sa résurrection, est emprunté à *L'Âne d'or* d'Apulée, une œuvre éminemment isiaque [71].

Si le concept de la résurrection d'entre les morts s'intègre assez bien dans la doctrine judaïque, il n'en va pas de même des événements vécus par Jésus après sa pseudo-résurrection. Selon la tradition, les justes ressusciteront le jour du jugement dernier. Jésus a bouleversé ces prévisions. Il est même monté aux cieux, en emportant sa dépouille mortelle, après avoir toutefois précisé à ses disciples que son être spirituel serait toujours à leurs côtés. En fait, la continuité de cette présence spirituelle est ce qui séduisit tant le monde romain et qui séduit toujours des millions de cœurs et d'esprits.

Karl Luckert fait observer que si les commentateurs modernes s'accordent à reconnaître que la continuité d'une présence spirituelle de Jésus n'est pas un concept juif, ils ne prennent pas la peine d'en chercher l'origine. Mais alors, d'où vient cette idée ?

L'analyse savante de Luckert [72] fait apparaître de façon convaincante que le double concept de résurrection et de maintien d'une présence spirituelle remonte sans aucun doute à l'ancienne théologie égyptienne, dont il note qu'elle :

> (...) permettait de croire que le fils de Dieu s'est redressé d'entre les morts... et est retourné auprès du Père. Elle explique aussi les diverses apparitions de Jésus avant son ascension définitive (...) L'idée que, même retourné auprès de son Père, Jésus demeurait éternellement présent parmi ses disciples est également en accord avec la logique égyptienne.

Nous voyons, une fois encore, que des concepts fondamentaux pour la religion chrétienne – longtemps considérés comme preuves du caractère unique et divin de Jésus – ne sont pas les purs produits de la vie et de la doctrine du Christ. Ils ne sont pas non plus les fruits d'une vision hérétique du judaïsme, si souvent évoquée pour expliquer leur genèse.

Les concepts de résurrection individuelle et de vie éternelle de l'esprit dans l'au-delà viennent d'Égypte, où ils étaient des faits établis. La présence rassurante de l'esprit après la vie est à rapprocher des croyances relatives à la mort des pharaons, censés guider leur peuple depuis le monde invisible.

Nous avons vu comment la vie de Jésus semble faire écho au mythe d'Osiris, et comment le rôle de sa partenaire, Marie Madeleine, s'apparente à celui d'Isis. Il convient d'examiner un autre point important.

Si l'archétype osirien correspond parfaitement au rôle joué consciemment par Jésus – « mourir » un vendredi, être pleuré par « Isis » et revenir d'entre les morts, trois jours plus tard –, c'est la magie de la déesse qui permit sa résurrection. L'importance de la Magdaléenne n'était nullement négligeable.

Isis était la *Créatrice*. Comme l'affirment les écrits égyptiens : « Au commencement était Isis, la plus Ancienne des Anciennes ». Elle était la déesse « de qui procède toute créature ». Une invocation traditionnelle disait : « ... Tu es créatrice de toutes les bonnes choses. » Mais plus encore, Isis – et non Osiris – était le *Rédempteur* original. Aristide, un initié à ses mystères, la décrit comme « une Lumière et d'autres choses innommables conduisant au salut ». Lucius Apulée s'adresse à elle en ces termes : « Ô Toi Sauveur sacré et éternel de la race humaine... tu donnes la lumière au Soleil... Tu piétines la mort [73]. »

D'après les exégètes, les premiers chrétiens ont intégré certains aspect du culte d'Isis dans leur mouvement, par exemple : la foi en la déesse confère la vie éternelle. Ils ont également investi nombre de ses temples. Celui de Saïs, ancienne capitale égyptienne, devint une église dédiée à la Vierge Marie au IIIe siècle. Mille ans auparavant, alors qu'on y vénérait Isis, il portait une inscription : « Je suis tout ce qui était, qui est et qui vient » – qu'on retrouvera attribués à Yahvé, bien plus tard, dans l'Apocalypse (1 : 8).

L'influence du culte d'Isis est évidente même dans les Évangiles canoniques. Songeons, par exemple, à l'une des plus célèbres maximes de Jésus : « Venez à moi, vous qui êtes assoiffés, car je vous abreuverai. » Cette proposition de réconfort et d'amour au milieu des tourments de la vie est souvent reproduite sur des affiches à l'entrée des églises, précédée de : « Jésus a dit. » En fait, on la retrouve – mot pour mot – dans la bouche d'Isis ! Elle est toujours gravée au-dessus de la porte de son temple à Dendérah. Cette offre de secours est éminemment celle d'une *mère*.

Si, comme nous le croyons, Jésus et Marie Madeleine étaient initiés aux mystères d'Isis et Osiris, le « christianisme » devait être bien différent, à l'origine, de la religion patriarcale, avec son Dieu terrible, que nous connaissons. Ces racines païennes permettent, enfin, d'élucider certaines des énigmes les plus persistantes du Nouveau Testament.

Le dilemme consiste à concilier l'existence d'un Jésus historique et les éléments empruntés aux écoles de mystères égyptiennes dont son histoire est empreinte. Confronté à cette difficulté, les chercheurs se sont divisés en deux camps : les uns affirment, avec Ahmed Osman, que Jésus n'a jamais existé et les autres prétendent, avec A. N. Wilson, que les références aux écoles de mystères sont des ajouts ultérieurs.

Or, ces deux aspects apparemment inconciliables deviennent cohérents si nous les considérons ensemble. Le préjugé faisant de Jésus un Juif a longtemps masqué une solution claire et simple. Acceptons l'idée qu'il ne s'inscrivait pas dans la tradition judaïque et les problèmes se résolvent d'eux-mêmes.

Ses disciples, eux, étaient probablement juifs et sa doctrine s'adressait délibérément aux Juifs. Pourtant, il est désormais évident que quelqu'un « tirait les ficelles » de ce mouvement, et plus encore que la « famille de Béthanie » comptait au nombre de ces manipulateurs.

Le mouvement de Jésus comprenait un cercle intérieur et un autre extérieur – les versions ésotérique et exotérique du culte. Quelle ironie de constater que ses disciples et les sources qui ont inspiré les Évangiles appartiennent à la seconde catégorie, Jésus demeurant délibérément vague sur son message et son objectif réels ! Aussi étrange que cela paraisse de prime abord, c'est précisément la situation décrite dans les Évangiles – on y voit des disciples comme Pierre avouer leur incompréhension des enseignements et des intentions de Jésus. Les disciples du cercle extérieur ignoraient tout des ambitions précises de Jésus, et de son rôle véritable.

Les exégètes se disent incapables d'expliquer pourquoi, de tous les cultes messianiques de l'époque, ce fut le christianisme qui survécut et se développa. Nous l'avons vu, si le mouvement de Jésus fut quasiment le seul qui réussit à s'implanter hors de Judée, ce fut justement parce qu'il apparaissait comme un culte à mystères. Le secret de sa séduction réside dans le fait qu'il était essentiellement *hybride*, une fusion d'aspects judaïques et païens. Le christianisme était unique parce qu'il rassurait par ses aspects familiers ; en même temps, il excitait la curiosité par ses différences.

Le christianisme émergea en tant que nouvelle religion lorsque les nouveaux convertis, de toutes ethnies et religions, s'efforcèrent de donner un sens à cette confusion apparente. Les disciples étaient confrontés à l'impossibilité d'intégrer l'archétype du dieu ressuscité dans le moule classique du Messie, et inversement ; c'est cette fusion impossible qui fit l'originalité de l'Église du Christ.

Certes, on pourrait contester l'origine égyptienne du christianisme en invoquant le style généralement juif des Évangiles. Ces textes sont les seuls indices nous éclairant sur la naissance de cette religion, or leurs racines sont clairement judaïques. Cependant, les Évangiles du Nouveau Testament ne réunissent pas tous les éléments disponibles, mais uniquement ceux que l'Église souhaite voir pris en compte. La somme impressionnante des Évangiles gnostiques a été délibérément cachée aux chrétiens pendant de nombreux siècles. Or l'image qu'ils donnent des premiers temps du christianisme n'est pas celle d'une secte juive schismatique. Les Évangiles gnostiques décrivent indubitablement une école de mystères égyptienne.

Jean Doresse reconnaît – dans son étude des documents de Nag Hammadi – l'influence persistante de la théologie égyptienne sur les écrits gnostiques. Nous retrouvons dans ces Évangiles restés dans l'ombre si longtemps des concepts égyptiens évidents. Cela vaut surtout pour la *Pistis Sophia*, dont la cosmologie correspond à celle du *Livre des morts égyptien*. Les Évangiles gnostiques utilisent d'ailleurs la même terminologie ; ils parlent notamment d'*Amenti* pour désigner les enfers[74].

Des siècles durant, les chrétiens ont cru que les Évangiles du Nouveau Testament étaient « bons » – au niveau historique comme spirituel – alors que les livres gnostiques étaient « mauvais ». Matthieu, Marc, Luc et Jean auraient eu une inspiration divine, alors que les autres (pour ceux qui connaissent leur existence) passent pour des insensés. Nous espérons avoir réussi à montrer que les textes gnostiques méritent une attention minutieuse.

La religion originale des Hébreux était polythéiste, vénérant *à la fois des dieux et des déesses* comme toutes les cultures antiques. C'est bien plus tard que Yahvé devint la divinité dominante et que les prêtres réécrivirent leur histoire afin d'en supprimer – de façon inexplicable – toute trace de l'ancienne vénération des déesses. (Le statut de la femme s'en trouva considérablement déprécié, comme au début du christianisme, pour les mêmes raisons.)

Raphael Patai, anthropologue hongrois et spécialiste de la Bible, a démontré, dans *The Hebrew Goddess*, que les Juifs vénéraient autrefois une divinité féminine. Il avance de nombreux exemples à l'appui de sa thèse, notamment celui du Temple de Salomon. Malgré la tradition, celui-ci fut construit pour honorer Yahvé, mais aussi pour célébrer la déesse Asherah. Patai souligne que :

> (...) la vénération d'Asherah, épouse de Yahvé (...) faisait partie intégrante de la vie religieuse dans l'antique Israël, avant les réformes introduites par le roi Josias en 621 avant J.-C. [75]

Le Temple de Salomon fut bâti sur le modèle des temples phéniciens, lesquels se calquaient sur ceux de l'ancienne Égypte[76]. Pour certains, les gravures sur l'arche d'Alliance représenteraient Yahvé et une divinité féminine. Les chérubins de l'Arche sont également des images de la déesse – deux chérubins gravés dans le palais du roi Ahab, à Samarie, sont de reproductions d'Isis.

Des juifs hérétiques continuaient à adorer leur déesse en diverses régions, notamment en Égypte[77]. Dans le judaïsme orthodoxe, la déesse a survécu sous deux formes principales. L'une est la personnification d'Israël sous des traits féminins, l'autre, la Sagesse – en hébreu *Chokmah*, et en grec *Sophia. Chokmah* est généralement présentée comme une allégorie de la sagesse divine, mais elle possède un autre sens : la sagesse est représentée par une femme, dont il est dit qu'elle coexista avec Yahvé avant le commencement[78].

On admet désormais que cette figure fut inspirée par les déesses des cultures avoisinantes. Burton L. Mack y voit l'influence des déesses égyptiennes Maât et Isis[79].

À l'époque de Jésus, le judaïsme n'avait pas complètement perdu ses origines païennes. Quoi qu'il en soit, des Juifs se convertirent à des religions étrangères pendant la période de domination gréco-romaine – ainsi, la Révolte des Maccabées, vers le milieu du

IIe siècle avant J.-C., résultait d'un schisme provoqué par des Juifs apostats qui, entre autres, vénéraient Dionysos.

Le culte de la déesse, élément païen du judaïsme hérétique, permet de mieux comprendre les mobiles et la mission réels de Jésus. Le négliger introduit une contradiction. En revanche, sa prise en compte fait apparaître que tous les actes et propos de Jésus s'inscrivent parfaitement dans l'esprit d'une école de mystères – probablement celle d'Isis et/ou Osiris. Malgré cela, il semble avoir consciemment joué le rôle du Messie juif et la majorité de ses disciples le considéraient comme leur roi. D'éminents chercheurs n'ont pas hésité à rejeter le matériau messianique quand il ne cadrait pas avec leurs hypothèses. S'ils ont eu raison d'agir de la sorte, le doute n'est plus permis : Jésus a été initié dans une école de mystères. Mais le rejet de ce matériau ne nous satisfait pas, car des épisodes majeurs des Évangiles – notamment l'entrée à Jérusalem sur un âne – seraient alors de pures inventions. Certes, plusieurs événements décrits dans les Évangiles sont fictifs (surtout ceux qui concernent l'enfance de Jésus), pourtant les épisodes messianiques ont un accent d'authenticité. Nous avons vu au chapitre 11, que l'entrée triomphale de Jésus à Jérusalem avait été soigneusement mise en scène. Ainsi était-on allé jusqu'à prévoir l'âne sur lequel s'accomplirait l'une des prophéties messianiques. La preuve est dans l'Évangile même, seulement l'auteur n'a pas conscience de la portée de ses propos. Si les Évangélistes avaient inventé cet épisode, ils n'auraient pas inclus des détails aussi suspects.

Mais alors, quels étaient « les mobiles et la mission réels » de Jésus ? Peut-être utilisait-il l'attente messianique de l'époque pour réintroduire le culte de la déesse. Après tout, même s'il appartenait à la lignée royale de David, cela ne devait pas lui poser problème, puisque David lui-même était un adorateur de la déesse, comme le roi Salomon. Peut-être Jésus était-il un prêtre isiaque désireux de proposer aux Juifs une version acceptable du culte d'Isis/Osiris. Peut-être jouait-il de l'attente d'un Messie pour monter un plan à long terme, avec des initiations ésotériques, dont la crucifixion était peut-être le point culminant. En tant que « Jésus le nazoréen », il appartenait à une « famille » primitive de sectes juives hérétiques, qui se seraient transmis la forme originelle de la religion. Nous ne pouvons que spéculer sur la nature de la doctrine nazoréenne, mais elle devait sûrement s'accorder avec les convictions de l'école de mystères de Jésus. Quoi qu'il en soit, Jésus était moins le fils de Dieu que celui de la déesse.

L'idée que Jésus ait tenté de réintroduire le culte de la déesse en

Israël est parfaitement cohérente. C'est précisément l'image que donne de lui le *Levitikon*, ce texte clé du mouvement johannite. Jésus y est présenté comme un initié osirien qui réalise que la religion originale de Moïse et des tribus d'Israël était celle de l'Égypte et que les Juifs avaient oublié l'existence de la déesse. Bien sûr, cela n'a pas valeur de preuve, mais nous verrons au chapitre suivant que cette hypothèse trouve des confirmations inattendues.

L'Église primitive reconnaissait les similitudes entre le christianisme et le culte d'Isis et d'Osiris. En fait, les deux religions étaient concurrentes car elles visaient à se gagner le cœur et l'esprit des mêmes fidèles. Si l'on excepte l'insistance des chrétiens à présenter un homme de chair et de sang comme fondateur de leurs croyances, leurs doctrines étaient pratiquement identiques.

Le culte d'Isis tel qu'il existait à l'époque de Jésus n'était pas tout à fait le même qui florissait en Égypte avant l'apogée de l'empire hellénistique. Ses attributs s'étaient modifiés par syncrétisme avec d'autres déesses. Au IVe siècle avant J.-C., pendant la domination grecque sur l'Égypte, un nouveau culte d'Isis et de Sérapis (version grecque d'Osiris) vit le jour, fusion des deux écoles de mystères. Ce culte atteignit Rome en l'an 200 avant J.-C., après avoir déjà imprégné l'ensemble de l'Empire. Le centre majeur de ce culte demeurait toutefois en Égypte, au Serapeum d'Alexandrie – il y en avait un autre à Délos [80].

Les classes inférieures de Rome aimaient le culte d'Isis et s'y adonnaient avec enthousiasme. Les autorités voyaient toujours d'un mauvais œil ces mouvements de masse, qui représentaient un risque de subversion, aussi les adeptes d'Isis firent-ils l'objet de persécutions fréquentes à Rome. En définitive, le Sénat ordonna la destruction des temples d'Isis et de Sérapis – mais les ouvriers, qui connaissaient les risques encourus, refusèrent d'exécuter le travail. Le culte fut officiellement aboli par Jules César.

En 43 avant J.-C., le triumvirat ordonna, à la surprise générale, la construction d'un nouveau temple à Isis-Sérapis. Peut-être faut-il voir là une conséquence de la relation entre Marc Antoine et Cléopâtre – celle-ci se faisait souvent représenter sous les traits d'Isis, alors qu'elle attribuait à son amant ceux d'Osiris ou de Dionysos. Marc Antoine aimait à se faire appeler le nouveau Dionysos. Durant son règne, Cléopâtre veilla à ce que le culte d'Isis soit la religion nationale en Égypte.

La répression la plus sévère qu'eurent à subir les adeptes d'Isis survint en 19 avant J.-C., sous le règne de l'empereur Tibère. Leurs prêtres et quatre mille fidèles furent exilés. Cette persécution coïncidait avec celle des juifs à Rome. On ignore les motifs de cette double réaction. Josèphe rapporte les faits et les justifie par un scandale : un prêtre d'Isis aurait aidé un noble romain à séduire la femme d'un autre dans le temple. Compte tenu du relâchement moral de la noblesse romaine à l'époque, cette version paraît peu vraisemblable. Josèphe semblait vouloir différencier la persécution des adeptes d'Isis et celle des Juifs ; en réalité, les premiers se seraient engagés dans des désordres civils [81].

La religion isiaque vivait quelque chose d'inhabituel à l'époque. R. Merkelbach écrit, dans *Man, Myth & Magic* :

> Il est clair que l'« église » d'Isis poursuivait une « mission » durant la période impériale (...) Il ne fait donc aucun doute qu'elle se livrait à une propagande active [82].

Au Ier siècle de notre ère, la fortune sourit à ce culte, qui se trouva des adeptes parmi les classes dirigeantes et même chez les empereurs. Caligula – l'exemple est peut-être mal choisi – encouragea la construction de temples et établit des fêtes isiaques. Claude et Néron étaient tous deux attachés aux cultes à mystères, surtout celui d'Isis. Parmi les derniers empereurs romains, plusieurs étaient adeptes de ce culte, qui continua à se développer jusqu'à la fin du IVe siècle. Son principal rival était le christianisme.

En 391, les chrétiens détruisirent le Serapeum d'Alexandrie et prirent des mesures pour étouffer le culte partout où il fleurissait encore. La dernière fête isiaque officielle fut célébrée à Rome en 394.

Pourquoi le culte d'Isis était-il aussi populaire ? Qu'apportait-il à ses adeptes ?

En vérité, il traitait du salut et de la rédemption personnels. Il promettait aux fidèles les joies d'une vie éternelle après la mort. Comme le souligne Sharon Kelly Heyob, dans *The Cult of Isis among Women in the Graeco-Roman World* (1975) :

> Isis devint, en définitive, une déesse rédemptrice. La participation à ses mystères rendait accessible le salut individuel. La croyance en l'immortalité était l'élément essentiel de sa doctrine [83].

Parlant du culte d'Isis, Merkelbach dit :

> Il était populaire car il s'adressait au désir de salut personnel (comme le christianisme), et des idées liées à la philosophie platonicienne

ne tardèrent pas à y être associées (comme ce fut le cas pour le christianisme)[84].
Les péchés confessés étaient pardonnés par immersion dans l'eau (...)[85]

S.G.F. Brandon observe que l'Égypte associait deux concepts – immersion, symbolisant la purification spirituelle, puis régénération subséquente – dans les rituels de l'école de mystères osirienne. Il ajoute :

Ce processus double d'accession à une immortalité bienheureuse ne se retrouve que dans le christianisme[86].

En fait, il existe des parallèles étroits entre la description du baptême par Paul et celle des écoles de mystères osiriennes[87].

Comme dans le christianisme, le salut du fidèle dépend de son *repentir*. À la fin de l'Empire romain, seules ces deux religions accordaient une telle importance au repentir[88].

Il est une autre similitude frappante – et unique – entre le culte d'Isis et le catholicisme : la *confession*. L'adepte reconnaît avoir mal agi et le prêtre intercède auprès d'Isis, pour qu'elle lui accorde son pardon[89].

Une autre coutume commune à l'Église primitive et au culte isiaque – malgré les préjugés modernes – est le rôle actif joué par les femmes. Certains prétendent que dans les deux cas les prêtres étaient toutefois plus nombreux que les prêtresses. Quoi qu'il en soit, il y avait égalité des sexes tant sur le plan de la participation que du statut spirituel.

Le culte d'Isis insistait généralement sur l'aspect maternel de la déesse, célébrant ses qualités d'épouse et de mère, sans pour autant négliger les autres traits de la nature féminine. La trinité familiale – Isis, Osiris, Horus – influençait puissamment la vie de famille : les hommes, les femmes et les enfants avaient le sentiment que les dieux les comprenaient. Les laïcs participaient activement à la religion – ce qui contrastait avec le contrôle total exercé par les prêtres de Rome. De nombreuses associations laïques étaient liées aux temples.

Sexuellement, les adeptes d'Isis étaient incités à la monogamie et au respect du caractère sacré de la famille. Certains auteurs romains condamnaient leur comportement immoral, tout en se plaignaient des périodes d'abstinence imposées à leurs maîtresses adoratrices d'Isis.

À l'apogée de la religion égyptienne, la plus grande célébration isiaque avait lieu le 25 décembre, jour où l'on commémorait la naissance d'Horus, fils d'Isis. Douze jours plus tard, le 6 janvier, on fêtait la naissance de son autre fils, Aion. Ces deux dates ont été reprises par les chrétiens – l'Église orthodoxe fête Noël le 6 janvier. En Égypte, au IVe siècle, les chrétiens célébraient l'épiphanie de Jésus ce même jour, adoptant des éléments propres à la fête d'Aion, notamment le baptême dans l'eau du Nil. Dans *Man, Myth & Magic*, S.G.F. Brandon note « l'influence évidente de la fête d'Isis sur les coutumes chrétiennes populaires associées à l'Épiphanie [90] ».

De nombreux cultes à mystères contemporains de Jésus reposaient, cependant, sur des pratiques semblables. Ainsi, ils déclaraient souvent que leurs initiés étaient « nés une deuxième fois ». Comme le dit Marvin W. Meyeyr, dans *Ancient Mysteries* :

> D'ordinaire, les *mystai* (les mystes, ou initiés) partageaient boisson et nourriture lors de célébrations rituelles ; il leur arrivait de s'unir au divin à l'occasion d'un repas analogue à l'Eucharistie. Ainsi, disait-on que les bacchantes sauvages de Dionysos dévoraient la viande crue d'un animal au cours de leur *omophagie*, ou fête de la chair (...) les descriptions suggèrent que les participants croyaient manger le dieu lui-même (...) Dans les mystères de Mythra, les initiés participaient à une cérémonie si semblable à la cène chrétienne que Justin Martyr, apologue chrétien, en fut troublé. Selon Justin, les *mystai* mithraïques mangeaient du pain et buvaient de l'eau (peut-être un mélange de vin et d'eau) à l'occasion d'un banquet initiatique (...) imitation diabolique de l'Eucharistie [91].

L'histoire de l'Église primitive en Égypte révèle bien des similitudes entre le christianisme et les mystères d'Isis/Osiris. Les historiens s'accordent pour reconnaître que le christianisme original en Égypte reste enveloppé d'un grand mystère ; leur seule certitude est qu'il s'agissait d'un rameau précoce. Il est surprenant qu'une métropole telle qu'Alexandrie soit quasiment ignorée par les auteurs du Nouveau Testament – elle n'y est mentionnée qu'une seule fois. (Cette référence unique revêt toutefois une importance capitale dans le cadre de notre enquête. Nous y reviendrons.) En outre, il n'y a pas trace du moindre écrit relatif à l'Église jusqu'au IIIe siècle de notre ère ; les historiens attribuent ce silence à une destruction systématique des archives par la faction chrétienne dominante [92]. Il est clair que la branche égyptienne du mouvement suscitait un vif rejet. Peut-être disposons-nous d'un indice sur sa véritable nature. Après la destruction du Serapeum, en 391 de notre ère, beaucoup de ses partisans rejoignirent l'Église chrétienne copte (égyptienne) [93].

L'Église copte demeure une entité indépendante de l'Église romaine ou de l'Église orthodoxe orientale. Sa doctrine résulte de la fusion de croyances traditionnelles égyptiennes et chrétiennes – qui s'effectua avec une facilité extraordinaire. Après 391, l'Église copte adopta comme symbole l'*ankh* – la croix ansée égyptienne. Mircea Eliade déclare : « Les coptes se considèrent comme les vrais descendants des anciens Égyptiens [94]. »

C'est en ce temps-là et en cette région que les pièces principales de notre puzzle se sont forgées. Alexandrie produisait l'essentiel de la connaissance et des idées qui engendreraient l'hermétisme, le gnosticisme des textes de Nag Hammadi et l'alchimie « moderne ». Ces différentes écoles étaient autant de facettes de la même foi dans le pouvoir transcendantal du Principe féminin et de la fusion magique de la déesse et du dieu.

Le christianisme n'était pas la religion fondée par le Fils unique de Dieu mort pour nos péchés, mais une nouvelle présentation du culte d'Isis et Osiris. Cependant, il ne tarda pas à tourner en culte de la personnalité de Jésus.

S'il fut un missionnaire égyptien, n'était-il qu'un serviteur désintéressé ? Se satisfaisait-il de toucher le cœur et l'âme des masses ? Un élément nous fait défaut et nous empêche donc de comprendre pleinement l'homme et sa mission. Jésus poursuivait aussi un objectif purement terrestre. Un plan politique sous-tendait ses ambitions de prosélyte isiaque. Il ne fut pas un personnage de premier plan par hasard. Ce n'est pas par hasard non plus qu'il alla prêcher en Palestine et tenta de convertir autant d'individus que possible. En ce temps-là et dans cette région, politique et religion étaient inséparables. Un grand leader religieux représentait une puissance politique majeure.

Cette campagne finit par mettre en danger son leader ; des dissidences voyant le jour. En fait, la voix de la dissidence s'était élevée avant même celle du leader. Elle avait retenti dans le désert. C'était la voix de Jean Baptiste !

Dans la première partie, nous avons identifié deux courants majeurs – l'un centré sur Marie Madeleine, l'autre sur Jean Baptiste –, qui imprégnèrent toutes les hérésies que nous avons examinées. Elles protégeaient une connaissance dangereuse, dont la divulgation ébranlerait les fondements de l'Église. Notre enquête a révélé que c'était bien le cas en ce qui concerne Marie Madeleine. Elle apparaît désormais comme une clé essentielle des secrets longtemps cachés sur la personnalité réelle de Jésus. Par elle, nous avons découvert qu'il était prêtre de la religion égyptienne et magicien. Elle l'avait initié lors d'un rite faisant appel à la sexualité sacrée. Tel est le sens authentique du culte de la Magdaléenne, que des générations d'hérétiques se sont transmis sous forme codée. En vérité, elle incarnait, aux yeux des hérétiques, la déesse Isis.

Mais un second courant leur était cher. Celui incarné par Jean Baptiste. Comme Marie Madeleine, Jean a bel et bien existé et lui aussi a connu Jésus. Qu'a-t-il donc à nous apprendre ?

CHAPITRE 14

Jean Christ

En 1995, nous réalisions un documentaire télévisé sur le saint suaire. Les trois petites lettres BBC agissant comme un sésame, nous eûmes accès aux lieux avant l'ouverture des portes au public. Le Baptistère est un étrange bâtiment octogonal, qui date de la première croisade. Sans doute doit-il sa forme inhabituelle aux templiers pour qui elle correspondait à celle du Temple de Salomon, à Jérusalem. Nous tenions absolument à cette visite qui nous procurait l'occasion d'admirer la seule sculpture qui nous reste de Léonard de Vinci (œuvre réalisée avec Giovanni Francesco Rustici). Elle représente, bien évidemment, Jean Baptiste. Comme dans toutes les représentations de Jean par Léonard, le Baptiste lève l'index droit.

Nous avons vu que ce saint était au centre de l'hérésie européenne. Pour quelles raisons ? Voilà qui est délibérément occulté. Dès le début de notre recherche, il y a quelques années, nous avions compris que ce secret était essentiel pour des organisations comme le Temple ou la franc-maçonnerie. Mais pourquoi le garder toujours avec autant de zèle aujourd'hui ?

La vision chrétienne traditionnelle de Jean Baptiste est limpide. Le ministère de Jésus débuta le jour de son baptême par Jean – en fait, deux Évangiles canoniques s'ouvrent sur un prêche de Jean au bord du Jourdain. Il apparaît comme un évangéliste ascète et passionné qui renonça à une vie d'ermite dans le désert pour aller exhorter le peuple d'Israël au repentir et au baptême. D'emblée, le personnage se montre si intolérant et froid qu'il met le lecteur moderne mal à l'aise.

Les Évangiles ne nous apprennent pas grand-chose sur lui. Ils précisent que le baptême était un signe extérieur de repentir, que nombreux répondirent à son appel et furent rituellement immergés dans le Jourdain – notamment Jésus. Selon Matthieu, Marc, Luc et Jean, le Baptiste proclamait qu'il ne faisait qu'annoncer le Messie, qui n'était autre que Jésus. Sa mission accomplie, il disparaît presque totalement, même s'il est suggéré qu'il continua à baptiser.

Selon l'Évangile de Luc, Jésus et Jean étaient cousins. Les récits de leur conception et de leur naissance sont entremêlés – les deux histoires présentent maints parallèles, sinon que la seconde serait moins miraculeuse. Les parents de Jean, le prêtre Zacharie et Élisabeth, étaient âgés et sans enfants, or l'ange Gabriel vint les informer qu'ils avaient été choisis pour avoir un fils. Peu après Élisabeth, pourtant ménopausée, enfanta. C'est chez elle que se rendit Marie quand elle se découvrit enceinte de Jésus. Élisabeth était alors enceinte de six mois et « dès qu'Élisabeth entendit la salutation de Marie, son enfant tressaillit dans son sein » ; elle comprit ainsi que l'enfant de Marie serait le Messie. Élisabeth loua Marie qui chanta alors le célèbre *Magnificat*[1].

Peu après avoir baptisé Jésus, disent les Évangiles, Jean fut arrêté sur ordre d'Hérode Antipas et jeté en prison. Officiellement, on lui reprochait d'avoir condamné en public le récent mariage d'Hérode avec Hérodiade, ex-épouse de son demi-frère Philippe – cette union allait à l'encontre de la loi juive, Hérodiade étant divorcée. Après avoir passé un temps indéfini en prison, Jean fut exécuté. Selon la légende, Salomé, fille du premier lit d'Hérodiade, dansa pour l'anniversaire de son beau-père. Il en fut tellement impressionné qu'il promit d'exaucer tous ses désirs à concurrence de « la moitié de son royaume ». Encouragée par Hérodiade, Salomé demanda la tête de Jean Baptiste sur un plateau. Ne pouvant revenir sur sa parole, Hérode accepta à contrecœur et fit donc décapiter Jean, qu'il en était pourtant venu à admirer. Ses disciples reçurent l'autorisation d'emporter son corps pour l'inhumer, mais l'histoire ne précise pas si cela valait aussi pour la tête[2].

L'histoire a tout pour plaire – un roi tyrannique, un affreuse belle-mère, une jeune fille nubile et la mort horrible d'un saint homme célèbre. Des générations d'artistes, poètes, musiciens et écrivains y puisèrent leur inspiration. Ce thème semble exercer une fascination éternelle, ce qui est curieux pour un épisode de quelques versets à peine. Deux adaptations scandalisèrent le public au début du XXe siècle. L'opéra *Salomé*, de Richard Strauss, où une jeune fille légère tente de séduire Jean dans sa prison et, s'étant fait éconduire, demande sa tête pour assouvir sa vengeance, avant d'embrasser ses lèvres sans vie dans un ultime geste de triomphe. La pièce d'Oscar Wilde ne connut qu'une seule représentation en raison du tollé suscité par le fait qu'il interprétait lui-même le rôle principal. La célèbre affiche d'Aubrey Beardsley propose une représentation graphique de l'interprétation de Wilde, laquelle met également en exergue le désir nécrophile de Salomé.

Ce capiteux cocktail érotique est sans grand rapport avec le récit du Nouveau Testament, qui semble vouloir établir sans ambiguïté que Jean fut l'annonciateur de Jésus – dont le statut spirituel était supérieur au sien – et réaliser la prophétie sur la réincarnation d'Élie, qui devait précéder la venue du Messie.

Nous disposons d'une autre source d'informations sur Jean : les *Antiquités judaïques* de Flavius Josèphe. L'authenticité de ce récit est incontestable, car il s'intègre parfaitement dans l'ensemble et conserve un caractère impersonnel dépourvu de dévotion pour Jean. Il diffère des Évangiles sur plusieurs points[3].

Josèphe évoque les prêches et les baptêmes de Jean. Il précise que sa popularité et son influence sur les masses alarmèrent Hérode Antipas, qui le fit arrêter et exécuter « de manière préventive ». Josèphe ne donne aucun détail sur son emprisonnement ou son exécution. Il n'évoque aucune critique du mariage d'Hérode. Il insiste, en revanche, sur l'énorme soutien populaire de Jean et ajoute que, peu après son exécution, Hérode subit une sérieuse défaite sur le champ de bataille – aux yeux du peuple, il payait là son crime.

Que pouvons-nous conclure de ces deux lectures ? Pour commencer, le récit du baptême de Jésus doit être authentique. L'événement devait être si connu qu'on ne pouvait l'ignorer. Nous avons vu que les Évangélistes avaient tendance à marginaliser Jean chaque fois que possible.

Jean était actif en Perae, à l'est du Jourdain, un territoire gouverné par Hérode Antipas tout comme la Galilée. La description de Matthieu est contradictoire[4] ; l'Évangile de Jean est plus précis et nomme deux villes où Jean baptisait : « Béthanie, au-delà du Jourdain » (1 : 28) – proche de la principale route commerciale – et Énon, au nord de la vallée du Jourdain (3 : 23). Les deux lieux sont assez distants ; il semble donc que Jean voyagea beaucoup durant sa mission.

Sa vie d'ermite et son ascétisme pourraient découler d'une erreur de traduction. Le terme grec original *eremos*, traduit par « désert », désigne tout lieu de solitude. Le même terme est employé pour désigner la montagne où Jésus nourrit cinq mille personnes[5]. Carl Kraeling, dans son étude incontournable de Jean, précise que le régime de « sauterelles et de miel » de Jean ne suggère pas un mode de vie très ascétique [6].

La mission de Jean ne concernait pas que les Juifs. Josèphe le présente exhortant « les Juifs » à pratiquer la piété et à mener une vie vertueuse, mais précise que « d'autres s'assemblaient (autour de lui] (car ses enseignements les émouvaient au plus haut point) [7] ». Selon l'exégète britannique, Robert L. Webb :

> (...) rien ne permet d'exclure qu'il s'agît de païens. La région où Jean exerçait son ministère suggère qu'il devait entretenir des contacts avec les païens empruntant les routes commerciales de l'Orient, aussi bien qu'avec les habitants de Transjordanie [8].

Une autre erreur concerne l'âge de Jean : on le dit souvent identique à celui de Jésus. Or, si l'on en croit les Évangiles, il prêchait depuis quelques années déjà quand il baptisa Jésus. Il devait donc être (largement) plus âgé que lui [9]. (L'histoire de la naissance de Jean rapportée par Luc est, nous allons le voir, incompatible avec les faits.)

Comme Jésus, Jean s'en prenait au Temple de Jérusalem – il ne se contentait pas de lui adresser des reproches de corruption. Ses exhortations au baptême devaient irriter les autorités religieuses parce qu'il prétendait que cette cérémonie était supérieure, spirituellement, à leurs rites – et surtout parce qu'il la pratiquait *gratuitement*.

La comparaison des Évangiles et des récits de Josèphe fait apparaître d'autres anomalies concernant sa mort. Les mobiles attribués à Hérode – la peur de l'influence politique de Jean (Josèphe) et la colère provoquée par sa critique du mariage (les Évangiles) – ne s'excluent pas mutuellement. Les dispositions maritales d'Hérode Antipas avaient des implications politiques, moins liées à sa nouvelle épouse, qu'à son ex-femme. Celle-ci était une princesse du royaume arabe de Nabatée, et sa famille perçut cette répudiation comme une insulte et donc une déclaration de guerre. Nabatée était voisin de Perae où Jean prêchait. Aussi en dénonçant le mariage d'Hérode, se rangeait-il dans le camp ennemi, celui du roi Aretas. Or son influence considérable risquait d'amener la population à se retourner contre Antipas [10].

Pourquoi les Évangélistes ont-ils éprouvé le besoin d'édulcorer les vrais mobiles d'Hérode ? Si leurs œuvres étaient essentiellement des outils de propagande, toute altération de la réalité était délibérée. Il est donc naturel de se demander en quoi la vérité leur posait problème dans ce cas précis.

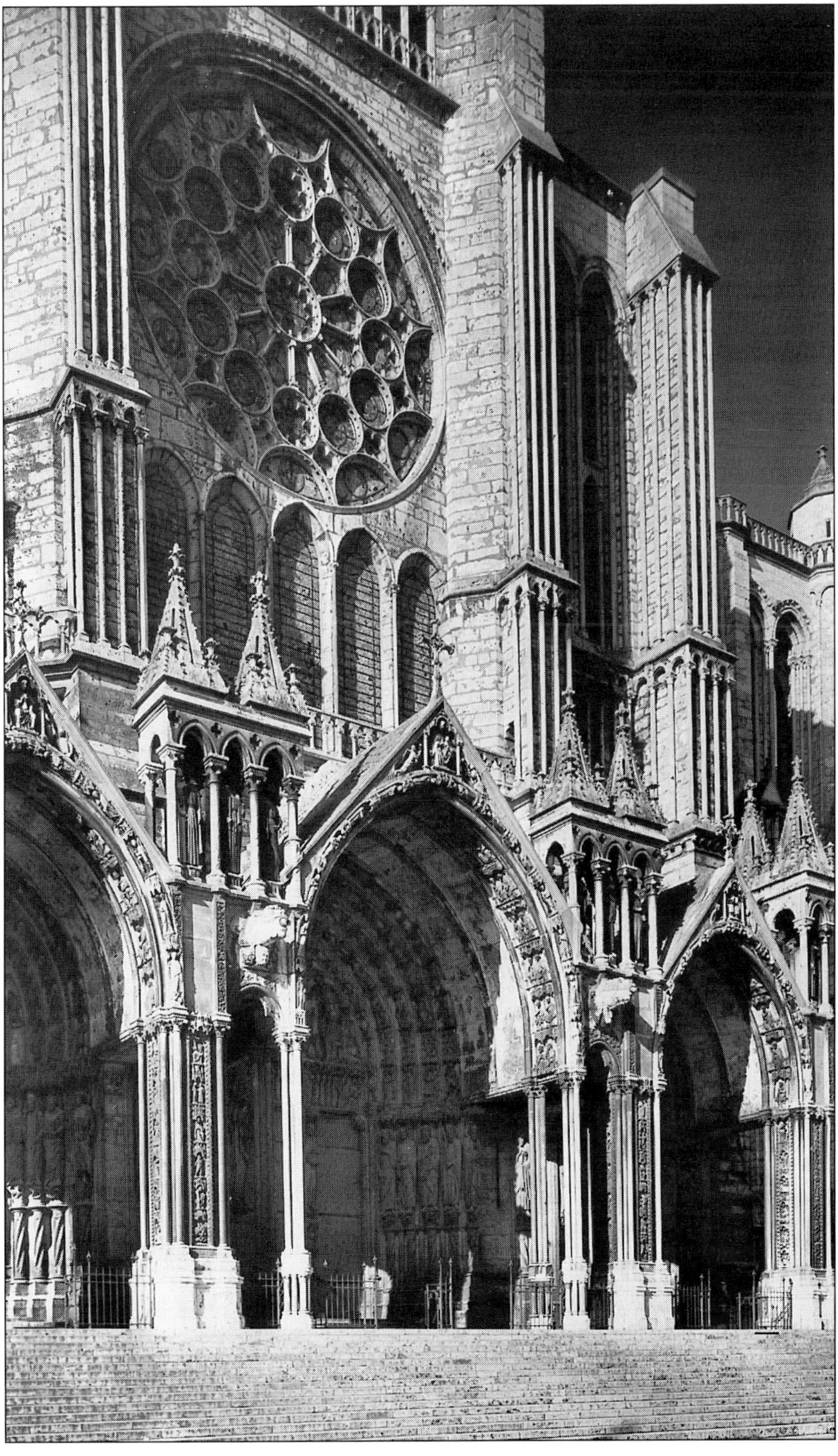

Le symbolisme sexuel se retrouve même dans les grandes cathédrales gothiques, qui sont nées de l'imagination des templiers. Les caractéristiques communes sont les rosaces et les arches gothiques (ici celles de Chartres, *A. F. Kersting*), qui représentent l'anatomie intime de la femme : l'arche, qui attire le fidèle dans le corps de la Mère Église, évoque la vulve. La rose était aussi utilisée par les troubadours et les alchimistes comme anagramme d'*eros*, soit l'amour sexuel.

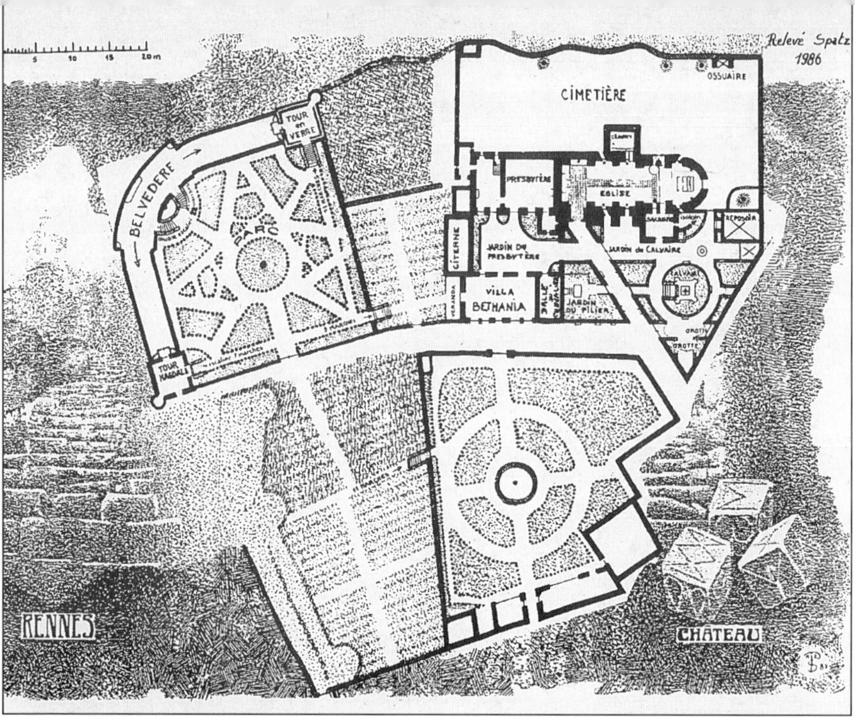

La richesse inexplicable de l'abbé Saunière, de Rennes-le-Château, lui permit de construire un domaine complexe (en haut, le tracé dessiné par l'artiste français *Alain Féral*), conçu selon des principes occultes et maçonniques. Par exemple, sa Tour Magdala contraste avec une serre inconsistante, symbolisant le concept gnostique d'équilibre des opposés (en bas, *Clive Prince*). Dans son église, le démon qui porte le bénitier (en face, en bas à gauche, *Mary Evans Picture Library*) incarne des concepts occultes et maçonniques. Saunière était obsédé par Marie Madeleine ; il mit lui-même la touche finale à ce bas-relief de son église (en face, en haut, *Clive Prince*). Le mystère attira même François Mitterrand, quelques semaines avant son élection à la présidence en 1981 (en face, en bas à droite, *André Galaup/Midi Libre*).

L'« hérésie » européenne masque, en fait, une dévotion secrète pour l'ancienne déesse égyptienne Isis (ci-dessus, à gauche, *British Museum*), souvent dissimulée derrière le culte de Marie Madeleine ou des Vierges Noires (ci-dessus, à droite). La recherche révèle que Jésus fut initié à la religion égyptienne d'Isis et d'Osiris (ci-dessous, *British Museum*). Des découvertes archéologiques ont montré que le judaïsme lui-même plongeait ses racines dans la religion d'Égypte. Par exemple, les « chérubins » trouvés dans un palais juif du IXe siècle avant J.-C. (en face, en bas) rappellent étonnamment les déesses ailées d'Égypte (en face, en haut, *British Museum*). Jésus chercha-t-il a ramener le judaïsme vers ses racines ?

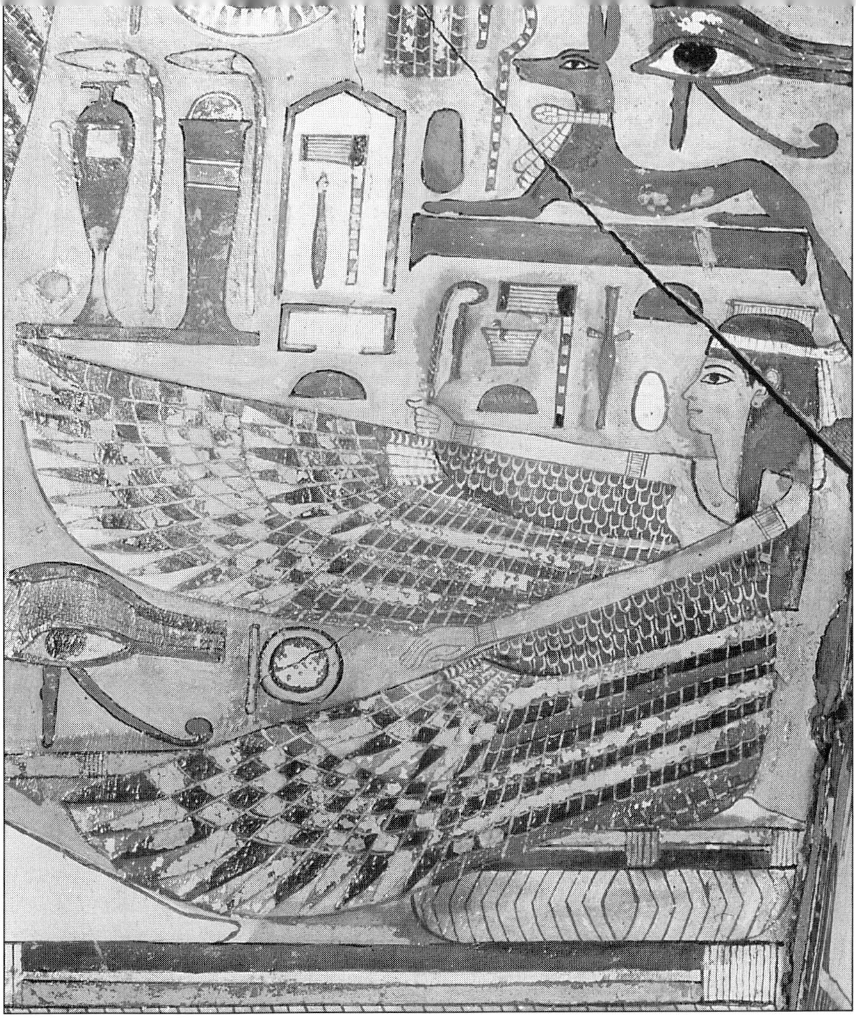

AGNUS
DEI

Jean-Baptiste a toujours été une figure centrale des groupes hérétiques, notamment les templiers et le prieuré de Sion – comme, par exemple, dans la sculpture de Léonard de Vinci, à l'extérieur du baptistère de Florence (en face, en bas, *Bridgeman Art Library*) et dans l'église de Rennes-le-Château, où le Baptiste domine Jésus (en face, en haut, *Clive Prince*). L'Agneau de Dieu sur le sceau templier du Languedoc(à droite) (*British Museum*) révèle leur dévotion à Jean. L'idée de sa supériorité n'est pas confinée à l'Europe : les Mandéens d'Iraq et d'Iran considèrent aussi Jésus comme l'usurpateur de Jean. Leurs rites se concentrent sur le baptême (ci-dessus, à gauche) et les poignées de mains rituelles (ci-dessus, à droite). Les Mandéens sont-ils les descendants de « l'Église de Jean », qui influença les templiers ?

La décapitation de Jean a toujours exercé une influence puissante sur les artistes, les écrivains et les musiciens, comme dans *L'Apparition* de Gustave Moreau (*Réunion des Musées Nationaux*), quoique les récits bibliques ne soient guère diserts sur le sujet. Beaucoup de commentateurs modernes pensent que la mort de Jean fut suspecte. Les secrets jalousement gardés par les hérétiques lèvent-ils le voile sur le mystère de cette décapitation ? Et ce secret est-il la révélation que l'Église a toujours redoutée ?

Les Évangélistes commettent d'ailleurs une erreur. Ils disent que Jean reprocha à Hérode Antipas d'avoir épousé l'ex-femme de son demi-frère, Philippe. Les circonstances du mariage sont historiquement exactes, sinon que le demi-frère en question se nommait lui aussi Hérode et non Philippe. Et cet Hérode était bien le père de Salomé [11].

Jean, comme la Magdaléenne, a été délibérément marginalisé par les Évangélistes, pourtant on relève des traces de son influence sur les contemporains de Jésus. Dans un épisode aux implications ignorées par la plupart des chrétiens, les disciples de Jésus disent : « Seigneur, enseigne-nous à prier, comme Jean l'a enseigné à ses disciples » [12]. Cette requête peut s'interpréter de deux façons : « apprends-nous à prier comme l'a fait Jean » ou « apprends-nous les *mêmes prières* que Jean... ». En réponse, Jésus leur enseigne ce qui deviendra le Notre Père.

Au XIXe siècle déjà, le grand égyptologue sir E.A. Wallis Budge [13] fit observer que les premiers mots du Notre Père correspondent à ceux d'une prière égyptienne à Osiris-Amon, antérieure de plusieurs siècles à Jean et Jésus : « Amon, Amon, qui es aux cieux... » Le dieu invoqué ici n'est ni Yahvé ni son Fils Jésus – lequel n'est donc pas l'auteur du début du Notre Père.

Jean aurait été émerveillé dès qu'il vit Jésus. Sa mission et sa vie tout entière semblaient tendre vers un but unique : le baptiser. En fait, même si les deux hommes furent étroitement associés au début du ministère de Jésus, certains détails indiquent qu'ils furent surtout de *féroces rivaux*. La plupart des commentateurs modernes de la Bible l'ont observé. Geza Vermes écrit :

> Les Évangélistes visaient, sans conteste, à créer une impression d'amitié et d'estime mutuelles, mais leurs tentatives sont superficielles et un examen attentif des maigres éléments fait apparaître des sentiments de rivalité entre leurs disciples respectifs [14].

Vermes ajoute que l'insistance de Matthieu et Luc sur la prééminence de Jésus sur le Baptiste est « laborieuse ». Un lecteur objectif ne pourra qu'être troublé par la manière dont Jean revient inlassablement sur la supériorité de « celui qui vient après lui » – il s'aplatit littéralement devant Jésus.

Mais, Hugh Schonfield note :

> Des sources chrétiennes font apparaître qu'une secte juive importante rivalisait avec les disciples de Jésus. Pour elle, Jean Baptiste était le vrai Messie (...) [15].

Il observe encore la « rivalité farouche » entre les deux clans, mais ajoute que l'influence de Jean sur Jésus était trop connue : « Ils ne pouvaient donc dénigrer le Baptiste et devaient se contenter d'accentuer son rôle secondaire [16]. »

(Faute d'admettre cette rivalité, on ne peut comprendre les rôles respectifs réels des deux hommes. Le refus de prendre en compte leur hostilité rend caduques plusieurs théories modernes. Ainsi, Ahmed Osman prétend que Jésus est une invention des disciples de Jean Baptiste visant à réaliser la prophétie concernant celui qui viendrait après lui. Dans *La Clé d'Hiram*, Knight et Lomas vont jusqu'à prétendre qu'ils œuvraient la main dans la main – rien n'est plus faux.)

La conclusion la plus logique est que Jésus fut, à l'origine, un disciple de Jean, qu'il quitta pour former son propre clan. (Il est probable que Jean le baptisa comme disciple, et non comme Fils de Dieu !) Les Évangiles reconnaissent que Jésus recruta ses premiers disciples parmi les fidèles de Jean.

Pour C.H. Dodds, spécialiste britannique de la Bible, la phrase de l'Évangile de Jean « Celui qui vient après moi » (*hi opiso mou erchomenos*) devrait se lire « *Celui qui me suit* ». En d'autres termes : mon disciple [18].

Selon la dernière exégèse biblique, Jean ne fit aucune proclamation sur la supériorité de Jésus, pas plus qu'il ne le présenta comme le Messie. Plusieurs faits confortent cette position.

Les Évangélistes précisent (ingénument) que, pendant son incarcération, Jean s'interrogea sur l'authenticité du messianisme de Jésus : avait-il eu raison de le reconnaître comme Messie ? Peut-être n'est-ce qu'un stratagème des Évangélistes pour adapter à leurs fins un épisode réel. Se pourrait-il que Jean ait purement et simplement *renié* Jésus – qu'il l'ait dénoncé comme faux Messie ?

Les implications de cet épisode sont profondément dérangeantes. Pour les chrétiens, Jean dut à une inspiration divine de reconnaître Jésus comme Messie. Ses interrogations en prison prouvent qu'il était venu à en douter. Son incarcération lui avait donné le temps de la réflexion, à moins que l'inspiration divine ne l'ait déserté.

Nous verrons que les disciples tardifs de Jean, que Paul rencontra à Éphèse et à Corinthe, ignoraient tout de la prétendue proclamation de Jean sur celui qui viendrait après lui.

Les propres disciples de Jésus ne le reconnaissaient pas comme Messie au début de son ministère. Il était leur leader, leur maître, mais à aucun moment il n'est précisé qu'ils le suivaient parce qu'ils voyaient en lui le Messie annoncé par les prophéties. Cette reconnaissance vint plus tard. Or Jésus avait commencé son ministère juste après son baptême. Si Jean l'avait vraiment proclamé Messie, pourquoi nul ne paraissait en être informé ?

Un autre élément donne à penser. Quand le mouvement de Jésus commença à faire parler de lui, Hérode Antipas craignit que Jésus fût Jean ressuscité ou réincarné (Marc 6 : 14) :

> Le roi Hérode entendit parler de Jésus, dont le nom était devenu célèbre, et il dit : Jean Baptiste est ressuscité des morts, et c'est pour cela qu'il se fait par lui des miracles.

Ces mots ont toujours intrigué. Hérode suggérait-il que Jésus fût la réincarnation de Jean ? C'est improbable car les deux hommes étaient contemporains. Notons cependant quelques implications importantes de ces paroles.

Tout d'abord, Hérode ne semble pas avoir su que Jean avait annoncé la venue d'un autre, plus grand, sans quoi il en aurait tiré la conclusion logique : Jésus était cet autre ! Si Jean avait autant insisté sur la venue du Messie, comme le suggèrent les Évangiles, Hérode n'aurait pu l'ignorer.

Ensuite, Hérode dit « Jean Baptiste est ressuscité et *c'est pour cela* qu'il se fait par lui [Jésus] des miracles ». Le Baptiste avait donc lui aussi une réputation de magicien, ce que les Évangiles nient farouchement. L'affirmation de l'évangéliste Jean (10 : 41) est si brutale qu'elle en devient suspecte. Serait-ce Jean Baptiste qui transforma l'eau en vin, qui nourrit une multitude avec quelques pains, guérit les malades... ressuscita les morts ? Peut-être !

Il est une autre explication possible des propos stupéfiants d'Hérode – même si elle paraît incroyable, littéralement et métaphoriquement. Mais n'oublions pas que nous avons affaire à une culture extrêmement différente de la nôtre. Carl Kraeling observa, en 1940, que les propos d'Hérode ne peuvent se comprendre que si on les place dans le contexte *occultiste* de l'époque gréco-romaine [19]. Morton Smith lui fait écho dans son *Jesus the Magician*, en 1978 [20]. Nous l'avons vu, il explique la popularité de Jésus par sa maîtrise de la magie égyptienne.

En ce temps-là, on croyait que pour pratiquer la magie, un sorcier devait avoir asservi un démon ou un esprit – cela est confirmé par les Évangiles. Lorsque Jésus évoque l'accusation de sorcellerie dont Jean fit l'objet, il dit qu'il « avait un démon » – ce qui ne signifie pas qu'il était possédé par un esprit mauvais, mais qu'il avait pouvoir sur un démon.

Pour Kraeling aussi, les propos d'Hérode Antipas devraient être resitués dans ce contexte. Il arrivait que l'âme d'un être humain connaisse le même sort, surtout s'il avait été assassiné. L'esprit, ou l'âme, ainsi asservi obéissait aux ordres de son maître. (Simon le Magicien fut accusé d'avoir asservi l'esprit d'un enfant assassiné.)

Kraeling écrit :

> Les détracteurs de Jean utilisèrent l'occasion de sa mort pour donner à entendre que son esprit désincarné servait d'instrument à Jésus pour pratiquer la magie noire ; une terrible reconnaissance du pouvoir de Jean[21].

S'inspirant de cette explication, Morton Smith traduit ainsi les propos d'Hérode :

> Jean Baptiste était ressuscité des morts [par la nécromancie de Jésus, qui était désormais Jean]. Et c'est pour cela [parce que Jésus-Jean peut contrôler les morts] qu'il se fait par lui [par ses ordres] des miracles [mineurs][22].

Smith cite à l'appui de sa thèse le texte magique d'un papyrus conservé à Paris. L'invocation s'adresse au dieu solaire Hélios :

> Donne-moi autorité sur l'esprit de cette femme assassinée, dont je possède une partie du corps (...)[23].

Il est intéressant de noter ici les dons que cette opération magique est supposée conférer au magicien l'aptitude à guérir, mais aussi le fait d'être « vénéré comme un dieu[24]... ».

La popularité de Jean dépassait celle de Jésus. Un autre épisode le confirme. Il se produisit vers la fin de son ministère, alors qu'il prêchait dans le Temple de Jérusalem[25]. Grands prêtres et anciens vinrent le défier en public. Il lui posèrent des questions pièges pour le prendre en défaut. Jésus les éluda avec l'art consommé d'un politicien. Ils lui demandèrent notamment de préciser en quel nom il parlait. Il leur répondit par une autre question : le baptême de Jean venait-il du ciel ou des hommes ?

> Ses adversaires étaient perplexes.
> Mais ils raisonnèrent ainsi entre eux : Si nous répondons : Du ciel, il dira : Pourquoi donc n'avez-vous pas cru en lui ?
> Et si nous répondons : des hommes... Ils craignaient le peuple, car tous tenaient réellement Jean pour un prophète.

Face à ce dilemme, ils s'avouèrent incapables de répondre.

Ce qui est significatif dans ce passage, c'est que Jésus joua sur la peur de la popularité de Jean et non de la sienne. Le Baptiste n'était pas un simple prêcheur itinérant, mais un leader charismatique qui dirigeait un nombre massif de disciples. Selon Josèphe, Juifs et païens étaient « émus au plus haut point par ses enseignements ».

Un épisode curieux de l'Évangile apocryphe, dit Livre de Jacques ou Protoevangelium, insiste sur l'importance de Jean[26]. Cet Évangile tardif comprend de nombreux épisodes sur l'enfance de Jésus, que nul ne prend plus au sérieux. En revanche, il intègre un matériau de sources diverses. Il n'est donc pas impossible que l'on y trouve des indications provenant de traditions reconnues. Quoi qu'il en soit, on imagine mal qu'un familier des Évangiles canoniques ait pu rédiger ce texte.

Le Livre de Jacques raconte la naissance de Jésus, y compris la visite des rois mages et le massacre des innocents ordonné par Hérode. Ce récit est assez fidèle à la version du Nouveau Testament. Mais, il ne tarde pas à s'en écarter.

Quand Marie apprend le massacre, elle se contente d'envelopper le bébé dans des linges et de le coucher dans une mangeoire – sans doute pour le soustraire à la furie des soldats. Il semble toutefois que ce soit *Jean* qui est recherché. Hérode envoie, en effet, ses hommes interroger Zacharie, qui affirme ignorer où se trouvent sa femme et son fils :

> Hérode était furieux et dit : son fils est appelé à devenir roi d'Israël.

Dans cette version, c'est Élisabeth qui s'enfuit. Faut-il voir là une allusion à une « Sainte Famille » rivale ?

Jean était partout accompagné, comme Jésus, par une foule de disciples et de fidèles venus l'écouter. Après sa mort, ses disciples, comme ceux de Jésus plus tard, rédigèrent sa biographie et sa doctrine : les *écrits* de Jean.

Les exégètes reconnaissent l'existence de cette littérature aujourd'hui disparue. Sans doute fut-elle détruite, à moins qu'elle n'ait été préservée par des « hérétiques ». Toujours est-il qu'elle devait renfermer des informations s'accordant mal avec le Nouveau Testament, sans quoi, elle eût été pareillement conservée.

Le récit de Luc des conceptions « simultanées » de Jésus et Jean est intéressant. En analysant l'histoire, les chercheurs y ont vu une combinaison de deux biographies distinctes, l'une racontant la conception de Jean et l'autre, celle de Jésus. Selon Kraeling, elles sont « unies par des matériaux fondamentalement sans relation les uns avec les autres [27] ». En d'autres termes, Luc (ou sa source) a pris deux histoires distinctes et s'est efforcé de les faire coïncider par un artifice littéraire : la rencontre des deux mères enceintes, Élisabeth et Marie. Il en déduit logiquement que le récit de l'enfance de Jean était probablement *antérieur* à celui de la nativité de Jésus. Une telle interprétation a des conséquences majeures. La première est que des histoires circulaient déjà sur Jean. L'autre est que la version de la Nativité de Luc visait spécifiquement à les « masquer ». Somme toute, la naissance de Jean n'est « miraculeuse » que parce qu'il fut conçu par un couple âgé. Jésus, lui, est conçu par une vierge. La manipulation de l'histoire par Luc s'explique sans doute par le fait que les disciples de Jean étaient toujours actifs et rivaux de ceux de Jésus.

Cette interprétation est confortée par un autre fait ignoré de la plupart des chrétiens. Le « cantique » de Marie, le *Magnificat*, concernait en réalité *Élisabeth* et se référait à *son* enfant. Le texte lie, en effet, la mère à Hannah, personnage de l'Ancien Testament qui enfanta tardivement – comme Élisabeth. Certains originaux du Nouveau Testament attribuent d'ailleurs clairement ce texte à Élisabeth. Irénée, l'un des Pères de l'Église, écrit vers 170, que c'est elle et non Marie qui prononce ces mots [28].

De même, lors de circoncision de Jean, son père, Zacharie, prononce une « prophétie », ou hymne, connue sous le titre de Bénédicité, en hommage à son fils [29]. À l'origine cet épisode devait faire partie intégrante de la nativité du Baptiste. Le Magnificat et le Bénédicité étaient donc deux « hymnes » à Jean, figurant dans un « Évangile de Jean » ultérieurement modifié par Luc pour le rendre acceptable aux disciples de Jésus. La preuve est ainsi faite qu'il existait des écrits sur la vie de Jean et chantant ses louanges. Faut-il voir là la source dont s'inspirèrent les Évangélistes pour rédiger leurs vies de Jésus ? Dans son *Essene Odyssey*, Hugh Schonfield écrit :

> Les contacts avec les disciples de Jean Baptiste (...) familiarisèrent les chrétiens avec les histoires de la Nativité de Jean, dans lesquelles il était présenté comme le Messie attendu des traditions sacerdotales, né à Bethléem [30].

En outre, les textes de la jeune Église intitulés *Reconnaissances de Clément* précisent que Jean passait pour le Messie aux yeux de certains de ses disciples [31]. Pour Geza Vermes, plusieurs épisodes

des Évangiles et des Actes suggèrent que les disciples de Jean le considéraient comme le vrai Messie [32].

L'existence d'une « littérature johannite » apporte des réponses aux nombreuses questions posées par le quatrième Évangile – attribué à Jean l'Évangéliste –, qui renferme plusieurs contradictions. C'est le seul à s'appuyer sur un témoignage direct – ce que confirme sa précision factuelle –, or certains passages sont clairement gnostiques et contrastent avec les autres Évangiles et avec le reste du texte. Cette remarque vaut surtout pour le Prologue relatif à Dieu et au Verbe. L'Évangile de Jean est le plus virulent à l'encontre du Baptiste ; pourtant, c'est le seul qui précise que Jésus a recruté ses premiers disciples parmi les proches du Baptiste – notamment le fameux témoin oculaire, auteur de cet Évangile : le « disciple bien-aimé [33] ».

L'auteur puisa à diverses sources, qu'il fondit et adapta à ses convictions personnelles – réécrivant ce qu'il jugeait nécessaire, mais incluant plus que probablement le témoignage direct du « disciple bien-aimé ». Les plus grands spécialistes du Nouveau Testament pensent qu'il reprit aussi certains textes des disciples du Baptiste. Selon Edwin Yamauchi, autorité en matière d'études moyen-orientales : « Le quatrième Évangéliste... les démystifia et les christianisa [34]. »

Les passages portant l'empreinte du Baptiste concernent essentiellement le Prologue et une partie des « révélations » de Jésus à ses disciples. Rudolf Bultmann, exégète allemand de la Bible, observe :

> (...) on croit qu'il s'agissait de documents rédigés par les disciples du Baptiste, exaltant Jean et le présentant comme le Rédempteur envoyé du monde de la Lumière. Une partie considérable de l'Évangile de Jean n'était pas chrétienne mais adaptait une tradition johannique [35].

Ces éléments de l'Évangile de Jean sont les plus gnostiques et ont donc posé le plus de questions aux historiens. Ils diffèrent tellement de la théologie des autres Évangiles et de l'ensemble du Nouveau Testament, qu'on a longtemps cru ce livre de beaucoup postérieur aux autres. Or, tout devient différent dès l'instant où l'on admet que ces éléments ne peuvent être attribués aux disciples de Jésus. Plusieurs commentateurs ont ainsi lié le quatrième Évangile à une « source gnostique préchrétienne » : Jean Baptiste et ses disciples, qui auraient été des gnostiques.

Jean comptait beaucoup de partisans dévoués de son vivant et ceux-ci prolongèrent son œuvre après sa mort, d'une manière curieusement parallèle au développement du christianisme. Ce mouvement semble être devenu une Église à part entière, qui ne limita pas son influence à la Palestine. En 1992, A.N. Wilson écrit dans son livre *Jesus* :

> Si la religion de Jean Baptiste (dont l'existence est établie) était devenue le culte dominant de la région méditerranéenne plutôt que la religion christique, nous en saurions probablement plus sur ce personnage fascinant. Son culte survécut au moins jusqu'au milieu des années 50, comme le reconnaît honnêtement l'auteur des Actes... À Éphèse, « suivre la voie » (nom sous lequel était connue cette religion) revenait à adopter « le baptême de Jean »... Si Paul avait eu une personnalité moins forte... ou s'il n'avait pas écrit ses épîtres, il est probable que la religion de Jean se serait imposée au monde antique, plutôt que celle du Christ... Si ce culte s'était développé les johannites, ou baptistes, considéreraient sans doute que (...) Jean était divin...
> Cet accident de l'histoire ne se produisit pas [36].

Le Nouveau Testament évoque l'existence de l'Église de Jean au-delà des frontières d'Israël. Bamber Gascoigne écrit :

> Un groupe que Paul rencontra à Éphèse parle du développement dans la région d'une telle religion – Paul s'empressa de l'étouffer dans l'œuf [37].

Il s'agissait bien évidemment de l'Église de Jean. Son existence en tant qu'entité distincte après la mort de Jésus prouve que Jean ne parla jamais d'un « plus grand » qui viendrait après lui, ou tout au moins qu'il ne pouvait s'agir de Jésus. Quand les johannites rencontrèrent Paul, il semble qu'ils ignoraient tout d'une telle prophétie. Leur culte a été décrit comme un « rassemblement international [38] » s'étendant de l'Asie Mineure à Alexandrie. Les Actes rapportent que la religion de Jean avait été introduite Éphèse par un certain Apollon, originaire d'Alexandrie – c'est la seule référence à Alexandrie dans tout le Nouveau Testament !

Jean Baptiste avait donc son propre mouvement, qui lui survécut en tant qu'Église à part entière. D'aucuns – notamment A.N. Wilson – ont suggéré que celle-ci fut absorbée très tôt par l'Église chrétienne. Ce fut sans doute le cas de certaines communautés, notamment celles rencontrées par Paul, qui leur transmit sa version personnelle du christianisme. Mais d'autres ont résisté.

Voilà qui nous amène à évoquer un personnage qui, de prime abord, paraît déplacé dans notre histoire. Cet homme, méprisé par le christianisme, fut considéré comme le « père de toutes les hérésies », un magicien noir de la pire espèce. On a même donné son nom à un péché : la simonie, ou volonté d'*acheter* le Saint-Esprit. Nous parlons de Simon le Magicien.

Contrairement à Marie Madeleine et Jean Baptiste, Simon le Magicien ne fut pas marginalisé par les premiers chroniqueurs. Il occupa même une place prépondérante dans les écrits chrétiens, qui le présentent comme un être malfaisant qui tenta de copier Jésus, et alla jusqu'à infiltrer la jeune Église pour en percer les secrets – il fut donc dénoncé par les Apôtres.

Le cas de Simon le Magicien, parfois appelé « le Premier Hérétique », est si désespéré que le salut même semble devoir lui être refusé. Pourquoi ? En fait, pour les Pères de l'Église le terme « gnostique » était synonyme d'« hérétique » – or, Simon était un gnostique (mais pas le fondateur du gnosticisme, comme ils le supposaient).

Il apparaît brièvement dans le Nouveau Testament – dans les Actes des Apôtres (8 : 9-24). C'était un Samaritain qui, selon les Actes, recourait à la magie pour « ensorceler » le peuple de Samarie. Quand l'apôtre Philippe vint prêcher dans la région, Simon fut tellement impressionné qu'il lui demanda le baptême. Mais c'était une ruse pour découvrir le moyen d'acquérir le pouvoir du Saint-Esprit. Il offrit de l'argent à Pierre et Jean, mais ceux-ci le rabrouèrent violemment. Simon, inquiet pour son âme, se repentit et leur demanda de prier pour lui.

Cependant, les Pères de l'Église étaient mieux informés sur ce personnage et leurs récits contredisent le conte moral des Actes[39]. Simon était originaire de Gitta et réputé pour ses dons de magicien. Sous le règne de Claude (41-54, soit une dizaine d'années après la crucifixion), il se rendit à Rome, où il fut honoré comme un dieu – on lui érigea même une statue. Les Samaritains avaient déjà reconnu sa divinité.

Simon le Magicien voyageait avec une femme, Hélène, ancienne prostituée de la cité phénicienne de Tyr. Il l'appelait la Première Pensée (*Ennoia*), la Mère de Tout – une appellation en rapport avec ses croyances gnostiques. Il enseignait que la « première pensée » de Dieu – à l'instar de la Sagesse/*Sophia* juive déjà évoquée – était féminine, et qu'elle avait créé les anges et les demi-dieux. Ceux-ci créèrent la terre selon ses instructions, mais se rebellèrent et l'emprisonnèrent dans la matière – notre monde physique. Elle fut ainsi captive d'une succession de corps féminins (notamment Hélène de Troie), qui subirent des humiliations de plus en plus insupportables. Elle se retrouva, en définitive, dans l'enveloppe d'une prostituée de Tyr. Par bonheur, tout n'était pas perdu, car Dieu s'était lui aussi incarné, dans le corps de Simon. Il l'avait recherchée et l'avait sauvée.

Le concept d'une cosmologie englobant une série de mondes et de plans supérieurs et inférieurs nous est désormais familier. C'est, en effet, la doctrine gnostique qui s'est transmise jusqu'aux cathares et qui sous-tend la cosmologie hermétique de l'occultisme occidental – de l'alchimie à l'hermétisme de la Renaissance. Il présente également des parallèles précis et troublants avec d'autres systèmes déjà évoqués – notamment la *Pistis Sophia* des gnostiques coptes, où Jésus part en quête de la *Sophia* emprisonnée, une figure liée, dans ce texte, à la Magdaléenne[40]. (Simon appelait Hélène son « agneau perdu ».)

L'incarnation de la Sagesse sous les traits d'une femme – qui plus est s'avère une prostituée – est désormais un élément familier de notre investigation, sorte de fil rouge. Dans le cas de Simon, elle est à prendre au sens propre, puisqu'il l'identifie à Hélène.

Hugh Schonfield écrit :

> (...) les simoniens adoraient Hélène au même titre qu'Athéna (déesse de la Sagesse), identifiée, en Égypte, à Isis[41].

Schonfield rattache également Hélène à Sophia et Astarté.

Karl Luckert rapproche lui aussi le concept simonien d'*Ennoia*, incarné par Hélène, d'Isis[42]. Geoffrey Ashe renchérit : « [Hélène] est placée sur un chemin ramenant à la gloire en tant que *Kyria* ou Reine céleste[43]. »

Une autre source apocryphe, datant d'environ 185, dit qu'Hélène est « noire comme une Éthiopienne » et la présente dansant enchaînée. Le texte précise : « Tout le pouvoir de Simon et de son Dieu réside en cette femme qui danse[44]. »

Selon Irénée, les prêtres initiés par Simon menaient des « existences immorales[45] ». Hélas, il ne fournit aucune précision supplémentaire. Il est toutefois probable qu'ils pratiquaient des rites sexuels, comme Épiphane le suggère dans son œuvre monumentale *Contre l'hérésie* :

> Il prescrivait des mystères obscènes et (...) l'effusion des corps, *emissionum virorum, feminarum menstruorum*, qu'il enjoignait de

récupérer pour des mystères dans un mélange particulièrement répugnant[46].

(G.R.S. Mead, en bon victorien, proposa une traduction timide de ce texte, conservant même des passages en latin, mais il semble que la secte de Simon recourait à la magie sexuelle, qui impliquait l'utilisation de sperme et de sang menstruel.)

Les Pères de l'Église craignaient Simon le Magicien et son influence. Il représentait, semble-t-il, une menace sérieuse pour l'Église naissante, ce qui peut surprendre, sauf si l'on réalise à quel point Simon était proche de Jésus.

Simon et Jésus disaient et faisaient les mêmes choses, notamment des miracles, et les Pères de l'Église éprouvaient du mal à expliquer que leurs pouvoirs respectifs avaient des origines différentes. Simon recourait à la magie noire alors que Jésus était habité par le Saint-Esprit. En effet, Simon était une parodie satanique de Jésus. Ainsi, Hippolyte déclare : « [Simon] n'était pas le Christ[47]. »

Épiphane est encore plus précis :

> Depuis Jésus jusqu'à aujourd'hui, la première hérésie fut celle de Simon le Magicien. Bien qu'il ne s'inscrive pas précisément et clairement dans la tradition chrétienne, il n'en a pas moins semé la confusion en introduisant la corruption chez les chrétiens[48].

Et selon Hippolyte :

> (...) en achetant la liberté d'Hélène, il offrit le salut aux hommes par une connaissance qui lui était propre[49].

Un autre récit dit que Simon accomplissait des miracles, il transformait notamment des pierres en pain. (Le démon offrit le même pouvoir à Jésus, qui le déclina. Ce qui ne l'empêcha pas de nourrir cinq mille personnes avec cinq pains et deux poissons.)

Jérôme cite un texte de Simon :

> Je suis le Verbe de Dieu, je suis le glorieux, je suis le Paraclet, le Tout-Puissant. Je suis le tout de Dieu[50].

En d'autres termes, Simon se proclame divin, et promet le salut à ses disciples.

Dans les Actes apocryphes de Pierre et Paul, Simon le Magicien et Pierre tentent tous deux de ressusciter un mort. Simon ne réussit qu'à ranimer la tête, alors que Pierre accomplit le miracle à la perfection[51]. De nombreux récits apocryphes rapportent des duels magiques opposant Simon le Magicien et Simon Pierre ; tous se terminent par le triomphe du saint chrétien. Cette prolifération prouve que l'influence de Simon sur les masses était telle qu'il fallait à tout prix le discréditer.

Simon le Magicien n'était pas un simple sorcier itinérant, mais un philosophe qui exposa ses idées dans des livres. Bien évidemment, les originaux ont disparu, mais on en trouve de larges extraits dans les écrits des Pères de l'Église, qui les mentionnent pour mieux les condamner. Ces textes font toutefois apparaître clairement le gnosticisme de Simon et son insistance sur l'existence de deux forces opposées mais complémentaires : l'une masculine, l'autre féminine. Ainsi lit-on dans sa *Grande Révélation* :

> Les Éons universels ont produit deux courants (...) l'un vient d'en haut : le Grand Pouvoir, Esprit Universel qui ordonne toutes choses – il est masculin –, l'autre vient d'en bas : la Grande Pensée, qui produit toutes choses – il est féminin. En s'accouplant, ils manifestent la Distance Moyenne (...) en elle est le Père (...).
> C'est Lui qui fut, est et sera, un pouvoir masculin-féminin dans le Pouvoir Infini préexistant (...)[52].

Nous trouvons ici des échos de l'hermaphrodite alchimique, androgyne symbolique qui fascinait tant Léonard de Vinci. Mais d'où venaient les théories de Simon le Magicien ?

Karl Luckert[53] fait remonter les « racines idéologiques » de la doctrine simonienne à l'ancienne Égypte. Il semble qu'elles soient le reflet de ses cultes – et peut-être même qu'elles les prolongent sous une forme adaptée.

Pour les Pères de l'Église, la doctrine de Simon le Magicien était dangereusement semblable à celle de Jésus. C'est pourquoi il fut accusé d'avoir cherché à dérober leur connaissance aux chrétiens – une reconnaissance tacite que ses enseignements étaient *compatibles* avec ceux de Jésus. Une telle conclusion est pour le moins dérangeante. Elle amène, notamment, à se demander si les rites sexuels pratiqués par Simon et Hélène ne l'étaient pas également par Jésus et Marie Madeleine. Selon Épiphane, les gnostiques possédaient un livre intitulé *Les Grandes Questions à Marie*, qui exposait les secrets occultes du christianisme, consistant en des cérémonies « obscènes [54] ».

John Romer établit un parallèle clair, dans son livre *Testament* :

Hélène, la prostituée, comme la nommaient les chrétiens, était la Marie Madeleine de Simon[55].

Un autre lien nous ramène à une origine égyptienne. Karl Luckert dit de Simon :

> Puisqu'il fut le « père de toute hérésie », il convient de voir en lui un adversaire, ou même un concurrent, du Christ au sein de la jeune Église chrétienne – voire (...) un allié potentiel...
> La menace que représentait Simon le Magicien tenait peut-être à l'héritage égyptien commun aux deux hommes. Le danger étant qu'il risquait d'être confondu avec le Christ (...)[56].

Luckert relève un autre parallèle dans ce qui lui apparaît comme la véritable mission des deux hommes. Il reconnaît la dichotomie apparente de la doctrine de Jésus – un message essentiellement égyptien destiné à un public juif –, mais il identifie le lien étroit entre la théologie hébraïque *originelle* et égyptienne. Il dit :

> [Simon le Magicien] considérait que sa mission consistait à rectifier ce qui s'était déréglé ; c'est-à-dire l'aliénation de la dimension féminine Tefnout-Maât-Nout-Isis par la divinité masculine[57].

Telle fut précisément, selon nous, la mission de Jésus en Judée – ce que confirme le *Levitikon*. Luckert conclut que Jésus l'emporta sur Simon le Magicien uniquement parce qu'il mit en scène sa propre mort. On pourrait avancer des conclusions radicalement différentes si Jésus n'est pas mort sur la croix.

Un autre fait concernant Simon le Magicien est tout à la fois troublant et révélateur : *il fut un disciple de Jean Baptiste*. Mieux, Jean le présenta comme *son propre successeur* (même s'il ne s'agit pas d'une succession directe, comme nous allons le voir).

Les implications de cette relation sont terribles. En effet, Simon a toujours été perçu comme un sorcier, adepte de la magie sexuelle. Voilà qui n'aurait guère dû le qualifier pour prendre la relève de son gourou puritain. Pourtant Jean devait bien connaître et approuver sa doctrine. Si Simon appartenait au cercle intérieur de ses disciples, il aurait tout naturellement acquis sa magie auprès du Baptiste – comme tous les disciples occupant une position semblable. Jésus, notamment...

Voici un extrait des *Reconnaissances de Clément*, rédigées au IIIe siècle :

> C'est à Alexandrie que Simon étudia la magie, auprès de Jean, un Hemerobaptiste [on ignore ce que recouvre précisément ce terme], par l'intermédiaire duquel il découvrit les doctrines religieuses. Jean était l'annonciateur de Jésus (...)
> De tous les disciples de Jean, Simon était le préféré, mais à la mort de son maître, il était à Alexandrie, aussi Dosithée, un de ses condisciples, fut choisi pour diriger l'école [58].

Ce récit s'efforce d'expliquer par la numérologie pourquoi Jean avait trente disciples – probablement les membres du cercle intérieur –, même s'ils n'étaient, en réalité, que vingt-neuf et demi, l'un d'eux étant une femme et donc pas une personne à part entière. Elle se prénommait... Hélène ! S'agissait-il de la compagne de Simon, qui serait dès lors elle aussi disciple de Jean ? L'image qui se dégage dérange, car le Baptiste tel qu'il apparaît désormais semble bien différent de l'ascète, du puritain, du prophète à la vie monacale des Évangiles.

Quand Simon rentra d'Alexandrie, Dosithée lui passa le relais, non sans quelque réticence. Alexandrie joue une fois encore un rôle important dans cette histoire, sans doute parce que c'est là que les principaux protagonistes avaient étudié la magie.

Dosithée donna lui aussi son nom à une secte, qui survécut jusqu'au IVe siècle. Origène dit :

> (...) un certain Dosithée, Samaritain, vint et prétendit être le Christ des prophéties ; à dater de ce jour-là, ses disciples prirent le nom de dosithéens. Ils rédigèrent les écrits de Dosithée et rapportèrent des récits le concernant, notamment qu'il ne mourut pas, mais est toujours vivant [59].

La descendance de Simon se poursuivit jusqu'au IIIe siècle. Son successeur direct fut Ménandre.

Les dosithéens « vénéraient Jean Baptiste » comme leur « maître vertueux... des Derniers Jours [60] ». Pourtant, les sectes de Simon et deDosithée furent, en définitive, balayées par l'Église.

Il ressort clairement de ces écrits que Jean Baptiste ne fut pas un prêcheur anodin, mais le père d'une *organisation* basée à Alexandrie. Les premiers missionnaires du christianisme furent surpris de découvrir qu'une « Église de Jean » avait été introduite à Éphèse par Apollon d'Alexandrie. C'est dans cette même métropole que fut instruit Simon le Magicien. Les chrétiens vénérèrent ce qu'ils considéraient comme la tombe du Baptiste à Samarie, mais elle fut détruite au IVe siècle par l'empereur Julien – voilà au moins une ancienne tradition liant Jean Baptiste à cette terre. (La parabole du bon Samaritain visait peut-être à apaiser les disciples de Jean ou de Simon le Magicien.)

Rien ne permet toutefois de supposer que Simon le Magicien était juif, ou originaire de Samarie. Même les Pères de l'Église ne l'ont jamais suggéré, ce qui est révélateur si l'on considère la violence avec laquelle il fut reproché aux juifs, au fil des siècles, d'avoir assassiné le fils de Dieu. Nous avons vu que les prêches de Jean s'adressaient aussi aux païens et attaquaient violemment le culte pratiqué dans le temple de Jérusalem – fondement de la religion judaïque. Jean entretenait, selon toute vraisemblance, des liens étroits avec Alexandrie et son propre successeur fut un païen. Il est donc permis d'avancer que lui-même n'était pas juif et que la culture égyptienne lui était familière.

Il est surprenant que les premiers Pères de l'Église, Irénée par exemple, aient fait remonter toutes les sectes « hérétiques » à Jean Baptiste. Après tout, les Évangélistes le présentent comme l'inventeur du baptême, qui prépara la voie pour Jésus. Mais connaissaient-ils toute la vérité sur Jean ? Savaient-ils qu'il n'était nullement un annonciateur mais un rival farouche, vénéré comme Messie par ses disciples ? Savaient-ils que *Jean n'était pas un chrétien* ?

Les Évangélistes ont pris, en réalité, leur revanche sur Jean. Ils ont réécrit son histoire en l'édulcorant. Ils l'ont fait rentrer dans le rang, de sorte que le rival – voire l'ennemi – apparaisse comme un subalterne subjugué par la divinité du maître. Ils ont passé sous silence ses mobiles véritables, ses paroles et ses actions, et leur ont substitué une nouvelle réalité correspondant mieux à l'image qu'ils entendaient donner de Jésus.

Leur propagande connut un succès étonnant, peut-être parce que l'Église avait tendance à opposer à toute question « hérétique » la torture et le bûcher. L'histoire chrétienne que nous acceptons sans sourciller est autant le fruit de la terreur que de la propagande évangélique.

Pourtant, échappant à l'influence de l'Église établie, certains disciples de Jean ont soigneusement entretenu sa mémoire en tant que « véritable Messie » vivant. Et ils continuent aujourd'hui !

CHAPITRE 15

Les disciples du roi de lumière

Au XVIIe siècle, des missionnaires jésuites de retour des confins du Tigre et de l'Euphrate, l'Irak actuel, rapportèrent des récits relatifs à un peuple qui se faisait appeler les « chrétiens de saint Jean ». Cette communauté, qui vivait en terre musulmane, entourée d'Arabes, pratiquait une forme de christianisme accordant la prééminence à Jean Baptiste. Le baptême était au centre de leurs rites. Cette cérémonie n'était pas une occasion unique célébrant l'intégration d'un nouveau membre au sein de la congrégation, mais une partie importante de *tous* leurs sacrements et rituels [1].

Il est désormais établi que l'appellation « chrétiens de saint Jean » relevait d'une grossière erreur d'interprétation. Certes, la secte vénérait Jean Baptiste, mais elle n'avait rien de « chrétien » au sens traditionnel du terme. Ses membres considéraient Jésus comme un faux prophète, un menteur qui avait délibérément leurré son peuple. Seulement, cette communauté menacée de persécution, des siècles durant, par les juifs, les musulmans et les chrétiens avait adopté une stratégie consistant à se présenter de la façon la plus neutre qui soit. C'est pourquoi ils se faisaient appeler « chrétiens de saint Jean ». Leur politique est résumée par ces mots extraits de leur livre sacré, le *Ginza* :

> Quand Jésus vous opprime, dites : Nous t'appartenons. Mais ne lui livrez pas votre cœur, n'étouffez pas la voix de votre Maître, le très haut roi de lumière, car le caché ne doit être révélé au faux Messie [2].

Aujourd'hui, les membres de cette secte – qui survivaient dans les marais du sud de l'Irak et, en plus petit nombre, dans le sud-ouest de l'Iran – sont appelés mandéens. C'est un peuple profondément religieux et paisible, qui condamne la guerre et les crimes de sang. Ils vivent dans leurs villages et communautés, même si certains ont gagné les villes, où ils travaillent généralement l'or et l'argent. Ils possèdent une langue et une écriture propres, qui dérivent de l'araméen parlé par Jésus et Jean. En 1978, on estimait leur nombre à moins de quinze mille, mais la persécution des Arabes des marais par Saddam Hussein, après la guerre du Golfe, a peut-être entraîné leur extinction – la situation politique de l'Irak ne permet pas d'être plus précis [3].

Le terme *mandéen* signifie littéralement *gnostique* (de *manda*, gnose) et ne désigne que les profanes – même s'il est appliqué à l'ensemble de la communauté. Ses prêtres sont dits *nasoréens*. Les Arabes les nomment *subba*, et le Coran, *sabéens*.

Aucune étude sérieuse ne leur a été consacrée avant les années 1880. À ce jour, les travaux les plus complets sont ceux d'Ethel Stevens (future lady Drower), qui datent de l'immédiat après-guerre (la seconde). Les chercheurs consultent toujours ses archives, qui comprennent de nombreuses photographies de rituels et des copies de livres sacrés. Bien qu'accueillant, ce peuple est assez secret – à juste titre, d'ailleurs. Lady Drower dut faire montre de beaucoup de patience pour gagner la confiance des mandéens. Ils finirent par lui révéler leurs croyances, leurs doctrines et leur histoire. Ils lui donnèrent aussi accès aux papyrus secrets renfermant leurs textes sacrés. Il est cependant indubitable que certains secrets n'ont toujours pas été communiqués. (Au XIXe siècle, des chercheurs français et allemands avaient déjà tenté de percer le mur du silence. En vain !)

Les mandéens – dont la littérature est entièrement religieuse – possèdent plusieurs textes sacrés. Les plus importants sont le *Ginza* (*Trésor*), aussi dit *Livre d'Adam* ; le *Sidra d'Yahya*, ou *Livre de Jean* (ou encore *Livre des Rois*), et le *Haran Gawaita*, l'histoire de la secte. Le *Ginza* date du XVIIe siècle, à moins qu'il ne soit plus ancien. Le *Livre de Jean* aurait été compilé par la suite. Ce Jean ne serait autre que le Baptiste, qui dans le texte mandéen apparaît sous deux appellations : Yohanna (nom typiquement mandéen) ou Yahya (son équivalent arabe dans le Coran). Ce dernier étant le plus fréquent, le livre fut sans doute rédigé après la conquête de la région par les musulmans, au milieu du XVIIe siècle – le matériau originel est toutefois beaucoup plus ancien. De quand date-t-il ? Telle est la question importante.

On a cru que les mandéens avaient inventé le *Livre de Jean*, et élevé le Baptiste au statut de prophète, pour se soustraire à la persécution des musulmans. Ceux-ci toléraient exclusivement les « peuples du Livre », en d'autres termes, ceux qui avaient une religion reposant sur un livre saint et un prophète – les autres étaient des païens. Pourtant, les mandéens apparaissent déjà dans le Coran, sous le nom de sabéens, comme un « peuple du Livre ». Ils ne risquaient donc pas de passer pour des païens. Ils furent néanmoins persécutés, surtout au XIVe siècle, quand les dirigeants islamiques les exterminèrent presque entièrement.

Toujours contraints de fuir les persécutions, les mandéens arrivèrent, en définitive, dans leur patrie actuelle. Leurs légendes et la recherche actuelle montrent qu'ils venaient, à l'origine, de Palestine – ils en furent chassés au Ier siècle. Au fil du temps, ils émigrèrent à l'est et au sud, reprenant la route chaque fois qu'une persécution les menaçait. Nous ne disposons plus désormais que de vestiges d'une religion autrefois très répandue.

Hélas, la religion mandéenne n'est plus qu'une confusion d'extraits de l'Ancien Testament judaïque, de textes chrétiens empreints d'une gnose hérétique et de croyances dualistes iraniennes – le tout fondu à leurs cosmologie et théologie propres. Le problème consiste à distinguer leurs croyances originales des ajouts ultérieurs. Les mandéens eux-mêmes semblent avoir oublié le message initial de leur religion. Nous pouvons toutefois avancer quelques généralités. Une analyse laborieuse a permis aux spécialistes de tirer certaines conclusions – notamment sur l'importance du Baptiste et la nature de ses relations avec Jésus.

Les mandéens représentent la seule religion gnostique toujours pratiquée : leurs idées relatives à l'univers, à l'acte de création et aux dieux nous sont familières. Ils croient en une hiérarchie de dieux et demi-dieux, masculins et féminins, avec une rupture fondamentale entre les dieux de lumière et ceux des ténèbres.

Leur être suprême, créateur de l'univers et des divinités inférieures, apparaît sous divers nom qui se traduisent par « Vie », « Esprit » ou « Roi de Lumière ». Il a créé cinq « êtres de lumière », qui ont automatiquement entraîné la naissance de cinq êtres de ténèbres, égaux mais opposés. (Cette assimilation de la lumière au bien suprême est typiquement gnostique ; on trouve la même métaphore à presque toutes les pages de la *Pistis Sophia*. Pour les gnostiques, être *illuminé* signifie, aux sens littéral et figuré, entrer dans un monde de lumière.) Comme dans les autres systèmes gnostiques, des demi-dieux ont créé, et régissent, l'univers matériel et la terre. L'humanité elle-même fut créée par un tel être appelé (selon les versions) Hiwel Ziwa ou Ptahil. Les premiers humains furent les Adam et Ève physiques – Adam Paghia et Hawa Paghia – avec leur contrepartie « occulte », Adam Kasya et Hawa Kasya. Les mandéens croient qu'ils descendent de parents appartenant aux deux plans – Adam Paghia et Hawa Kasya.

L'entité la plus proche de notre diable est la déesse noire Ruha, qui régit le monde des ténèbres, mais est aussi assimilée au Saint-Esprit. Cette insistance sur la notion de forces égales et opposées – bien et mal, masculin et féminin – est typiquement gnostique, et se trouve illustrée par la formule :

> (...) la terre est pareille à une femme, et le ciel, à un homme, car il féconde la terre [4].

Une déesse importante, à laquelle de nombreuses prières sont consacrées, est Libat, identifiée à Ishtar.

Pour les mandéens, le célibat est un péché ; les hommes qui meurent sans avoir été mariés sont condamnés à se réincarner – hormis ce cas précis, les mandéens ne croient pas au cycle de renaissance. À la mort, l'âme réintègre le monde de lumière dont viennent les mandéens ; elle est assistée dans son périple par maintes prières et cérémonies, empruntées pour la plupart aux rites funéraires égyptiens.

La religion imprègne tous les aspects du quotidien des mandéens, mais leur sacrement le plus important est le baptême, renouvelé dans le mariage et jusque dans les services funèbres. Les baptêmes sont des immersions complètes dans des bassins créés spécifiquement pour l'occasion et reliés à un fleuve, appelé *Jourdain*. Une partie du rituel consiste en un échange de poignées de mains complexes entre prêtres et baptisés.

Le jour sacré des mandéens est le dimanche. Leurs communautés sont dirigées par les prêtres, qui portent aussi le titre de « roi » (*malka*), mais certains devoirs religieux incombent aux profanes. La prêtrise est héréditaire et comporte trois niveaux : les prêtres ordinaires, appelés « disciples » (*tarmide*), les évêques et le « dirigeant du peuple » – nul n'a été jugé digne de remplir cette fonction depuis plus d'un siècle.

Les mandéens prétendent qu'ils existaient bien avant le Baptiste, qui ne fut qu'un leader – majeur certes – de leur secte. Ils disent avoir quitté la Palestine au Ier siècle de notre ère, après y être venus d'une région montagneuse qu'ils nomment la Tura d'Madai, laquelle n'a pas encore été identifiée.

Quand ils les découvrirent au XVIIe siècle, les jésuites crurent avoir affaire à des descendants de Juifs baptisés par Jean. Cependant, les chercheurs prennent désormais les mandéens au sérieux quand ils affirment être apparus bien avant cette époque, et dans une tout autre région. Il n'en demeure pas moins que leur passage en Palestine au Ier siècle les marquèrent ; ainsi, leur écriture est identique à celle de Nabatée, le royaume arabe qui borde Perae, où Jean Baptiste fit sa première apparition [5]. Des indices relevés dans le *Hawan Gawaita* suggèrent qu'ils quittèrent la Palestine en 37 de notre ère – époque approximative de la crucifixion, mais il est impossible de savoir s'il s'agit ou non d'une coïncidence [6]. Auraient-ils été chassés par leurs rivaux, les disciples de Jésus ?

Tout récemment encore, les cercles académiques étaient convaincus que les mandéens représentaient une secte juive dissidente, mais il semble de plus en plus établi que leurs racines ne sont pas judaïques. En effet, même si leurs écrits mentionnent les noms de personnages de l'Ancien Testament, ils ignorent tout des coutumes et des rituels juifs – ainsi, les hommes ne sont pas circoncis et leur sabbat n'est pas célébré le samedi. Peut-être ont-ils vécu au voisinage des juifs mais ils n'en sont pas [7].

Ce qui a toujours surpris chez les mandéens, c'est leur insistance à prétendre venir d'*Égypte*. Lady Drower dit qu'il se considèrent, en quelque sorte, « coreligionnaires » des anciens Égyptiens. Selon un de leurs textes : « Le peuple d'Égypte était de notre religion [8]. » C'est dans la mystérieuse région montagneuse, la Tura d'Madai, dont ils se disent originaires, que serait née leur religion – au milieu d'individus venus d'Égypte. Le nom de leur demi-dieu, régisseur du monde – Ptahil –, fait curieusement penser au dieu égyptien Ptah et leurs cérémonies funèbres sont très proches de celles des anciens Égyptiens.

Après leur fuite de Palestine, les mandéens ont vécu sur le territoire des Parthes, puis en Perse, sous les Sassanides, et se sont installés dans la cité d'Harran – qui n'est pas sans intérêt pour notre enquête.

Les mandéens n'ont jamais prétendu que Jean Baptiste fut le fondateur de leur secte ni même l'inventeur du baptême. À vrai dire, ils le considèrent comme un de leurs leaders – le plus grand – un *Nasurai* (adepte), mais rien de plus. Selon eux, Jésus était lui aussi *Nasurai*, mais il devint « un rebelle, un hérétique, qui égara les hommes (et) trahit les doctrines secrètes... [9] ».

Leur *Livre de Jean* [10] raconte l'histoire de Jean et Jésus. La naissance de Jean est annoncée par un rêve ; une étoile apparaît et interrompt sa course au-dessus d'Enishbai (Élisabeth). Le père de Jean se nomme Zakhria (Zacharie) et le couple, comme dans l'Évangile, est âgé et sans enfants. Après sa naissance, les Juifs complotent contre l'enfant, qu'Anosh (Énoch) emmène sur une montagne sacrée pour assurer sa protection. Jean en reviendra à l'âge de vingt-deux ans. Il sera dès lors le leader des mandéens, qui le présentent comme un grand guérisseur.

Jean est surnommé le *pêcheur d'âmes et le bon berger.* La première expression a souvent servi à désigner Isis et Marie Madeleine [11] et la seconde, Simon Pierre et de nombreux dieux méditerranéens, notamment Tammuz, Osiris – et, bien sûr, Jésus. Le *Livre de Jean* inclut la lamentation du Baptiste sur un agneau perdu, qui s'est enlisé dans la boue pour s'être prosterné devant Jésus.

Selon la légende mandéenne, Jean épousa Anhar, mais celle-ci joue un rôle purement secondaire dans l'histoire. Un point de la légende étonne : les mandéens semblent ignorants des circonstances de la mort de Jean. Le *Livre de Jean* suggère qu'il mourut paisiblement et que son âme fut emportée par le dieu Manda-t-Haiy sous la forme d'un enfant, mais il semble s'agir d'une allégorie poétique correspondant à ce qu'ils estiment qu'*aurait dû être* la mort du Baptiste. Les écrits sur Jean n'étaient généralement pas conçus comme des faits biographiques. Il est toutefois surprenant qu'il aient ignoré une fin aussi tragique, une fin de martyr. En revanche, cet épisode constituait peut-être un élément central de leurs mystères les plus secrets, réservés aux seuls initiés.

Que nous apprend le *Livre de Jean* sur Jésus ? Il y apparaît tant sous le nom de Yeshu Messiah que sous celui de Messiah Paulis (ce mot serait d'origine perse et signifierait « tricheur ») – on le trouve même appelé « Christ le Romain ». Lors de sa première apparition, il demande à être accepté parmi les disciples de Jean – le texte n'est pas très clair, il semble toutefois qu'il n'appartenait pas à la secte, mais était un étranger. Quand Jésus arrive sur les bords du Jourdain pour demander le baptême, Jean paraît sceptique quant à ses motivations et à sa capacité initiatique. Dans un premier temps, il refuse donc de baptiser Jésus, mais celui-ci finit par le convaincre. Au moment où il accomplit le rituel, Ruha – la déesse noire – apparaît sous la forme d'une colombe et darde une croix de lumière sur le Jourdain.

Jésus est à peine devenu le disciple de Jean, que son histoire se met curieusement à ressembler à celle que les chrétiens racontent sur Simon le Magicien. Selon Kurt Rudolph : « Jésus pervertit la parole de Jean et dénatura le baptême au Jourdain ; il devint sage par la sagesse de Jean [12]. »

Le *Hawan Gawaita* dénonce Jésus en ces termes :

> Il a perverti les paroles de la lumière et les a transformées en ténèbres ; il a converti les miens et perverti tous les cultes [13].

Le *Ginza* précise : « Ne le (Jésus) croyez pas parce qu'il pratique la sorcellerie et la duperie [14]. »

Les mandéens attendent la venue d'un personnage appelé Anosh-Uthra (Énoch) qui « accusera Christ le Romain, le menteur, fils d'une femme, qui n'appartient pas à la lumière » et qui « démasquera Christ le Romain et révélera son mensonge ; celui-ci sera ligoté par les juifs, ses disciples l'attacheront, et son corps sera brisé [15] ».

Une légende mandéenne concerne une certaine Miriai (Miriam ou Marie), qui s'enfuit avec son amant alors que sa famille cherchait désespérément à la ramener (mais pas avant de lui avoir dit son fait dans un langage très coloré, la traitant notamment de « putain en chaleur » et de « débauchée »). Fille des « seigneurs de Jérusalem », elle va vivre avec son époux mandéen à l'embouchure de l'Euphrate, où elle devient une sorte de prophétesse, assise sur un trône, absorbée par la lecture du « Livre de Vérité ». Si, comme cela semble probable, l'histoire est une allégorie des voyages et persécutions de la secte, elle suggère qu'une faction juive s'était autrefois unie à un groupe païen – la fusion des deux a produit les mandéens. Cependant, le nom de la jeune femme – Miriai – et sa description – une « putain » incomprise et persécutée – n'est pas sans évoquer la tradition magdaléenne, tout comme les allusions au fait qu'elle quitta sa terre natale pour devenir prêcheuse ou prophétesse. Quoi qu'il en soit, il est intéressant que les mandéens aient voulu symboliser leur secte par une femme [16].

On peut considérer les mandéens comme une simple curiosité anthropologique, un peuple figé dans le temps, qui a développé des croyances étranges au fil des ans. Cependant, une étude minutieuse de leurs textes sacrés a fait apparaître des parallèles intéressants avec d'autres littératures anciennes qui se révèlent significatives dans le cadre de notre enquête.

Leurs papyrus sacrés sont illustrés de représentations de dieux qui ressemblent étonnamment à ceux des papyrus magiques grecs et égyptiens – le genre de documents utilisés par Morton Smith dans son étude [17]. Une comparaison des doctrines des mandéens et des manichéens, disciples du maître gnostique Mani (*v.* 216-276), a dégagé un véritable consensus : la secte baptismale des mughtasilah, à laquelle appartenait le père de Mani et au sein de laquelle Mani lui-même fut instruit, correspond à celle des mandéens [18]. Ce sont ses doctrines qui exercèrent, à leur tour, une forte influence sur les sectes gnostiques européennes jusqu'aux cathares.

Des chercheurs comme G.R.S. Mead ont relevé des similitudes frappantes entre les textes sacrés des mandéens et la *Pistis Sophia*. Pour Mead, une section du *Livre de Jean* intitulée *Trésor d'amour* est « l'écho d'une version antérieure » de cette œuvre [19]. De solides parallèles lient divers documents de Nag Hammadi aux « mouvements baptismaux [20] » de l'époque. En outre, des similitudes étroites sont apparues entre la théologie mandéenne et celle des *Manuscrits de la mer Morte*.

Une autre correspondance troublante tient au fait que les mandéens se seraient établis à Harran, en Mésopotamie. Jusqu'au Xe siècle, cette cité fut le foyer d'une secte connue sous le nom de sabéens, une école importante dans l'histoire de l'ésotérisme [21]. Il s'agissait de philosophes hermétiques, héritiers de l'hermétisme égyptien ; ils exercèrent une influence considérable sur les sectes mystiques musulmanes comme les soufis, qui ont, à leur tour, influencé la culture du sud de la France au Moyen Âge. Comme le dit Jack Lindsay dans *Les Origines de l'alchimie dans l'Égypte gréco-romaine* :

> Les sabéens d'Harran en Mésopotamie persistèrent à accorder foi à des croyances hermétiques dont bon nombre avaient trait à l'alchimie. Ces individus survécurent pendant au moins deux siècles, organisés en une secte païenne à l'intérieur de l'islam [22] (...).

À l'heure actuelle, les musulmans appellent toujours les mandéens « sabéens » (ou *subba*), c'est donc bien *leur* philosophie qui exerça une telle influence à Harran. Outre leur hermétisme, quel autre héritage ont-ils légué aux templiers ? Leur ont-ils transmis le respect de Jean Baptiste et tout ce qu'ils savaient de lui ?

Les liens les plus fascinants sont toutefois ceux que l'on établira entre le *Livre de Jean* et le quatrième Évangile. Kurt Rudolph, sans doute le plus grand spécialiste actuel des mandéens, écrit :

> Les plus anciens éléments de la littérature mandéenne ont préservé un témoignage du monde oriental au début du christianisme précieux pour l'interprétation de certains textes du Nouveau Testament (en particulier le corpus johannite) [23].

Nous avons vu que beaucoup d'exégètes actuels du Nouveau Testament considèrent que des éléments de l'Évangile de Jean – le prologue et certaines discussions théologiques – ont été « empruntés » à des textes rédigés par les disciples de Jean Baptiste. Ces mêmes commentateurs estiment que ces écrits ont une origine commune : les livres sacrés des mandéens. Dès 1925, H.H. Schaeder a suggéré que le prologue de l'Évangile de Jean – avec son Verbe féminin – était « un hymne mandéen repris par les cercles johannites [24] ». Un autre érudit, E. Schweize, a relevé des parallèles entre la parabole du bon berger de l'Évangile de Jean et un épisode identique du *Livre de Jean* mandéen. Il en a conclu que leur origine était la même [25]. Bien évidemment, l'original n'identifie pas le bon berger à Jésus, mais à Jean Baptiste. En fait, l'auteur de l'Évangile de Jean a *volé* cette parabole aux mandéens/johannites.

Pour Rudolf Bultman, les mandéens actuels sont les vrais descendants des disciples du Baptiste – membres de l'Église de Jean déjà évoquée. Bien qu'il existe de bonnes raisons de penser que les mandéens actuels ne sont qu'une souche de l'Église johannite, il est instructif de citer le résumé de W. Schmithal des conclusions de Bultmann :

> D'une part [l'Évangile de] Jean révèle des liens étroits avec la conception gnostique du monde. La source des discours empruntés, ou revendiqués, par Jean est de toute évidence gnostique. Elle est empreinte de l'influence des écrits mandéens, dont la tradition remonte au christianisme primitif [26].

Certains sont allés jusqu'à prétendre que le matériau apocalyptique de *Q*, le document ayant inspiré les Évangiles de Matthieu, Marc et Luc, provient de la même source que le *Ginza* mandéen [27] – et même que le baptême chrétien serait un prolongement des rites mandéens [28].

Les implications de ce plagiat littéraire sont frappantes. Se peut-il que la plupart des propos attribués à Jésus – si chers au cœur de générations de chrétiens – aient été prononcés par un autre ? Celui-ci aurait-il été son plus féroce rival, le prophète qui n'annonçait pas la venue de Jésus, mais était vénéré comme un Messie à part entière : Jean Baptiste ?

La recherche identifie de plus en plus d'éléments permettant de voir dans les mandéens le chaînon manquant avec les disciples de Jean. En fait, la première référence à cette secte date de 792 de notre ère, lorsque le théologien syrien Théodore bar Konai, citant le *Ginza*, affirme qu'ils descendaient des dosithéens [29]. Or, nous avons vu que les dosithéens formaient une secte hérétique créée, en réalité, par l'un des premiers disciples de Jean, parallèlement au groupe de Simon le Magicien.

Mieux, nous avons vu que Jésus était dit « le nazoréen », ou « nazaréen », un nom désignant alors les premiers chrétiens – bien qu'il ne fût pas créé à leur intention. Ce terme existait et désignait plusieurs sectes des régions hérétiques de Samarie et Galilée, qui s'estimaient gardiennes de la vraie religion d'Israël. Appliqué à Jésus, ce terme de « nazoréen » le signale comme un membre ordinaire d'un culte antérieur à sa naissance de quelque deux cents ans.

N'oublions pas que les mandéens appelaient leurs adeptes « nasurai » – ce qui ne saurait être une coïncidence. Hugh Schonfield observe :

> Nous avons de bonnes raisons de penser que les héritiers de ces nazaréens (...) sont les actuels nazoréens (aussi dits mandéens) du bas Euphrate [30].

Le grand spécialiste anglais de la Bible, C.H. Dodds, conclut que Jean Baptiste appartenait à la secte des nazoréens – ou plus exactement la *dirigeait* – et que Jésus fut son disciple, avant de fonder son propre culte sous le même nom [31].

Les mandéens ne sont peut-être pas confinés à l'Irak et à l'Iran aujourd'hui (si tant est qu'ils aient survécu aux persécutions de Saddam Hussein). Ils pourraient encore être représentés par une secte très secrète qui existe toujours en Syrie : les nusairiyeh ou nosairi (parfois appelés alawites, du nom de la chaîne de montagnes qui les abritent). Le nom est proche de « nazoréen ». S'ils semblent s'être islamisés, c'est uniquement pour se soustraire aux persécutions. On sait qu'ils ont une religion propre, dont ils conservent jalousement le secret. Il est donc difficile d'être plus précis. On pense, toutefois, qu'il s'agit d'une forme de christianisme.

Walter Birks est l'un des rares Européens a avoir approché les enseignements intérieurs des nosairi. Il les décrit dans *The Treasure of Montségur* (écrit en collaboration avec R.A. Gilbert) [32]. Il passa un certain temps dans la région au cours de la Deuxième Guerre mondiale, et se lia d'amitié avec des prêtres. Son récit est des plus sobres, car il a toujours respecté sa promesse de ne pas trahir leurs secrets, mais le peu qu'il livre donne à penser qu'il s'agit d'une secte gnostique proche des mandéens. Birks eut un échange fascinant avec un prêtre nosairi sur les cathares et la nature du Graal (il avait observé que certains de leurs rituels impliquaient l'emploi d'un calice). Le prêtre lui confia alors « le plus grand secret » de leur religion : « Ce Graal dont vous parlez est un symbole et il représente la doctrine que Christ enseigna à Jean le bien-aimé et à nul autre. Nous le possédons toujours[33]. »

Nous avons vu que selon la tradition « johannite » propre à certaines formes de franc-maçonnerie occulte occidentale et au Prieuré de Sion, les templiers avaient adopté la religion des « johannites d'Orient », intégrant les enseignements secrets confiés par Jésus à Jean, le disciple bien-aimé. Maintenant que nous avons établi que l'Évangile de Jean fut à l'origine un texte johannite, la confusion apparente que nous avons déjà notée entre Jean le bien-aimé et Jean le Baptiste s'éclaire.

Les traditions mandéennes relatives à Jean Baptiste et Jésus rejoignent nos conclusions du chapitre précédent : Jésus était un disciple du Baptiste, qui prit son autonomie et entraîna à sa suite plusieurs disciples de son mentor. Les deux écoles étaient rivales, comme leurs leaders respectifs.

Les pièces du puzzle se mettent enfin en place. Nous savons que Jean Baptiste fut un personnage respecté, suivi par de nombreux disciples – une véritable Église, qui disparut des récits « officiels » – hormis une brève évocation dans les Actes. Ce mouvement possédait une littérature propre, qui fut détruite, mais dont certains éléments furent « empruntés » par les Évangélistes, notamment la « Nativité de Jean », chez Luc, et le « cantique » de Marie, le *Magnificat*. En outre, nous avons démontré que le mythe du massacre des innocents par Hérode, quoique fictif, concernait originellement la naissance de *Jean*, en qui Hérode voyait le « roi d'Israël ».

Deux autres courants, représentant une menace pour l'Église chrétienne naissante, furent fondés par des disciples de Jean – Simon le Magicien et Dosithée. Ces sectes *gnostiques* exercèrent leur influence à Alexandrie. Le matériau johannite incorporé dans l'Évangile de Jean est lui aussi gnostique, tout comme les écrits mandéens. Une conclusion s'impose : Jean Baptiste était un gnostique.

On relève d'autres parallèles troublants entre les écrits des mandéens et de Simon le Magicien, l'Évangile de Jean et les textes gnostiques coptes, en particulier la *Pistis Sophia*, si importante dans notre étude de Marie Madeleine[34].

Aucune de ces sectes – mandéens, simoniens, dosithéens – associées à Jean Baptiste n'avaient de racines judaïques, bien qu'elles vissent le jour en Palestine – et dans le nord hérétique de la Samarie pour deux d'entre elles. Il s'ensuit que Jean n'était pas juif. Même si nous pouvons rattacher le développement des idées gnostiques à diverses régions et cultures – notamment l'Iran – l'influence de l'ancienne religion égyptienne y est évidente. C'est celle qui offre les parallèles les plus étroits avec la doctrine et la vie de Jésus. Les mandéens revendiquent eux-mêmes une origine égyptienne.

Malgré l'état confus des textes, leurs affirmations ont été, dans une large mesure, confirmées par les chercheurs contemporains – pourtant très sceptiques au départ.

Les mandéens prétendent que les pères de leur secte venaient de l'ancienne Égypte, bien que celle-ci ait vu le jour en Palestine. Ils ne sont pas juifs, mais ont vécu aux côtés de juifs. Leur secte, dite nazoréenne, fut dirigée par Jean Baptiste, mais existait bien avant sa naissance. Ses membres le respectent mais uniquement comme un leader et un prophète. Ils furent persécutés par les juifs, puis par les chrétiens, avant d'être chassés de Palestine, toujours plus à l'est, jusqu'à leur patrie actuelle – pour le moins précaire.

La vision mandéenne de Jésus – menteur, traître et sorcier – s'accorde avec celle du *Talmud*, qui précise qu'il fut arrêté pour avoir « égaré » les juifs et condamné à mort pour occultisme.

Chacune de ces sectes johannites ne comptait qu'un petit nombre de membres, mais ensemble, elles représentaient un mouvement considérable. Les mandéens, simoniens, dosithéens – voire les templiers – furent impitoyablement persécutés et exterminés par l'Église catholique parce qu'ils vénéraient le Baptiste, de sorte que seul subsiste, aujourd'hui, un petit groupe de mandéens en Irak. Ailleurs, en particulier en Europe, les johannites sont entrés dans la clandestinité, mais ils existent toujours.

Dans les cercles occultes européens, on affirme que les templiers doivent leurs connaissances aux « johannites d'Orient ». D'autres sociétés ésotériques ou secrètes, comme les francs-maçons – surtout ceux qui prétendent descendre des templiers ou qui pratiquent les rites égyptiens – et le Prieuré de Sion ont toujours manifesté un profond respect pour le Baptiste.

Sous sa forme originale, l'Évangile de Jean n'était pas un écrit chrétien, mais un texte des johannites. Cela explique qu'ils le tiennent toujours en haute estime et qu'une confusion s'installa entre Jean l'Évangéliste et Jean le Baptiste – confusion entretenue *délibérément* par les johannites.

Il n'existe aucune trace de « johannites d'Orient » ayant formé une Église ésotérique autour de Jean l'Évangéliste. En revanche, une telle Église fut sans aucun doute fondée autour de Jean Baptiste. Elle est toujours représentée par les mandéens, voire les nosairi. Les mandéens ont vécu dans diverses régions du Moyen Orient – nous ignorons toutefois lesquelles –, mais aujourd'hui, seules subsistent quelques communautés en Irak et en Iran. Ils étaient probablement toujours actifs au temps des croisades et auraient pu avoir des échanges avec les templiers. Mais il est possible que l'Église occidentale de Jean soit entrée dans la clandestinité dès les premiers siècles de l'ère chrétienne.

Même si l'on prend en compte les traitements atroces que les chrétiens leur ont réservés, on s'explique mal la haine des mandéens pour Jésus. Certes, ils le considèrent comme un faux messie qui aurait dérobé les secrets de leur maître Jean pour égarer les leurs, mais cela ne justifie pas leur virulence. En fait, rien dans leur histoire connue ne permet de comprendre ce ressentiment à l'encontre de la *personne* de Jésus. Qu'a-t-il donc fait pour justifier une haine aussi tenace ?

CHAPITRE 16

La grande hérésie

Nous sommes bien conscients que nos révélations risquent de choquer le lecteur, surtout s'il n'est pas informé des récentes recherches bibliques. Prétendre que le Nouveau Testament donne une image fausse du Baptiste, dont le successeur officiel fut le gnostique Simon, qui pratiquait la magie sexuelle, contraste tellement avec l'histoire « traditionnelle » que certains imagineront que nous avons tout inventé. Pourtant, d'éminents spécialistes du Nouveau Testament sont parvenus aux mêmes conclusions de façon totalement indépendante. Nous nous sommes contentés de rapprocher leurs théories et de les commenter.

La plupart des exégètes modernes s'accordent pour dire que Jean Baptiste – comme Jésus – était un leader politique important, dont le message religieux menaçait de déstabiliser le statu quo en Palestine. Mais comment cette dimension politique s'accorde-t-elle avec ce que nous savons désormais de sa formation dans une école de mystères égyptienne ?

Souvenons-nous que religion et politique ne faisaient qu'un dans le monde antique. Tout personnage charismatique exerçant une influence sur les masses mettait donc en danger le pouvoir en place. Le peuple, lui, était dans l'attente d'un Messie, ce qui ne pouvait qu'indisposer plus encore les autorités. La fusion de la religion et de la politique est illustrée par le concept de roi divin – songeons à la divinisation de César. En Égypte, Pharaon devenait une divinité dès son accession au trône : il était Horus incarné – progéniture magique d'Isis et Osiris – et après accomplissement des rites sacrés de la mort, il *devenait* Osiris. Même à l'époque romaine, la dynastie grecque des Ptolémées, qui régnait alors sur Égypte, – sa plus célèbre représentante fut Cléopâtre – maintenait scrupuleusement cette tradition du pharaon dieu. La reine du Nil, identifiée à Isis, apparaissait souvent sous l'aspect d'une déesse.

L'un des concepts christiques les plus vivaces est celui de *royauté*. Les chrétiens utilisaient indifféremment les expressions « Christ roi » et « Notre Seigneur ». Ces deux désignations sont symboliques mais n'en suggèrent pas moins l'identification de Jésus à un roi – ce que confirme la Bible.

Le Nouveau Testament est clair sur ce point : Jésus descend du roi David – il nous est toutefois impossible de vérifier cette assertion. Le point capital est que Jésus le croyait ou, du moins, tenait à en convaincre ses disciples. Il est, en effet, indéniable qu'il prétendait être le roi légitime d'Israël.

Voilà qui paraît, de prime abord, en contradiction avec notre théorie faisant de Jésus un initié égyptien – en effet, pourquoi les Juifs écouteraient-ils un leader païen, et à plus forte raison pourquoi le considéreraient-ils comme leur roi légitime ? Nous avons vu au chapitre 3 que beaucoup de ses disciples le croyaient juif ; sans doute, cette supercherie s'intégrait-elle à son plan. Toutefois, la question reste posée – pourquoi désirait-il être le roi des Juifs ? Si notre conclusion s'avère exacte, s'il désirait restaurer ce qu'il considérait comme la religion originale du peuple d'Israël, pour réintroduire dans ce patriarcat féroce la déesse perdue du temple de Salomon, disposait-il d'un meilleur moyen que de se présenter aux masses comme leur souverain légitime ?

Jésus voulait le pouvoir politique. Cela explique peut-être ce qu'il entendait accomplir en se soumettant au rite initiatique de la crucifixion avant de ressusciter grâce à l'intervention magique de sa prêtresse et épouse sacrée : Marie Madeleine. Il imaginait sans doute que par ce miracle, il deviendrait – à la manière des pharaons – Osiris le roi dieu lui-même. En tant que mortel divinisé, il aurait acquis un pouvoir terrestre illimité. Mais son plan ne se déroula pas comme prévu.

La crucifixion, comme exercice de création de pouvoir, tourna à la débâcle et la pulsion d'énergie magique attendue ne se produisit pas. Selon Hugh Schonfield Jésus ne serait pas mort sur la croix ni à la suite de ses tourments. Il semble, en revanche, que sa soif de pouvoir fut contrariée, au point que la Magdaléenne dut fuir en France.

L'idée que des Juifs se soient laissé séduire par un leader païen paraît peu vraisemblable, mais pas impossible – *car c'est bel et bien ce qui se passa.*

Josèphe rapporte, dans sa *Guerre juive*, qu'une vingtaine d'années après la crucifixion, un personnage connu sous le nom de « l'Égyptien » arriva en Judée, rassembla une armée de Juifs et tenta de renverser le pouvoir romain. Le qualifiant de « faux prophète », Josèphe écrit :

> Arrivant dans le pays, cet homme, un escroc qui se faisait passer pour un prophète, réunit autour de lui trente mille dupes. Il les conduisit dans la région aride du mont des Oliviers, d'où il s'apprêtait à prendre Jérusalem. Après avoir défait la garnison romaine, il voulait s'emparer du pouvoir suprême avec ses troupes [1].

Cette armée fut décimée par les Romains sous le règne de Félix (successeur du gouverneur Pilate), mais l'Égyptien réussit à s'enfuir et disparut complètement de l'Histoire.

Certes, des colonies de Juifs subsistaient en Égypte. Il n'est donc pas impossible que cette révolte ait été dirigée par l'un d'eux. Pourtant, cet épisode est instructif car il montre qu'un homme perçu comme un Égyptien réussit à rassembler autour de lui un nombre considérable de Juifs en terre même d'Israël. D'autres indices confirment que ce leader n'était pas juif ; on le trouve, en effet, mentionné dans les Actes des Apôtres (21 : 38). Paul vient d'échapper à la fureur de la foule devant le temple de Jérusalem. Les Romains l'arrêtent pour le soustraire au lynchage, mais ignorant son identité, le capitaine des gardes lui demande :

> Tu n'es donc pas cet Égyptien qui s'est révolté dernièrement et qui a emmené dans le désert quatre mille brigands [2] ?

Paul répond : « Je suis juif, de Tarse... »

Cet épisode soulève des questions intéressantes : pourquoi un Égyptien aurait-il organisé une révolte contre les Romains en Palestine ? Pourquoi les Romains ont-ils pris Paul – prêcheur chrétien – pour ce révolté égyptien ? Qu'avaient ces deux hommes en commun ? Autre indice significatif : le mot traduit par « brigands » est dans le texte original *sicarii* [3], qui désignait les nationalistes juifs extrémistes, célèbres pour leurs tactiques terroristes. Enfin, s'ils ont suivi cet « Égyptien », ils auraient fort bien pu faire de même avec Jésus.

Notre enquête sur Marie Madeleine et Jean Baptiste a éclairé la personnalité de Jésus et fait apparaître qu'il différait considérablement de l'image proposée par la tradition chrétienne. Deux courants le concernant semblent se dégager : le premier le situe dans un cadre égyptien ; le second le présente comme rival de Jean. Qu'obtenons-nous en combinant les deux ?

Les Évangélistes prennent soin de présenter Jésus comme le Fils de Dieu ; en conséquence, tout le monde – y compris Jean – lui était inférieur. Mais dès l'instant où nous considérons qu'il s'agissait d'une simple propagande, l'histoire se précise. La première différence majeure avec la version courante de la vie de Jésus est que, tout préjugé mis à part, il ne fut pas désigné d'emblée comme Fils de Dieu – aucune présence angélique ne présida à sa naissance. En fait, l'histoire de sa nativité miraculeuse est en partie mythique et en partie « empruntée » à la légende de Jean.

Les Évangiles disent que le ministère de Jésus a commencé le jour où Jean l'a baptisé et qu'il recruta ses premiers disciples parmi les fidèles de Jean. Les textes mandéens confirment que Jésus était disciple de Jean.

Il est toutefois fort probable que Jésus fut membre du cercle *intérieur* du Baptiste – et bien que Jean ne l'ait jamais présenté comme le Messie attendu, l'histoire fait peut-être écho à un épisode réel. Peut-être fut-il vraiment, pendant un temps, le dauphin pressenti du Baptiste, mais un événement grave semble avoir amené celui-ci à revoir sa position et à désigner à sa place Simon le Magicien.

Le groupe de Jean aurait éclaté sous la pression de Jésus. Les Évangiles évoquent l'antagonisme des deux groupes et nous savons que le mouvement de Jean se poursuivit bien après sa mort, indépendamment de celui de Jésus. Nul doute n'est plus permis : un conflit majeur éclata, une lutte de pouvoir opposa les deux leaders et leurs disciples respectifs ; songeons aux doutes qui étreignent Jean dans sa prison au sujet de Jésus.

Deux scénarios sont envisageables. Le schisme s'est produit avant l'arrestation de Jean, qui a constitué une rupture formelle. Cette version n'est suggérée que par l'Évangile de Jean (3 : 22-36), les autres se concentrant sur Jésus après le baptême. Autre version : Jésus aurait tenté de prendre la direction du groupe après l'arrestation de Jean – soit de sa propre initiative, soit en tant que dauphin légitime. Seulement, les disciples de Jean n'acceptèrent pas cette situation.

Nous avons vu que les mobiles de Jésus étaient complexes. Il semble qu'il ait consciemment interprété deux drames politico-religieux différents : l'un ésotérique – il accomplissait le drame osirien –, l'autre exotérique – il se présentait comme le Messie attendu par les Juifs. Son ministère suggère une stratégie précise, en trois phases : séduire les masses en pratiquant des miracles et des guérisons ; leur promettre, dans ses sermons, un âge d'or (le « royaume des Cieux ») et une vie meilleure ; les amener à voir en lui le Messie annoncé. Les autorités en place étant très susceptibles, il dut exprimer ses prétentions au titre de Messie de façon plus implicite qu'explicite.

Beaucoup admettent désormais que Jésus avaient des ambitions politiques, mais voient en cela un aspect secondaire de son ministère. Il nous a donc paru indispensable de resituer notre hypothèse sur sa personne et ses ambitions dans le cadre de sa doctrine. La croyance dans le fait qu'il prônait un système éthique cohérent se fondant sur la compassion et l'amour semble incontestable. Pour la plupart des gens, toutes religions confondues, Jésus est l'archétype de la bonté et de la bienveillance. Même ceux qui doutent de sa divinité le considèrent comme un pacifiste, défenseur des opprimés et des enfants – *l'inventeur* de la compassion, de l'amour et l'altruisme. Or il n'en fut rien. Certes, il y eut de tous temps des êtres bons dans chaque culture et religion, mais le culte isiaque insiste particulièrement sur la responsabilité et la moralité personnelles, sur le respect des valeurs familiales et d'autrui.

Un examen objectif des Évangiles révèle un Jésus très différent du moraliste supposé. En dépit de leur caractère propagandiste, ils donnent de l'homme et de sa doctrine une image relativement inconsistante et floue.

Les enseignements de Jésus, tels que présentés dans le Nouveau Testament, sont contradictoires. Ainsi, il conseille à ses disciples de « tendre l'autre joue » et de pardonner à leurs ennemis, d'abandonner leurs biens au voleur qui veut les dérober[4] – mais il affirme aussi : « Je ne suis pas venu apporter la paix, mais l'épée[5]. » Il rappelle le commandement : « Honore ton père et ta mère[6] » mais ajoute :

> Si quelqu'un vient à toi, et s'il ne hait pas son père, sa mère, sa femme, ses enfants, ses frères et ses sœurs, et même sa propre vie, il ne peut être mon disciple[7].

Il incite donc ses disciples à haïr leur propre vie, alors qu'il leur enjoint d'aimer leur prochain *comme eux-mêmes*.

Les théologiens expliquent ces contradictions en affirmant que certaines déclarations sont à prendre au pied de la lettre, et d'autres, comme des métaphores. Le problème est que la théologie a été inventée dans le seul but d'évacuer ces contradictions. Les théologiens chrétiens posent comme postulat que Jésus était Dieu. Un parfait exemple de raisonnement circulaire. Pour eux tout ce que dit Jésus est vrai parce qu'il l'a dit, et il l'a dit parce que c'est vrai. Cette théorie ne tient pas s'il s'avère que Jésus n'était pas Dieu fait homme, et les contradictions inhérentes aux propos qui lui sont attribués deviennent patentes.

Les chrétiens imaginent que l'image de Jésus est demeurée immuable pendant deux mille ans. En fait, la manière dont nous le percevons aujourd'hui diffère considérablement de l'image en vigueur il y a deux siècles – celle d'un juge sévère. Cette vision est à l'origine des atrocités commises contre les cathares et les « sorcières ». C'est à l'époque victorienne que Jésus est devenu un être doux et bon. Cette évolution tient au fait que les Évangiles permettent de lui faire dire tout et son contraire.

Curieusement, ce flou renferme peut-être la clé de compréhension du message christique. Les théologiens oublient souvent qu'il s'adressait à des êtres réels et qu'il vivait dans un environnement politique tout aussi réel. Ainsi, ses discours pacifistes visaient peut-être à détourner les soupçons des autorités de son activité subversive. Compte tenu de la situation agitée de l'époque, ses sermons devaient attirer des informateurs, ce qui l'obligeait à mesurer ses propos [8]. (Après tout, Jean fut arrêté parce qu'on le soupçonnait de fomenter une rébellion.) Jésus devait être prudent. Il lui fallait mobiliser les foules sans menacer pour autant le *statu quo* – tant qu'il n'était pas prêt à agir.

Il importe de bien resituer chacune de ses paroles dans leur *contexte*. Ainsi le fameux : « Laissez venir à moi les petits enfants [9] », perçu comme un exemple de sa gentillesse, de sa disponibilité et de son amour des innocents. Certes les politiciens astucieux ont de toujours pris soin d'embrasser ostensiblement les enfants, mais n'oublions pas que Jésus aimait briser les conventions – il fréquentait des femmes douteuses et même des collecteurs d'impôts. Quand ses disciples cherchaient à écarter les mères et les enfants, il s'empressait d'intervenir, peut-être pour bousculer les préjugés, peut-être pour rappeler qui commandait.

De même, quand il dit à propos des enfants :

> Mais si quelqu'un scandalisait un de ces petits qui croient en moi, il vaudrait mieux pour lui qu'on lui mît au cou une grosse meule de moulin, et qu'on le jetât dans la mer [10].

Pour la plupart des lecteurs, cette déclaration est une nouvelle démonstration de son amour des enfants. Mais c'est négliger la restriction : *qui croient en moi.* Tous les enfants ne peuvent prétendre à son amour, qu'il réserve à ses *fidèles.* En fait, il joue sur l'insignifiance des enfants, en donnant à entendre que « même un enfant est important s'il me suit ». L'accent n'est pas mis sur les enfants, mais sur sa propre importance.

Le Notre Père, la prière la plus familière de Jésus, est lui-même sujet à caution. « Notre Père qui es aux cieux » n'est pas une formule inventée par Jésus. Jean Baptiste l'aurait employée lui aussi, et on la trouve déjà dans les hymnes à Osiris-Amon. Il en va de même pour le Sermon sur la montagne. Bamber Gascoigne écrit dans *The Christians* : « Rien dans le sermon sur la montagne n'est propre au Christ[11]. » Ici aussi Jésus reprend des paroles du Baptiste. Ainsi, dans l'Évangile de Matthieu (3 : 10), Jean dit : « ... tout arbre qui ne produit pas de bon fruit sera coupé et jeté au feu. » Plus loin (7 : 19-20), Jésus reprend cette métaphore à l'occasion du sermon sur la montagne, et ajoute : « ... C'est donc à leurs fruits que vous les reconnaîtrez. »

Il est peu probable que Jésus ait jamais prononcé le sermon sur la montagne, en revanche, il n'est pas impossible que celui-ci renferme les éléments clés de sa doctrine – telle que la percevaient les Évangélistes. On sait qu'une partie de son enseignement était empruntée à Jean. Il n'en demeure pas moins que le sermon, avec ses prises de position éthiques, spirituelles et même politiques, est complexe et mérite que l'on s'y attarde.

Il est quasiment établi que Jésus avait un programme politique, ce qui rend plus compréhensible nombre de ses déclarations. Le sermon sur la montagne est composé d'une série de phrases courtes, particulièrement réconfortantes par l'autorité même avec laquelle elles sont prononcées, ainsi : « Heureux ceux qui ont le cœur pur, car ils verront Dieu. » Pour les cyniques, ce ne sont que platitudes et promesses absurdes. (« Heureux les doux car ils hériteront la terre ! ») Somme toute, les révolutionnaires ont toujours cherché à se rendre populaires, en séduisant les mécontents et les opprimés – songeons aux promesses des politiciens aux sans emploi. Tout cela s'inscrit dans un plan d'ensemble. Les attaques répétées de Jésus contre les riches sont pour beaucoup dans sa renommée, car les riches sont des cibles toutes désignées pour les insatisfaits.

Le fait est que les déclarations de Jésus – « Aimez vos ennemis/Heureux ceux qui procurent la paix/Heureux les miséricordieux ») – semblent indiquer un homme compatissant, aimant et bienveillant. Qu'il soit ou non Fils de Dieu, il paraît admirable. Pourtant notre cynisme à l'encontre de l'homme et de ses mobiles est, nous en sommes convaincus, parfaitement justifié. Pour commencer, ses propos – tels que rapportés dans les Évangiles – sont souvent ambigus et parfois contradictoires, quand ils ne sont pas purement et simplement empruntés à Jean Baptiste.

Le lecteur jugera peut-être notre position elle-même contradictoire. D'une part, nous contestons les motivations réelles de Jésus et son intégrité, d'autre part, nous l'inscrivons dans le cadre généreux du culte d'Isis. Il n'y a pourtant rien d'incompatible à cela. De tous temps, des hommes et des femmes ont été séduits par des systèmes religieux ou politiques au point de s'y convertir. Certains n'ont pas hésité, ensuite, à utiliser leur nouvel environnement pour satisfaire leurs ambitions personnelles, parfois avec l'intime conviction d'agir au mieux des intérêts du groupe. L'Histoire a démontré que le christianisme – la religion de l'amour et de la compassion – a engendré des fils et des filles nullement exemplaires. La religion isiaque a elle aussi connu ses renégats.

Ainsi, Jésus était un magicien, un faiseur de miracles, qui attirait les foules parce qu'il les *distrayait*. Chasser les démons était sûrement une activité spectaculaire. L'exorciste devait devenir le centre des discussions pendant des mois. Ayant ainsi capturé l'attention des foules, Jésus pouvait entreprendre de les instruire et d'établir sa renommée de Messie.

Nous avons vu qu'il fut, à l'origine, un disciple de Jean. Celui-ci nourrissait-il des ambitions comparables ? Les informations le concernant sont, hélas, si maigres que nous ne pouvons guère qu'avancer des spéculations. L'image de Jean n'est certes pas celle d'un arriviste politique. N'oublions pas toutefois que le personnage froid et vertueux qui nous est présenté est le produit de la littérature de propagande des chrétiens – le Nouveau Testament. Hérode Antipas le fit arrêter (selon le récit le plus fiable de Josèphe) parce qu'il le soupçonnait d'agissements subversifs, mais peut-être s'agissait-il d'une mesure préventive qu'aucun acte réel ne justifiait. Les disciples de Jean – notamment les mandéens – ne lui reconnaissaient aucune ambition politique, mais peut-être son arrestation l'a-t-elle empêché de révéler son véritable visage – à moins qu'ils ignorassent ses vrais mobiles.

L'événement qui a marqué l'apparition de Jésus sur la scène publique fut la multiplication des pains. Les Évangélistes le présentent comme une sorte de pique-nique miraculeux, leur hôte impressionnant le peuple en utilisant cinq pains et deux poissons pour nourrir une multitude de cinq mille hommes. À l'époque, cet épisode revêtait un sens profond, aujourd'hui perdu. Tout d'abord, ce miracle diffère de tous les autres réalisés par Jésus – qui se traduisaient généralement par une forme ou l'autre de guérison. Les Évangélistes avouent que cet épisode revêtait une importance qui leur échappait. Jésus renforce ce point en disant : « Vous me recherchez non parce que vous avez vu des miracles, mais parce que vous avez mangé des pains [12]. » Dans l'Évangile de Marc, en revanche, l'événement n'impressionne personne. Comme le dit A. N. Wilson :

> Le miracle semble être que Jésus ait rassasié la foule, non qu'il ait multiplié les pains. En fait, il est remarquable que dans le récit de Marc, cet incident ne surprenne personne. Quand Jésus soigne un lépreux, ou rend la vue à un aveugle, l'événement « étonne » ou « surprend » ceux qui en entendent parler. Il n'y a pas la moindre surprise chez Marc [13].

L'importance de cet épisode ne tient pas à sa nature paranormale. Les Évangélistes le présentèrent peut-être comme un miracle, parce que la portée réelle de l'histoire leur échappait.

Les Évangiles précisent qu'il y avait là cinq mille *hommes* – la présence des femmes et des enfants paraît insignifiante [14]. Le récit commence en parlant d'une foule, mais précise bien vite qu'il s'agissait d'*hommes*. Ce n'est pas anodin. Comme n'est pas anodin le fait que Jésus les fit asseoir ensemble. A.N. Wilson écrit :

> Que les hommes s'assoient ! Que les esséniens s'assoient ! Que les pharisiens s'assoient ! Qu'Iscariot s'assoit (...) et que Simon le zélote s'assoit, avec sa bande de terroristes patriotes ! Asseyez-vous, Ô hommes d'Israël ! [15]

Jésus faisait asseoir les diverses factions révolutionnaires pour partager fraternellement un repas rituel. A.N. Wilson y voit une sorte de réunions de clans – un rassemblement d'ennemis, unis provisoirement par Jésus, l'ancien disciple du Baptiste.

Le langage de Marc (6 : 39-40) est hautement suggestif d'un événement militaire :

> Alors il leur [aux disciples] commanda de les faire tous asseoir par groupes sur l'herbe verte, et ils s'assirent par rangées de cent et de cinquante.

Selon l'Évangile de Jean (6 : 14), c'est après avoir mangé les « pains » que le peuple élut Jésus roi. L'événement fut considérable, mais peut-être pas pour les raisons suggérées. En effet, il suit *immédiatement* la décapitation de Jean. Matthieu dit (14 : 13) :

> À cette nouvelle [la mort de Jean], Jésus partit de là dans une barque, pour se retirer à l'écart dans un lieu désert ; et la foule, l'ayant su, sortit des villes et le suivit à pied.

Jésus était tellement ébranlé par l'annonce de la mort de Jean qu'il éprouva le besoin de goûter à la paix du désert, mais celle-ci fut de courte durée, car une foule vint l'écouter prêcher. Ces gens éprouvaient peut-être le besoin d'être rassurés, de savoir que les idéaux de Jean n'étaient pas morts avec lui et que leur continuité serait assurée par Jésus.

Toujours est-il que la mort de Jean revêt une importance capitale pour Jésus. Elle lui procure l'occasion d'assurer la direction du groupe, voire du peuple tout entier. Sans doute, avait-il déjà pris la tête du mouvement après l'arrestation de Jean, aussi dès que la nouvelle de l'exécution du Baptiste fut rendue publique, tous se tournèrent vers son dauphin : Jésus.

Les Évangélistes ne sont pas crédibles sur la mort de Jean. Ils disent que Salomé, cédant à l'insistance de sa mère Hérodiade, demanda à Hérode la tête du Baptiste et que son beau-père lui donna satisfaction à contrecœur. Ce scénario est invraisemblable compte tenu de la popularité de Jean. Hérode ne l'eût jamais fait exécuter par caprice. Vivant, Jean Baptiste constituait une menace, mais mort, il représentait un danger encore plus grand car il devenait un martyr. Certes Hérode eût pu assumer un tel risque pour affirmer son autorité. Mais alors, il eût agi délibérément et non pour satisfaire sa belle-fille sadique. Compte tenu du nombre considérable de disciples du Baptiste, il est étrange que son exécution n'ait pas engendré le moindre soulèvement. Selon Josèphe, le peuple vit dans la défaite écrasante subie par l'armée d'Hérode peu après, une punition divine pour la mort de Jean, ce qui confirme l'impact de cette tragédie.

Pourtant, il n'y eut pas de soulèvement. Jésus étouffa la révolte. Aussitôt après l'exécution, il nourrit une foule de cinq mille hommes. Cherchait-il à apaiser les esprits ? Voulait-il les consoler de la mort de leur cher Baptiste ? Peut-être, mais ce n'est pas ce que disent les Évangiles. En revanche, de nombreux disciples de Jean eurent le sentiment qu'il avait usurpé la place de leur défunt leader.

La mort de Jean, telle que racontée par les Évangélistes, est donc vide de sens. Pourquoi ont-ils inventé une histoire aussi fantaisiste ? Après tout, s'ils voulaient minimiser l'importance de Jean, il leur aurait suffi de le présenter comme le premier martyr chrétien. Au lieu de cela, ils font de sa mort une sordide intrigue de palais.

Pourquoi présenter Hérode comme un brave homme victime de femmes perverses ? La réponse logique semble être que la mort de Jean fut bel et bien le résultat d'une intrigue de palais si célèbre à l'époque qu'il eût été impossible de la passer sous silence. Mais en réécrivant l'histoire pour l'intégrer à leur propagande, ils ont créé un non-sens.

Hérode Antipas n'a retiré aucun bénéfice de la mort de Jean – si celui-ci avait critiqué son mariage, le mal était fait. Sa mort ne pouvait qu'accentuer le scandale.

Mais alors à qui profita la mort de Jean ? Selon Barbara Thiering, théologienne australienne, des rumeurs avaient circulé, à l'époque, incriminant le clan de Jésus [16]. Cela paraît choquant, pourtant nul autre groupe n'avait quoi que ce soit à espérer de la mort du Baptiste. Il ne faut donc pas acquitter trop vite les partisans de Jésus, si – comme nous le soupçonnons – la mort de Jean fut, en réalité, un meurtre savamment orchestré. Après tout, nous connaissons l'identité du rival sur lequel il émet des doutes du fond de sa prison, à l'occasion de ce qui fut probablement son dernier contact avec le monde extérieur.

Certes, nourrir des soupçons est une chose ; apporter des preuves, une autre. Deux mille ans plus tard, il est impossible de trouver des indices nouveaux susceptibles d'éclairer la vérité ; en revanche, nous pouvons nous inspirer des faits pour brosser un tableau général qui fait réfléchir. Après tout, les johannites, ou hérétiques, devaient avoir des raisons d'afficher une telle froideur à l'encontre de Jésus et la haine des mandéens devait elle aussi être justifiée. Nous sommes convaincus que leurs motivations ont trait aux circonstances de la mort de Jean.

Il est curieux que nous devions chercher chez *Josèphe* le nom de la fille d'Hérode – Salomé –, alors que cet épisode est l'un des plus célèbres du Nouveau Testament. Les Évangélistes ne le mentionnent pas, alors qu'ils nomment tous les autres protagonistes de l'histoire. Y aurait-il là manœuvre délibérée ?

Une disciple de Jésus s'appelait Salomé. L'Évangile de Marc précise qu'elle était présente au pied de la croix et qu'elle accompagna Marie Madeleine au sépulcre. Or, chez Matthieu et Luc – qui s'inspira de Marc – elle disparaît mystérieusement. Souvenons-nous de la curieuse omission de l'épisode apparemment innocent de l'Évangile de Marc, révélé dans *The Secret Gospel*, de Morton Smith :

> Puis il arriva à Jéricho. Et la sœur de celui que Jésus aime et sa mère et Salomé étaient là, et Jésus ne les reçut pas.

Contrairement à l'épisode relatif à la résurrection de Lazare, on comprend mal sa disparition. Les Évangélistes devaient avoir de sérieuses raisons de nous cacher Salomé. (Celle-ci figure dans l'*Évangile de Thomas* – l'un des textes de Nag Hammadi –, elle y est présentée étendue sur une couche avec Jésus[17], ainsi que dans l'*Évangile des Égyptiens*[18] et la *Pistis Sophia*, où elle est dite disciple et catéchiste de Jésus.) Certes, Salomé était un prénom courant à l'époque, mais le fait que les Évangélistes jugent utile de le faire disparaître suffit à rendre suspecte cette femme qui suivait Jésus.

Jean Baptiste posait indubitablement un problème aux disciples dissidents de Jésus. Même du fond de sa cellule, il réussit à faire entendre ses doutes sur le statut de son ancien disciple et à passer le relais non à Jésus, mais à Simon le Magicien. Sur ce, on nous dit que ce prophète charismatique, qui avait rassemblé autour de lui un nombre considérable de disciples, fut tué pour satisfaire un caprice de la belle-fille d'Hérode, celui-ci ayant eu la naïveté de négliger la réaction potentielle du peuple.

Hugh Schonfield a attiré notre attention sur l'existence d'un groupe occulte qui aurait facilité la mission de Jésus – ses membres avaient peut-être jugé prudent de faire disparaître Jean. L'Histoire abonde en complots – de Dagobert II à Thomas Becket –, qui d'un seul coup réduisent la dissidence et balaient le dernier obstacle à l'ambition du nouveau régime. L'exécution de Jean est peut-être de cet ordre. Ce groupe aurait-il décidé que le moment était venu pour le grand rival de Jésus de quitter la scène ? Certes, Jésus pouvait tout ignorer de ce qui se tramait – Henry II n'avait jamais eu l'intention de faire tuer l'archevêque Thomas Becket par ses chevaliers !

Le groupe qui soutenait Jésus était de toute évidence riche et influent. Peut-être avait-il ses entrées au palais d'Hérode. Ce n'est pas impossible puisque les Évangiles précisent que la disciple Jeanne était l'épouse de Chuza, intendant d'Hérode[19].

Quelle que soit la vérité, les relations entre le Baptiste et Jésus s'étaient tendues. Les hérétiques en sont persuadés depuis des siècles alors que les exégètes le découvrent à peine. Les hérétiques détestaient Jésus parce qu'ils voyaient en lui un opportuniste sans scrupule, qui exploita la mort de Jean et s'empara de son pouvoir, en lieu et place du successeur légitime : Simon le Magicien.

Nous avons vu que les mandéens considèrent Jean comme le « roi de lumière », et vilipendent Jésus, le faux prophète qui égara le peuple – une vision en accord avec le *Talmud*, qui le décrit, en outre, comme un sorcier. D'autres groupes – les templiers notamment – ont adopté une position moins extrême, mais n'en placent pas moins Jean au-dessus de Jésus. Cette tendance trouve son expression ultime dans la *Vierge aux rochers*, de Léonard de Vinci, et est renforcée par des éléments de ses autres tableaux évoqués au chapitre 1.

Quand nous avons pris conscience de l'obsession de Léonard de Vinci pour Jean Baptiste, nous nous sommes demandé s'il ne s'agissait pas d'une simple fantaisie de sa part. Mais après avoir examiné la masse d'informations disponibles, nous avons dû conclure à l'existence d'un véritable culte johannite, qui a toujours existé parallèlement à l'Église officielle, en s'employant à préserver son anonymat. L'Église de Jean a pris de nombreuses apparences au fil des siècles, notamment celle des moines-soldats et de leur bras politique, le Prieuré de Sion. Beaucoup s'agenouillaient devant le « Christ », mais adoraient secrètement Jean. Rappelons que le Prieuré donna le nom de « Jean » à chacun de ses grands maîtres, inaugurant cette tradition avec « Jean II ». Pierre Plantard de Saint-Clair explique cela par un argument *non sequitur* : « Jean I » est réservé au *Christ*.

Nous avons démontré l'existence de groupes persuadés que Jésus était un faux prophète, qui fut peut-être impliqué dans le meurtre de Jean Baptiste ; nous n'avons pas prouvé qu'ils ont raison. Une seule chose est sûre : les deux Églises ont coexisté pendant deux mille ans. Pour celle de Pierre, Jésus est l'homme parfait, puisque Dieu fait homme ; il en va tout autrement pour celle de Jean. Ni l'une ni l'autre n'a le monopole de la vérité, et leur antagonisme n'est que la continuation de la vieille rivalité opposant leur fondateurs et les premiers disciples.

Toujours est-il que l'existence même d'une tradition comme l'Église de Jean plaide en faveur d'une réévaluation radicale des personnalités de Jean Baptiste et de Jésus « Christ », de leurs rôles et de leurs héritages. Nous verrons que l'enjeu est beaucoup plus important qu'il n'y paraît.

Si l'Église de Jésus incarne la vérité absolue, l'Église de Jean repose sur le mensonge. Mais si c'est l'inverse, nous sommes confrontés à l'une des plus terribles injustices de l'Histoire. Nous ne prétendons pas que notre culture se trompe depuis deux mille ans de Christ, car rien ne donne à penser que Jean ait brigué ce rôle ni même que celui-ci ait existé avant d'être inventé par Paul pour Jésus. Cependant, Jean fut tué pour ses principes et nous pensons que ceux-ci étaient directement inspirés par la tradition qui lui avait transmis le rituel du baptême. Cette tradition n'était autre le culte d'Isis et Osiris, dont les mystères étaient fondés sur la notion de gnose personnelle, ou *illumination*, soit sur la transformation spirituelle de l'individu.

Jésus, Jean Baptiste et Marie Madeleine prêchaient sensiblement le même message, mais celui-ci est sans rapport avec ce qu'imaginent la plupart des gens. Ils introduisirent leur conscience gnostique du divin en Palestine, baptisant ceux qui recherchaient cette connaissance mystique et les initiant à l'ancienne tradition *occulte*. Parmi les membres de ce groupe, on trouve aussi Simon le Magicien et son épouse Hélène. Leur magie et leurs miracles, comme ceux de Jésus, faisaient partie intrinsèque de leurs pratiques religieuses. Le rituel était l'élément central de ce mouvement, depuis le premier baptême jusqu'à l'accomplissement des mystères égyptiens. Mais l'initiation suprême était procurée par l'extase sexuelle.

Cependant, aucune religion – quel que soit son message – ne garantit la supériorité morale ou éthique de ses membres. La nature humaine refait toujours surface, créant son propre système hybride ; dans certains cas, la religion se transforme en un culte de la personnalité. Ce mouvement était peut-être d'essence isiaque, mais même en Égypte, où cette religion d'amour et de tolérance a vu le jour, on a enregistré de nombreux cas de corruption parmi les prêtres et les prêtresses. En cette Palestine du Ier siècle, où les hommes attendaient avec ferveur un Messie, le message d'amour a cédé le pas à l'ambition personnelle. Plus les enjeux sont grands, plus le pouvoir risque de pervertir.

Les conclusions et implications de cette enquête seront nouvelles – et sans doute choquantes – pour beaucoup. Cependant, nous espérons avoir montré qu'elle se sont imposées au fur et à mesure de l'étude des indices. Bien souvent, nous avons bénéficié du soutien des milieux académiques – ce qui peut surprendre. En définitive, l'image que nous avons vu se former est très différente de celle qui nous est familière.

Cette vision nouvelle des origines du christianisme et de l'homme au nom duquel cette religion fut créée a des conséquences étonnantes. Même si elles paraissent révolutionnaires à la plupart, elles sont connues depuis des siècles par une frange particulièrement tenace de la société occidentale. Il est profondément dérangeant de songer, fût-ce un instant, que les hérétiques avaient peut-être raison.

CHAPITRE 17

La sortie d'Égypte

Deux mille ans après que Jésus, Jean et Marie ont vécu dans cette petite colonie de l'Empire romain, des millions croient toujours en l'histoire colportée par les Évangiles. Pour eux, Jésus était le Fils de Dieu et d'une vierge, incarné dans le corps d'un Juif. Jean Baptiste l'avait annoncé et lui était donc spirituellement inférieur. Marie Madeleine était une femme à la réputation douteuse que Jésus guérit et convertit.

Notre enquête a révélé une vérité fort différente. Jésus n'était pas le Fils de Dieu. Peut-être fut-il juif par la race mais certes pas par la religion. Sa doctrine véhiculait un message étranger au pays où il accomplit sa mission. Ses contemporains voyaient en lui un adepte de la magie égyptienne, ce que confirme le *Talmud*.

Pour plusieurs exégètes, notamment Morton Smith, ses miracles s'inscrivent dans le répertoire classique du magicien égyptien. Il fut d'ailleurs livré à Pilate sous l'accusation de « malfaiteur » – un terme qui, dans la loi romaine, désignait un sorcier.

Jean ne considérait pas Jésus comme le Messie. Sans doute l'a-t-il baptisé parce qu'il était un de ses disciples ; peut-être a-t-il même vu en lui, pendant un temps, son dauphin. Mais Jean est revenu sur sa décision et a choisi Simon le Magicien pour lui succéder. Peu après, il a été arrêté et exécuté.

Marie Madeleine était une prêtresse qui épousa Jésus dans le cadre d'un mariage sacré ; Hélène remplit le même rôle auprès de Simon le Magicien. La nature sexuelle de la relation entre Jésus et la Magdaléenne est attestée dans de nombreux textes gnostiques que l'Église refusa d'inclure dans le Nouveau Testament. Marie Madeleine fut aussi « l'Apôtre des Apôtres » et une prêcheuse renommée, à tel point qu'elle rassembla autour d'elle les disciples désemparés, après la crucifixion. Simon Pierre la détestait – comme il détestait toutes les femmes. Elle se serait enfuie en France pour échapper à ses persécutions. Nous ignorons quel fut précisément son message, mais il ne présentait guère de similitudes avec celui du christianisme actuel. Qui fut Marie Madeleine ? C'est un mystère, mais elle ne fut certes pas une prêcheuse *chrétienne*.

L'influence égyptienne sur les Évangiles est indéniable : Jésus aurait joué le rôle du Messie attendu pour s'assurer le soutien des Hébreux, mais lui et Marie auraient été initiés au culte d'Isis et Osiris.

La magie égyptienne et les secrets ésotériques sous-tendaient leur mission ; leur initiateur fut Jean Baptiste. Deux disciples du Baptiste – Simon le Magicien et l'ex-prostituée Hélène – étaient les pendants précis de Jésus et Marie Madeleine. La connaissance sous-jacente à ce mouvement était celle de l'*horasis*, l'illumination par l'union sexuelle transcendantale avec une prêtresse, un concept familier en Orient et en Égypte.

Malgré les affirmations de l'Église, le disciple plus proche de Jésus ne fut pas Pierre. À en juger par son incompréhension des propos du maître, Pierre n'appartenait même pas au cercle intérieur. Si quelqu'un était appelé à prendre la succession de Jésus ce fut sans conteste Marie Madeleine. Simon Pierre et la Magdaléenne empruntèrent des routes divergentes ; Pierre fonda l'Église de Rome et Marie Madeleine transmit ses mystères à des générations d'initiés capables de comprendre la valeur du Principe féminin : les « hérétiques ».

Jean, Jésus et Marie était liés inextricablement par leur religion (celle de l'ancienne Égypte), qu'ils adaptèrent à la culture juive – de même que Simon le Magicien et Hélène, qui œuvrèrent essentiellement en Samarie.

Marie Madeleine était vénérée par le mouvement hérétique européen pour avoir fondé sa propre « Église » – un culte non pas chrétien, au sens classique du terme, mais plutôt isiaque. Jésus et Jean avaient prêché un message comparable.

Les « hérétiques » vénéraient également Jean parce qu'ils voyaient en lui le « roi sacrificiel », le martyr de leur cause, exécuté à la fleur de l'âge. Les circonstances douteuses de sa mort, honteusement maquillées par les partisans de son rival direct, ont minimisé l'impact de cet événement.

À ce stade, il nous faut mentionner un autre aspect de l'histoire. Une rumeur circulait du vivant de Jésus, l'accusant d'avoir recouru à la magie noire pour éliminer Jean. Les travaux de Carl Kraeling et Morton Smith font apparaître qu'Hérode Antipas croyait que Jésus avait asservi l'âme (ou la conscience) de Jean, pour augmenter ses pouvoirs magiques. Les Grecs et les Égyptiens considéraient, en effet, que l'esprit d'un homme assassiné était une proie facile pour les sorciers – surtout s'ils possédaient une partie du corps de leur victime. Que cette rumeur soit fondée ou non, elle n'a pas nui le moins du monde au mouvement de Jésus. D'ailleurs, celui-ci ayant déjà déclaré à ses disciples que Jean était la réincarnation du prophète Élie, son autorité sur les masses n'en était que plus grande.

Pourtant, que Jésus ait ou non contrôlé les âmes de deux prophètes est sans rapport avec le secret de la tradition clandestine. En fait, si les hérétiques vénèrent Jean et la Magdaléenne comme des personnages historiques réels, ils les considèrent surtout comme les *représentants* d'un culte ancien – comme le grand prêtre et la grande prêtresse du royaume de Lumière.

L'existence des deux traditions – l'une centrée sur le Baptiste et l'autre sur la Magdaléenne – ne devint manifeste qu'au XIIe siècle, avec l'implantation des cathares en Languedoc et l'apogée du mouvement templier. Entre les IVe et XIIe siècles, les deux courants semblent avoir été absorbés par un trou noir. Les textes de Nag Hammadi – qui mettent en lumière le rôle de Marie Madeleine – avaient été enterrés en Égypte vers l'an 400. Nous avons vu, dans la première partie de notre ouvrage, que l'influence de la Magdaléenne a toujours été grande en France, notamment parmi les cathares. L'Église de Jean, elle, semble avoir disparu vers l'an 50, cependant les fulminations des Pères de l'Église contre les successeurs de Jean – Simon le Magicien et Dosithée – donnent à penser qu'elle continua d'exister pendant deux cents ans. Elle refit surface – au XIIe siècle – quand les templiers affichèrent une vénération mystique pour Jean.

Il est impossible de savoir avec certitude ce qu'il advint des deux traditions durant ces années de silence, mais à ce stade de notre investigation deux hypothèses sérieuses se dégagent. La « lignée » magdaléenne se poursuivit dans le sud de la France – les preuves de son existence furent détruites au cours de la croisade contre les Albigeois. Des échos de cette tradition nous sont toutefois parvenus via les croyances cathares quant à l'union de Marie Madeleine et Jésus, ainsi que via *Sœur Catherine*, ouvrage imprégné de notions cathares empruntées, en partie, aux textes de Nag Hammadi.

La tradition johannite, elle, aurait survécu au Moyen-Orient, grâce aux ancêtres des mandéens et des *nosairi* – même si nous ne la retrouvons en Europe que quelques siècles plus tard. Mais comment y est-elle parvenue ? Qui en reconnut la valeur et décida de la raviver secrètement ? Une fois de plus, la réponse est à chercher du côté des moines-soldats. Leurs opérations militaires au Moyen-Orient n'étaient qu'une couverture pour masquer leur quête d'une connaissance ésotérique. Les templiers amenèrent la tradition johannite dans nos régions où elle se fondit à celle de la Magdaléenne, redonnant ainsi son sens véritable à ce qui semblait être jusque-là des courants distincts – l'un, masculin ; l'autre, féminin. N'oublions pas que les neuf chevaliers à l'origine du Temple étaient originaires du Languedoc, où battaient le cœur et l'âme du culte magdaléen. Or la tradition occulte précise que les templiers tenaient leurs secrets des « johannites d'Orient ».

Il est peu probable que l'union de ces traditions par les templiers fût le fruit du hasard. Après tout, leur objectif premier était la recherche et la mise en pratique de la connaissance la plus secrète. Hugues de Payns et ses huit frères chevaliers se rendirent en Terre sainte pour en ramener le pouvoir de la connaissance et peut-être aussi certains objets de grande valeur – une valeur pas seulement financière. Les templiers aurait donc connu l'existence de la tradition johannite avant même de l'avoir retrouvée – nul ne sait comment.

Il est clair que l'enjeu ne se limitait pas à de vagues idéaux religieux. Les templiers étaient des êtres pragmatiques, essentiellement concernés par l'acquisition du pouvoir matériel. Or, ils n'hésitèrent pas à sacrifier leur vie pour préserver leurs secrets. On n'insistera jamais assez sur le fait que ceux-ci ne recouvraient pas de simples notions spirituelles destinées à assurer le salut de leur âme. Leurs secrets étaient de nature *magique* et *alchimique* ; ils leur donnèrent accès à ce que nous qualifierions aujourd'hui de « science ». La supériorité de leurs connaissances en matière de géométrie sacrée et d'architecture est évidente dans les cathédrales gothiques que nous admirons toujours de nos jours – ces livres de pierre qui renferment le fruit de leurs incursions dans l'espace ésotérique. Les templiers cherchaient à enrichir leur compréhension de l'astronomie, de la chimie, de la cosmologie, de la navigation, de la médecine et des mathématiques – dont les bénéfices escomptés sont évidents.

Mais les templiers étaient encore plus ambitieux dans leur quête d'une connaissance secrète – *occulte* ; ils cherchaient les réponses aux grandes questions éternelles. Peut-être en trouvèrent-ils certaines dans l'alchimie. Cette science mystérieuse, qu'ils adoptèrent, a toujours été censée renfermer les secrets de la longévité, voire de la vie éternelle. Les templiers ne désiraient pas seulement élargir leurs horizons philosophiques ou religieux, ils aspiraient au pouvoir ultime : la maîtrise du temps, de la tyrannie de la vie et de la mort.

Après eux, vinrent des générations d'« hérétiques » qui reprirent le flambeau et prolongèrent la tradition avec une égale ferveur. Leurs secrets recherchés avec un zèle fanatique attirèrent un nombre considérable d'individus prêts à tout risquer pour se les procurer – mais en quoi consistaient-ils ? Que cachaient les traditions johannite et magdaléenne pour alimenter une telle dévotion ?

Il n'existe pas de réponse unique à ces questions ; en fait, il y en a trois possibles.

La première est que la Magdaléenne et le Baptiste se partageaient le secret de ce que le « christianisme » – leur mission originelle – aurait dû être et ne fut jamais.

Alors que les femmes étaient maltraitées et la sexualité dépréciée, que les prêtres monopolisaient les clés du paradis et de l'enfer, les hérétiques cherchaient dans les secrets du Baptiste et de la Magdaléenne réconfort et illumination. Grâce à ces deux « saints », ils pouvaient s'inscrire, secrètement, dans la lignée ininterrompue des cultes gnostiques et païens remontant à l'ancienne Égypte (voire au-delà). Comme l'enseigna Giordano Bruno, la religion égyptienne était à tout point de vue supérieure au christianisme. Nous avons vu qu'un templier jugea que le symbole premier du christianisme, la croix, était « trop jeune ».

Au lieu du patriarcat sévère du Père, du Fils et du Saint-Esprit (devenu masculin), les adeptes de la tradition secrète retrouvaient l'équilibre naturel de l'ancienne trinité Père, Mère et Fils. La sexualité n'éveillait en eux aucune culpabilité ; ils la considéraient même comme la porte menant à Dieu. Ils ne demandaient pas aux prêtres d'évaluer l'état de leur âme, mais trouvaient leur salut dans la *gnose* ou connaissance directe du divin. Cette attitude, née des traditions secrètes du Baptiste et de la Magdaléenne, fut condamnée pendant près de deux mille ans ; la peine encourue étant la mort. Il n'est dès lors pas surprenant que ces « hérétiques » s'enfoncèrent dans la clandestinité.

La deuxième raison de l'attrait permanent de ces traditions tient au fait que les hérétiques maintinrent cette *connaissance* vivante. Il est difficile aujourd'hui d'estimer le pouvoir que procurait la détention du savoir au fil de l'histoire : l'invention de l'imprimerie provoqua un véritable engouement. Rares étaient alors les hommes (et plus encore les femmes) qui savaient lire et écrire – activités suspectes aux yeux de l'Église. Pourtant, la tradition clandestine encouragea la soif de connaissance, même chez les femmes. Les alchimistes des deux sexes consacraient de longues heures, à l'abri de portes closes, à rechercher les grands secrets susceptibles de tendre des ponts entre magie, sexualité et science – beaucoup les découvrirent.

La lignée ininterrompue de ces clandestins comprend les bâtisseurs de pyramides, voire du Sphinx, et tous ceux qui construisaient selon les principes de la géométrie sacrée – la beauté fascinante des grandes cathédrales gothiques incarne leurs secrets. Ce sont eux les *pères de la civilisation*. Les travaux récents de Robert Bauval et Graham Hancock[1] ont révélé que les anciens Égyptiens possédaient une connaissance scientifique de beaucoup supérieure à la nôtre. Un autre groupe s'inscrit dans cette lignée de scientifiques hérétiques : les hermétistes de la Renaissance qui vénéraient la *Sophia*, recherchaient la connaissance et croyaient en la nature divine de l'Homme – des notions inspirées du gnosticisme.

L'alchimie, l'hermétisme et le gnosticisme nous ramènent inévitablement à Alexandrie, au temps de Jésus. Là fermentait un mélange extraordinaire d'idées. On retrouve ainsi les mêmes notions dans la *Pistis Sophia*, le *Corpus hermeticum* d'Hermès Trismégiste, les écrits de Simon le Magicien qui nous sont parvenus et les textes sacrés des mandéens.

Nous avons vu que Jésus avait été initié à la magie égyptienne, et que le Baptiste et ses successeurs – Simon le Magicien et Dosithée – avaient également été formés dans les écoles de mystères d'Alexandrie. Toute les traditions ésotériques occidentales ont la même origine.

Il serait toutefois erroné de croire que la connaissance recherchée par les templiers ou les hermétistes correspond à ce que nous qualifierions aujourd'hui de philosophie – voire de science. Leur tradition secrète avait une autre dimension qu'il serait mal venu d'ignorer. À la base de toutes les entreprises architecturales, scientifiques et artistiques des hérétiques, on trouve la même quête passionnée du *pouvoir magique*. Se pourrait-il que l'importance accordée à cet aspect réside dans la rumeur relative à « l'asservissement magique » de Jean par Jésus ? Il est peut-être significatif que les templiers, qui vénéraient Jean, furent accusés d'adorer une tête tranchée.

La question de la validité et de l'efficacité de la magie cérémonielle dépasse le cadre de notre enquête. L'important est ce que d'autres ont *cru* pendant des siècles, et l'influence de ces croyances sur leurs motivations, leurs conspirations et les plans qu'ils élaborèrent.

L'occultisme fut le vrai moteur de beaucoup de penseurs apparemment « rationalistes » – notamment Léonard de Vinci et sir Isaac Newton –, ainsi que du *cercle intérieur* d'organisations comme les templiers, certaines obédiences maçonniques et le Prieuré de Sion. Cette longue lignée de magiciens secrets – *mages* – comprenait peut-être le Baptiste et Jésus.

L'une des histoires les moins connues du cycle du Graal raconte la quête de la tête tranchée d'un homme barbu sur un plateau. Faut-il voir là une allusion à la décapitation de Jean, à l'étrange pouvoir qu'elle était censée posséder et conférer à ceux qui la trouvaient ? Il serait trop facile de se retrancher derrière le scepticisme de notre époque. L'important est que la tête de Jean était *censée* être non seulement *sacrée*, mais encore *magique*.

La tradition celtique a aussi ses têtes magiques, mais le plus significatif, dans notre contexte, est que le temple osirien d'Abydos était censé posséder une tête tranchée qui émettait des prophéties[2]. Un autre mythe raconte qu'Orphée, dieu mort et ressuscité, échoua sur l'île de Lesbos, où il se mit à prédire l'avenir[3].

Léonard de Vinci a représenté « Jésus » décapité, sur son suaire de Turin. De prime abord, nous supposâmes qu'il cherchait à traduire ainsi la supériorité d'un homme décapité sur un homme crucifié. La vérité est peut-être autre. Léonard de Vinci voulait-il nous faire comprendre que Jésus « possédait » la tête de Jean, ce qui lui permit – selon les propres termes de Morton Smith – de devenir « Jésus-Jean ».

Au cours de cette investigation, nous avons entendu un prétendu templier dire : « Celui qui possède la tête de Jean Baptiste dirige le monde. » Cette déclaration nous a tout d'abord semblé absurde, au mieux métaphorique. Mais n'oublions pas que certains objets, mythiques et réels, ont toujours exercé une grande fascination sur le cœur et l'esprit des hommes – la « vraie Croix », le saint suaire, le Graal ou encore l'arche d'Alliance. Tous englobent une mystique obsédante, comme s'ils étaient les points de jonction entre les mondes humain et divin – comme s'ils existaient simultanément dans deux réalités. Le pouvoir magique de ces objets ne serait toutefois rien comparé à celui de dépouilles d'individus censés avoir possédé une énergie surnaturelle et une connaissance occulte.

La dépouille de la Magdaléenne revêtait une importance exceptionnelle pour les adeptes de la tradition secrète ; sans doute est-elle aussi censée posséder quelque pouvoir magique. Quoi qu'il en soit, les ossements de Marie sembleraient faire l'objet d'une grande vénération et, à l'instar de la relique macabre de Jean, ils pourraient servir de totem de ralliement aux hérétiques. Avec ou sans notion de pouvoir magique, la découverte de la tête de Jean et des ossements de la Magdaléenne aurait un effet formidable sur les adeptes de cette tradition secrète ; quel moment d'intense émotion que celui où seraient réunis les dépouilles de ces deux êtres, victimes d'une odieuse injustice pendant des siècles, et au nom desquels tant d'« hérétiques » ont péri.

La troisième raison de l'attrait de la tradition secrète est la certitude morale qu'elle procure : les « hérétiques » sont convaincus qu'ils ont raison et que l'Église a tort. Ils ne se contentaient pas de maintenir vivante une autre religion dans une culture « étrangère ». Ils alimentaient ce qu'ils estimaient être la flamme sacrée du vrai « christianisme ». Ce sentiment de bon droit face à « l'hérésie » de l'Église chrétienne explique la fascination exercée par cette tradition dans le passé. Mais aujourd'hui que notre monde adopte une approche plus tolérante de la religion, pourquoi devrait-elle demeurer secrète ?

Au début de notre enquête, nous nous sommes intéressés aux activités actuelles du Prieuré de Sion. Quelle que soit la vraie raison d'être de cette organisation, Pierre Plantard de Saint-Clair a clairement indiqué qu'elle avait un programme bien précis, destiné à susciter des changements concrets dans le monde. De quelle nature ? Voilà qui demeure matière à spéculation [4].

Quels que soient les plans du Prieuré, ils semblent bien concerner l'hérésie que nous avons mise au jour. En fait, les *Dossiers secrets* font des déclarations dépourvues de toute ambiguïté, dont il se dégage que le Prieuré a été responsable, tout au long de l'Histoire, de la maîtrise de cette tradition secrète. Citons notamment : « (Ils sont) les défenseurs de toutes les hérésies [5]... », « derrière toutes les hérésies, des cathares aux templiers, aux francs-maçons [6]... », « des agitateurs secrets contre l'Église [7]... ». Un autre document du Prieuré, *Le Cercle d'Ulysse*, publié en 1977, sous la signature de Jean Delaude, renferme les mots suivants :

> Que prépare le Prieuré ? Je l'ignore, mais il représente une puissance capable de renverser, un jour, le Vatican [8].

Comme nous l'avons vu précédemment, *Rennes-le-Château, capitale secrète de l'histoire de France*, œuvre inspirée par le Prieuré, évoque les relations de cette organisation avec « l'Église de Jean », ainsi que des événements qui « bouleverseront la chrétienté ».

Au début de notre enquête, le Prieuré nous paraissait avoir la folie des grandeurs et – comme la plupart des gens – nous imaginions mal quel secret, même jalousement gardé au fil des siècles, serait susceptible de représenter une telle menace pour une organisation aussi bien établie que l'Église de Rome. Maintenant, après toutes nos recherches et expériences, nous sommes convaincus que les projets du Prieuré doivent êtres pris au sérieux.

En fait, la notion d'une organisation vouée au renversement de l'Église n'est pas nouvelle. Ainsi, au XVIIIe siècle, quand apparurent des sociétés secrètes revendiquant une filiation templière, une forme de paranoïa s'empara de l'Église et de plusieurs États européens. La France, en particulier, se mit à trembler devant l'ombre vengeresse de Jacques de Molay – les templiers revenaient-ils avec l'intention de se venger ? Des rumeurs donnèrent à entendre qu'ils étaient à l'origine de la Révolution française.

Toutefois, le scénario d'une vengeance templière pose quelques problèmes. Aucune organisation intelligente n'aurait alimenté une telle haine contre vents et marées uniquement pour tuer un monarque français et un pape – sans responsabilité personnelle dans les actes commis par l'Église et la France plusieurs siècles auparavant. Cette idée implique que la destruction de l'ordre du Temple serait la *raison* de l'hostilité des hérétiques envers l'Église – nous en arrivons à nous demander si leur haine de l'Église n'était pas bien antérieure à cet événement.

Nos recherches ont fait apparaître que les templiers se considéraient détenteurs et même gardiens d'une connaissance secrète relative au christianisme. N'oublions pas que le Temple et le Prieuré de Sion ont toujours été étroitement mêlés ; les plans de l'un ont de bonnes chances d'être devenus ceux de l'autre. Or le Prieuré de Sion rassemble en son sein les deux courants hérétiques – de la Magdaléenne et du Baptiste.

L'entité Prieuré/Temple prévoit peut-être de présenter à une chrétienté sidérée la preuve de ses antiques croyances, la justification tangible de sa vénération pour la déesse, bref de la tradition johannite. En dépit de l'obsession apparente pour la quête de reliques, on imagine mal en quoi pourrait consister cet indice concret ou de quelle manière un objet quel qu'il soit puisse représenter une menace pour l'Église.

Les hommes aiment la notion de quête – la recherche de « quelque chose » qui ne cesse de se dérober tout en paraissant toujours plus proche. La quête du Graal ou de l'arche d'Alliance est presque inscrite dans nos gènes, comme le démontre l'enthousiasme suscité par la parution du livre de Graham Hancock, *Le Mystère de l'arche perdue*. Pourtant, au plus profond de nous existe aussi le sentiment que ces objets, même s'ils possèdent une réalité concrète, sont surtout des symboles, des incarnations d'une connaissance secrète. Le Prieuré de Sion et ses alliés sont peut-être sur le point de fournir la justification concrète de leurs croyances, mais nous espérons avoir montré que l'Histoire elle-même renferme des indices allant dans ce sens.

Certes, de tels plans présentent un intérêt considérable, mais ne sont plus nécessaires à la compréhension du danger qui menace l'Église – et, par voie de conséquence, les racines de l'ensemble de la culture occidentale. En effet, l'histoire chrétienne s'appuie sur des suppositions fragiles et les êtres investissent une émotion personnelle intense sur des concepts flous, comme la divinité de Jésus-Christ ou la virginité de Marie, sur l'histoire d'un humble charpentier mort pour nos péchés et ressuscité. Sa vie d'humilité, de tolérance et de souffrance est devenue l'image de la perfection humaine, le modèle spirituel de millions d'individus. Jésus-Christ, assis à la droite du Père dans les cieux, veille sur les pauvres et les infortunés, et les réconforte. N'a-t-il pas dit : « Venez à moi, vous tous qui peinez sous le poids du fardeau et moi je vous donnerai le repos. » (Matthieu 11 : 28.)

En fait, s'il est vraisemblable que Jésus ait prononcé ces mots, il est peu probable qu'il en ait été l'auteur. Nous l'avons vu, ces paroles et bien d'autres appartiennent, à l'origine, à *Chreste Isis*, la gentille Isis, la suprême déesse mère des Égyptiens. Ils devaient être connus de tous les prêtres isiaques, et donc de Jésus.

La plupart des chrétiens sont mal informés de l'évolution actuelle des études bibliques. L'image que nous donnons de Jésus – magicien égyptien et rival de Jean Baptiste – doit relever du blasphème à leurs yeux. Pourtant, ce ne sont pas des inventions de romanciers ou d'ennemis de leur religion, mais les conclusions d'éminents exégètes, pour la plupart chrétiens. Il y a plus d'un siècle que les éléments païens de l'histoire de Jésus furent identifiés pour la première fois.

Au début de notre investigation, nous avons été stupéfaits de constater que beaucoup d'exégètes remettaient en question l'histoire chrétienne classique, présentant des faits précis et argumentés en faveur d'une version méconnaissable du christianisme. Nous étions surpris, en particulier, de découvrir l'abondance des preuves de la non-judaïté de Jésus – et même de son appartenance à la religion égyptienne. Pourtant, la croyance dans la judaïté de Jésus est si ancrée que ces chercheurs répugnaient à franchir le pas logique et à affirmer que Jésus était bel et bien égyptien.

Plusieurs ont permis de dégager l'image nouvelle de Jésus et de son mouvement. Desmond Stewart explique, dans *The Foreigner*, que Jésus a été influencé par les écoles de mystères égyptiennes – mais il remet pas en question le judaïsme essentiel de Jésus. Le professeur Burton L. Mack affirme que Jésus n'adhérait pas à la religion juive mais réfute toute relation avec une école de mystères, prétextant que ces éléments furent introduits ultérieurement dans les Évangiles – une position qui ne s'appuie sur aucun indice concret.

Le professeur Karl W. Luckert écrit :

> Ces douleurs de l'enfantement [du christianisme] furent bien réelles pour la mère de la chrétienté : la religion agonisante de l'ancienne Égypte. Notre vieille mère égyptienne expira pendant les siècles qui virent l'émergence de sa vigoureuse progéniture et sa prolifération dans le monde méditerranéen. Ces douleurs de l'enfantement furent en réalité les affres de sa mort.
> Tout au long de ses deux millénaires d'existence, la fille chrétienne de l'Égypte est restée relativement bien informée sur sa tradition paternelle hébraïque [mais] à ce jour, elle ignore tout de l'identité de la religion de sa défunte mère (...)[9].

Après avoir magnifiquement mis en évidence les racines égyptiennes du christianisme, Luckert précise que cette influence n'est qu'un écho lointain, indirect, des origines du judaïsme en Égypte. Pourtant si Jésus a enseigné une doctrine issue d'une école de mystères égyptienne, il paraît probable qu'il l'ait étudiée sur place, et ne s'est pas contenté de compiler des allusions fragmentaires et vagues dans l'Ancien Testament.

Parmi tous ces exégètes, un seul a franchi le dernier pas logique. Morton Smith, dans *Jesus the Magician*, déclare sans équivoque que la doctrine et les pratiques de Jésus étaient celles de l'Égypte – il fonde ses assertions sur un matériau provenant de textes magiques égyptiens.

L'ouvrage de Morton Smith, ignoré de la plupart des exégètes bibliques, a été salué avec prudence par certains[10]. Pourtant, nous avons vu, tout au long de notre investigation, qu'il ne faut pas s'arrêter aux visions des académiciens. Au fil des siècles, de nombreuses sociétés ont préservé une connaissance secrète relative à l'origine égyptienne de Jésus et d'autres protagonistes de l'Histoire du Ier siècle. Ces « hérétiques » nous ont transmis des données capitales sur les origines du christianisme. Leurs convictions sont désormais partagées par de nombreux exégètes.

Si la chrétienté est bien fille de la religion égyptienne, et non l'héritage du Fils de Dieu – ni même l'évolution radicale d'une forme de judaïsme –, les implications d'une telle révélation pour notre culture sont si fondamentales et révolutionnaires que nous pouvons tout juste les ébaucher ici.

L'Église a nié l'influence égyptienne, mais a aussi rejeté – souvent avec une virulence extrême – le concept de sexualité perçue comme un sacrement. En plaçant un fils de Dieu célibataire à la tête d'un patriarcat misogyne, elle a perverti le message « chrétien » originel. Car les dieux que Jésus vénérait formaient un partenariat sexuel, la sexualité étant l'occasion de célébration et d'émulation pour leurs adeptes. Or, les Égyptiens n'étaient pas un peuple licencieux leur spiritualité était grande. Les conséquences de l'attitude de l'Église à l'encontre de la sexualité et de l'amour sexuel ont été terribles : une répression à grande échelle, responsable de tourments personnels et d'inutiles errances, mais aussi de crimes innombrables contre les femmes et les enfants – que les autorités ont le plus souvent ignorés.

Cette déviance d'une Église chrétienne qui renie ses racines a eu d'autres conséquences tragiques. Pendant des siècles, l'Église a perpétré des atrocités contre les juifs, sous prétexte que les deux religions étaient concurrentes. L'Église reprochait aux juifs de nier la qualité messianique à Jésus – or si Jésus n'était pas juif, ces horreurs sont d'autant plus injustifiées. (L'autre accusation majeure justifiant les attaques contre les juifs – ils auraient tué Jésus – est erronée, pour la simple raison qu'il fut exécuté par les Romains.)

Un autre groupe d'individus s'est attiré les foudres de l'Église au fil des siècles. Dans sa ferveur pour s'établir comme religion unique, le christianisme a mené la guerre aux païens. Leurs temples étaient détruits et les populations torturées et massacrées de l'Islande à l'Amérique du Sud, de l'Irlande à l'Égypte – et ce au nom de Jésus-Christ[11]. Or, si nous avons raison, et si *Jésus lui-même était païen*, cette ferveur chrétienne allait à l'encontre non seulement des principes humanitaires, mais encore des propres vœux de leur fondateur. Cette question reste d'actualité car les païens sont toujours harcelés par les chrétiens dans la société actuelle.

Notre culture est censée être judéo-chrétienne, mais qu'en serait-il si notre théorie se révélait exacte et si elle était, en réalité, *égypto*-chrétienne ? Cette question est purement hypothétique, mais peut-être serait-il plus séduisant de fonder notre religion sur la magie et le mystère des pyramides plutôt que sur un Yahvé vengeur. Une religion qui fonde sa trinité sur le Père, la Mère et le Fils, a de quoi séduire, car elle dispense un puissant réconfort.

Nous avons remonté la filière ininterrompue des croyances « hérétiques » en Europe, le courant souterrain du mystère de la déesse, de l'alchimie sexuelle et des secrets qui environnent Jean Baptiste. Nous avons ainsi acquis la conviction que les hérétiques détiennent les clés de la vérité sur l'Église historique de Rome. Nous avons exposé leur position dans ces pages, pas à pas, en suivant nos découvertes personnelles au fur et à mesure que l'image finale se dessinait sous nos yeux.

Nous croyons que les hérétiques ont de bonnes raisons de défendre leurs vues. Une grave injustice a été commise à l'encontre de Jean Baptiste et de Marie Madeleine. Le moment est venu de la réparer. Il importe de retrouver le respect du Principe féminin et de l'ensemble du concept d'alchimie sexuelle si nous voulons que l'Occident ait une chance de s'engager dans le nouveau millénaire, libéré de la répression et de la culpabilité.

Enfin, si nous devons tirer une leçon de notre investigation, ce n'est pas que les hérétiques ont raison et que l'Église a tort. Ce n'est pas non plus qu'il faut défendre les secrets jalousement gardés ou mener des guerres saintes. Mais au contraire qu'il importe de prôner la *tolérance* pour les idées nouvelles, sans aucun préjugé. Peut-être notre devoir consiste-t-il à porter plus haut, sans limites à l'imagination, à l'intelligence ou à l'esprit, la torche allumée par des êtres brillants comme Giordano Bruno, Henri Cornelius Agrippa et Léonard de Vinci. Alors comprendrons-nous enfin le vieil adage hermétique : *Connais-toi toi-même et tu connaîtras les dieux !*

APPENDICE I

La franc-maçonnerie occulte sur le continent

Il est difficile de retracer le passage de la franc-maçonnerie des îles Britanniques au Continent et de suivre sa propagation en Europe. La tâche est rendue ardue par la tendance de la franc-maçonnerie moderne à vouloir nier ses origines ésotériques et par le refus des historiens à prendre cet aspect au sérieux.

Les premières loges maçonniques officiellement reconnues en France virent le jour dans les années 1720, sous le patronage de la Grande Loge d'Angleterre. Pourtant, il existait déjà des loges fondées par les partisans (essentiellement écossais) de Charles Ier, qui s'était enfui sur le Continent vers 1650. L'histoire de la franc-maçonnerie française se scinde en deux courants : l'un descend des loges anglaises (qui constituèrent leur propre Grande Loge à Paris, en 1735) et l'autre, des loges écossaises. Entre les deux, les périodes de franche hostilité ont alterné avec les tentatives de réconciliation. La création de la Grande Loge de France, en 1735, entérina la rupture avec la Grande Loge d'Angleterre, qui reprochait aux loges françaises d'entretenir de bonnes relations avec leurs consœurs écossaises.

La maçonnerie écossaise semble être demeurée plus fidèle à sa nature fondamentale de société secrète occulte, que la maçonnerie anglaise. Celle-ci a eu tendance à devenir plus une association d'aide et de progrès mutuels ou, dans le meilleur des cas, une société philosophique. Il est indéniable que la maçonnerie écossaise a toujours conservé une dimension occulte.

La création, par le baron von Hund, de la Stricte Observance Templière, dans les années 1740, donna une nouvelle orientation à la franc-maçonnerie écossaise. Von Hund affirmait détenir son autorité de partisans des Stuarts exilés à Paris et notamment d'un cercle organisé autour de Charles Edward Stuart (1720-1788), le « Jeune Prétendant ». Des recherches récentes confirment ses affirmations. Son système serait donc né du même ferment que la maçonnerie écossaise.

Von Hund fut initié à Paris et commença à promouvoir son nouveau système en France. La Stricte Observance Templière connut, pourtant, son premier grand succès en Allemagne, sous le nom de « Fraternité de saint Jean Baptiste ». (L'appellation « Stricte Observance Templière » ne sera adoptée qu'en 1764 ; auparavant, on parlait simplement de « maçonnerie rectifiée ».) Von Hund créa la première loge allemande, dite « des Trois Piliers », à Kittlitz, le 24 juin 1751, jour de la Saint-Jean-Baptiste. Les loges allemandes entretenaient des liens étroits avec les sociétés rosicruciennes, en particulier avec l'ordre de la Rose Croix d'or (cf. chapitre 6).

En France, le Grand Orient, obédience rivale de la Grande Loge, vit le jour en 1773. Le principal point de désaccord entre les deux systèmes concernait l'engagement des femmes dans la franc-maçonnerie. Le Grand Orient comptait, en effet, des loges féminines. Cette obédience allait être secouée par ce que d'aucuns perçurent comme une tentative d'annexion par la Stricte Observance Templière. La résistance était essentiellement nationaliste, le système de von Hund passant pour germanique. En conséquence, un nouveau système « écossais » vit le jour en 1804 : le Rite Écossais Ancien et Accepté (qui deviendrait populaire aux États-Unis). (Pour compliquer un peu plus la situation, il existe aujourd'hui une Grande Loge Nationale de France, distincte de la Grande Loge de France ; elle ne compte qu'un petit nombre d'ateliers, mais est alliée à la Grande Loge d'Angleterre.)

Martinès de Pasqually (1727-1779) fonda, en 1761, une autre franc-maçonnerie occulte, l'ordre des Élus Cohens. On sait peu de chose sur cet homme, sinon qu'il fut probablement espagnol. Certains le croient lié à l'ordre des Dominicains – ancien bras armé de l'Inquisition. Il aurait ainsi eu accès à ses archives, riches en documents hérétiques et magiques. Il possédait une patente accordée à son père par Charles Edward Stuart, ce qui le rattache à la maçonnerie écossaise qui soutenait le baron von Hund [1].

Son secrétaire, Louis Claude de Saint-Martin, dit le « Philosophe inconnu », était un occultiste influent. Il fonda, lui aussi, un nouveau système maçonnique : le Rite Écossais Réformé, qui s'unit à la branche française de la Stricte Observance Templière, à l'occasion du convent de Lyon de 1778. Ce rassemblement de maçons de Rites Écossais, réunissait aussi des représentants suisses. Son instigateur fut Jean-Baptiste Willermoz (1730-1824), également membre des Élus Cohens. À l'occasion de ce convent, la Stricte Observance Templière de von Hund et le Rite Écossais Réformé de Saint-Martin s'unirent sous l'appellation : Rite Écossais Rectifié. (La philosophie de Saint-Martin, le martinisme, exerça une influence majeure sur la renaissance occulte de la fin du XIXe siècle, en France – surtout parmi les groupes rosicruciens évoqués au chapitre 7. Les liens entre ordres martinistes et Rite Écossais Rectifié restent étroits.)

La Stricte Observance Templière fut abolie, en 1782, lors du convent de Wilhelmsbad, qui légitima le Rite Écossais Rectifié (lequel n'était autre que la Stricte Observance rebaptisée et enrichie d'apports martinistes.)

La Stricte Observance Templière survécut également dans les Rites égyptiens créés par le comte de Cagliostro (cf. chapitre 7). Après son admission dans une loge de Stricte Observance (Espérance 369), à Londres, en 1777, Cagliostro élabora son système propre, en incorporant des notions alchimiques et autres, apprises auprès d'occultistes germaniques. Il créa la « loge mère » du Rite Égyptien à Lyon, en 1782. La caractéristique de ce système – hormis son recours à l'antique symbolisme égyptien – était l'égalité des sexes.

La date de fondation de ce système est importante. Les cyniques attribuent la naissance de la maçonnerie égyptienne à la mode qui déferla sur l'Europe après la campagne napoléonienne (qui exhuma la célèbre Pierre de Rosette). Or, la campagne d'Égypte se déroula en 1798 et 1799, soit *après* la création de ce système maçonnique.

Le Rite de Misraïm vit le jour, à Venise, en 1788, sous patente de Cagliostro. Il fut introduit en France en 1810 par trois frères provençaux – Michel, Joseph et Marc Bédarride.

Ceux-ci fondèrent un Grand Chapitre à Paris et négocièrent la reconnaissance du Grand Orient. Ils établirent aussi des liens avec le Rite Écossais Rectifié – une reconnaissance implicite de l'origine commune des deux systèmes (la Stricte Observance). Les quatre grades les plus élevés du Rite de Misraïm furent baptisés : Arcana Arcanorum.

Un autre Rite égyptien important fut celui de Memphis, créé à Montauban, en 1838, par Jacques-Étienne Marconis de Nègre (1795-1865), ancien membre du Rite de Misraïm. Ce système entretenait lui aussi des liens étroits avec le Rite Écossais Rectifié.

En 1899, les Rites de Memphis et Misraïm furent réunis par Gérard Encausse (Papus), fondateur de l'ordre martiniste (cf. chapitre 7).

Ainsi, le Rite Écossais Rectifié, les Rites égyptiens et les ordres martinistes forment un ensemble de sociétés interconnectées, remontant à la Stricte Observance Templière du baron von Hund – laquelle descendait des templiers écossais – et aux loges rosicruciennes allemandes.

APPENDICE II

Rennes-le-Château et le « tombeau de Dieu »

Nous finissions notre livre, quand la publication du *Tombeau de Dieu*, par Richard Andrews et Paul Schellenberger (1996), remit Rennes-le-Château d'actualité. Selon la thèse controversée des auteurs, le secret découvert par Bérenger Saunière concernait la sépulture de Jésus, qu'ils situaient à Pech Cardou, une montagne à cinq kilomètres de Rennes. Or l'un des dogmes du christianisme concerne la montée *corporelle* de Jésus au ciel. Il ne peut donc y avoir ni dépouille ni tombeau. L'idée même que le corps de Jésus puisse exister *où que ce soit* est une menace – pour la chrétienté.

Situer le tombeau de Jésus dans la région de Rennes-le-Château n'est pas une nouveauté. C'est presque un cliché en France, où deux livres et une demi-douzaine de théories inédites soutiennent cette thèse – elles divergent toutefois sur le lieu. (Selon l'un de ces auteurs, le tombeau du Fils de Dieu se trouverait sous les toilettes publiques du parking de Rennes-le-Château[1] !) Il va de soi que ces chercheurs sont influencés par la rumeur selon laquelle le secret concernerait une tombe (songeons à la tombe du tableau de Poussin, *Les Bergers d'Arcadie*). Or quelle tombe pourrait être plus significative que celle de Jésus ?

La théorie d'Andrews et Schellenberger contribue-t-elle à résoudre le mystère de Rennes-le-Château ? Leurs conclusions se fondent sur la découverte de figures géométriques complexes cachées dans les deux « parchemins codés » que Saunière aurait découverts et dans diverses peintures liées à cette histoire, notamment *Les Bergers d'Arcadie* de Poussin. Ils y voient un ensemble d'« instructions » qui, reportées sur une carte de la région de Rennes-le-Château, mènent au site de Pech Cardou qui abriterait le « secret ».

Cette théorie est très problématique. Le « code » géométrique semble présent dans beaucoup de ces œuvres (mais pas dans toutes), seulement rien n'indique qu'il dessine une carte – peut-être renferme-t-il un sens ésotérique inspiré des principes de géométrie sacrée. Quoi qu'il en soit, même si les auteurs ont raison, leur manière d'appliquer les « instructions » reste obscure et arbitraire. En outre, les parchemins sont les seuls éléments permettant d'établir un lien entre la géométrie et le paysage, or nous avons vu, au chapitre 8, que leur provenance est pour le moins douteuse.

Admettons encore qu'Andrews et Schellenberger aient identifié le bon site, leur déduction finale – que le secret concerne la sépulture de Jésus – repose sur des bases fragiles. Ils voient dans le message relatif aux « Pommes bleues » un nouvel ensemble d'instructions pour trouver ces fameux fruits et affirment – c'est là leur principal argument – que dans l'argot local, cette expression désigne les « raisins ». Hélas, il n'en est rien ! Cela dit, même s'ils avaient eu raison, la liaison : pommes bleues-raisins-Jésus n'est pas des plus évidentes. En fait, les auteurs impressionnent par le ton péremptoire avec lequel ils assènent leurs certitudes : « ... le symbolisme du corps inhérent au message des *pommes bleues* [2] » ou « c'est des raisins, symboles du corps de Jésus, que dérivent les *pommes bleues* [3] ».

Andrews et Schellenberger avancent à l'appui de leur thèse une interprétation très personnelle du motif : *Et in Arcadia ego*... Selon eux, la phrase doit être complétée par le mot *sum*, ce qui donne : « Et je suis en Arcadie », mais surtout un anagramme : *Arcam Dei tango, Iesu*, « Je touche le tombeau de Dieu, Jésus ». Encore faut-il accepter qu'il manque un mot à la formule originale et que celle-ci fut conçue comme un anagramme.

Le message des « pommes bleues » ferait référence à divers lieux qui, reliés sur la carte, dessinent un carré parfait. Les explications avancées sont tirées par les cheveux. Ainsi, les chiffres latins donnant 681 sont perçus comme une référence à une hauteur spécifique au nord-est de Rennes-le-Château. Or, cette indication n'apparaît que sur la dernière édition de la carte IGN de la région. Les autres éditions, ainsi que le panneau local donnent la hauteur précise de 680 mètres. Andrews et Schellenberger en déduisent qu'un « initié » employé à l'Institut géographique national a rectifié l'édition actuelle pour l'ajuster au message ! (N'aurait-il pas été plus simple de donner d'emblée la bonne mesure ?)

En outre, Andrews et Schellenberger ignorent que le message codé est, lui, un anagramme parfait de l'inscription de la pierre tombale de Marie de Nègre, de 1791. Il serait étonnant que les auteurs de ce code aient transformé une inscription du XVIIIe siècle en un message renvoyant aux quatre sites identifiés par les auteurs – d'autant que l'un d'eux est une hauteur contemporaine et l'autre un pont de chemin de fer construit dans les années... 1870 !

Les raisonnements de ces auteurs sont tortueux, et plusieurs éléments de l'affaire Saunière sur lesquels ils s'appuient sont des supercheries patentes. Ainsi, ils reprennent la rumeur selon laquelle Marie Dénarnaud commanda le cercueil de Saunière plusieurs jours avant sa mort – alors qu'il était en parfaite santé. On sait aujourd'hui que cette fable repose sur une erreur de lecture de la date figurant sur la facture du cercueil : *12 juin* et non *12 jan* (janvier). En vérité, ses excès avaient ruiné la santé de l'abbé.

Les auteurs disent s'être intéressés au mystère de Rennes, en premier lieu, en raison de la mort suspecte de trois prêtres de la région : Saunière, et les abbés Gélis et Boudet. Ils sont convaincus que tous trois furent assassinés pour avoir percé le secret. Cela ferait un excellent thriller, hélas, un seul de ces prêtres a été assassiné : l'abbé Gélis. Saunière est mort prématurément usé par ses excès ; Boudet est décédé à un âge avancé dans un hospice on ne peut plus respectable.

Leur résolution du mystère de Rennes-le-Château est totalement insatisfaisante. L'hypothèse relative au tombeau de Jésus est-elle plus solide ?

Andrews et Schellenberger proposent trois scénarios alternatifs : Jésus a survécu à la crucifixion et s'est enfui en Gaule où il a fini ses jours ; sa famille et/ou ses disciples ont apporté sa dépouille en France ; les templiers ont découvert sa dépouille à Jérusalem et l'ont ramenée en Languedoc. Ces trois versions sont plausibles, mais les auteurs n'apportent aucun indice convaincant en faveur de l'une ou de l'autre.

L'idée que Jésus fut inhumé dans le sud de la France est tout à fait acceptable, même si elle s'inscrit mieux dans le cadre de nos propres conclusions. Il est possible que la Magdaléenne ait emporté le corps de Jésus, ou même que celui-ci l'ait accompagnée. (Andrews et Schellenberger ignorent totalement Marie Madeleine, s'inscrivant en cela dans la droite ligne du christianisme.) Or, aucune *tradition* n'apporte de l'eau à leur moulin ; les seules légendes locales concernent Marie Madeleine. La clandestinité hérétique du sud de la France était, et est, avant tout, un culte magdaléen et non christique.

Supposons qu'un corps soit exhumé à proximité de Rennes, quelle certitude aurions-nous qu'il s'agisse de celui de Jésus ? Andrews et

Schellenberger traitent ce problème avec leur logique particulière. Jésus étant, selon eux, un Juif essénien, ils décrivent les pratiques funéraires des Juifs du Ier siècle, expliquant qu'ils rassemblaient les ossements du cadavre décomposé et les plaçaient dans un vase en pierre ou ossuaire. Or, ils enchaînent en parlant du corps *embaumé* de Jésus et rappellent que les templiers connaissaient les techniques de l'embaumement – ils oublient qu'il aurait été un peu tard, alors, pour pratiquer celui de Jésus. Ils suggèrent également, pour identifier le corps éventuel, de le comparer à celui du suaire de Turin !

De toute évidence, les spéculations sur le tombeau de Jésus demeureront de simples vues de l'esprit tant qu'on ne l'aura pas découvert et étudié. Andrews et Schellenberger ne prétendent pas l'avoir trouvé, mais seulement situé. Ils demandent, en conséquence, une fouille archéologique à grande échelle qui, ils en sont persuadés, prouvera le bien-fondé de leur hypothèse.

Cependant, les traditions locales concernent essentiellement deux personnages : Marie Madeleine et Jean Baptiste, pas Jésus. À la lumière de nos recherches, les rumeurs suggérant que la dépouille du *Christ* reposerait dans la région concernent probablement un être bien plus cher au cœur des autochtones que Jésus.

Notes et références

Chapitre 1 : Le code secret de Léonard de Vinci
1. Cf. Augusto Marinoni, « The Bicycle », in Reti (éd.), *The Unknown Leonardo*, McGraw-Hill, Londres, 1974.
2. Picknett et Prince, *Turin Shroud : In Whose Image ?*, Bloomsbury, Londres, 1994.
3. *Ibid.*, chapitre 8.
4. Ainsi, Maria Corti accepte de voir dans l'image du Suaire un autoportrait de Léonard de Vinci, mais préfère interpréter l'intention de l'artiste comme un désir de s'identifier aux souffrances de Jésus. Corti a exposé ses vues dans le documentaire de la BBC « Double Exposure », diffusé dans le cadre de la série *Everyman*, le 15 octobre 1995 (série dirigée par Nikki Stockley et produite par Trevor Poots).
5. Cf. Picknett et Prince, p. 178.
6. *Ibid.*, pp. 151-152.
7. *Ibid.*, pp. 132-133.
8. Bramly, *Léonard de Vinci*, Jean-Claude Lattès, Paris, 1988.
9. *Ibid.*
10. *Ibid.*
11. À l'âge de vingt-quatre ans, Léonard de Vinci fut arrêté pour sodomie ; il risquait la peine de mort. Les charges furent abandonnées, un des jeunes gens arrêtés avec lui étant apparenté à la famille régnante de Florence, mais l'expérience semble l'avoir marqué pour le reste de ses jours, l'incitant à plus de solitude et de discrétion.
12. Yates, *Giordano Bruno and the Hermetic Tradition*, Routledge & Kegan Paul, Londres, 1964, p. 435. Tr. fr. : *Giordano Bruno et la tradition hérmétique*, Dervy, 1996.
13. Picknett et Prince, chapitre 5.
14. Cf. chapitre 6.
15. Picknett et Prince, pp. 153-155.

Chapitre 2 : Aux enfers
1. Lincoln, *The Holy Place*, Jonathan Cape, Londres, 1991, pp. 158-160.
2. Picknett et Prince, chapitre 4.
3. Sur les origines et l'histoire de la société – telles que revendiquées par le Prieuré de Sion même – cf. Baigent, Leigh et Lincoln, *L'Énigme sacrée*, Pygmalion, 1983, chapitres 4-7

4. Pour une liste complète des supposés grands maîtres du Prieuré de Sion, cf. l'appendice de *L'Énigme sacrée*.
5. Cf., par exemple, « The Myth of the Priory of Sion », de Paul Smith, in *The Rennes-le-Château Observer*, n° 17 (mars 1995).
6. Le Prieuré de Sion s'est fait inscrire à la sous-préfecture de Saint-Julien-en-Genevois (Haute-Savoie) à cette date. L'annonce de cette inscription est parue dans le *Journal officiel de la République française* le 20 juillet 1956.
7. Les statuts portant la signature de Cocteau, datés du 5 juin 1956, sont reproduits dans Baigent, Leigh et Lincoln, *L'Énigme sacrée*, pp. 200-203. Il existe un second ensemble de statuts, non signés et déposés avec l'inscription officielle – ils diffèrent sur plusieurs points de ceux de « Cocteau », ce qui ajoute à la confusion mais est typique des manœuvres du Prieuré. Ils sont reproduits dans un article de Jean-Luc Chaumeil, « Les archives du prieuré de Sion », in *Le Charivari*, n° 18 (hiver 1973).
8. Cf. Gérard de Sède, *Rennes-le-Château : le dossier, les impostures, les phantasmes, les hypothèses*, Robert Laffont, Paris, 1988, pp. 130-133.
9. Robin, *Le Royaume du Graal*, Guy Trédaniel, Paris, 1992, p. 37.
10. Brian Innes, « Names to Conjure With », in *The Unexplained*, n° 126, p. 2515 ; il cite Franck Marie.
11.. Baigent, Leigh et Lincoln, *The Messianic Legacy*, Jonathan Cape, Londres, 1986, chapitre 23.
12.. Les « dossiers secrets » comprennent les documents suivants : Henri Lobineau, *Généalogie des rois mérovingiens...* (daté de 1956, déposé en 1964) ; Madaleine Blancasall, *Les Descendants mérovingiens ou l'énigme du Razès wisigoth* (1965) ; Antoine l'Ermite, *Un trésor mérovingien à Rennes-le-Château* (daté de 1961, déposé en 1966) ; Eugène Stublein, *Pierres gravées du Languedoc* (réédition supposée d'un texte de 1884, déposé en 1966) ; S. Roux, *L'Affaire de Rennes-le-Château : réponse à Lionel Burrus* (1966) ; Pierre Feugère, Louis Saint-Maxent et Gaston de Koker, *Le Serpent rouge* (1967) ; Philippe Toscan du Plantier, *Les Dossiers secrets d'Henri Lobineau* (1967).
Les textes complets des *Dossiers*, ainsi que d'autres documents similaires liés au Prieuré de Sion, sont reproduits in Jarnac (éd.) *Les Mystères de Rennes-le-Château : mélanges sulfureux* (3 vol.), C.E.R.T., Couiza, 1994-1995.
13. Pour une étude détaillée des erreurs historiques sur les prétentions à une descendance mérovigienne dans les *Dossiers secrets* et d'autres ouvrages inspirés par le Prieuré, cf. Gérard de Sède, *Rennes-le-Château*..., pp. 134-144 et Robin, *Le Royaume du Graal*, pp. 621-623.
14. Robin, *Le Royaume du Graal*, p. 621.
15. De Sède, *Rennes-le-Château*..., p. 127.
16. Le Prieuré de Sion accorde une grande importance au 17 janvier. Nous verrons que cette date revient souvent dans cette histoire.
17. De Sède, *Rennes-le-Château*, pp. 123-127.
18. Appendices à la réédition du *Serpent rouge*, de Franck Marie (S.R.E.S., Malakoff, 1979), cité in Jarnac, *Les Archives du trésor de Rennes-le-Château*, volume I, pp. 188-190.
19. Baigent, Leigh et Lincoln, *The Messianic Legacy*, chapitre 18.
20. Baigent, Leigh et Lincoln, *L'Énigme sacrée*, chapitres 6 et 7.
21. Une société secrète du XVIIe siècle, dont le quartier général se situait au Séminaire de Saint-Sulpice, à Paris. (Cf. chapitre 8.)
22. Picknett et Prince, chapitre 6.

23. Cf., par exemple, Baigent, Leigh et Lincoln, *L'Énigme sacrée*, chapitre 6.
24. Conversations entre Alain Féral et Clive Prince à Rennes-le-Château, le 2 juin 1995 et le 5 mars 1996.
25. Entrée pour Leo in *Le Serpent rouge*.
26. Par exemple, Phipps, *Was Jesus Married ?*, Harper & Row, New York, 1970.
27. Henri Lobineau, *Généalogie des rois mérovingiens...*, tableau 4.
28. Baigent, Leigh et Lincoln, *L'Énigme sacrée*.
29. Cet aspect de la vie de Newton est traité dans la récente biographie, *The Last Sorcerer*, de Michael White.
30. Wood, *Genisis*, Londres, Baton Press, 1985, p. 218.
31. Baigent, Leigh et Lincoln, *The Messianic Legacy*, p. 345.
32. Nos remerciements à Keith Prince pour avoir attiré notre attention sur ce point.
33. Baigent, Leigh et Lincoln, *L'Énigme sacrée*, p. 151.
34. Baigent, Leigh et Lincoln, *The Messianic Legacy*, p. 295.
35. Deloux et Brétigny, *Rennes-le-Château : capitale secrète de l'histoire de France*, Atlas, Paris, 1982, pp. 44-45.
36. *Ibid.*, p. 45.
37. Lettre de Gino Sandri aux auteurs, datée du 24 juin 1995.

Chapitre 3 : Sur les pas de la Magdaléenne
1. Haskins, *Mary Magdalen*, HarperCollins, Londres, 1993.
2. Luc 8 : 3. (Sauf indication contraire, toutes les citations de la Bible sont extraites de la traduction de Louis Segond.)
3. Matthieu 16 : 18.
4. Haskins, chapitre 3.
5. *Ibid.*, p. 155.
6. Pour une étude de l'importance des femmes dans l'Église des premiers temps, cf. Torjeson, *When Women Were Priests*, HarperCollins, San Francisco, 1993.
7. Même l'Église catholique a officiellement reconnu ce point. Dans son encyclique de 1987, *Mulieries dignitatem*, qui réitère la vision traditionnelle des femmes subordonnées à l'homme, le pape Jean-Paul II concède que les disciples femmes de Jésus ont fait montre de plus de loyauté que les hommes – mais il poursuit en affirmant que Jésus ne considérait comme apôtres que « les hommes ».
8. Ricci, *Mary Magdaleine and Many Others*, Burns & Oates, Tunbridge Wells, 1994, p. 193.
9. La seule exception se trouve dans Jean 19 : 25, où la mère de Jésus est placée en tête de liste. Il y a, en fait, une raison spécifique à cela. Cf. Witherington, *Women and the Genesis of Christianity*, Cambridge University Press, 1990, p. 115.
10. Haskins, p. 12.
11. Sur les textes de Nag Hammadi, cf. Pagels, *The Gnostic Gospels*, Weidenfeld & Nicolson, Londres, 1980 ; Schneemelcher (éd.), *New Testament Apocrypha*, James Clarke & Co, Cambridge, 1991, et Layton, *The Gnostic Scriptures*, SCM Press, Londres, 1987.
12. Schneemelcher, pp. 391-395.
13. Par exemple, dans l'Évangile de Marie. (Cf. Schneemelcher, p. 395.)
14. Pagels, p. 85.
15. Haskins, p. 43.
16. Pagels, p. 84.
17. Évangile de Philip, vs 32. (Cf. Schneemelcher, p. 192.)

18. R. McL. Wilson, *The Gospel of Philip*, A.R. Mowbray & Co, Londres, 1962, pp. 96-98 ; cf. aussi Haskins, p. 40.
19. I Corinthiens 7 :9.
20. Haskins, p. 373.
21. De Voragine, *The Golden Legend*, vol. I, Princeton University Press, 1993, pp. 374 ff. Tr. fr. : *La Légende dorée*, Seuil, 1998.
22. Père Philippe Devoucoux du Buysson, in *Dieu est amour*, n° 115 (mai 1989).
23. Walker, *The Woman's Encyclopedia of Myths and Secrets*, HarperCollins, San Francisco, 1983, p. 455.
24. Ricci, p. 151.
25. Buenner, *Notre-Dame-de-la-Mer et les Saintes-Maries*, Lescuyer, Lyons, n.d.
26. La chanson de Dylan, *One More Cup of Coffee* (1975) est une évocation touchante du pouvoir sombre de la sexualité féminine personnifiée par une princesse gitane.
27. Baigent, Leigh et Lincoln, *L'Énigme sacrée*, p. 151.
28. Moncault, *La Basilique Sainte-Marie-Madeleine et le Couvent royal*, Edisud, Aix-en-Provence, 1985.
29. Haskins, p. 131.
30. Du *7e Centenaire*, une histoire commémorative produite par l'association du 7e Centenaire de Saint-Maximim et de la Sainte-Baume (1995), pp. 9-10.
31. Victor Saxer, cité in Haskins, p. 131.
32. *7e Centenaire*, pp. 14-16.
33. *La revue du Rosaire* (journal de l'ordre dominicain de Saint-Maximin), mai 1995, p. 13.
34. Baigent, Leigh et Lincoln, *L'Énigme sacrée.*
35. Pour une étude approfondie du culte des Vierges noires, y compris de ses liens avec Marie Madeleine et le Prieuré de Sion, cf. Begg, *The Cult of the Black Virgin*, Arkana, Londres, 1996. Il inclut un recensement détaillé des sites de Vierges noires.
36. Extrait de l'analyse des sites recensés dans le livre de Begg.
37. *Ibid.*, pp. 8-9.
38. Ce point est étudié dans les deux principales études françaises sur le culte des Vierges noires, *Études sur l'origine des Vierges noires de Marie Durand-Lefèbvre* (1937) et *Nos Vierges noires*, d'Émile Saillens (1940). (Cité in Begg.)
39. Cf. entrée pour « Isis » in Walker, p. 453.
40. Begg, p. 99.
41. Richard Leigh et Michael Baigent, « Virgins with a Pagan Past » (*The Unexplained*, n° 3, p. 61), « The Goddess Behind the Mask » (n° 5, p. 114) et « Guardians of the Living Earth » (n° 7, p. 154).
42. Deloux et Brétigny, pp. 42-44.
43. *Ibid.*, p. 47.
44. Begg, p. 14.
45. *Ibid.*, p. 15.
46. Le premier commentaire chrétien du Cantique des Cantiques, qui date de la fin du IIe siècle, associe la « bien-aimée » du Cantique à Marie Madeleine. (Haskins, p. 63.)
47. La Vierge noire de Tindary, en Sicile, rend ce lien explicite en portant cette inscription gravée dans la pierre.
48. Begg, p. 13.

49. Saint-Jean-Cap-Ferrat et Villefranche-sur-Mer figurent, en fait, dans le film *Jamais plus jamais*, une aventure de James Bond de 1984.
50. Tarade et Barani, *Les Sites magiques de Provence*, Robert Laffont, Paris, 1990, pp. 134-135.
52. *Ibid.*, p. 136.

Chapitre 4 : Au cœur de l'hérésie
1. H. T. F. Rhodes, « Black Mass », in *Man, Myth and Magic*, n° 10 (1971), pp. 274-278.
2. Mann et Lyle, *Sacred Sexuality*, Element Books, Shaftesbury, 1995, p. 137.
3. Begg, p. 39.
4. Robin, p. 266.
5. Begg, p. 113.
6. Walker, p. 650.
7. Reproduit pp. 110-112 de Wolff (éd.) *Documents de l'histoire du Languedoc*, Édouard Privat, Toulouse, 1969, qui comprend trois autres récits contemporains du massacre. Les extraits qui en sont donnés ont été traduits par les auteurs.
8. L'évêque de Béziers, Renaud de Montpeyroux, qui se rangea du côté des croisés, établit une liste – le document existe toujours – des cathares connus dont il réclamait l'arrestation. (*Ibid.* p. 110.)
9. Cité in Birks et Gilbert, *The Treasure of Montségur*, Crucible, Londres, 1987, p. 59.
10. Pour illustrer ce point, précisons qu'à un moment de la croisade, le comte de Toulouse fit alliance avec le roi catholique d'Espagne contre les croisés.
11. Ce point souvent négligé fait l'objet d'une discussion détaillée in Birks et Gilbert, chapitre 8.
12. Stoyanov, *The Hidden Tradition in Europe*, Arkana, Londres, 1994.
13. Par exemple, Baigent, Leigh et Lincoln, *L'Énigme sacrée*, p. 86.
14. Cf. Stoyanov, pp. 222-223.
15. *Ibid.*, p. 223.
16. Malvern, *Venus in Sackcloth*, Southern Illinois University Press, Carbondale, 1975.
17. Newman, *From Virile Woman to WomanChrist*, University of Pennsylvania Press, Philadelphie, 1995, pp. 172-181.
18. Par exemple, sœur Catherine dit que les femmes doivent « devenir des hommes » pour entrer dans le royaume des Cieux, ce qui correspond à l'Évangile de Thomas. Encore plus frappant, ce texte rapporte une anecdote étrange et métaphorique dans laquelle Jésus dit à ses disciples de manger le corps d'un homme mort ; cette image est reprise dans les textes de Nag Hammadi, l'Évangile de Philip et celui de Thomas.
19. Newman, p. 178.
20. Cité in Baigent, Leigh et Lincoln, *L'Énigme sacrée*.
21. Stoyanov, p. 173.
22. Cf. Birks et Gilbert, pp. 80-81, et Stoyanov, pp. 214-219.
23. Stoyanov, p. 173.
24. Birks et Gilbert, p. 36.
25. La véritable nature de la relation entre Jésus et Jean Baptiste est étudiée dans la deuxième partie.
26. Calvé, *My Life*, Appleton & Co, Londres, 1922, p. 3.
27. Voir la bibliographie pour les ouvrages consultés sur l'histoire des templiers.

28. Gascoigne, *The Christians*, Jonathan Cape, Londres, 1977, pp. 78-79.
29. Baigent, Leigh et Lincoln, *L'Énigme sacrée*, p. 88.
30. *Ibid.*, p. 84, citant M. Michelet, *Procès des templiers* (Paris, 1851).
31. Philippe Toscan du Plantier, *Dossiers secrets d'Henri Lobineau*, planche 4. Cf. aussi *L'Énigme sacrée*, p. 122.
32. Les évidences en sont discutées au chapitre 6 de notre ouvrage *Turin Shroud : In Whose Image ?*
33. Barber, *The Trial of the Templars*, Cambridge University Press, 1978, p. 12.
34. Sinclair, *The Sword and the Grail*, Century, Londres, 1992, p. 9.
35. Hancock, *Le Mystère de l'arche perdue*, chapitre 5.
36. Baigent, Leigh et Lincoln, *L'Énigme sacrée*, p. 81.
37. Knight et Lomas, *La Clé d'Hiram*, Dervy, 1987. Knight et Lomas suggèrent que l'illustration de Lambert est une copie de celle des « Parchemins esséniens » que les templiers ont trouvés sous le Temple d'Hérode à Jérusalem. C'est toutefois improbable ; Lambert est mort en 1121, alors que les neuf chevaliers fondateurs de l'Ordre n'avaient pas terminé leurs fouilles ; l'illustration est très nettement dans le style européen médiéval. En outre, aucun des *Manuscrits de la mer Morte* ne contient d'illustrations de la sorte. Enfin, il n'est nullement établi que les *Manuscrits de la mer Morte* étaient des textes esséniens – cf. chapitre 11.
38. In *Liber de acquisitione terrae sanctae*, de Lull (mars 1309), cité in *Lull and Lullism in Fourteenth Century France*, de Hillgarth, Clarendon Press, Oxford, 1971, p. 104. Le texte latin original dit :

> *Pars ista ostendit pericula navicule Sancti Petri et primo sic : Inter christianos sunt forte multa secreta de quibus secretis poterit orribilis revelatio sicut de Templariis evenire... hoc etiam dico de quibusdam palam turpissimus et sensibus manifestis, propter que periclitatur navicula Sancti Petri.*

. Nos remerciements à Keith Prince pour la traduction.

Chapitre 5 : Les gardiens du Graal

1. Les citations de Nicole Dawe et Charles Bywaters dans ce chapitre sont extraites d'un entretien à Rennes-le-Château, le 4 août 1995.
2. Cf. chapitre 6.
3. Robin, *Le Royaume du Graal*, p. 229.
4. Hancock, *Ibid.*
5. Begg, p. 104.
6. Par exemple, Sermon 57, repris in Matarasso, *The Cistercian World*, Pengin, Londres, 1993. Sur saint Bernard et le Cantique des Cantiques, cf. Pope, *Song of Songs*, Doubleday, New York, 1983, pp. 122-124.
7. Norvill, *Hermes Unveiled*, Ashgrove Press, Bath, 1986, pp. 125-126.
8. Haskins, p. 122.
9. Begg, p. 103.
10. *Ibid.*, p. 24.
11. Cf., par exemple, la cérémonie de réception décrite dans l'appendice B de Barber, *The Trial of the Templars*, Cambridge University Press, 1978.
12. *Ibid.*, pp. 167 et 213.
13. Information fournie par Nicole Dawe et Charles Bywaters.
14. Baigent et Leigh, *Des templiers aux francs-maçons*, Rocher, 1994.
15. *Ibid.*
16. Schonfield, *The Essene Odyssey*, Element Books, Shaftesbury, 1984, pp. 162-164.

17. Hancock.
18. Cf. chapitre 13.
19. Cf. Lee Irwin, « The Divine Sophia : Isis, Achamoth and Ialdabaoth », in Fideler (éd.), *Alexandria 3*, Phanes Press, Grand Rapids, 1995.
20. Entretien avec Niven Sinclair, 4 mai 1996.
21. Spelman Timmins, « Celestial Harmonies », *The Unexplained*, n° 153, p. 3041.
22. Andrew Sinclair, p. 110.
23. Hancock.
24. Pour une étude de la géométrie, en particulier appliquée à l'architecture des constructions templières, cf. Hancock, *The Byrom Collection*, Jonathan Cape, Londres, 1992, chapitre 5. Évoquant les implications de la possession de cette connaissance par les templiers, Hancox (p. 157) pose la question : « S'intégrait-elle dans une philosophie plus large que l'Église ne pouvait que qualifier d'hérétique ? »
25. Nataf, *Les Maîtres de l'occultisme*, Bordas, Paris, 1988.
26. Baigent et Leigh, chapitre 4.
27. *Ibid.*
28. La construction du Temple de Salomon est décrite dans le premier livre des Rois, chapitres 5-7.
29. Cf. chapitre 6.
30. Pour des détails sur la vie de Flamel et sa réalisation du Grand Œuvre, cf. Holroyd et Powell, *Mysteries of Magic*, Bloomsbury Books, Londres, 1991, pp. 171-182. Ce livre comprend également un récit (prétendument) du XIXe siècle, qui rapporte une rencontre avec les toujours vivants Nicolas et Perenelle Flamel. Signalons cependant que ce « texte peu connu » est intitulé *The Lying Raven* (*Le corbeau menteur*) et signé d'une certaine Ninian Bres, ce qui n'est autre qu'une anagramme du vrai nom de l'un des auteurs de *Mysteries of Magic !*
31. Cf. notre *Turin Shroud...*, p. 95.
32. Cf. les illustrations qui accompagnent l'article de Kenneth Rayner Johnson « The Image of Perfection », in *The Unexplained,* n° 45, p. 828.
33. Cf. planche 13 in *Le Mystère de l'arche perdue*, Pygmalion, 1993, de Hancock.
34. St Victor, *Epiphany*, Sancta Sophia, Leuvens, 1991, p. 90.
35. Walker, pp. 866-867.
36. Ean et Deike Begg, *In Search of the Holy Grail and the Precious Blood*, Thorsons, Londres, 1995, p. 79.
37. Godwin, p. 47.
38. Le conte de Peredur est l'un des contes gallois connus sous le titre de *Mabinogion*. Cf. la traduction de Gwyn Jones et Thomas Jones.
39. Godwin, p. 47.
40. *Ibid.*, p. 80.
41. Baigent, Leigh et Lincoln, *L'Énigme sacrée*, p. 261.
42. Godwin, p. 47.
43. Wolfram von Eschenbach, *Parzival* (trad. E. Tonnelet), Paris, 1977.
44. Baigent, Leigh et Lincoln, *L'Énigme sacrée*, pp. 263-264.
45. Wolfram von Eschenbach, *Parzival*.
46. Baigent, Leigh et Lincoln, *L'Énigme sacrée*, chapitre 11.
47. Godwin, p. 176.
48. Par exemple, Wolfram von Eschenbach, *Parzival*.

49. Godwin, p. 206.
50. C. De Hoghton, « Parsifal », *Man, Myth and Magic*, n° 76, pp. 2143.
51. Par exemple, Ian Wilson, *The Turin Shroud*, Penguin, Londres, 1979, pp. 205-206. Tr. fr. : *Le Suaire de Turin*, Albin Michel, 1978.
52. Cf. les chefs d'accusation retenus contre les templiers, reproduits dans l'appendice A de Barber, *The Trial of the Templars*.
53. *Ibid.*, p. 163.
54. Schonfield, *The Essene Odyssey*, p. 165.
55. De Voragine, vol. 2, p. 132.
56. Upton, *The Valley of Pyrene*, Cassell & Co, Londres, 1955, pp. 135-138.
57. Ean et Beike Begg, p. 42.
58. Tarade et Barani, pp. 134-137.
59. Waite, *The Hidden Church of the Holy Graal*, Rebman, Londres, 1909, p. 561.
60. *Ibid.*, p. 448.

Chapitre 6 : L'héritage templier
1. Hancox, pp. 183-185.
2. Yates, *The Rosicrucian Enlightenment*, Routledge & Kegan Paul, Londres, 1970, chapitre XIII.
3. Il s'agit de la réception de sir Robert Moray dans la loge Mary's Chapel d'Édimbourg, laquelle était donc antérieure à cette date.
4. Robinson, *Les Secrets perdus des francs-maçons*, Rocher, 1994.
5. Cité in Spence, *An Encyclopedia of Occultism*, G. Routledge & Sons, Londres, 1920, p. 174.
6. Robinson, p. 237.
7. Thomas Norton, *Ordinall of Alchemy* (cf. note 5).
8. Yates, *The Rosicrucian Enlightenment*, chapitre XIV.
9. Dans l'histoire de l'ordre de la Jarretière d'Ashmole (1640). Yates a décelé une relation étroite entre cet Ordre et les rosicruciens du XVIIe siècle. Voilà qui est intéressant, étant donné que l'ordre de la Jarretière est considéré comme une continuation du cérémonial des chevaliers du Temple.
10. Sur la chapelle de Rosslyn et la famille Saint-Clair, cf. Sinclair, *The Sword and the Grail* et Wallace-Murphy, *The Templar Legacy and the Masonic Inheritance within Rosslyn Chapel*, Friends of Rosslyn, Roslin, 1994.
11. *Kenning's Masonic Cyclopaedia and Handbook of Masonic Archaeology, History and Biography*, p. 558. La « Charte Saint-Clair », qui déclare que les Saint-Clair/Sinclair étaient des protecteurs héréditaires de la franc-maçonnerie, est censée datée de 1441, mais la première copie connue date d'environ 1600.
12. Cf. Baigent, Leigh et Lincoln, *The Messianic Legacy*, pp. 361-367. Niven Sinclair, qui a poussé très avant l'étude de la généalogie de sa famille, nous apprend que Plantard aurait « un lien raisonnable » avec la branche française des Saint-Clair.
13. Sinclair, p. 3.
14. La légende du meurtre d'Hiram Abiff, architecte en chef du Temple de Salomon, et la recherche de son corps forment le thème central de certains rituels d'initiation maçonnique. Cf. Robinson, chapitre 21.
15. Sinclair, p. 171.
16. Les citations qui suivent sont extraites d'un entretien avec Niven Sinclair, dans sa maison du Surrey, le 4 mai 1996.

17. Walker, p. 360.
18. Par exemple, Sinclair, p. 86.
19. *Ibid.*, p. 77.
20. Cf. Baigent et Leigh, chapitre 1 de la deuxième partie.
21. Robinson, p. 229.
22. Pennick, *Hitler'Secret Sciences*, Neville Spearmen, Sudbury, 1981, pp. 9-10.
23. Par exemple, Partner, *The Murdered Magicians*, Oxford University Press, 1981, p. 117.
24. Baigent et Leigh, pp. 267-269.
25. La liste du Prieuré de Sion recouvre les huit premiers grands maîtres du Temple, de 1118 à 1188, et est publiée dans les *Dossiers secrets d'Henri Lobineau*, de Philippe Toscan du Plantier, planche 4 (cf. chapitre 2, note 12). Ce document s'appuierait sur le Livre des Constitutions des « Commanderies de Genève ». Sur le lien entre la liste du baron von Hund, cf. Baigent et Leigh, pp. 239-240.
26. Baigent, Leigh et Lincoln, *L'Énigme sacrée*, pp. 142-143.
27. Partner, p. 118 ; J. M. Roberts, *The Mythology of the Secret Societies*, Seckert & Warburg, Londres, 1972, p. 98.
28. Nataf, p. 146.
29. Yates, *Giordano Bruno…*, Routledge & Kegan Paul, Londres, 1964, p. 449.
30. Cf. Yates, *The Occult Philosophy in the Elizabethan Age*, Routledge & Kegan Paul, Londres, 1979, chapitre II.
31. Yates, *Giordano Bruno…*, pp. 111-115.
32. Cf. bibliographie.
33. Yates, *Giordano Bruno…*, p. 215.
34. Par exemple, Luckert, *Egyptian Light and Hebrew Fire*, State University of New York Press, 1991.
35. Suggestion avancée par Frances Yates en 1966 dans *L'Art de la mémoire* (Gallimard, 1987), mais elle fut considérée comme une simple spéculation jusqu'à ce qu'elle reçût une confirmation remarquable des *Byrom Papers*, qui contenaient un plan du Globe et d'autres théâtres élisabéthains.
36. Yates, *The Occult Philosophy*, chapitre XV.
37. Yates, *Giordano Bruno…*, p. 312.
38. Sur le rôle de Dee dans la création des rosicruciens, cf. Yates, *The Rosicrucian Enlightenment*, chapitre III, et *The Occult Philosophy*, chapitres VIII et IX.
39. Les textes des deux manifestes rosicruciens sont reproduits dans les appendices de l'ouvrage de Yates, *The Rosicrucian Enlightenment.*
40. *Ibid.*, p. 38.
41. Cité in *ibid.*, p. 44.
42. *Ibid.*, p. 118.
43. Cité in Baigent, Leigh et Lincoln, *L'Énigme sacrée*, p. 378.
44. *Le Mariage alchimique* est résumé in Yates, *The Rosicrucian Enlightenment*, chapitre 5.
45. *Ibid.*, chapitre VI.
46. Spence, p. 174.
47. Yates, *The Rosicrucian Enlightenment*, pp. 182-185.
48. *Ibid.*, p. 183.
49. Hancock.

50. Yates, *The Rosicrucian Enlightenment*, p. 210.
51. *Ibid.*, p. 211.
52. Hancox, *The Byrom Collection.*
53. *Ibid.*, p. 131.
54. Cf. Ellic Howe, « German Occult Groups », in Cavendish (éd.), *The Encyclopedia of the Unexplained*, Routledge & Kegan Paul, Londres, 1974, p. 89 ; Ellic Howe, « Rosicrucians », *Man, Myth and Magic*, n° 87, p. 2426 ; J. M. Roberts, *The Mythology of the Secrets Societies*, p. 102.
55. Cf. Findel, *The History of Freemasonry*, George Kenning, Londres, 1869, pp. 233-234 et Robert Amadou, « Martinès de Pasqually et l'ordre des Élus Cohen », *L'Originel*, n° 2 (automne 1995).
56. Nataf.
57. Cf. l'interview de Sebastiano Caraccioli (actuel président du Rite Ancien et Primitif de Misraïm et Memphis), *L'Originel*, n° 2 (automne 1995), p. 38.
58. De Sède, *Rennes-le-Château*, pp. 205-206. Le lien entre Ormus et l'ordre de la Rose-Croix d'or est discuté dans les recherches de Jean-Pierre Bayard sur les rosicruciens.
59. Nos remerciements à Filip Coppens pour avoir attiré notre attention sur ce point.
60. Baigent, Leigh et Lincoln, *The Messianic Legacy*, pp. 426-428.
61. Par exemple, Partner, p. 135.
62. Baigent et Leigh, p. 103.
63. Pour des exemples de critiques classiques de la Charte Larmenius, cf. Findel, *The History of Freemasonry* et Grégoire, *Histoire de sectes religieuses*, vol. 2, Baudoin Frères, Paris, 1828-1829, pp. 401-402.
64. Ces points sont discutés en détail in F. J. W. Crowe, « The "Charta Transmissions" of Larmenius », *Transactions of the Quatuor Coronati Lodge.* (Notre exemplaire ne porte aucune précision quant à la date de publication ou à l'éditeur.) Nos remerciements à Guy Patton qui nous a procuré une copie de cet article très utile, contenant des reproductions de la Charte Larmenius ainsi que du texte latin original.
65. Le *Levitikon* daterait au moins du XVe siècle. Certains érudits le font remonter au XIIIe siècle, d'autres, au XIe – cf. Grégoire, vol. 2, p. 407. (Grégoire, un évêque, est hostile au contenu du *Levitikon*, mais admet qu'il remonte au moins au XIIIe siècle.)
66. Le résumé (du *Levitikon*) qui suit est emprunté à Grégoire, vol 2, pp. 407-422.
67. R. McL. Wilson, p. 43.
68. Lévi, *Histoire de la magie*, Germer Baillière, Paris, 1860.
69. *Ibid.*, p. 271.
70. Lévi, *Histoire de la magie.*
71. Pike, *Morals and Dogma of the Ancient and Accepted Scottish Rite of Freemasonry*, A.·. M.·., Charleston, 1871, p. 821. (Nos remerciements à Filip Coppens pour nous avoir indiqué cet ouvrage.)
72. Lévi.
73. Pike, p. 821.
74. *Ibid.*
75. Arkon Daraul, in *Secret Societies*, Frederick Muller, Londres, 1961, cite les paroles du maître du Temple anglais à Henri III en 1252 : « Tant que vous pratiquerez la justice, vous régnerez ; mais si vous l'enfreignez, vous cesserez d'être roi ! »

76. Cf. les notes de Waite à sa traduction de *Histoire de la magie*, de Lévi, p. 174.
77. Robinson.
78. Ernest Beha, in *A Dictionary of Freemasonry*, Arco, Londres, 1962, dit : « La raison d'adopter les deux saints Jean est obscure. » La question fut le sujet d'une étude du révérend George Olivier, en 1848, intitulée *A Mirror for the Johannite Masons*, Richard Spencer, Londres, 1848, qui conclut que le respect témoigné par les maçons à Jean Baptiste est due au fait qu'il était, en son temps, grand maître de la franc-maçonnerie !
79. Hancock.
80. Le Iohnisme est une école de mystères avec des filiales dans tous les pays, surtout en France et en Grande-Bretagne. Il prétend dériver de l'Église de Jean originelle, et prône aussi l'adoration de la déesse Isis. Cependant, il lui est impossible de prouver ses prétentions, voire de proposer un mythe de fondation, aussi nous considérons qu'il n'entre pas dans le cadre de notre étude.

Chapitre 7 : Sexualité : le sacrement ultime
1. Jung, *Psychologie et alchimie*, Buchet-Chastel, Paris, 1970.
2. Holroyd et Powell, pp. 175-176.
3. Mann et Lyle, p. 175.
4. Benjamin Walker, « Tantrism », *Man, Myth and Magic*, n° 109, p. 2780.
5. Brian Innes, « Alchemy : Sex and Symbol », *The Unexplained*, n° 50, p. 988.
6. Mann et Lyle, p. 170.
7. Nataf, pp. 6-7.
8. Walker, p. 19.
9. *Ibid.*, pp. 9-10.
10. Denis Labouré, « De Cagliostro aux Arcana Arcanorum », *L'Originel*, n° 2 (automne 1995), p. 20.
11. Lindsay, *Les Origines de l'alchimie dans l'Égypte gréco-romaine*. Rocher, Monaco, 1986. (Nos remerciements à Steve Moore, qui nous a indiqué cet ouvrage.)
12. *Ibid.*
13. Sur Marie la Juive, cf. *ibid.*, chapitre 11.
14. *Ibid.*
15. *Ibid.*
16. Redgrove, *The Black Goddess and the Sixth Sense*, Bloomsbury, Londres, 1987, p. 131.
17. Newman, p. 172.
18. Pour une discussion des éléments religieux des traditions des troubadours et des *Minnesänger*, cf. *ibid.*, chapitre 5.
19. Walker, pp. 859-864.
20. Newman, p. 167.
21. Redgrove, p. 135.
22. Walker, p. 866.
23. *Ibid.*, pp. 182-183.
24. Newman, p. 25.
25. Cité in Walker, p. 910.
26. Il est significatif que Tristan révèle le secret de cet autre nom en le murmurant à l'oreille de son aimée, pour la rassurer quand elle craint d'être enceinte. Cf. Roger S. Loomis et Laura H. Loomis, *Medieval Romance*, Modern Library,

New York, 1957, et H. A. Guerber, *Legends of the Middle Ages*, American Book Co., 1924. Nos remerciements à Jane Lyle pour cette information.
27. Cité in *Mann et Lyle*, p. 169.
28. Godwin, pp. 24-25.
29. Mann et Lyle, p. 162.
30. Riffard, *Dictionnaire de l'ésotérisme*, Payot, Paris, 1983, p. 154.
31. Ean Begg, p. 114.
32. Lévi.
33. Anderson, *Dante the Maker*, Routledge & Kegan Paul, Londres, 1980, p. 85.
34. *Ibid.*, p. 84.
35. *Ibid.*, p. 111.
36. *Ibid.*, p. 85.
37. *Ibid.*, p. 412.
38. Cité in King et Sutherland, *The Rebirth of magic*, Corgi, Londres, 1982.
39. Sinclair, p. 44.
40. Walker, p. 1085.
41. Yates, *Giordano Bruno…*, p. 280.
42. *Ibid.*, p. 281.
43. Nataf, p. 70.
44. Yates, *Giordano Bruno…*, p. 281.
45. Cité in *ibid.*, p. 281.
46. Cité in King et Sutherland, p. 170.
47. Newman, p. 227.
48. Cité in *ibid.*, p. 230.
49. *Ibid.*, p. 232.
50. Yates (*Giordano Bruno…*, p. 332), évoquant la dernière œuvre publiée de Bruno, parle d'imagerie « sexuelle violente », mais elle ne donne pas plus de précision.
51. *Ibid.*, p. 311.
52. *Ibid.*, p. 284.
53. Cf. Yates, *The Occult Philosophy…*, chapitre VI.
54. Flowers, *Fire and Ice*, Lewellyn Publications, St. Paul, 1994.
55. Ean Begg, p. 12.
56. Les johannites furent créés au début des années 1770, en s'inspirant des visions d'un certain Loiseault, qui prétendait avoir vu Jean Baptiste annoncer une période imminente de soulèvements, de chaos et le renversement de la monarchie. La Révolution française devait bientôt lui donner raison. Sur les liens des johannites avec Naundorff et Vintras, cf. Webb, *The Occult Undergroud*, Open Court, La Salle, 1974, pp. 298 *sqq*.
57. *Ibid.*, p. 299.
58. *Ibid.*, pp. 136-137.
59. *Ibid.*, p. 301.
60. Griffiths, *The Reactionnary Revolution*, Constable, Londres, 1966, p. 145.
61. Ean Begg, pp. 12-13.
62. Griffiths, pp. 129-135.
63. *Ibid.*, p. 131.
64. Information fournie par Jonothon Boulter.
65. Rémi Boyer, « Le Monde secret : pour une compréhension du monde des sociétés secrètes », *L'Originel*, n° 2 (automne 1995), p. 12.
66. De Sède, *Rennes-le-Château.*

67. King et Sutherland, p. 63.
68. Nataf, p. 162.
69. De Sède, *Rennes-le-Château*, p. 211.
70. Griffiths, p. 134.
71. De Sède, *Rennes-le-Château*, p. 32.
72. Calvé, p. 155.
73. Sur la vie de Cagliostro et sur sa carrière, cf. Colin Wilson, *L'Occulte*, P. Lebaud, 1990, partie 2, chapitre 5 ; F. Ribadeau Dumas, « Cagliostro », *Man, Myth and Magic*, n° 14, p. 388 ; et Tompkins, *The Magic of Obelisks*, pp. 108-151. Sur les relations avec la Stricte Observance Templière, cf. Tompkins, *The Magic of Obelisks*, Harper & Row, New York, 1981, p. 109 et Findel, p. 231.
74. Lévi, p. 409.
75. Denis Labouré, « De Cagliostro aux Arcana Arcanorum », *L'Originel*, n° 2 (automne 1995).
76. Marie-Jean Vinciguerra, « Garibaldi héros du Risorgimento et la maçonnerie italienne », *L'Original*, n° 2.
77. De Sède, *Rennes-le-Château*, pp. 204-206.
78. Frater U.·. D.·., *Secrets of the German Sex Magicians*, Lelwellyn, St Paul, 1991, pp. 3-4.
79. Cité in William Sargent, « Sex », *Man, Myth and Magic*, n° 91, p. 2541.
80. Cité in Tompkins, p. 243.
81. De Sède, *Rennes-le-Château*, pp. 2 208-209 ; Daniel Wagner, « La Golden Dawn et ses descendants », *L'Originel*, n° 2 (automne 1995).
82. Howe, « German Occult Groups » in Cavendish (éd.), *Encyclopedia of the Unexplained*, Daniel Wagner, « La Golden Dawn et ses descendants », *L'Originel*, n° 2 (automne 1995), p. 76.
83. Shu'al, *Sexual Magic*, Mandrake of Oxford, 1995.
84. Tompkins, p. 413.
85. Cité in *ibid.*, p. 413.
86. Cité in Greer, *Women of the Golden Dawn*, Park Street Press, Rochester, 1995, p. 352.
87. *Ibid.*, p. 357.
88. *Ibid.*, p. 451.
89. Cité in King et Sutherland, pp. 26-29.
90. *Ibid.*, p. 30.

Chapitre 8 : « Que ce lieu est redoutable »

1. L'église est généralement datée du Xᵉ ou du XIᵉ siècle, mais des études récentes ont révélé que certaines parties remontent au Vᵉ siècle. Cf. Sipra, *L'Architecture insolite de l'église de Rennes-le-Château*, Association Terre de Rhedae, Rennes-le-Château, 1992.
2. Il est difficile de dresser un tableau précis de l'affaire Saunière ; l'ordre des événements n'est nullement établi et de nombreux éléments douteux sont venus se greffer sur l'histoire. Nous ne disposons pas, ici, de l'espace nécessaire pour entreprendre une discussion détaillé du moindre détail, et le récit qui suit ne se veut qu'un bref aperçu de l'ensemble. Pour la liste des ouvrages consultés, cf. la bibliographie. Nous remercions aussi les investigateurs français et anglais qui nous ont éclairés de leurs lumières et nous ont aidés à préciser certains détails.

Il existe une ample littérature sur Rennes-le-Château en France – des critiques les plus sceptiques aux fantaisies les plus crédules. Les ouvrages de Pierre Jarnac (cf. bibliographie) sont toutefois indispensables au chercheur intéressé. Nous recommandons aussi *Rennes-le-Château : la colline envoûtée*, Guy Trédaniel, Paris, 1982, de Jean Robin.
Les ouvrages anglais (comme le nôtre) se limitent généralement à donner un résumé de l'affaire. L'étude de Gay Roberts, *The Mystery of Rennes-le-Château : A Concise Guide*, publiée par le Groupe de recherche sur Rennes-le-Château en Grande-Bretagne, présente un intérêt tout particulier.
3. Descadeillas, *Mythologie du trésor de Rennes-le-Château*, Savary, Carcassonne, 1974. (Cf. Chapitre 3 sur le Prieuré et Notre-Dame de Lumière.)
4. Alain Féral, « Deux abbés Saunière à Rennes-le-Château », *Association Terre de Rhedae*, bulletin n° 8 (octobre 1994), p. 34. (L'association Terre de Rhedae, basée à Rennes-le-Château, a pour objet l'étude du village et du mystère Saunière.)
5. De Sède, *Rennes-le-Château*, pp. 27-28.
6. Entretien avec les auteurs, 25 mai 1995.
7. Descadeillas, *Notice sur Rennes-le-Château et l'abbé Saunière*, Archives départementales de l'Aude, Carcassonne, 1962, p. 11.
8. *Ibid.*, p. 11.
9. La date officielle du changement de propriétaire est le 26 juillet 1946, mais le testament de la main de Marie Dénarnaud est daté du 22 juillet.
10. Corbu et Captier, *L'Héritage de l'abbé Saunière*, Bélisane, Cazilhac, 1995, p. 13.
11. *Ibid.*, pp. 12 et 43.
12. *Ibid.*, p. 59.
13. De Sède, *Rennes-le-Château*, p. 26.
14. Dans une lettre à Pierre Jarnac datée du 22 mai 1985, reproduite in Jarnac, *Les Archives du trésor de Rennes-le-Château*, vol. 2, p. 547.
15. Cf. Lincoln, *The Holy Place*, appendice 1.
16. Robin, *Le Royaume du Graal*, p. 36. La confession de Chérisey est parue dans un pamphlet intitulée *L'Énigme de Rennes* (1978).
17. Baigent, Leigh et Lincoln, *The Messianic Legacy*, p. 301.
18. Benoist Rivière, « Où il est question d'une maquette », in Rivière (éd.) *Lumières nouvelles sur Rennes-le-Château*, Benoist Rivière, Lyons, 1995, p. 101.
19. Pour plus de développement, cf. Keith Prince, « Terribilis Est Locus Iste », *Le Reflet*, n° 5 (automne 1995).
20. Billard a convaincu plusieurs fidèles âgés de modifier leur testament en sa faveur – les legs étant faits à titre individuel et non en sa capacité d'évêque. Le Vatican lui a interdit de pratiquer les saints offices pendant trois mois pour détournement de fonds. Aucune manœuvre illégale n'a pu être établie, mais beaucoup ont considéré que sa fortune n'avait pas une origine très éthique ; moins d'un mois après sa mort, un prêtre de sa juridiction a écrit que « le diocèse pouvait voir son décès comme une bénédiction ». (Cf. Jarnac, *Les Archives du trésor de Rennes-le-Château*, vol. 2, Bélisane, Nice, 1988, pp. 457-470.)
21. Deloux et Brétigny, p. 8.
22. Julien Coudy et Maurice Nogué, *Midi Libre*, 3-5 octobre 1975, cité in Jarnac, *Les Archives du trésor de Rennes-le-Château*, vol. 2, p. 443.
23. Sipra, p. 5.
24. De Sède, *Rennes-le-Château*, p. 173.

25. Robin, *Le Royaume du Graal*, p. 122.
26. Begg, p. 209.
27. La lettre est reproduite in Corbu et Captier, p. 37.
28. Birks et Gilbert, pp. 33-35.
29. Marie, *Alet-les-Bains*.
30. Baigent, Leigh et Lincoln, *L'Énigme sacrée*.
31. Sauf indication contraire, les détails de l'histoire du site sont empruntés à Mignault, *Notre-Dame de Marceille, Limoux...*
32. Paul Smith, « Verdict on Notre-Dame de Marceille », *The Rennes-le-Château Observer*, n° 11 (juin 1996), p. 13. (*The Rennes-le-Château Observer* est le journal du Groupe de recherche sur Rennes-le-Château.)
33. Cf. Gay Roberts, « The Broterhood of the Blue Penitents of Narbonne », *The Rennes-le-Château Observer*, n° 1.8 (septembre 1995), p. 6.
34. Cf. Jos Bertaulet, *De verloren Konig en de bronnen van de Graallegende*, Stichting Meens en Kultuur, Ghent, 1991, et Filip Coppens, « The Vault at Notre-Dame de Marceille ». *The Rennes-le-Château Observer*, n° 1.7 (mars 1995), p. 27.

Chapitre 9 : Un curieux trésor
1. Corbu et Captier, p. 278.
2. De Sède, *Rennes-le-Château*, p. 187.
3. Robin, *Le Royaume du Graal*, p. 36.
4. De Sède (*Rennes-le-Château*, pp. 79-80) raconte l'histoire de l'intérêt de Corbu pour l'affaire Saunière, ses rapports avec l'abbé Gau, l'investigation de l'archevêque Roncalli, et la donation du Vatican, mais il évite soigneusement de le nommer. Jania Macgillivray (cité in Deloux et Brétigny, p. 33) cite Corbu en évoquant sa relation avec Gau et la donation du Vatican.
5. De Sède dit que le sujet anonyme de son histoire a « trompé » l'évêché, mais il ne fournit pas de détails supplémentaires.
6. Paul Smith, in « The Plantard Grail » (*Pendagron*, vol XVII, n° 3), se réfère à cette déclaration faite dans le magazine belge *Bonne Soirée* (14 août 1980). Christopher Scargill, dans un article pour *Popular Archeology* (avril 1985) intitulé « The Abbé Saunière's *treasure* » cite la même déclaration, mais ne précise pas ses sources.
7. De Sède, *Rennes-le-Château*, pp. 201-202.
8. L'œuvre de Féral, sous le pseudonyme de Spatz, est publiée in Göte et Spatz, *Rennes-le-Château : clef du royaume des morts* (4 vol.), Atelier Empreintes, Rennes-le-Château, 1984-87. Cf. surtout le tome 3.
9. Jonothon Boulter, « Jansenism and Rennes », *The Rennes-le-Château Observer*, n° 1.7 (mars 1995), p. 18.
10. De Sède, *Rennes-le-Château*, pp. 25-26, citant un recueil d'écrits de Saunière publié sous le titre *Mon enseignement à Antugnac* (Éditions Bélisane, Nice, 1984).
11. Cf. Rappoport, *Ancient Israel*, vol. 1, Senate, Londres, 1995, p. 94.
12. Robin, *Rennes-le-Château : la colline envoûtée*, p. 142.
13. Entretien à Rennes-les-Bains, 25 mai 1995.
14. De Sède, *Rennes-le-Château*, pp. 189-194.
15. Cf. Guy Patton, « Mary Magdalene and Rennes-le-Château », *The Rennes-le-Château Observer*, n° 1.8 (septembre 1995), p. 15.
16. De Sède, *Rennes-le-Château*, pp. 218-219.

17. *Ibid.*, p. 194.
18. *Ibid.*, pp. 207-208.
19. Beigent, Leigh et Lincoln, *L'Énigme sacrée.*
20. *Ibid.*, p. Sur la relation entre le comte de Chambord et l'affaire de Rennes-le-Château, cf. Guy Patton, « Saunière et le comte de Chambord », *The Rennes-le-Château Observer*, n° 11 (juin 1996), p. 20.
21. Robin, *Rennes-le-Château*, p. 60.
22. De Sède, *Rennes-le-Château*, p. 218, d'après une information fournie par Aynard de Bissy, un descendant des Chefdebien.
23. Cité in Robin, *Rennes-le-Château*, p. 62.
24. Du fait de la nature de la vie et des activités de Monti, il est difficile d'obtenir des informations biographiques le concernant. Le récit suivant est tiré de Gérard de Sède (*Rennes-le-Château*, pp. 225-236), et provient d'un dossier compilé par Émile Hoffet qui se trouve aujourd'hui en possession de Gérard de Sède.
25. Robin, *Rennes-le-Château*, p. 151.
26. Extrait de la revue *Circuit*, n° 8, cité in de Sède, *Rennes-le-Château*, p. 236.
27. Descadeillas, *Notice sur Rennes-le-Château et l'abbé Saunière*, p. 8.
28. Corbu et Captier, p. 216.
29. Descadeillas, *Notice sur Rennes-le-Château et l'abbé Saunière*, p. 8.
30. Lionel et Patricia Fanthorpe, *Rennes-le-Château : Its Mysteries and Secrets*, Bellevue Books, Ashford, 1991, pp. 3 et 180.
31. Entretien avec André Galaup, Rennes-les-Bains, 28 juillet 1995.
32. J. E. Mansion, *New Standard French and English Dictionary*, George G. Harrap & Co., Londres, 1939. Nos remerciements à Keith Prince pour avoir attiré notre attention sur ce texte.
33. Madeleine Blancasall, *Les Descendants mérovingiens ou l'énigme du Razès wisigoth.* (Cf. chapitre 2, note 12.)
34. Antoine Captier, Marcel Captier et Michel Marrot, *Rennes-le-Château : le secret de l'abbé Saunière*, Éditions Bélisane, Nice, s.d. L'histoire de Saunière y est racontée en bandes dessinées, mais à en croire les souvenirs des villageois, ce serait la version la plus fidèle de l'affaire.
35. L'inscription est la suivante :
CE GIT NOBLE M/ ARIE DE NEGRE/ DARLES DAME/ DHAUPOUL/ DE/ BLANCHEFORT/ AGÉE DE SOIX/ ANTE SEPT ANS/ DÉCÉDÉE LE/ XVII JANVIER/ MDCOLXXXI : REQUIES CATIN/ PACE.
Que Bigou soit responsable du phrasé de la pierre tombale et des erreurs délibérées est confirmé par la découverte de l'amiral Georges Cagger, selon laquelle le nom « Bigou » est caché sous forme codée dans l'inscription – cf. l'appendice de Jean Robin, *Le Royaume du Graal.*
36. Gay Roberts, « Jacques et le Bean Stalk : A Fairy Story », *Le Reflet Newsletter in English*, n° 3.
37. De prétendues reproductions de la pierre tombale horizontale sont reproduites dans les *Dossiers secrets* ; elles seraient extraites d'un ouvrage d'Eugène Stüblein (1832-1899), *Pierres gravées du Languedoc.* Elles ont servi de base à toutes les reproductions ultérieures (avec des variations mineures). Cependant, on n'a retrouvé aucune trace de cet ouvrage de Stüblein, et il est aisé de démontrer que la version des *Dossiers secrets*, déposée à la Bibliothèque nationale en 1966 est un faux. Mais un ingénieur du nom d'Ernest Cros, ami de Saunière, a copié les inscriptions dans les années 1920. Ses notes confirment la version « Stüblein » sur presque tous les points, à l'exception de la phrase *Et in Arcadia ego.*

38. Les deux autres tableaux seraient *La Tentation de saint Antoine* de David Teniers – mais l'information ne précise pas s'il s'agit du père ou du fils ; en outre, tous deux ont traité à plusieurs reprises ce thème et l'on ignore auquel de leurs tableaux il est fait allusion – et un portrait du XIIIe siècle représentant le pape Célestin V.
39. De Sède, *Rennes-le-Château*, pp. 144-145.
40. Cité in Robin, *Le Royaume du Graal*, p. 107.
41. Migault, *Notre-Dame de Marceille, Limoux*, p. 5.
42. Deloux et Brétigni, p. 4.
43. Entretien avec Antoine et Claire Captier, à Rennes-les-Bains, le 25 mai 1995.
44. Antoine Bruzeau, « Marie Madeleine : de la Bible à la légende, de la légende à la tradition », in Rivière (éd.), *Lumières nouvelles sur Rennes-le-Château*, p. 11.
45. Antoine Bruzeau, «De Rennes-le-Château au Pilat», *Lumières nouvelles sur Rennes-le-Château*, p. 82.
46. Benoist Rivière, «Bérenger Saunière à Lyon ?» *Lumières nouvelles sur ennes-le-Château*, p. 95
. *L Indépendant*, 24 septembre 987

Chapitre 10 : Le courant souterrain
1. Jean Robin, *Rennes-le-Château...*, p. 80, citant de Sède, *Les templiers sont parmi nous.*
2. Baigent, Leigh and Lincoln, *L'Énigme sacrée.*
3. Guy Patton, in *The RC Observer*, n° 19 (décembre 1995), commente des informations fournies par Roger-René Dagobert. Malgré son surnom évocateur, Dagobert est un authentique descendant d'une famille noble de Normandie, dont les ancêtres étaient étroitement liés aux sociétés maçonniques du Languedoc, formées autour du marquis de Chefdebien et de la famille Hautpoul. Selon son rapport, François Mitterrand et Pierre Plantard étaient associés sous le régime de Vichy dans le sud de la France.
4. Toscan du Plantier, *Dossiers secrets d'Henri Lobineau.* Cf. aussi Baigent, Leigh et Lincoln, *L'Énigme sacrée.*

Chapitre 11 : Les fausses vérités des Évangiles
1. La découverte fut révélée dans le documentaire de la BBC « The Body in Question », diffusé dans le cadre de la série *Heart of the Matter*, le 7 avril 1996 (produite et dirigée par Christopher Mann). Cf. aussi Joan Bakewell, « The Tomb that Dare not Speak its Name », *Sunday Times Nnews Review* ; 31 mars 1996.
2. Vermes, *Jesus the Jew,* William Collins, Londres, 1973, p. 114.
3. Golb, *Qui a écrit les manuscrits de la mer Morte ?*, Plon, 1998.
4. Knight et Lomas, p. 54.
5. La question de savoir si Jésus a procédé à des baptêmes a fait l'objet de discussions depuis les premiers temps de l'Église. Les deux seuls commentaires à ce sujet proviennent de l'Évangile de Jean et sont contradictoires. Jean 3 : 23 dit que Jésus baptisait, alors qu'un peu plus loin, Jean 4 : 2, on lit : « Toutefois, Jésus ne baptisait pas lui-même, mais c'étaient ses disciples. » Si cette dernière affirmation est vraie, alors qui a baptisé les disciples.
6. Cela est reconnu même par de nombreux théologiens catholiques. Ainsi, le père Philippe Devoucoux du Buyson, in « Marie Madeleine : témoin de la Passion-

Résurrection », *Dieu est amour* (n° 115, ai 1989) écrit : « Marie Madeleine prend la suite de Jean Baptiste. »
7. Ricci, p. 172.
8. Par exemple, Marc 2 : 18-22.
9. Par exemple, Luc 7 : 18-23.
10. Luc 7 : 28, Matthieu 11 : 11.
11. Vermes, pp. 32-33.
12. Smith, *Jesus the Magician*, Victor Gollancz, Londres, 1978, p. 26.
13. Saint Victor, *Epiphany*, p. 81.
14. Par exemple, Luc 5 : 37.
15. Cf. *The Encyclopedia of Religion* (éd. Micea Eliade), MacMillan, New York, 1987.
16. Cf. Ian Wilson, *Are These the Words of Jesus ?*, pp. 31-33. Certains manuscrits anciens du Nouveau Testament mentionnent cet épisode in Luc.
17. Vermes, p. 21.
18. Marc 6 : 3. Matthieu, visiblement conscient de ce problème, parle de « *fils du charpentier* », alors que les autres Évangiles omettent purement et simplement la référence.
19. A. N. Wilson, *Jesus*, Sinclair-Stevenson, Londres, 1992, p. 48.
20. On s'accorde généralement à reconnaître que Marc écrivit le premier Évangile vers 70 de notre ère, et que Matthieu et Luc ont, du moins en partie, basé leurs récits sur celui de Marc – leurs Évangiles auraient été écrits entre 70 et 90. En raison du caractère très différent de l'Évangile de Jean, on a supposé qu'il était le dernier et daterait d'environ 100 de notre ère. Cependant, ces dates ne font pas l'unanimité : certains prétendent encore que le premier Évangile fut celui de Matthieu, et d'autres, que ce fut celui de Jean.
Ces dates se fondent sur des déductions et des conjectures, en l'absence de toute preuve solide. Les plus anciens manuscrits datent de la première moitié du IVe siècle. Il existe des fragments du IIe siècle – le plus ancien, en fait, provient de l'Évangile de *Jean* et serait à situer entre 130 et 150.
Récemment, Carsten Peter Thied a suggéré qu'un minuscule fragment de l'Évangile de Matthieu – conservé (ironiquement ?) au Magdalene College d'Oxford – date, en réalité, des années 40 du premier siècle, dix ans à peine après la crucifixion. Si c'est exact, toutes les hypothèses actuelles seraient battues en brèche. Cependant, si de nouvelles recherches devaient confirmer cette assertion, elles auraient des implications significatives pour notre propre investigation. Le fragment contient des éléments de deux épisodes familiers : Marie Madeleine oint Jésus et l'eucharistie lors de la Cène, lesquels sont essentiels dans notre travail. Si la nouvelle date proposée est confirmée, cette indication viendrait confirmer les arguments exposés aux chapitres 12 et 13. (Cf. Thiede et d'Ancona, *The Jesus Papyrus*, Weidenfeld & Nicolson, Londres, 1996.)
21. Cf., par exemple, A. N. Wilson, chapitre III.
22. Par exemple, John A. T. Robinson, *The Priority of John*, SCM Press, Londres, 1985.
23. Sur le concile de Nicée, cf. Ayerst et Fisher, *Records of Christianity, Volume I* : *In the Roman Empire* ; Basil Blackwell, Oxford, 1971, pp. 144-146.
24. Burton L. Mack, résumant la position actuelle des spécialistes du Nouveau Testament dans *The Lost Gospel*, dit que sur les cinq cents paroles attribuées à Jésus, au mieux dix pour cent peuvent être authentiques.
25. Cf. Sanders, *Jesus and Judaism*, SCM Press, Londres, 1985, p. 15.

26. La crucifixion était une peine *romaine* punissant les crimes civils. Si les Juifs avaient exécuté Jésus pour blasphème, comme le suggèrent les Évangiles, il aurait été lapidé. En conséquence, les dirigeants juifs n'auraient pas eu à faire intervenir le gouverneur romain.
27. Sanders, in *Jesus and Judaism*, expose et analyse la position actuelle des spécialistes du Nouveau Testament, et aborde en détail nombre des problèmes fondamentaux évoqués ici. Sanders recense huit « faits indicutables » concernant Jésus, qui font l'unanimité : 1° Il fut baptisé par Jean ; 2° Il était un prêcheur et un guérisseur galiléen ; 3° Il avait des disciples ; 4° Son activité était confinée à la Palestine ; 5° Il était impliqué dans une controverse concernant le Temple de Jérusalem ; 6° Il fut crucifié par les Romains ; 8° Le nouveau mouvement fut persécuté par certains Juifs. *Tout le reste* est sujet à caution.
28. Cette déclaration choquera de nombreux lecteurs, chrétiens ou non. Pourtant, aucun fait exposé dans les Évangiles ne justifie le traitement subi par Jésus. Pour une discussion détaillée de la question, cf. Sanders, *Jesus and Judaism*.
29. Schonfield, *The Passover Plot*, Hutchinson, Londres, 1965, p. 109.
30. Jésus indique à deux de ses disciples où trouver l'âne attaché, et il ajoute : « Si quelqu'un vous dit : Pourquoi faites-vous cela ? répondez : Le Seigneur en a besoin. Et à l'instant, il le laissera venir ici. » (Marc 11 : 2-7). (Ibid., p. 119.)
31. *Ibid.*, pp. 138-139.
32. Cf. Baigent, Leigh et Lincoln, *The Messianic Legacy*, p. 72.
33. Smith, *The Secret Gospel*. Pour des réactions à la découverte de Smith, cf. Shawn Eyer. « The Strange Case of the Secret Gospel according to Mark », in *Alexandria 3*, p. 103.
34. Smith, *The Secret Gospel*, p. 17.

Chapitre 12 : La femme que Jésus embrassait
1. Torjesen, pp. 9-10.
2. Cf. Walker, p. 644.
3. Cité in Newman, pp. 13-14.
4. Haskins, p. 40.
5. Nos remerciements à Keith Prince pour avoir étudié cette question pour nous.
6. Walker, pp. 613-616.
7. Starbird, *The Woman with the Alabaster Jar*, Bear & Co, Santa Fe, 1993, p. 50.
8. Vermes, p. 102.
9. *Ibid.*
10. Baigent, Leigh et Lincoln, *L'Énigme sacrée*.
11. Phipps, *The Sexuality of Jesus*, Harper & Row, New York, 1973, p. 69.
12. Haskins, p. 18.
13. Phipps, *The Sexuality of Jesus*, p. 62.
14. Cf. Schonfield, *The Passover Plot*, p. 156.
15. Cf. Walker, pp. 501-508.
16. Qualls-Corbett, *The Sacred Prostitute*, Inner City Books, Toronto, 1988, p. 25.
17. Pour les nombreux parallèles entre le Cantique des Cantiques et les textes de mariages sacrés, cf. Pope, *Song of Songs*.
18. Starbird, p. 43, citant Bayley, *The Lost Language of Symbolism*, Williams & Norgate, Londres, 1912.
19. Qualls-Corbett, pp. 104-105.

20. Baigent, Leigh et Lincoln, *L'Énigme sacrée*, pp. 296.
21. Qualls-Corbett, pp. 104-105.
22. Pope, p. 192.
23. Redgrove, pp. 125-126.
24. Walker, p. 615.
25. *Ibid*, p. 614.
26. R. McL. Wilson, p. 21.
27. Les deux citations tirées de l'Évangile de Philippe concernant Marie Madeleine se situent dans le cadre de discussions relatives à l'Esprit Saint/ Sophia. Cf. ibid., pp. 39 et 107.
28. *Ibid.*, p. 50.
29. Schneemelcher, p. 93.
30. Jean 20 : 9.

Chapitre 13 : Le fils de la déesse
1. Mack, p. 193.
2. Gascoigne, p. 12.
3. Cité in Ayerst et Fisher, pp. 2-3.
4. *Ibid.*, p. 11.
5. *Ibid.*, pp. 14-16.
6. Cf. Schonfield, *The Pentecost Revolution*, p. 34.
7. *Ibid.*
8. Il est possible que le récit de Jésus dans le *Slavonic Josephus* renferme une référence authentique à Jésus. Il s'agit d'une version de *La Guerre juive* traduite en grec à une époque lointaine, et qui ne reprendrait pas les modifications introduites en Occident, inconnue en Europe jusqu'à la fin du XIXe siècle. La plupart des érudits la considèrent comme un faux, mais l'image qu'elle donne de Jésus – thaumaturge et rebelle – est si inhabituelle qu'il est difficile d'imaginer qu'elle fut imaginée par un chrétien. Cette présentation est en accord avec les conclusions plus récentes relatives à Jésus – et notamment les nôtres –, le moment est donc peut-être venu de considérer ce texte sous un nouvel éclairage. (Cf. Eisler, *The Messiah Jesus and John the Baptist*, Methuen & Co, Londres, 1931.)
9. Ashe, *The Virgin*, Arkana, Londres, 1976, pp. 41-43.
10. Hector Hawton, introduction à Robertson, *Pagan Christs*, Barnes & Noble, New York, 1993, p. 8.
11. Robertson, p. 52.
12. *Ibid.*, p. 53.
13. *Ibid.*, p. 68.
14. *Ibid.*, p. 52.
15. Mack, p. 22.
16. Schonfield, *The Passover Plot*, p. 204.
17. Osman, *The House of the Messiah*, Harper Collins, Londres, 1992.
18. Smith, *Jesus the Magician*, p. 147.
19. A. N. Wilson, p. 8.
20. Mack ; p. 2.
21. Morton Smith consacre un appendice sur ce point dans *Jesus the Magician.*
22. Smith, *Jesus the Magician*, p. 29.
23. Stewart, *The Foreigner*, Hamish Hamilton, Londres, 1981, p. 34.
24. Mack, p. 51.

25. Schonfield, *The Passover Plot*, p. 37.
26. Mack, p. 53.
27. Smith, *Jesus the Magician*, p. 68.
28. Mack, p. 59.
29. *Ibid.*, p. 53.
30. Schonfield, *The Passover Plot*, p. 209.
31. Schonfield, *The Pentecost Revolution*, Hutchinson, Londres, 1974, p. 278.
32. Keith Prince nous a fait remarquer le parallèle – un événement recensé par trois auteurs romains, Dio Cassius, Suétone et Plotin. En 66 de notre ère, Tiridates, roi d'Arménie, rendit visite à Néron à Rome, accompagné des fils de trois souverains voisins de La Parthie, où le zoroastrisme – la religion des mages – était bien implantée. Il venait, en fait, adorer Néron comme un dieu, et Tiridates déclara : « Je suis venu, mon dieu, vous rendre hommage comme je rends hommage à Mithra. » Le récit s'achève ainsi : « Le roi ne revint pas par la route qu'il avait empruntée à l'aller, mais... par une route différente » – comme dans l'histoire de l'Évangile.
33. A. N. Wilson, p. 124.
34. Smith, *Jesus the Magician*, p. 147.
35. Par exemple, Ian Wilson, *Are These the Words of Jesus ?*, p. 20.
36. A. N. Wilson, p. 123.
37. Par exemple, Stewart, p. 64.
38. Crossan, *Who Killed Jesus ?*, HarperCollins, New York, 1995, p. 64.
39. Smith, *Jesus the Magician*, pp. 96-97.
40. Stewart, p. 61.
41. A. N. Wilson, p. 21.
42. Stewart, p. 119.
43. *Ibid.*, p. 100.
44. *Ibid.*, p. 133.
45. Schonfield, *The Passover Plot*, p. 219. Cf. aussi Ayerst et Fisher, p. 32.
46. Schonfield, *The Passover Plot* (cite T. J. Meek).
47. *Ibid.*, p. 227.
48. Ashe, p. 37.
49. Osman, p. 50.
50. Stewart, p. 77.
51. Marc 16 : 34-15 et Matthieu 28 : 46-47.
52. Stewart, *The Foreigner*, appendice C.
53. Ashe, p. 14.
54. *Ibid.*, p. 39.
55. Walker, p. 454.
56. George Witterschein, Introduction à Gaus, *The Unvarnished New Testament*, pp. 15-16.
57. Gaus, p. 171.
58. Sur l'association gnostique entre Sophia et l'Esprit Saint, cf. R. McL. Wilson, p. 14.
59. Luckert, p. 322.
60. Cf. Morton Smith, *Jesus the Magician*, pp. 47-49.
61. *Ibid.*, p. 94.
62. *Ibid.*, p. 120.
63. Peter James, « Birth of the Gods », *The Unexplained*, n° 154, p. 3063.
64. Smith, *Jesus the Magician*, p. 123.

65. *Ibid*., p. 33.
66. *Ibid*., p. 94. Sur les pratiques magiques des premiers chrétiens égyptiens, cf. Meyer et Smith, *Ancient Christian Magic*, HarperCollins, San Francisco, 1994.
67. Walker, p. 750.
68. Wallis Budge, *The Book of the Dead*, British Museum, Londres, 1899, p. 440.
69. Walker, pp. 748-749.
70. Vermes, p. 114.
71. Schonfield, *The Passover Plot*, p. 177.
72. Luckert, pp. 320-322.
73. Walker, pp. 453-454.
74. Doresse, *Les Livres secrets des gnostiques d'Égypte*, Rocher, Monaco, 1983.
75. Patai, *The Hebrew Goddess*, Wayne State University Press, Detroit, 1990, p. 53.
76. Luckert, p. 157.
77. Cf. Ashe, p. 26.
78. *Ibid*., pp. 26-30.
79. Mack, p. 150.
80. Cf. Heyob, *The Cult of Isis among Women in the Graeco-Roman World*, E.J. Brill, Leiden, 1975, p. 60, et Jones et Pennick, *A History of Pagan Europe*, Routledge, Londres, 1995, chapitre 4.
81. Cf. Heyob, pp. 115-119.
82. R. Merkelbach, « Isis », *Man, Myth and Magic*, n° 51, p. 1461.
83. Heyob, p. 60.
84. Merkelbach, « Isis », p. 1463.
85. *Ibid*., p. 1461.
86. S. G. F. Brandon, « Baptsim », *Man, Myth and Magic*, n° 5, p. 217.
87. *Ibid*., cite Romains 6 en exemple.
88. Jones et Pennick, p. 57.
89. Heyob, pp. 64-66.
90. S. G. F. Brandon, « Dying God », *Man, Myth and Magic*, n° 26, p. 739.
91. Meyer (éd.), *The Ancient Mysteries*, HarperCollins, San Francisco, 1994, p. 8.
92. Luckert (p. 294) cite Helmut Koestler : « Il est (...) impensable que la mission chrétienne ait ignoré Alexandrie pendant plusieurs décennies (...) Les débuts du christianisme en Égypte furent "hérétiques", et donc les écrits chrétiens composés en Égypte à cette époque n'ont pas été préservés. »
93. Doresse.
94. Eliade, vol. 1, p. 85.

Chapitre 14 : Jean Christ
1. Luc 1 : 46-55.
2. L'histoire de l'exécution de Jean Baptiste est rapportée in Matthieu 14 : 3-12 et Marc 6 : 17-29. Luc parle uniquement de son arrestation ; quant à Jean, il l'ignore purement et simplement.
3. La seule modification possible est l'addition de l'épithète « le Baptiste », étant donné qu'il est permis de se demander si Josèphe pouvait avoir eu connaissance du terme.
4. Le récit de Matthieu (3 : 1-12) situe Jean en Judée, mais sur la côte orientale du Jourdain, donc en Pérée (le Jourdain marquant la frontière).

5. Kraeling, *John the Baptist*, Charles Scribner's Sons, Londres, 1951, p. 7.
6. *Ibid.*, pp. 10-11.
7. *Antiquities of the Jews*, Livre 18, cité in Robert L. Webb, *John the Baptizer and Prophet*, Sheffield Academic Press, 1991, p. 32.
8. Robert L. Webb, p. 36.
9. Schonfield, *The Passover Plot*, p. 72.
10. Kraeling, p. 87.
11. *Ibid.*
12. Luc 11 : I.
13. Wallis-Budge, *Egyptian Magic*, Dover Publications, New York, 1971, p. 116.
14. Vermes, p. 31.
15. Schonfield, *The Essene Odyssey*, p. 40.
16. *Ibid.*, p. 58.
17. Knight et Lomas, chapitre 11.
18. A. N. Wilson, p. 112.
19. L'article de Kraeling est paru dans le *Journal of Biblical Literature*, LIX, 2 (1940).
20. Smith, *Jesus the Magician*, p. 34.
21. Kraeling, p.160.
22. Smith, *Jesus the Magician*, p. 34.
23. *Ibid.*, p. 97.
24. *Ibid.*
25. Par exemple, Marc 12 : 27-33.
26. Livre de Jacques, 23 : 1-3. Cf. James, *The Apocryphal New Testament*, p. 48. (Nos remerciements à Craig Oakley qui a attiré notre attention sur cet épisode.)
27. Kraeling, p. 16.
28. *Ibid.*, pp. 169-170.
29. Luc 1 : 68-79.
30. Schonfield, *The Essene Odyssey*, p. 58.
31. *Clementine Recognitions*, I 60, cité in Kraeling, p. 181.
32. Vermes, p. 95.
33. Jean I : 35-40.
34. Yamauchi, *Pre-Christian Gnosticism*, Tyndale Press, Londres, 1973, p. 31.
35. *Ibid.*, p. 25.
36. A. N. Wilson, p. 102.
37. Gascoigne, p. 24.
38. Saint Victor, p. 19.
39. G. R. S. Mead a utilement rassemblé toutes les références originales à Simon le Magicien, dans son *Simon Magus : An Essay*, Theosophical Publishing Society, Londres, 1892.
40. Luckert, p. 304. Pour des parallèles entre les enseignements de Simon le Magicien et divers textes de Nag Hammadi, cf. Doresse, appendice 1.
41. Schonfield, *The Essene Odyssey*, p. 165.
42. Luckert, pp. 302-305.
43. Ashe, p. 138.
44. *Les Actes de Pierre*, cités in Saint Victor, p. 37.
45. Cité in Mead, *Simon Magus*, p. 10.
46. *Ibid.*, p. 26.
47. *Ibid.*, p. 13.

48. *Ibid.*, p. 24.
49. *Ibid.*, p. 21.
50. *Ibid.*, p. 28.
51. *Ibid.*, p. 36.
52. *Ibid.*, p. 19.
53. Luckert, p. 300.
54. Haskins, p. 41.
55. Romer, *Testament : the Bible and History*, Michael O'Mara, Londres, 1988, p. 194.
56. Luckert, p. 299.
57. *Ibid.*, p. 305.
58. Cf. Mead, *Simon Magus*, pp. 28 *sqq.*
59. Foerster, *Gnosis*, vol. 1, Clarendon Press, Oxford, 1972, p. 32.
60. Eisler, p. 254.

Chapitre 15 : Les disciples du roi de lumière

1. La littérature relative aux mandéens est essentiellement le fait d'auteurs allemands. L' ouvrage récent le plus facilement disponible sur les mandéens est le *Mandaeism*, de Rudolph.
2. Kurt Rudolph, « Mandaen Sources », in Foester (éd.) *Gnosis*, vol. 2, 1974. Lady Drower, in *The Mandeans of Iraq et Iran* (Clarendon Press, Oxford, 1937, p. 14), visiblement insensible à la susceptibilité de ses lecteurs anglais, commence par ces mots : « Quand ils étaient opprimés... »
3. Nous nous sommes efforcés de faire la lumière sur la situation actuelle des mandéens grâce à notre ami Dominique Hyde, de la School of Middle Eastern Studies, de l'université de Londres. En raison des problèmes de l'Iraq à l'heure actuelle, il est impossible d'obtenir la moindre information sur le sort des mandéens.
4. Drower, p. 100.
5. Rudolph, *Mandeism*, E.J. Brill, Leiden, 1978, p. 3.
6. Schonfield, *The Pentecost Revolution*, p. 284.
7. Yamauchi, pp. 135-140.
8. Drower, p. 264.
9. *Ibid.*, p. 3.
10. Seuls des extraits du *Sidra d'Yahya* sont traduits en anglais, in G. R. S. Mead, *The Gnostic John the Baptizer : Selections from the Mandeans John-Book*, John M. Watkins, Londres, 1924. Cet ouvrage s'appuie sur la traduction allemande de M. Lidzbarski, *Das Johannesbuch der Mandäer* (2 vol. Gie ß en, 1905 et 1915).
11. Dans un hymne manichéen du IVe siècle – cf. Haskins, p. 52.
12. Rudolph, « Mandean Sources », p. 398.
13. Cité in Drower, p. 9.
14. Cité in Rudolph, p. 299.
15. Cité in *ibid.*, p. 299.
16. Section 33-35 du *Sidra d'Yahya.*
17. Cf. planche IV in Rudolph, *Mandaeism.*
18. Drower, p. 3 ; Yamauchi, p. 80.
19. Mead, *The Gnostic John the Baptizer*, p. 16.
20. Gaster, *The Dead Sea Scriptures*, Doubleday & Co, Garden City, 1956, pp. 21-22.
21. Cf. *Man, Myth and Magic*, n° 43, p 1213 ; Riffard, pp. 154 et 294.
22. Lindsay, pp. 190-191.

23. Rudolph, « Mandean Sources », p. 126.
24. Yamauchi, p. 24.
25. *Ibid.*, p. 126.
26. Cité in *ibid.*, p. 30.
27. *Ibid.*, p. 35.
28. *Ibid.*, p. 176.
29. Rudolph, *Mandaeism*, p. 3.
30. Schonfield, *The Passover Plot*, p. 208.
31. Yamauchi, p. 29.
32. Walter N. Birks, « A Personal Reminiscence » (épilogue à Birks et Gilbert, *The Treasure of Montségur*).
33. *Ibid.*, p. 154.
34. Sur les parallèles entre les textes mandéens, le manichéisme, la *Pistis Sophia* (et d'autres textes de Nag Hammadi) et les doctrines de Simon le Magicien, cf. Mead, *The Gnostic John the Baptizer* et *Simon Magus* ; Yamauchi, *Pre-christian Gnosticism* et Doresse, *Les Livres secrets des gnostiques d'Égypte*.

Chapitre 16 : La grande hérésie
1. Josèphe, *The Jewish War, Penguin*, Londres, 1970, p. 139. Tr. fr. : *La Guerre juive*, Minuit, 1976.
2. La différence entre le nombre de disciples selon Josèphe ou les Évangiles s'explique par la tendance générale à l'exagération de Josèphe.
3. Robert L. Webb, p. 338.
4. Matthieu 5 : 39-44.
5. Matthieu 10 : 34.
6. Marc 7 : 9-10.
7. Luc 14 : 26.
8. Schonfield, *The Passover Plot*, p. 81.
9. Marc 10 : 13-16.
10. Marc 9 : 42.
11. Gascoigne, p. 17.
12. Jean 6 : 26.
13. A. N. Wilson, p. 160.
14. Marc, le premier des Évangiles synoptiques, ne mentionne que « cinq mille hommes » (6 : 44), comme Luc (9 : 14). Matthieu (14 : 21) parle, lui, de « cinq mille hommes, sans les femmes et les enfants ». Jean est le plus catégorique : « Ils s'assirent donc, au nombre d'environ cinq mille hommes » (6 : 10) et même après le repas, il n'est question que d'hommes (6 : 14) – ni femmes ni enfants, ici.
15. A. N. Wilson, p. 161.
16. Thiering, *Jesus the Man ?*, pp. 84-85 et 390-391.
17. Évangile de Thomas 61 (cf. Layton, p. 391).
18. Clément d'Alexandrie cite cet extrait de l'Évangile perdu des Égyptiens dans son *Stomateis*. Cf. Ian Wilson, *Are these the Words of Jesus ?*, pp. 153-154.
19. Luc, 8 : 3.

Chapitre 17 : La sortie d'Égypte
1. Bauval et Gilbert, *Le mystère d'Orion*, Pygmalion, 1994 ; Hancock, *Fingerprints of the Gods*, Heinemann, Londres, 1995 ; Hancock et Bauval, *Keeper of Genesis*, Heinemann, Londres, 1996.

2. Lurker, *An Illustrated Dictionnary of the Gods and Symbols of Ancient Egypt*, Thames & Hudson, Londres, 1980, p. 93. Tr. fr. : *Dictionnaire des dieux et des symboles des anciens Égyptiens*, Pardès, 1994.
3. M. L. West, « Orpheus and Orphism », *Man, Myth and Magic*, n° 74, p. 2082.
4. Baigent, Leigh et Lincoln, *The Messianic Legacy*, pp. 296-298.
5. S. Roux, « L'affaire de Rennes-le-Château : réponse à Monsieur Lionel Burrus. » (Cf. chapitre 2, note 12.)
6. Lionel Burrus, « Faisons le point... » (extrait prétendu de la *Semaine catholique genevoise*, 22 octobre 1966). (Cf. chapitre 2, note 12.)
7. *Ibid.*
8. Jean Delaude, *Le Cercle d'Ulysse*, Éditions Dyroles, Toulouse, 1977. L'auteur serait, en réalité, Philippe de Chérisey.
9. Luckert, p. 29.
10. Cf., par exemple, Sanders, p. 8.
11. Cf. Jones et Pennick.

Appendice I : La franc-maçonnerie occulte sur le continent
1. Robert Amadou, « Martinès de Pasqually et l'ordre des Élus Cohen », *L'Originel*, n° 2 (automne 1995).

Appendice II : Rennes-le-Château et le « tombeau de Dieu »
1. S. P. Simon, *L'Or du Temple et le tombeau du Christ*, cité in Blum p. 184-186.
2. Andrews et Schellenberger, *The Tomb of God*, Little, Brown & Co, 1996, p. 283.
3. *Ibid.*, p. 295.

Remerciements

Nous adressons nos vifs remerciements à :

Keith Prince, pour son travail de recherche méticuleux, tant en bibliothèque que sur le terrain, pour ses idées pénétrantes et souvent peu orthodoxes sur le sujet et... pour avoir littéralement risqué sa vie dans ce projet ;

Craig Oakley, pour son soutien, son enthousiasme et son aide de tous les instants ;

Filip Coppens, pour nous avoir guidés avec entrain et nous avoir communiqué de précieuses informations ;

Lavinia Trevor, notre agent, pour avoir facilité la naissance de ce livre sans jamais nous mettre sous pression ;

Jim Cochrane, notre éditeur chez *Bantam Press*, pour ses commentaires judicieux et constructifs et pour nous avoir... mis sous pression. Merci aussi à ses collègues Kate Melhuish, Sheila Corr et Martin Macrae ;

et merci à Lucien Morgan, qui nous a donné l'idée de cet ouvrage !

Le matériau relatif à Rennes-le-Château exposé aux chapitres 8 et 9 doit beaucoup à des informations fournies lors de discussions avec :

pour la Grande-Bretagne, les membres du groupe de recherche sur Rennes-le-Château, en particulier John et Joy Millar, Gay Roberts, Howard Barkway, Jonothon Boulter, Marke Pawson et Guy Patton. Merci à Guy pour son aide dans le cadre de nos recherches sur les chevaliers du Temple.

En France, Alain Féral, Sonia Moreu, Antoine et Claire Captier, Jean-Luc et Louise Robin, Celia Brooke, Marcel Captier et Elizabeth van Buren. (Merci aussi à Monique et Michel Marrot, de *La Pomme Bleue* à Rennes-le-Château, dont les mets ont souvent fait notre bonheur.) Merci aussi à feu Jos Bertaulet pour ses recherches sur Notre-Dame de Marceille, ainsi qu'à sa veuve Suzanne et à leurs fils Christian et Diederick pour leur hospitalité.

John Stephenson et Anita Forsythe nous ont pris sous leur tutelle à Ferran. Ils ont rendu passionnants nos voyages en Languedoc et ont partagé avec nous leur connaissance de la région. Merci pour leur merveilleuse hospitalité.

Peter Humber nous a prêté sa maison en Languedoc lors de notre premier voyage de recherche et a réagi avec *beaucoup* de philosophie en apprenant le sort que nous avons failli lui réserver... merci à lui, aux villageois de Ferran et aux pompiers de Montréal qui nous ont tirés d'un bien mauvais pas en ce détestable 17 janvier 1995.

Avec Robert Howells nous avons partagé de nombreuses discussions nocturnes sur toutes sortes de sujets ésotériques ; merci à lui de nous avoir fait bénéficier de ses vastes connaissances.

André Douzet a généreusement partagé avec nous les résultats de ses recherches intensives sur les mystères de la France ; Niven Sinclair, ses réflexions fascinantes sur la Chapelle de Rosslyn et les chevaliers du Temple ; Jane Lyle, sa connaissance de la sexualité sacrée – merci aussi pour ses rires, ses encouragements et son soutien.

Steve Wilson nous a apporté une aide considérable sur la question des mandéens ; nous lui devons aussi un voyage en train tout à la fois mémorable et distrayant.

Karine Esparseil Lopez nous a aidés à traduire certains textes français, en nous gratifiant, en outre, de son soutien et de sa précieuse amitié.

Merci aussi à tous ceux qui nous ont aidés de multiples façons, en nous dispensant des informations utiles ou simplement en nous prodiguant soutien et encouragements :

Nicole Dawe et Charles Bywaters ainsi que leurs filles respectives Laura Dawe et Kathryn et Jennifer Bywaters ; Trevor Poots ; Andy Collins ; Dominique Hyde ; Lionel Beer et son groupe TEMS ; Steve Moore du *Fortean Times* ; Bob et Veronica Cowley de RILKO ; Georges Keiss ; Yuri Stoyanov ; Benoist Rivière ; Henri Buthion ; Jean-Pierre Aptel ; André Galaup ; Louis Vazart ; Gino Sandri ; Manfred Cassirer ; Alun Harris ; John Spencer ; Steve Pear ; Olivia Robertson de la Communauté d'Isis ; Caroline Wise ; Gareth Medway ; Tony Pritchett ; Mick et Lorraine Jones ; Mark Bennett ; Dave Smith et Natalie Hac ; Loren McLaughlin ; David N. Corona ; Dr Richard Wiseman ; Sylvia Patton ; Barry et Fiona Johnstone ; Sarah Litvinoff ; Vida Adamoli ; Helen Scott ; Michèle Kaczynski ; Mary Saxe-Falstein ; Sally « Morgana » Morgan ; Will Fowler ; Sheila et Eric Taylor ; Samuel Lopez ; James Dew ; Nic Davis ; Lisa Bailey ; David Bell ; I-N. Et l'équipe des salles de lecture de la British Library et de la Westminster Reference Library.

Merci aux services d'urgence de Limoux et Carcassonne qui ont sauvé la vie de Keith Prince – et à notre ami anonyme qui a téléphoné pour appeler de l'aide à Notre-Dame de Marceille.

Table

Impression réalisée sur CAMERON par

BRODARD & TAUPIN

GROUPE CPI

La Flèche

pour le compte des Éditions du Rocher
en septembre 2000

Imprimé en France
Dépôt légal : septembre 2000
N° d'impression : 4019